Anti-yéyé

DU MÊME AUTEUR

Nos années punk, Denoël, 2002
Polnareff, le Roi des fourmis (biographie), Éclipse Éditions, 1997
Jacques Dutronc (biographie), Éditions Parallèles, 1994

Ouvrages collectifs
Sordide sentimental/Lumière & Ténèbres, Camion Blanc, 2005
(préface et entretien)
L'Encyclopédie du rock français, Éditions Hors Collection, 2000
Dictionnaire du rock, Éditions Robert Laffont, 2000
L'Encyclopédie de la chanson française, Éditions Hors Collection, 1997
La Chanson mondiale depuis 1945, Larousse, 1996

Christian Eudeline

Anti-yéyé

Une autre histoire des sixties

DENOËL
X-TRÊME

Introduction

« Ces jeunes gens ont de l'énergie à revendre, qu'on leur fasse construire des routes ! » Cette phrase prononcée par le général de Gaulle au lendemain de la Nuit de la Nation, marque bien le fossé qui sépare les générations. D'un côté, (il y a) les anciens, ceux qui ont connu la guerre, les restrictions et qui ne pensent qu'au travail. De l'autre, ces jeunes gens nés du *baby-boom*, qui n'attendent qu'une bonne occasion pour s'amuser : l'Oncle américain et son rock and roll en sont justement une excellente. Or ce 22 juin 1963, plus de 150 000 jeunes sont venus à l'appel du magazine *Salut les copains* qui fête à la fois son premier anniversaire et les 20 ans de Johnny Hallyday, en musique, au son d'une danse qui fait fureur, le twist.

Au programme l'idole, mais aussi Sylvie Vartan, Richard Anthony, Danyel Gérard et les Chats Sauvages... Les autorités sont débordées et même scandalisées. Comment peut-on accorder autant de crédit à un jeune chanteur et à des rythmes qui ressemblent à tout sauf à de la musique ? C'est que les occasions de se divertir sont encore rares à cette époque, et qu'aussi il y a un autre événement qui aux yeux de cette jeunesse est bien plus important, l'indépendance de l'Algérie, acquise par référendum le 1er juillet 1962, soit la certitude de ne pas aller sacrifier ses plus belles années pour une cause qui leur reste étrangère... La raison de sortir, le prétexte qui pousse à aller à la rencontre des autres copains est donc double, mais la presse bien-pensante de l'époque ne peut s'empêcher de s'indigner. *Le Figaro* par exemple, en la personne de Philippe Bouvard, y va de son commentaire d'arrière-garde : « Quelle différence entre le twist de Vincennes et les discours d'Hitler au Reichstag ? »

La déchirure naît à partir de ce moment-là, mais comment pourrait-il en être autrement ? Comparer une réunion de jeunes désireux de passer une agréable soirée avec un meeting fasciste semble tellement ridicule. Elle apparaît pourtant comme la voix de la raison, celle de ceux qui savent puisque plus âgés... Cette incompréhension totale ne cessera de s'accentuer au fil des mois et des années, démultipliée lorsque des groupes d'origine anglo-saxonne insuffleront un vent de révolte dans leurs compositions, qui plus est avec des looks n'obéissant absolument pas du tout aux usages de l'époque. Bob Dylan évidemment avec « Blowin'In The Wind » qu'aujourd'hui on étudie en cours d'anglais, mais aussi les Beatles, qui se demandent pourquoi ils payent tant d'impôts dans « Taxman » ou les Rolling Stones qui crachent à la face du monde une formule éclatante : « I Can't Get No Satisfaction... » Celle-là, il n'est pas besoin d'être bilingue pour la comprendre !

Bob Dylan prouve qu'il n'est pas nécessaire d'être un grand chanteur pour faire passer ses idées, mais que surtout il y a des sujets plus importants que des simples amourettes. La politique intérieure, les relations internationales, la guerre au Vietnam nous concernent tous, surtout à 20 ans car cela reste le plus bel âge, celui où l'avenir peut encore se construire. C'est ce qu'on appelle le *protest song*. Son essence ? Le commentaire social saupoudré d'une bonne dose de critique. Il est temps de changer... La jeunesse porte souvent en elle un optimisme sans faille. En France, c'est Hugues Aufray qui va adapter et répandre ces idées révolutionnaires, sous la plume de Pierre Delanoë. Sans lui et cette opportune traduction — nul doute que l'impact de ce commentaire social mis en musique n'aurait pas été aussi décisif de ce côté-ci de la Manche — les quelques groupes qui se veulent critiques auraient sans doute patienté encore un peu. Revers de la médaille, ce dernier ne fait que retranscrire une pensée américaine : nul doute que l'impact de son discours aurait été démultiplié s'il l'avait épicé de quelques références hexagonales. Antoine le fera à sa place. Sa chanson « Les Élucubrations d'Antoine » est la parfaite illustration du théorique moment T, lorsque le social et le culturel se rencontrent. Plus rien ne sera plus jamais pareil.

De nombreuses vedettes du folk et/ou du rock profitent de leur position pour faire évoluer les mentalités avant tout parce qu'elles sont directement concernées. Ces chanteurs doivent quotidiennement faire face à l'immobilisme et l'autoritarisme, aux attaques ou aux moqueries. Ils savent que s'ils veulent persévérer, ils doivent aller de l'avant. Leurs analyses de la société sont sévères, leurs riffs de guitares vont être d'autant plus rageurs. C'est l'un des points les plus significatifs de ces années 1960 : la parfaite coordination des multiples transformations des mœurs qui s'accompagnent d'un mouvement musical inédit. La vague twist ne faisait qu'adapter, reprendre un vent nouveau venu de loin, de putatifs grands frères à qui l'on devait la liberté (ce sont bien les Ricains qui sont venus nous sortir du pétrin de la Seconde Guerre mondiale). Mais, au temps du twist, il n'y avait aucune connotation sociale, trop tôt. En moins de dix ans, les consciences se réveillent et réclament une indépendance morale. Un changement radical, presque déjà une révolution...

L'un des bouleversements les plus importants est cette pilule, en vente libre en France à partir du 21 février 1967, qui va permettre aux femmes de s'affranchir vis-à-vis de leur compagnon et d'avoir des relations selon leur bon vouloir. Cela signifie également un pas de géant dans cette course à l'égalité des sexes, qui se traduit par une émancipation complète du look, puisque désormais elles affichent minijupe et collants... Les garçons de leur côté n'hésitent pas à arborer cheveux longs et couleurs vives. Ces cheveux longs deviendront pendant longtemps un signe de reconnaissance, de connivence entre jeunes affranchis, ex-beatniks devenus rockers, mods puis hippies. Un passeport immédiatement identifiable. C'est un signe extérieur de refus des compromissions, des autorités, à commencer par les parents qui forcément détestent cette tignasse qu'ils jugent sale et mal lavée. Tailler la route est un autre rêve que beaucoup nourrissent, ce sera la grande utopie de la fin des années 1960 : partir ailleurs car tout y est forcément plus rose (elle répond à la même logique). La fuite hors du système établi, un thème très présent dans la littérature beat (Jack Kerouac, Allen Ginsberg, William S. Burroughs...) et qui constitue un lien avec cet univers musical. Le refus des conventions passe également par l'apparition de quelques substances hallucinogènes, telles que le haschich qui commence à se démocratiser, qui permettent de s'évader intérieurement. Ce n'est pas un hasard que cela apparaisse à ce moment-là, puisque ce passeport ouvre aussi de nouvelles portes...

Les nouveaux modes de vie sont toujours adoptés en priorité par des classes aisées, qui en ont la possibilité sinon matérielle au moins morale, un chanteur qui porte les cheveux longs et fume un joint choque moins qu'un employé de banque ou une secrétaire qui adopterait le même comportement. Là, la sanction est immédiate, renvoi automatique ! Alors que l'artiste est pardonné, il vit dans un autre monde.

Au début des années 1960, la France cherche à imiter les nouvelles vedettes venues des États-Unis (Elvis Presley) et d'Angleterre (Shadows), c'est même un véritable raz de marée qui révolutionne le paysage musical avec l'émergence massive de jeunes idoles, les yéyés, hélas bien vite récupérées par le système en place. Car cette nouvelle vague représente un nouveau marché qui ne peut laisser indifférent, le principe du chanteur formaté aujourd'hui décliné par la *Star Academy* est en train de connaître ses premières heures, il se conjugue déjà avec les mots copinage et magouille... Passé Johnny Hallyday et son attitude de rebelle (la période en pantalon de cuir de son premier label Vogue), ces chanteurs ne font finalement pas beaucoup de vagues, si ce n'est d'avoir pris la place de leurs prédécesseurs. Johnny Hallyday s'assagit en signant chez Philips, il sera le yéyé en chef, celui que l'on adoptera à toutes les modes. Suivront Sylvie Vartan, Sheila, Claude François, Salvatore Adamo, Dalida ou Frank Alamo. Que chantent-ils ? Des histoires gentilles. Ils n'expriment aucune opinion politique et ne parlent jamais de choses qui pourraient choquer. Ce n'est pas encore le bon timing. Il faut que cela se conjugue parfaitement bien avec ce repas familial où seul l'avis du paternel compte, les mômes n'ont qu'à se taire et écouter...

Pourtant, au même moment, le mur de Berlin est en train de s'ériger en Allemagne entre est et ouest, la guerre au Vietnam fait rage et le Portugal reste une dictature, en Espagne, la plus haute autorité du pays est un militaire, le général Franco. La Seconde Guerre mondiale est dans toutes les mémoires, et nombre de jeunes se disent qu'ils n'en veulent plus. Des contestataires âgés d'une vingtaine d'années vont devenir de véritables trouble-fête, ils s'appellent rockers, mods, beatniks ou hippies et refusent de suivre le modèle de leurs aînés. Ce sont les anti-yéyés. Ils rêvent de paix, d'amour, de bonne musique et d'un monde nouveau. En France, Antoine deviendra leur porte-parole. Il y a un avant et un après Antoine. Un chanteur que tous détestent car, malgré une voix peu puissante et des arrangements très minimalistes, ce dernier ne tarde pas à devenir numéro 1 en étant le premier à oser des paroles beaucoup moins mièvres que ses petits camarades. Il ose répondre à sa mère, ainsi qu'au président de la République. Il ose attaquer frontalement la concurrence : Johnny Hallyday et Yvette Horner. Il préfère passer la nuit au Bus Palladium que dans son lit... Enfin, s'il n'est pas le premier à dénoncer la guerre — Boris Vian avait déjà écrit « Le déserteur » —, son look (une chemise à fleurs et des cheveux longs) donne une dimension presque surréaliste à cette attaque.

Il n'est pas le seul, plutôt l'étendard d'une prise de conscience générale, la partie visible de l'iceberg d'un courant musical bien loin des standards habituels. Les années 1960 ont été bien plus riches en couleur qu'on voudrait nous le faire croire, elles ne sont pas que l'apanage d'une variété un peu tiède et politiquement correcte, mais le reflet d'une société en pleine mutation. Pour la première fois, des chanteurs de la génération rock mettent en musique ce qu'ils pensent. C'est l'histoire de ces artistes que l'on trouvera ici. Des héros involontaires d'une société en totale émancipation. D'ailleurs, de nombreux slogans qui trouveront écho dans la rue en Mai 68 pourraient sans problème aucun qualifier ces quelques chanteurs, à commencer par celui-ci : « Cours, camarade, le vieux monde est derrière toi. »

Il est généralement admis que la révolution de Mai 68 commence dans les universités, suite à une altercation entre le ministre de la Jeunesse et des Sports d'alors, François Missoffe, et un étudiant, Daniel Cohn-Bendit. Le premier est obligé de quitter les lieux, perdant la face devant un anonyme. Cela continue au Palais de Chaillot, avec l'affaire Henri Langlois. Celui-ci est évincé de la Cinémathèque par le ministre de la Culture André Malraux et réintégré, suite à l'appel au boycott du Festival de Cannes signé par François Truffaut, Jean-Luc Godard, Claude Chabrol, Abel Gance... Pour l'une des premières fois de son histoire, le pouvoir gaulliste en place est obligé de capituler devant la vindicte populaire et l'intelligentsia parisienne. On pourrait tout aussi bien la faire démarrer dans les itinéraires de ces quelques personnages : Hector qui ose se faire cuire un œuf sur la flamme du Soldat inconnu, Stella qui ironise sur ses contemporains twisteurs, les Pollux qui affichent un chanteur d'origine malgache au sein de leurs musiciens blancs, les Boots ou les Somethings qui évoquent le spectre d'un conflit généralisé, Antoine qui chante la pilule, répond à sa mère et met Johnny en cage à Médrano, les Problèmes qui osent raconter la dictature portugaise, Michel Polnareff qui scandalise en chantant l'amour physique, Zouzou qui affiche sa liberté en toute innocence, Ronnie Bird qui fait sonner le rock anglais en français, Sullivan qui rêve d'un ailleurs où tout serait rose... C'est sûr, la révolution a commencé dans le sillon, ces anti-yéyés nous le prouvent.

1

Quatre garçons dans le vent

Les Lionceaux

Coincés entre une France essoufflée à force de twister et une révolution insidieuse qui s'annonce imminente, celle des cheveux longs, les Lionceaux tiennent une place toute particulière dans la grande saga des années 1960. Ils sont les premiers à populariser le patrimoine des Beatles en France, devenant même leurs plus fidèles serviteurs puisque leur répertoire d'une trentaine de morceaux ne compte pas moins de dix adaptations. Jouant comme eux, se coiffant comme eux, s'habillant comme eux, ils picorent également chez quelques autres groupes anglais (Rolling Stones, Kinks, Swinging Blue Jeans, Nashville Teens), mais leur préférence est nettement marquée. On les présente même comme les « quatre garçons dans le vent » du titre français du film *A Hard Day's Night*. Les professionnels du disque aiment les raccourcis, et cette qualification hâtive, même si justifiée, va vite devenir un boulet. Car, une fois étiqueté, il est bien difficile de s'enhardir, de voler de ses propres ailes et de faire carrière. Leur directeur artistique, un certain Lee Hallyday, ne leur en laisse d'ailleurs pas la liberté. Il sait qu'il faut surfer sur cette nouvelle vague et peu importe l'avenir de ses jeunes poulains. Il va être impossible de revenir en arrière, surtout lorsque les groupes à l'origine de cette révolution musicale vont venir eux-mêmes en représentation de ce côté-ci de la Manche. La résistance sera alors impossible et le rêve des Lionceaux se brisera presque aussi rapidement qu'il s'est mis en place, le public s'approvisionnant directement à la source.

Les Lionceaux sont d'autant plus déboussolés qu'ils sont venus aux Beatles par hasard. Fans du rock and roll des pionniers et des

Shadows, c'est Lee Hallyday qui les a convertis à ce nouveau culte. C'est sans doute aussi pour cette raison que la dimension sociale des Beatles échappe totalement à ces jeunes Rémois. Ils n'ont aucune envie de revendiquer quoi que ce soit. La musique rock, c'est juste un moyen comme un autre de s'amuser, d'échapper au train-train de leur province natale et de draguer les filles. Arborer des cheveux au-dessus de l'oreille n'est pas un cri de révolte, juste un signe de reconnaissance, une mode comme une autre, et non le signe extérieur d'une émancipation irrémédiable. S'ils s'étaient promenés dans les rues du Swinging London peut-être auraient-ils saisi ce décalage, mais ils n'en auront ni les moyens ni le temps. La carrière discographique des Lionceaux s'étend sur trois années. Trois années majeures, puisque l'on est passé du twist, version aseptisée d'un rock sauvage et formaté pour la consommation de masse, à une envie de s'affranchir, de se déhancher jusqu'au bout de la nuit sur des rythmes effrénés en disant ce que l'on pense réellement. Les Lionceaux ont l'honneur de défricher le terrain. Leur *british beat* à la française est d'une musicalité envoûtante et savoureuse. Parfaits instrumentistes, ils accompagneront même l'idole Johnny le temps de plusieurs tournées et d'un album. Pour eux c'est un signe évident de réussite, alors que justement chaque nouvelle vague se doit de remettre en cause les icônes en place.

Le groupe des Lionceaux est composé d'Alain Hattat (guitare solo, chant), Jean-Claude Bourgeois remplacé par Michel Taymont (guitare rythmique, chant ; né le 5 octobre 1938, il décède d'un cancer en 1970) puis par Jean-Pierre Gaillet (claviers) pour la dernière année d'existence du groupe, Pierre Sainz dit Pierrot remplacé par Bob Mathieu (batterie, chant) et Jean-Claude Dubois (basse, chant) remplacé par Gérard Fournier dit Dan Moore (plus connu sous le nom de Papillon ; né le 14 septembre 1946, il disparaît le 3 janvier 1989). Alain Willy Stevens Dumont est leur chanteur, il s'en va au moment même où le groupe signe son premier contrat. Herbert Léonard sera le chanteur des Lionceaux, mais dans une formation posthume puisqu'elle n'enregistre plus aucun disque.

« Ils trouvèrent un soir leur savane : un cabaret dénommé le Bilboquet. Les quatre jeunes rockers se déchaînèrent, là, au cours de soirées que les habitués du lieu jugèrent exaltantes. À leur répertoire les adaptations des thèmes des Beatles, comme

“A Hard Day’s Night” (Quatre garçons dans le vent) et “Can’t Buy Me Love”. Pas très personnel, mais efficace... » (*Special Pop*, 4e trimestre 1967.)

ALAIN HATTAT : Je suis né le 5 septembre 1942 à Reims. Je fais partie d’une famille de musiciens, ma sœur et ma nièce se sont vu décerner chacune un premier prix de conservatoire, l’une pour le violoncelle, l’autre pour le violon. Mon père joue également très bien du violon. Il n’y a guère que mon frère jumeau qui optera pour une voie différente puisqu’il est chirurgien-dentiste. C’est un peu l’os dans la soupe, il n’est pas du tout branché par la musique comme nous... Jusqu’à l’âge de 17 ans, je suis un cursus traditionnel : inscription au lycée technique sans vraiment savoir ce que j’ai envie de faire plus tard. Pour l’instant, j’apprends à travailler le bois. En parallèle, je commence à jouer de la guitare. Seul, puis avec un ami, Jean-Louis Percy. On reprend des morceaux de Paul Anka, « Diana », « You Are My Destiny » et aussi le tube du moment « You Talk Too Much » de Joe Jones repris en France par les Chaussettes noires (« Tu parles trop »). On se produit partout où c’est possible, on tente même notre chance dans des concours locaux. Au début, ça n’est pas sérieux, mais ça va le devenir très rapidement. Nous sommes en 1959 et j’annonce à mon père : « Je veux faire les Beaux-Arts ! » J’y resterai quatre ans, mais surtout, pendant cette période, je tombe amoureux de ma guitare. Ça devient une obsession. Je ne veux plus faire que ça ! Mon père me répond : « Il n’en est pas question. Tu as déjà voulu faire les Beaux-Arts, on t’y a mis, maintenant tu veux faire de la guitare, c’est non ! » C’est pour cette raison que je décide de faire ma valise et de partir à Paris. Enfin, dans les faits, ça s’étale sur plusieurs années...

Lorsque je décide de monter un groupe, autour de moi il n’y a personne. Alors je passe une annonce dans le quotidien *L’Union*. C’est ainsi que je constitue la première mouture des Lionceaux. Le déclic, ce sont les Shadows que j’entends à la radio, je trouve ça révolutionnaire, magnifique, splendide ! J’achète une guitare Stratocaster, la même que Hank Marvin le guitariste soliste, et aussi un ampli Vox, toujours comme Hank Marvin... Ce sont mes parents qui me financent, car, même s’ils ne veulent pas que je sois musicien, ils m’achètent du matériel. Les Shadows, c’est vraiment un choc pour moi, d’autant plus que ça m’amène à remonter le fil, c'est grâce à eux que je découvre l'existence de Buddy Holly et Eddie Cochran, en essayant de savoir de qui ils s'étaient inspirés.

ALAIN DUMONT : Je suis né à Reims le 14 septembre 1944. Mes parents ne sont pas musiciens, mais mon père Marius travaille dans une entreprise qui fabrique des postes de radio et des phonographes. C'est un grand fan de jazz et surtout de Louis Armstrong. Il l'a découvert pendant la Seconde Guerre mondiale via des militaires américains. Toute mon enfance, je baigne dans cette musique. Nous n'écoutons que très rarement la radio car mon père n'aime définitivement pas la chanson française et préfère ses 78-tours. De mon côté, j'achète mes premiers disques grâce à de l'argent de poche que je gagne dans une entreprise de cartonnages, les Cartonnages L. Meyers. Ça me permet d'investir dans mes propres disques : Elvis Presley, Gene Vincent, Eddie Cochran, Brenda Lee, Paul Anka... Au milieu des années 1950, il y a très peu de disquaires à Reims, le plus connu s'appelle Fandango et les artistes tels que les Pirates ou Marcel Amont viennent y dédicacer leurs œuvres. Il y a aussi une grande surface où je déniche les 45-tours d'Elvis Presley, Les Magasins modernes, devenus depuis les Galeries Lafayette. Le soir, il n'y a pas de concert à proprement parler, juste des salles des fêtes qui organisent des soirées dans lesquelles un orchestre de bal interprète toutes sortes de danses façon musette, entrecoupées de l'attraction, qui est en fait la vedette, souvent venue de Paris. L'un des endroits phares, c'est La Cerisaie où je vois Johnny Hallyday, les Chaussettes noires et les Pirates. J'aime beaucoup le rock and roll, mais il n'est pas question pour moi de faire carrière. Lorsque Alain Hattat organise une sorte de casting pour trouver un chanteur, je participe, encouragé par les copains. Ça fait un moment que je m'amuse à chanter par-dessus les disques.

ALAIN HATTAT : Je me suis vite rendu compte qu'il nous manquait un chanteur, alors j'ai encore une fois passé une annonce, et en avant pour une nouvelle audition. J'ai écouté une vingtaine de gars et j'ai retenu Alain Dumont qui s'est fait appeler Willy Stevens... (*La Belle Histoire des groupes de rock français*, F. Lanore.)

ALAIN DUMONT : C'est Alain qui dirige le casting, je crois qu'il tient autant à mon look qu'à mon filet de voix. En ce mois de novembre 1961, les Lionceaux sont en pleine reconstruction. Ils existaient avant, mais je ne les avais jamais rencontrés. Je ne les avais jamais vus sur scène non plus, j'en avais juste entendu parler. Lors des premières répétitions, nous n'avons pas de modèle absolu, mais nous aimons beaucoup Cliff Richard et les Shadows. Mes copains me disent d'ailleurs que je ressemble un peu à Cliff et c'est sans doute l'une des raisons pour lesquelles je me retrouve chanteur des Lionceaux... Notre premier concert prend place le 24 février 1962 à la salle des fêtes de Reims. Il se décompose en deux parties, une première instrumentale avec les Lionceaux sans moi, et une seconde, où je chante. En tout, cela doit durer une petite demi-heure. Nous n'avons que des reprises à notre répertoire, entre autres « Apache » (Shadows) pour la première partie et « Living Doll » (Cliff Richard) pour la seconde. Désormais chanteur, je ne m'appelle plus Alain Dumont mais Willy Stevens, Alain m'a dit : « Il faut que tu te trouves un pseudo parce que c'est la mode. » J'ai pris un Bottin où je travaillais à l'époque, à l'Association de retraite complémentaire, j'ai eu de la chance car il y avait des noms à consonance anglaise et je me suis arrêté sur celui-là qui sonnait bien. Côté look, nous changeons aussi complètement, au début nous portons du cuir, mais nous adoptons très vite des smokings, toujours à cause des Shadows.

« C'est ce soir que les Lionceaux débutent au cinéma Vox. Il s'agit du tout jeune orchestre twist rémois qui est en train de conquérir la renommée. Pendant plus d'une demi-heure, ils raviront les fans avant le grand film où apparaissent (Est-ce une coïncidence ?) Johnny Hallyday et les Chaussettes noires, Les Parisiennes... » (*L'Union*, 2 mai 1962.)

ALAIN HATTAT : Tout de suite je me rends compte que si l'on veut que les Lionceaux fonctionnent, nous devons nous rendre à Paris. À Reims, au bout de quelque temps, nous avions écumé toutes les salles. C'est bien, mais il faut aller de l'avant si l'on ne veut pas que notre rêve s'écroule.

BOB MATHIEU : À Reims, il n'y a presque rien, sauf une sorte de club qui s'appelle le Golf Diable rouge, pas besoin de sous-titre pour comprendre que tous les regards sont orientés vers la capitale. Le seul club de la ville a même dû emprunter son nom.

À l'assaut de la capitale, première

ALAIN DUMONT : Au début de l'année 1962, nous nous rendons à Paris quelques jours. Les parents de notre batteur Pierrot sont divorcés, et sa mère est partie vivre en banlieue, ça nous donne une adresse, un endroit où nous pouvons dormir quelques jours. Nous multiplions les sorties, essentiellement dans le quartier des grands boulevards, aussi les prises de contact. Nous parvenons même à enregistrer une maquette dans les studios Polydor. Malheureusement, ça ne débouche sur rien, ils ne sont pas intéressés et nous renvoient la bande. Nous rentrons à Reims.

ALAIN HATTAT : C'est moi qui ai poussé les autres à tenter notre chance à Paris, ma phrase c'était vraiment : « On va tenter l'coup ! » J'étais persuadé qu'on y arriverait.

À l'assaut de la capitale, deuxième, le Golf Drouot (le 1er juin 1962)

ALAIN DUMONT : Je m'occupe du secrétariat du groupe ; son adresse, c'est celle de mes parents, donc c'est moi qui suis la correspondance. L'un de nos rêves les plus chers, c'est de passer au Golf Drouot, c'est LE lieu magique. De notre province, nous sommes persuadés que c'est le premier pas vers la célébrité, nous envoyons donc notre candidature. Et lorsque Henri Leproux nous envoie une réponse favorable, je me charge d'annoncer la nouvelle aux autres. Nous allons à Paris en voiture avec des copains, je n'ai que 17 ans. Nous avons retenu un hôtel à côté, sur les grands boulevards. Nous arrivons en fin d'après-midi, avec tout notre matériel. Sur place, c'est assez compliqué de s'y retrouver, car bien évidemment nous ne sommes pas les seuls à jouer ce soir-là, et c'est un peu la débrouille pour s'installer. Mais ça se passe bien.

ALAIN HATTAT : Ce concert à Paris, c'est une première pour nous, auparavant nous ne nous produisions qu'à Reims et ses environs. Et en quelques mois nous sommes devenus des stars régionales. Par contre, à Paris, il nous faut repartir de zéro.

ROLAND GAILLAC : Comme beaucoup de formations, les Lionceaux doivent une fière chandelle au Golf Drouot. En effet, c'est après leur passage sur le tremplin que tout a commencé... Des articles et des contrats vinrent couronner cette escapade de deux jours : ils devenaient vedettes régionales, et profitaient de cette aubaine inespérée pour doubler leurs tarifs... (*Salut les copains* n° 21, avril 1964.)

ALAIN DUMONT : Cette première prestation ne passe pas inaperçue puisque l'on parle de nous dans *France-Soir*, mais également à Radio Luxembourg (RTL) et à France II (devenu France Inter). Le 30 juin, nous sommes même programmés à la Nuit des Autobus, c'est un rendez-vous extrêmement important pour tous les jeunes de la région rémoise.

« Et pour un succès ce fut un succès. Des centaines et des centaines de personnes se sont pressées à l'entrée du dépôt pour, en plus de venir passer une agréable soirée, assister et même participer au grand concours Twist contre musette. Il faut dire que les organisateurs n'avaient pas fait les choses à moitié : en plus de l'excellent orchestre qui animait le grand garage des autobus transformé en une immense piste de danse, la jeune formation twist rémoise des Lionceaux venait en intermède déchaîner les plus jeunes des danseurs... » (*L'Union*, 4 juillet 1962.)

Un nouveau batteur

BOB MATHIEU : J'ai des frères et sœurs, mais personne n'est musicien, sauf mon père qui était cheminot et qui jouait du cornet à piston dans la fanfare de la SNCF de Reims. Et effectivement, quand j'étais gamin, ça m'épatait toute cette rutilance des instruments... Je suis né le 20 décembre 1944 et je découvre la musique au patronage quand j'ai une dizaine d'années. Je suis très branché par Paul Anka. Il n'y a pas d'électrophone à la maison, juste un poste de radio qui diffuse André Claveau, Luis Mariano et Gilbert Bécaud. Le rock and roll n'existe pas encore. Je découvre ce nouveau rythme comme tout le monde, à travers les Chaussettes noires, en 1961. La même année, côté études, je viens de passer le concours pour rentrer à l'école normale après la troisième. J'ai loupé mon BEPC, mon père est furieux car nous sommes huit enfants et le fait que je redouble, c'est une charge en plus. Je suis donc obligé de travailler et j'intègre l'école normale. C'est un internat, je suis un peu paumé au début. J'ai une sorte de manie qui fait que je ne cesse de taper sur tout, en rythme. Au départ c'est un jeu, et je ne me rends pas bien compte que ça énerve mes proches, mes potes de classe. C'est un copain qui me dit : « Écoute, tu nous emmerdes à taper comme ça toute la journée, je vais te présenter à l'orchestre de l'école, le batteur est un copain. » Ce dernier s'appelle André Marcilly, il devient l'un de mes meilleurs potes. Un grand frère même car dès le début il me prend sous son aile et j'arrête de me faire bizuter. C'est une star, normal on est en pleine explosion twist, et lui, il est le batteur du groupe. Il m'apprend à jouer, à sa manière, c'est-à-dire de façon complètement autodidacte et très orientée vers le jazz. C'est une véritable révélation pour moi. Jouer de la batterie en vrai, sur une grosse-caisse, une caisse claire, des cymbales... Quel choc ! Quelques semaines plus tard, je discute avec un type dans ma classe, et comme je suis de Reims, on parle des Lionceaux. Je ne les ai jamais vus, mais leur réputation est déjà faite. Je suis en admiration et je ne peux m'empêcher de dire tout le bien que je pense d'eux. Lui me répond : « Je les connais bien, le guitariste c'est mon cousin. Si tu veux le week-end prochain, on va les voir répéter ! » Je n'arrive pas à y croire. Je pense qu'il se moque de moi. Mais non il confirme : « Je passe te chercher samedi, ils répètent dans un cinéma qui s'appelle Le Familial ! »

À ce moment-là, je joue dans un petit groupe qui s'appelle Les Cordes d'argent, complètement intégré dans la mouvance de l'époque. Le chanteur est une parfaite imitation d'Eddy Mitchell, il s'est même teint les cheveux en roux et jouit d'une extraordinaire liberté de ton... Moi, je n'ai pas de sous pour investir dans une batterie, mais le père du soliste a eu pitié de moi et a aussi envie que je fasse partie du groupe, il m'a acheté une caisse claire et une cymbale. La caisse claire a une sorte de peau animale, et invariablement, à force de taper comme une brute dessus, je passe à travers. Après chaque concert, mon mécène m'offre une nouvelle peau, ça lui coûte une fortune ; en répétition, j'essaye de faire attention, de ne pas frapper de toutes mes forces pour ne pas exagérer...

ALAIN DUMONT : Au mois de juillet 1962, deux membres du groupe nous quittent : Jean-Claude Bourgeois et Pierre Sainz. Bruno Arrigoni rejoint le groupe pour quelques mois, il sera remplacé par Dan Dubois. La nouvelle formation donne son premier concert le 5 août à la foire de Rethel.

BOB MATHIEU : Il y a une rupture terrible car musicalement nous sommes passés d'André Claveau à Richard Anthony, de Dalida à Johnny Hallyday... Or ces nouvelles idoles sont très jeunes, elles ont notre âge. En se roulant par terre, Johnny Hallyday fait un carton. La guitare électrique des Chaussettes noires, j'ai l'impression que l'on n'entend que ça. C'est un raz de marée. Les yéyés bousculent tout sur leur passage, d'autant plus que la musique de balloche, ça nous fait chier. Et dans les bals populaires, il faut se la coltiner plusieurs heures ! Quand je rencontre les Lionceaux, pour moi c'est le même choc que si j'avais rencontré les Chaussettes noires. L'impression de rentrer dans le saint des saints. Pourtant, Alain Hattat, qui est déjà une star à Reims, est très sympa. Après cette première rencontre au cinéma Le Familial, j'ai l'occasion de le croiser car nous sommes plus ou moins voisins. Il est normal, il ne se la joue pas, alors que moi, je reste très impressionné. Un jour il me propose de devenir leur batteur. Pierrot s'en va jouer avec Billy Bridge au sein des Mustangs. Pour moi c'est l'honneur suprême. Entre-temps, les Lionceaux ont changé de local de répétition, c'est à l'Opéra qu'Alain me donne rendez-vous. Avant de conclure je lui précise quand même que j'ai un gros problème, je n'ai pas de batterie... Il me répond : « T'inquiète pas, on a une caisse claire toute pailletée. C'est la caisse claire de Pierrot, mais il te la laisse pour travailler. Billy Bridge lui a acheté une nouvelle batterie... » Je fais donc partie des Lionceaux. La semaine, je suis mes cours de l'école normale à Chalons-sur-Marne, et le week-end je donne des concerts avec le groupe. Mes parents galèrent côté finances, mais ma mère m'a quand même payé un pantalon pattes-d'éléphant pailleté. Je le bichonne car c'est mon bien le plus précieux. Il ne faut vraiment pas qu'il y ait une tache dessus.

ALAIN DUMONT : Notre première prestation au Golf Drouot s'est tellement bien déroulée qu'Henri Leproux nous propose de revenir. Nous y retournons le 12 octobre 1962, mais cette fois nous sommes payés. La première fois, nous avons joué gratuitement, alors que déjà à cette époque nous touchons environ 100 francs par gala. C'est une belle somme car, avec mon travail d'employé, je gagne 400 francs par mois ; or si avec les Lionceaux je joue tous les week-ends, je double mon salaire.

Les Lionceaux à la télé

BOB MATHIEU : Il y a un concours pour tous les groupes de twist, organisé par une émission de télé. C'est très important, car à l'époque il n'y a que ça sur les écrans familiaux, *Âge tendre et tête de bois* présenté par Albert Raisner. C'est un peu la grande messe du rock français et donc tous les groupes la regardent en rêvant d'y participer un jour. C'est exactement la même chose aujourd'hui avec la *Star Academy* ou *Pop Stars*. Alain nous dit qu'il faut y participer, que l'on a toutes nos chances car selon lui, on est assez bon pour que notre candidature soit retenue.

ALAIN DUMONT : C'est Albert Raisner en personne qui a annoncé qu'il organisait des auditions dans toutes les régions, donc on s'est inscrit. Les éliminatoires n'ont pas lieu à Reims, mais à Metz. Le 31 mars 1963, nous nous déplaçons là-bas, et ça se passe plutôt bien car, dès le lendemain, nous recevons un télégramme qui nous précise que notre candidature a été retenue. Nous allons participer à une sorte de finale régionale face aux Bourgeois de Calais, le 13 avril, mais cette fois devant des caméras de télé.

« Samedi, au cours de l'émission *Âge tendre et tête de bois*, l'orchestre des Lionceaux de Reims s'est brillamment qualifié pour la Coupe du Twist d'Albert Raisner... » (*L'Union*, 15 avril 1963.)

ALAIN DUMONT : C'est une période extrêmement faste pour nous, car la veille de ce passage télé nous nous produisons une troisième et dernière fois sur les planches du Golf Drouot. Nous remportons ce premier tour retransmis sur les écrans familiaux, 1 500 voix contre 1 200 pour nos concurrents. Mais je dois quand même préciser que je ne participe pas vraiment, je suis le chanteur, mais Albert Raisner a tenu à organiser un concours de groupes instrumentaux. Et comme je ne joue d'aucun instrument, la question a été vite réglée. Je suis présent sur les lieux de tournage, mais on ne me voit pas à l'image. Par contre, dans l'article de deux pages que nous a consacré *Télé 7 Jours* je reste le leader du groupe, celui que l'on présente en premier. Certains fans ont dû être déconcertés.

« Albert Raisner continue son tour de France à la recherche de la formation de twist idéale. Quand il lança son idée de concours — la Coupe Âge tendre en est l'enjeu —, le transfuge du célèbre trio d'harmonica n'imaginait pas qu'il allait remuer à ce point le petit monde de la guitare électrique. Dans chaque ville pourtant, ce fut, tous les quinze jours, le signal d'un extraordinaire branle-bas de combat pour les passionnés du twist et du rock. Ce soir, le titre de l'émission d'Albert Raisner pourrait être Champagne contre grand cru bordelais car les Lionceaux de Reims, tenants du titre, vont affronter une formation de Bordeaux. Le jeu en vaut la chandelle : la récompense promise par Albert Raisner aux grands vainqueurs de la compétition, c'est le privilège d'enregistrer un vrai disque souple, comme d'authentiques professionnels. C'est le plus beau cadeau que l'on puisse faire à des amateurs qui rêvent de suivre les traces des Chaussettes noires ou des Chats sauvages. Champagne ou bordeaux ? Vous le saurez ce soir... » (*Télé 7 Jours* n° 164, 11 mai 1963.)

ALAIN HATTAT : Lorsque nous apprenons que nous devons revenir le mois suivant, nous décidons de prendre pension dans un hôtel dans le coin de Strasbourg Saint-Denis, le France-Algérie. Il n'y a qu'Alain-Willy et Bob qui rentrent régulièrement à Reims car ils ont des obligations.

BOB MATHIEU : L'émission *Âge tendre et tête de bois*, c'est l'aboutissement de toute notre histoire, de tous ces efforts. Mais notre chanteur n'est pas avec nous. Albert Raisner veut une formation instrumentale. Dès le début, nous n'avons pas tablé sur un morceau des Shadows, un peu notre formation modèle, mais pour une reprise des Spotnicks, un groupe suédois. Nous jouons « Spotnick Theme », ça n'est pas très rock and roll, même franchement twist, mais ça nous permet de gagner et de revenir. La quatrième fois, et après bien des discussions, nous avons envie de changer de titre, sans doute pour ne pas lasser nos fans. Et nous puisons dans le répertoire des Shadows. C'est alors que le couperet tombe : « Vous ne gagnerez pas ce soir... » Albert Raisner ajoute : « Vous allez signer un contrat avec Lee Hallyday. » Nous, on ne savait même pas ce que ça signifiait, le mot contrat, nous ne l'avions jamais entendu auparavant, mais on n'ose pas trop l'avouer. On demande : « C'est qui Lee Hallyday ? — C'est l'oncle de Johnny, il est directeur artistique chez Philips... » Pour la deuxième fois en trois minutes, nous entendons un terme qui ne signifie absolument rien pour nous, directeur artistique. Nous participons quand même à l'émission, mais nous ne savons pas très bien quoi penser. Nous sommes accrochés à notre rêve, et sommes persuadés que nous allons gagner quand même. Que notre reprise des Shadows va les convaincre définitivement que nous sommes les meilleurs. Au lieu de ça, c'est la gamelle. Dans les loges, c'est une engueulade monumentale entre nous. La moitié étant persuadée que nous n'aurions jamais dû trahir la cause des Spotnicks, et l'autre que, de toute façon, c'était écrit.

ALAIN HATTAT : Nous participons quatre fois à l'émission *Âge tendre*, mais nous ne gagnons que trois fois, le 13 avril, le 11 mai, et le 8 juin. Le 7 juillet 1963, Albert Raisner vient nous voir dans les loges pour nous prévenir : « Ce soir vous ne gagnerez pas, mais ça n'est pas grave. — Mais comment ça se fait ? — Parce que c'est calculé. Il y a plusieurs directeurs artistiques qui vous attendent dans le couloir pour vous signer, c'était mon but. Aujourd'hui c'est au tour d'un autre groupe. »

BOB MATHIEU : Pour cette dernière télé, au même programme il y a les Chats sauvages. Je les vois répéter, je suis fasciné par leur batteur André Ceccarelli. Je ne comprends même pas comment il joue. Il réalise des figures que je suis complètement incapable de reproduire. Schématiquement, je comprends, rythmiquement aussi, mais certainement pas techniquement.

Une défaite pour une victoire

BOB MATHIEU : Lee Hallyday nous attend dans les loges, il nous dit : « C'était super. — Ouais mais on a perdu ! — Mais on s'en fout, seulement il faut faire autre chose maintenant... » Il nous annonce qu'il va venir nous voir à Reims car il a des projets pour nous. Et en 1963, un type qui roule en Jaguar type E, il n'y en a pas beaucoup à Reims. Tout le monde est au courant de sa venue, nos amis, nos parents... Il est accompagné de l'une des chanteuses des Gam's, Suzy. Enthousiasmé par ce qu'il voit, il nous donne rendez-vous quelques jours plus tard dans son bureau à Paris. Il commence à nous faire écouter d'autres groupes, d'autres sonorités. Il y a un également un souci, je ne sais plus comment il nous annonce la chose, mais pour lui il est clair que Willy Stevens et les Lionceaux ça ne fonctionnera jamais. Il nous faut abandonner notre chanteur, devenir les seuls Lionceaux et nous ouvrir à un nouveau style, plus mélodique et plus chanté.

ALAIN HATTAT : Lee Hallyday nous dit : « Vous me plaisez bien, vous avez des bonnes bouilles, mais seulement je suis allé en Angleterre avec une caméra, et j'ai découvert trois types dans une cave c'est génial ! » Il nous dit : « C'est ce que vous allez faire ! » Il nous donne rendez-vous dans son bureau, et il nous montre un film sur les Beatles. Quelle claque... Je me suis dit : « C'est fabuleux ! » Lui nous annonce : « Vous allez jouer à leur manière, mais en français, il faut que vous chantiez à l'unisson. » On lui répond : « Mais nous ne sommes pas chanteurs ! Nous ne sommes qu'instrumentistes, il y a un guitariste, un bassiste, mais il n'y a pas de chanteur. » Il nous rétorque que ça n'a pas d'importance, et il nous donne six mois pour apprendre à chanter. C'est même lui qui nous propose de devenir choristes de Johnny Hallyday avant même d'enregistrer notre premier 45-tours.

BOB MATHIEU : Lee nous fait même écouter « Please Please Me » que nous n'enregistrerons jamais. Il est dithyrambique sur ce groupe qu'il vient de voir à Liverpool. Moi, je suis un peu surpris, mais je me rends vite compte qu'Alain Hattat est super-enthousiaste, il ne veut absolument pas lâcher l'affaire. Je le suis.

ALAIN DUMONT : Pour moi l'aventure est terminée. De toute façon je suis sur les rangs pour effectuer mon service militaire. Je partirai le 22 septembre 1964 au 10e GAMA près de Mers-el-Kébir en Algérie. Bizarrement je n'ai pas vraiment de regret car je n'ai jamais eu l'intention de faire carrière dans la musique. Lors de mes quelques perm', j'irai même voir les Lionceaux en concert.

ALAIN HATTAT : Alain Dumont nous dit : « Je comprends, ce qui compte avant tout c'est la carrière des Lionceaux, si vous voulez continuer sans moi allez-y... Moi si je dois devenir chanteur, je le ferai... » Nous sommes très potes, et il est alors hors de question de se tirer dans les pattes.

Choristes de Johnny Hallyday

BOB MATHIEU : On arrive dans le métier pratiquement comme ça, nous voilà promus choristes de Johnny Hallyday après le concours *Âge tendre et tête de bois*... Lorsque Lee nous annonce cette nouvelle, je ne peux m'empêcher de demander au parolier Ralph Bernet de me décrire l'idole, sans doute pour que je ne sois pas trop impressionné. Il me dit : « Johnny Hallyday ? Il est immense ! » Ce qui est vach'ment rassurant comme réponse. Et effectivement c'est le souvenir que j'ai de cette première rencontre. Nous sommes en pleine répétition, et Johnny vient nous voir. J'ai en tête cette expression : « Il est immense... » Quand on dit ça de quelqu'un, on s'attend à ce qu'il soit grand physiquement, alors qu'en fait c'est un mec normal, jeune et sympa, vraiment très sympa. Il est devant nous, et finalement je me rends compte que nous ne sommes pas si différents, physiquement s'entend.

CHRISTIAN NAUWELAERS : Les premiers concerts avec les Lionceaux ont lieu au Paris de Brest les 14 et 15 novembre 1963. Le groupe qui accompagne Johnny Hallyday s'appelle encore les Golden Stars alors qu'il a connu de nombreux changements et formera la base de Joey & The Showmen... Le 16 novembre, Johnny Hallyday et Sylvie Vartan passent en vedettes à Quimper, le 17 à Lorient, le 18 à Angoulême (triomphe, selon *Centre-Presse*), le 19 à Limoges, le 20 à Clermont-Ferrand, le 21 à Saint-Étienne, puis sans doute Annecy. Ils traversent en tout cas cette ville, direction la Suisse. Alors que John Kennedy vient d'être assassiné, ils réussissent à se produire à Genève, le 23 novembre, à la patinoire des Vernets... Pour *La Tribune de Genève*, 4 000 personnes assistent au spectacle du 23... Il est difficile de savoir quels artistes sont là à chaque concert, mais normalement les Lionceaux et Pierre Vassiliu sont dans tous les coups... Le point fort de son périple est une semaine au Gymnase de Marseille, du 28 décembre 1963 au 5 janvier 1964... (*Juke Box Magazine* n° 197.)

ALAIN HATTAT : À Marseille, il y a une boîte, L'Ascenseur, où Johnny Hallyday n'hésite pas à se battre pour défendre l'honneur de Sylvie, même s'il est seul contre cinq. Il n'a jamais froid aux yeux, remplir des salles ne l'empêche pas de se rouler par terre. Chaque soir, je regarde ça sans en perdre une miette, à chaque fois soufflé. Sur scène, il aime bien aussi tendre la main vers son public, ça loupe pas, à chaque fois il y a une grappe humaine qui s'y accroche et les videurs ne savent pas comment s'y prendre pour le libérer de là.

BOB MATHIEU : En tournée avec Johnny, il y a un horaire à respecter, le car part à telle heure, en général tôt le matin, et il ne faut pas le rater, sinon nous devons nous rendre dans la ville suivante par nos propres moyens. C'est-à-dire trouver un train qui va dans la bonne direction et payer le taxi de notre poche. Au début, on a juste le temps de se lever pour ne pas rater le car, le pantalon à la main. On finit de s'habiller sur la route. Johnny voyage à part, dans une voiture particulière.

ALAIN HATTAT : La tournée avec Johnny dure presque deux mois. Elle va nous permettre de partir sur les routes avec Claude François et les Gam's, un quatuor de chanteuses, que nous accompagnons [*N.d.A.* : les Lionceaux effectuent deux tournées à la même affiche que Claude François, la première durant l'été 1964 avec également Monty, la seconde au printemps 1965 avec les Gam's et le Petit Prince]. Lorsque Johnny est incorporé à la caserne d'Offenburg, son groupe Joey & The Showmen est dissous, mais il ne peut se permettre de disparaître une année, de ne rien faire. C'est nous qui apparaissons aux côtés de l'idole lors de quelques émissions de télé. Cette aventure débouche sur la participation à l'enregistrement de l'album *Hallelujah* au tout début de l'année 1965. Entre-temps nous avons entamé notre propre aventure.

CHOUCHOU : Vous avez tous vu le duplex Johnny Hallyday-Richard Anthony dans l'émission *Têtes de bois et tendres années* du 13 janvier. La technique m'épatera toujours : Paris-Offenburg ça n'est peut-être pas très loin, mais quand même, ça m'a fait drôle de voir Johnny, de sa caserne, présenter ses vœux à Richard comme s'ils avaient été dans le même studio. À cette occasion et pour accompagner Johnny, les Lionceaux avaient fait le voyage jusqu'en Allemagne. Le caporal Smet les a présentés à tous ses compagnons d'armes et le soir, à l'heure du quartier libre, ils ont quelque peu animé les paisibles rues d'Offenburg. Johnny leur a dit qu'il serait heureux, une fois libéré de ses obligations militaires, de travailler encore avec eux. (*Salut les copains* n° 31, février 1965.)

Premier disque

ALAIN HATTAT : Alors que nous venons de rencontrer Lee Hallyday je suis appelé sous les drapeaux, je me fais réformer au bout de trois semaines. C'est très mal vu, mais je suis obligé, sinon le groupe n'existe plus. Je suis d'un tempérament nerveux et pour accélérer le processus, je prends de la quinortine, ils ont eu peur que je n'en revienne pas.

LEE HALLYDAY : Vous aimez les Beatles ? Alors vous aimerez les Lionceaux ! Parce qu'ils interprètent les chansons des Beatles dans votre langue, parce que c'est le premier disque du genre en France et parce qu'ils sont d'extraordinaires chanteurs et musiciens... (Note de pochette du premier 45-tours, novembre 1963.)

ALAIN HATTAT : Nous signons avec le label Mercury pendant l'été 1963, nous avons effectivement bénéficié de six mois pour mettre au point un répertoire. Notre premier 45-tours est commercialisé au mois de novembre de la même année, mais c'est le second qui marchera le plus.

BOB MATHIEU : Au début je répète avec les Lionceaux en cachette de mon père, heureusement je profite du discret soutien de ma mère. Déjà, pour les cheveux longs, il y a eu un non catégorique de mon père, je suis obligé de me laisser pousser une mèche que je peux dissimuler et mettre en avant derrière son dos. Mais, après nos passages à la télévision, son attitude change. Je ne suis pas majeur lorsque Lee Hallyday nous propose un contrat, et mon père se laisse finalement convaincre. Il est fier. Ses collègues de travail m'ont vu à la télé, ils lui ont dit : « On a vu ton gamin, qu'est-ce qu'il assure ! » Cette notoriété locale qui s'installe détruit de nombreuses barrières. En plus, tout ce que je gagne, je le redonne à ma mère, ce ne sont pas des grosses sommes, mais au moins ça veut dire que j'existe. Par contre, à cause des émissions de télé et des concerts qui se sont intensifiés, je ne peux pas terminer mes études à l'école normale, il me manque une année pour avoir le diplôme. Mon père est donc obligé de rembourser. Les derniers mois, je ne vais plus en classe. J'arrive presque toujours en retard, et le week-end je suis obligé de rester à l'internat, je suis collé. Mais le groupe a des concerts, il a besoin de moi. Un vendredi soir, je demande à la directrice : « Je peux au moins aller chercher des affaires chez moi, je n'ai plus rien à me mettre ? » Elle me donne son accord et je ne reviendrai pas. Je passe le bac au moment des émissions de télé.

ALAIN HATTAT : Pour notre premier disque, nous avons une sacrée trouille. Nous enregistrons dans un petit studio du XVIIe arrondissement, rue Saussier-Leroy, mais nous avons très peu de temps. Quelque chose comme 24 heures pour boucler enregistrement et mixage. Je me revois dans la cabine en train de dire à Lee : « Tu ne peux pas prendre cette prise-là, tu ne vas pas sortir ça, tu as entendu le chorus de guitare ? Il y a une fausse note. » Et lui de me répondre : « C'est très bien comme ça. T'inquiète pas. » Je veux la refaire, mais lui refuse. Nos conditions de travail sont très limitées, c'est un peu : « Tu joues, tu chantes et surtout tu ne discutes pas. » Difficile dans ces conditions de soutenir la comparaison avec les Beatles, dans nos esprits il n'y a pourtant aucun doute, c'est le but de l'opération.

BOB MATHIEU : Le studio est vraiment très déstabilisant. Nous faisons des prises live sur un deux-pistes. D'abord basse-batterie sur une piste puis une guitare sur la seconde. Le résultat est mixé ensemble, en mono, et ça n'est qu'à partir de ce moment-là que nous pouvons enregistrer les voix. Nous avons une journée pour tout boucler.

Scandale dès le premier disque

ALAIN HATTAT : Sur la chanson « Attention ! » de ce premier 45-tours, on peut entendre une voix anglaise, en fait c'est Bobbie Clarke le batteur de Johnny Hallyday qui parle. L'idée, c'est de mettre de l'ambiance. Et sans doute de faire croire que même un groupe de français peut séduire un étranger, mais Bobbie se lâche, et à un moment on peut l'entendre crier : « *Come on you mother fucker...* » Nous, on s'est plutôt marrés sur le moment, nous n'avons pas bien compris ce qu'il disait, mais pour les anglophones, *mother fucker*, c'est un très gros mot. Les Canadiens le remarquent tout de suite, et du coup notre album où figure ce morceau sera banni des ondes. Cette censure nous empêchera d'espérer un quelconque débouché là-bas.

Lors de cet enregistrement, c'est la première fois que je suis confronté à du haschich, Bobbie Clarke est à fond là-dedans. Il nous en propose, mais ça n'est pas dans notre mentalité, ça ne nous branche tellement pas qu'aucun d'entre nous n'essaye en fait.

BOB MATHIEU : Notre 45-tours qui compte le plus, c'est le deuxième, celui avec la reprise du morceau des Rolling Stones écrit par John Lennon et Paul McCartney, « Je te veux tout à moi » (« I Wanna Be You Man »). Il sort au mois de février 1964 et devient chouchou de l'émission de radio *Salut les copains* pendant quinze jours. Concrètement, cela signifie qu'il est diffusé deux fois dans chaque émission, au début et à la fin. C'est une émission majeure. Tous les jeunes l'écoutent, c'est normal, il n'y a que ça. À d'autres heures de la journée, la programmation reste très consensuelle, il ne faut surtout pas choquer les auditeurs de la France profonde, et donc pas question de passer un titre à consonances rock en pleine journée. *Salut les copains*, c'est LE rendez-vous d'Europe 1. Les radios pirates ont commencé à émettre, mais peu de gens sont au courant ; de toute façon on ne les capte pas à Reims. Ce début de l'année 1964 est une période très porteuse pour notre groupe, nous sommes sur un nuage, et nous ne nous rendons absolument pas compte des idées subversives que les Rolling Stones ne vont pas tarder à glisser dans leurs textes. Pour nous, ça ne peut être que du premier degré.

ROLAND GAILLAC : Après avoir fait tout ce qui était possible et même impossible pour se faire connaître, ils semblent maintenant tenir le bon bout. La formule est bonne, le groupe jeune, dynamique, la maison de disques et le directeur artistique excellent, et leur patron, grand, très grand... (*Salut les copains* n° 21, avril 1964.)

JACQUES LEBLANC : Frank Gérald signe les paroles françaises de « La fille qui me plaît » au menu du troisième 45-tours, qui au cours de l'été est sur les lèvres de tous les teenagers. C'est un rock particulièrement enlevé qui a tout pour séduire la nouvelle génération des amateurs des Beatles et des Stones... (*Juke Box Magazine* n° 35.)

ALAIN HATTAT : Dès le début, nous avons un succès incroyable auprès des filles, nous avons plein de groupies. Moi, j'en ai une qui sera particulièrement tenace puisqu'elle me suivra pendant plus de vingt ans. Elle a souvent dormi sur mon paillasson et m'a même offert un briquet Dupont en or. Je lui disais : « Rentre chez toi, tu ne vas pas rester là. » Et la réponse c'était : « Mais je ne te dérange pas. » Un jour elle a disparu, je ne l'ai jamais revue. C'est peut-être là que j'ai été le plus touché.

BOB MATHIEU : Il y a beaucoup de filles à nos côtés, sans doute parce qu'elles s'ennuient dans leur quotidien, mais ça, tous les artistes le disent, à la fin des concerts il y a toujours des filles qui sont là, pour prolonger ce moment rare.

Les Kinks à la place des Beatles

BOB MATHIEU : Pour notre cinquième 45-tours commercialisé au début de l'année 1965, nous reprenons un morceau des Kinks, « All Day And All Of The Night » devenu « Le jour la nuit, la nuit le jour ». Pour l'ingé son, c'est impensable de produire un son aussi saturé que celui que nous avons en tête. Et pour que cela ne ressemble pas à un défaut technique qui pourrait lui coûter sa place, il nous demande de lui signer une décharge qui stipule que nous sommes les seuls responsables. Il nous dit quelque chose comme : « Si je présente un master comme celui-ci à l'usine de pressage je me fais virer sur-le-champ ! » Heureusement, Lee Hallyday est avec nous, il précise à Louis Azan, le patron des disques Philips, que c'est effectivement le son que nous recherchons.

Cependant le répertoire des Lionceaux ne suffit pas à convaincre un large auditoire. Les Lionceaux sont d'excellents instrumentistes, de merveilleux interprètes, mais il semble que cela ne soit plus suffisant pour les transformer en vedettes. Le public a besoin d'autre chose, sans savoir encore exactement quoi. Peut-être un goût pour les Anglo-Saxons. En ce printemps 1965, les Beatles, les Rolling Stones et les Animals sont devenus extrêmement populaires, ils vendent désormais beaucoup de disques en France. Les Lionceaux sont à peine reconnus pour leurs talents qu'ils vont être définitivement emportés, et bien évidemment, ils ne s'en rendent pas immédiatement compte puisqu'on ne cesse de les réclamer, en concert tout d'abord, aussi sur les disques des autres. Un inconnu, Jean-Claude Germain enregistre un 45-tours avec leur soutien, et bien évidemment Johnny Hallyday dont le nouveau trente centimètres *Hallelujah* vient d'être commercialisé. Plus surprenant, un bluesman Memphis Slim fait appel à leurs services. Cette année 1965 est riche en événements, pourtant la fin du rêve n'est plus qu'à quelques enjambées...

ALAIN HATTAT : Memphis Slim, c'est Lee Hallyday qui nous branche dessus. On l'accompagne sur un 33-tours, *Clap Your Hands*. Il est dans la même écurie que nous, Mercury, et veut absolument un chorus de guitare mais pas de requins de studio à ses côtés. Comme nous sommes des autodidactes et que nous jouons avec nos tripes, nous nous entendons à la perfection.

BOB MATHIEU : Memphis Slim roule en Rolls-Royce, c'est lui qui la conduit, il vient même au studio avec. Ce n'est pas quelqu'un de très compliqué, malgré son statut de légende. Il semble même satisfait du fruit de notre collaboration.

JACQUES LEBLANC : Les qualités musicales d'Alain Hattat, Bob Mathieu, Gérard Fournier et Michel Taymont sont de plus en plus reconnues dans le métier. Cela leur vaut d'enregistrer un album avec l'excellent bluesman noir américain Memphis Slim, en compagnie de Mickey Baker et Jacques Denjean. Le 33-tours *Clap Your Hands* produit par Lee Hallyday est pour eux une superbe occasion de jouer la musique qu'ils aiment avec deux fantastiques pointures, le pianiste Memphis Slim et le guitariste Mickey Baker... (*Juke Box Magazine* n° 31.)

BOB MATHIEU : Nous ne sommes pas capables de lire la musique, excepté notre premier bassiste Jean-Claude Dubois qui a une formation classique. Nous, on joue à l'oreille. Nous ne sommes pas limités car nous ne nous rendons pas vraiment compte de ce qu'il est possible de faire ou pas, nous jouons comme nous le ressentons, et c'est pour cette raison que l'on va faire des séances pour les autres, mais ça n'est pas suffisant. En fait, notre gros problème, c'est que nous sommes complètement livrés à nous-mêmes, même si l'arrangeur Jacques Denjean est de bon conseil, nous n'avons pas l'opportunité réelle d'enregistrer nos propres compositions. Dans ces conditions il nous est impossible de perdurer.

Souvenirs de tournées

ALAIN HATTAT : Pour les tournées, nous avons une estafette Renault. Nous conduisons tous chacun notre tour ; à quatre, nous tenons le coup. Par contre, nous n'avons pas beaucoup de place car nous transportons tout le matériel. Ça nous arrive plus d'une fois de tomber en panne d'essence en pleine nuit, et avec nos cheveux longs, personne ne veut nous venir en aide. On se fait souvent traiter de gonzesses ou de pédés, à chaque fois je prends sur moi. Comme je suis super-nerveux, je me force à me calmer. Je ne veux pas me battre, la première fois que ça m'est arrivé, j'ai pensé : « Alain, c'est peut-être toi qui vas t'en prendre une ! » Par la suite, j'ai toujours tout encaissé.

BOB MATHIEU : En tournée, Alain et Papillon ne touchent pratiquement pas le matériel qui est peut-être un peu trop lourd pour eux. Jean-Pierre et moi, nous sommes un peu plus bûcherons, et de ce fait nous assurons le travail tous les deux. Un jour, après avoir déchargé le matériel, nous sommes en train de manger des frites. Un type vient à côté de nous, arrache le cornet des mains de Michel pour le jeter par terre. Ça ne loupe pas, début de baston. Nous sommes deux contre dix. Nous ne pourrons pas jouer ce soir-là... Sur scène, notre sono est vraiment minable, impossible de faire du rock dessus, et, bien sûr, nous ne sommes pas dupes du son pourri qui en sort. Un soir que les conditions sont particulièrement exécrables, sous un chapiteau, les spectateurs nous prennent à partie : « Si vous donnez des concerts c'est parce que vous passez à la télé. Vous êtes des mauvais ! » C'est dur à se prendre dans la gueule... Enfin, à Pau, on se fait courser par les paras, c'est leur fief et ils entendent bien se faire respecter. Nous nous enfuyons en courant, et une fille du coin nous sauve la mise. Elle nous conduit au commissariat le plus proche. Qu'est-ce qu'on a eu peur !

Le Bilboquet

LEE HALLYDAY : Le passage des Lionceaux au Bilboquet fut un véritable événement pour les habitués de cette boîte la plus dans le vent de Paris. Ils ont apporté à ce public frénétique fait de tous les jeunes de tous les âges le déchaînement maximum. L'ambiance était formidable ! On a dansé et chanté avec eux. Tous ceux qui eurent la chance de participer à ces soirées agréables ne les oublieront pas facilement... (Notes de pochette du 33-tours *Les Lionceaux en direct du Bilboquet*.)

ALAIN HATTAT : Le Bilboquet est situé rue Saint-Benoît à Saint-Germain-des-Prés. Un lieu en sous-sol, très intime et circulaire. Le proprio a même trouvé le moyen de caser un orchestre dans un coin. Le live, c'est du bidouillage de studio. Quand on entend Bob annoncer un morceau, c'est typique de l'intervention que l'on rajoute. Ça ne nous empêche pas d'y jouer souvent, c'est d'ailleurs le seul club de la capitale où l'on se produit avec le Golf Drouot.

JACQUES LEBLANC : Ce disque est une petite merveille pour le fan, mais son impact commercial est en partie altéré du fait de sa production en public, qui pour l'amateur des Lionceaux est passionnante mais qui n'obtient pas l'effet escompté vers une ouverture grand public... Pourtant Lee Hallyday semble croire à sa formule... En juin 1965 paraît le premier album français des *Lionceaux en direct du Bilboquet...* (*Juke Box Magazine* n° 35.)

Déjà la fin

BOB MATHIEU : Je crois que l'on arrête parce que nous n'avons plus rien à faire ensemble. Déjà Michel Taymont n'est plus dans le groupe, il a été remplacé par Jean-Pierre Gaillet. Michel a craqué parce qu'il a envie d'avoir une vie de famille. De plus, nous sommes déjà en perte de vitesse. Nous sentons très bien, lors de notre dernière séance d'enregistrement, que c'est la dernière fois que nous nous retrouvons entre ces quatre murs. Ce 45-tours dont l'une des chansons « S.L.C. Jerk » servira pourtant d'indicatif à l'émission radio de Daniel Filipacchi à partir de la rentrée scolaire 1965 sera notre dernier. Mercury ne veut pas renouveler notre contrat, et nous, au lieu d'essayer de négocier, on se dit que c'est très bien comme ça et que ça va obligatoirement déboucher sur autre chose. Individuellement nous sommes tous très bons, nous en sommes persuadés et, même si nous ramons, on préfère se masquer la vérité. Demain sera forcément un jour nouveau.

Malgré une cote de popularité certaine, la presse musicale, *Salut les copains* ou *Disco Revue*, ne semble pas très intéressée, elle renseigne rarement sur ce groupe, et pire, n'hésite pas à douter de son intérêt. Le contrat discographique qui les lie à la firme Mercury prend fin à l'automne 1965, il ne sera pas renouvelé. À partir de ce moment-là, les Lionceaux sont livrés à eux-mêmes.

JEAN-CLAUDE BERTHON : Aux soirées 100 % rock du Golf Drouot, le premier samedi du mois, nous avions les Lionceaux. Ce groupe français extrêmement sympathique ne parvint pas à enthousiasmer les rockers présents peut-être parce que leur répertoire est trop français. Et pourtant ? Y aura-t-il un jour du rock français à ce train-là ? Non ; car, au lieu d'encourager ceux qui voudraient en faire, et ainsi obtenir un auditoire plus large pour le rock'n'roll, nous ne faisons que les rendre pessimistes sur leur sort... (*Disco Revue* n° 7, mars 1965.)

BOB MATHIEU : L'une des raisons aussi pour lesquelles on ne parvient pas à enchaîner sur un contrat avec une autre maison de disques, c'est qu'entre-temps nous avons pris la grosse tête. On se la joue vraiment. Nous sommes tellement adulés à Reims que nous sommes persuadés d'être intouchables, que rien ne peut nous atteindre. Par exemple si nous ne vendons que 2 000 à 3 000 exemplaires de nos disques à chaque fois, c'est parce que la maison de disques nous arnaque. Nous en sommes intimement persuadés. D'autant plus qu'aux concerts, c'est toujours plein. C'est devenu à un point où nous n'allons même plus aux rendez-vous ni aux interviews radio, mais sans prévenir, on pose des lapins. Nous sommes persuadés d'être au-dessus. Ça ne dure pas très longtemps.

Le phénomène Antoine

La tournée avec Antoine démarre le vendredi 4 février 1966 à Roubaix et se termine au Balajan le 19. À la même affiche il y a Memphis Slim, les Problèmes, Pussy Cat, Ronnie Bird, Chuck Berry et les Lionceaux.

ALAIN HATTAT : La tournée passe par la salle parisienne de la Mutualité le 5, l'ambiance est géniale, tellement bonne que nous montons sur scène avec Chuck Berry. Il est content, et nous laisse même assurer un chorus chacun notre tour, ce n'est pas très difficile car c'est du blues, sauf que ce soir-là nous croisons le fer avec Chuck Berry en personne ! Un type dont la notoriété n'est alors plus à faire. Il est tout sourire, mais ce n'est pas pour cela que nous allons discuter après le concert. Nous n'aurons aucun contact avec lui hors de la scène.

JACQUES LEBLANC : Ce périple connaît un véritable triomphe et il est regrettable de voir les Lionceaux ainsi achever leur carrière, même s'ils continueront encore près d'un an à se produire sous ce nom pour assurer les galas déjà signés... (*Juke Box Magazine* n° 35.)

ALAIN HATTAT : Je suis en admiration devant Antoine. Voilà un mec qui n'a pas peur de ses opinions et surtout de les afficher en public. En plus, ses textes ont un sens. Et son groupe, les Problèmes, joue très bien. Je suis pourtant obligé de rentrer à Reims chez mes parents, avant d'accompagner Antoine à partir de l'été 1966, au moment où les Problèmes deviennent Charlots et qu'Antoine a besoin d'un groupe. Nous ne serons jamais parvenus à réellement prendre notre indépendance financière du temps des Lionceaux.

BOB MATHIEU : Antoine, il se fait massacrer. Moi, au départ, je le prends pour un guignol, mais en même temps il y a quelque chose, il a un charisme. Et lorsque son impresario m'appelle pour me proposer de l'accompagner, je saute sur l'occasion. C'est une période où, avec les Lionceaux, nous attendons que le téléphone sonne, mais rien ne vient. C'est très dur. On galère beaucoup, et je suis même obligé de retourner vivre chez mes parents à Reims. Heureusement, j'ai cette opportunité de jouer avec Antoine, lorsque son groupe les Problèmes devient les Charlots et qu'ils ne peuvent plus l'accompagner. Je joue avec lui à partir du mois de septembre 1966 dans cette formation qui se fait appeler Le Panier de crabes. J'assure quelques séances : « Je l'appelle Canelle », « Juste quelques flocons qui tombent », « Un éléphant me regarde »... Mais il est vrai que ce poste n'est pas de tout repos, j'en reçois, des tomates et des légumes, d'autant qu'en tant que batteur je suis le seul musicien à ne pas bouger, donc, le plus facile à viser. Antoine, lui, rien ne l'atteint. Il peut tomber des œufs, des bouteilles, il continue à chanter. Même, j'ai le souvenir que ça l'excitait, que plus la pluie d'objets devenait dense, plus il haussait le ton.

ALAIN HATTAT : Je n'ai pas le souvenir d'une véritable concurrence, plutôt d'une grande famille, celle des Lionceaux, de Ronnie Bird, de Noël Deschamps... Il n'y a peut-être qu'avec les Missiles qu'une rivalité s'installe parce qu'eux décrochent un gros succès avec « Sacré dollar ». Nous n'avons aucune inimitié, même si c'est sans doute à cause de nous que les groupes de la vague twist comme les Champions ou les Vautours se cassent la gueule. C'est comme un relais que l'on se passe entre nous, car toutes ces formations, je suis allé les voir à Reims. C'est eux qui m'ont prouvé que c'était possible de le faire. Les Shadows, c'était comme un rêve, les Chaussettes Noires, c'était la réalité. Nous avons fait les charlots, puis notre tour est venu de laisser la place à d'autres.

Nouveau départ avec Herbert Léonard

ALAIN HATTAT : L'aventure ne dure pas longtemps. L'époque des groupes est terminée, nous sommes à l'automne 1965, et notre carrière n'aura duré que trois années. C'est fini, mais nous hésitons à prendre la décision d'arrêter même si je n'ai aucune envie de me faire jeter, je préfère partir la tête haute. C'est à cette période que nous faisons la connaissance d'Herbert Léonard. Il chante formidablement bien. Nous lui proposons de se joindre à nous, c'est comme si le Père Noël lui était apparu. Peu de temps après, Lee Hallyday le signe et veut que je devienne son directeur artistique. Je refuse, je me trouve trop jeune pour m'enfermer dans un bureau, mais je travaille tout de même sur ses deux premiers 45-tours. J'ai envie de bouger, de conserver ma liberté.

BOB MATHIEU : Au mois de février 1966, nous jouons à résidence dans une boîte strasbourgeoise en alternance avec un autre groupe qui s'appelle les Jets. Leur chanteur qui est aussi guitariste s'appelle Herbert Léonard, son vrai prénom c'est Hubert et, tout le monde l'appelle Bibi. C'est moi qui insiste pour qu'on le prenne dans le groupe, il se passe quelque chose et nous ne sommes absolument pas prêts. Nous sommes vraiment en perte de vitesse, et Herbert il est très branché vers le nouveau tempo, le rhythm and blues. À ce moment-là nous jouons toujours du Beatles, que le public apprécie tout particulièrement, mais ce n'est plus trop dans l'air du temps. Grâce à Herbert, nous allons pouvoir mettre au point des reprises de James Brown.

ALAIN HATTAT : Nous n'avons écrit aucune chanson, il nous aura fallu attendre notre dernier 45-tours, c'est-à-dire le moment où les ventes ont chuté, pour que l'on puisse proposer deux titres. C'est notre directeur artistique Lee Hallyday qui choisit les adaptations que nous devons enregistrer, ainsi que les paroliers. Ce sont des pointures qui signent pour les plus grands : Ralph Bernet, Georges Aber, Mya Simille, Hubert Wayaffe, Pierre Barouh, mais ce sont des textes formatés pour un auditoire de minettes. Il ne serait pas venu à l'idée de l'un d'entre eux de nous signer un texte un peu plus significatif. Lee Hallyday contrôle tout.

Que sont-ils devenus ?

Alain Hattat est resté douze ans chef d'orchestre de Joe Dassin ; il a tenté un come-back en 1991 sans succès.

Bob Mathieu est devenu ingénieur du son professeur dans une école préparant au BTS audiovisuel.

Alain Dumont est conseiller municipal élu à la ville de Reims, il a écrit un livre racontant son histoire : *Ils étaient une fois les Lionceaux* (Éditions O.U.E., 2005) et a créé deux sites internet : www.alaindumont.com et www.leslionceaux.com.

Depuis l'année 2004, certains musiciens des Lionceaux rejouent ensemble, sous le nom de Lionceaux Revival, ils viennent d'ailleurs de sortir un album.

2

Je vous déteste

Hector

BRUNO BAYON/SERGE LOUPIEN : Qui se souvient d'Hector ? Personne. Voilà un véritable rocker maudit. Né le 20 décembre 1946, de son vrai nom Jean-Pierre Kalfon (ne pas confondre avec l'acteur), esthète dangereux de la provocation, du cynisme outrancier et du mauvais goût spectaculaire, il préfigurait admirablement, dès le début des années 1960, la panoplie complète des modes à venir. Les beatniks (avec ses cheveux incroyablement longs pour l'époque, et touffus), les freaks (avec ses yeux de défoncé, ses vêtements exubérants, sa passion affichée pour le vulgaire), et les punks, surtout (avec son nihilisme proclamé, son style vocal éructant à la Sex Pistols, et ce bouchon de bidet qu'il portait au cou)... (Notes de pochette de la compilation intitulée *Les Années 60 de Libération* : Hector Je vous déteste.)

Hector est un authentique excentrique. Pas moins que le premier rocker français à porter les cheveux longs et à ne pas se prendre au sérieux. Un provocateur-né qui, d'une certaine manière, répond à la logique situationniste : privilégier l'instant pour dynamiter l'ordre établi. Il ne lui faut d'ailleurs pas longtemps pour devenir une figure légendaire du Golf Drouot, quelques apparitions tout au plus, car, à l'heure où les groupes apprennent méthodiquement comment se balancer en rythme, lui multiplie les exploits : arrivant en baignoire, à dos d'éléphant, sur un bidet à roulettes, en cercueil, toujours accompagné d'un laquais... Persuadé que les rockers américains ne se prennent pas au sérieux, à commencer par Elvis qui pose en compagnie d'un chien ou de Chuck Berry qui imite le pas du canard, Hector s'approprie les arcanes du genre. Lui ne donne crédit qu'à cette dimension humoristique, oubliant le phénomène social. Il devient l'amuseur de la galerie et en quelque sorte le centre du monde. Bien évidemment, de nombreuses maisons de disques sont intéressées, mais c'est Philips qui le signe. Les dés sont lancés, d'autant plus qu'Hector fait la connaissance de parfaits complices, des paroliers qui ne sont autres que Jean Yanne et Gérard Sire. La voie vers la gloire est toute tracée, sauf que tout cela n'était pas un calcul pour asseoir une carrière. Hector est un vrai clown, un élément incontrôlable qui n'hésite pas à attaquer son label pour mauvais service rendu. Il pense pouvoir tout se permettre puisque même les écrans familiaux sont tombés sous son charme. Isolé et sans doute bien trop en avance, sa traversée sera plus difficile que prévu et surtout encombrée d'embûches. Normal, les sixties sont encore un peu trop coincées pour rire de bon cœur. Les rares plages musicales qu'il nous laisse en héritage sonnent pourtant comme une parfaite antithèse aux niaiseries yéyé, un grand cri de désespoir que les punks reprennent à leur compte dix ans plus tard.

Hector est accompagné d'un groupe appelé les Mediators dans lequel jouent : Serge Mosiniak (basse), Marc Schlech (guitare solo), Gilbert Kravetz (guitare rythmique) et William Roudil remplacé par Farid Khaldi alias Denis Pépin (batterie) puis Bernard Janin. Dès la première année, on remarque énormément de changements de personnel, à la guitare se succèdent Peter Watson, Mick Jones, Pierrot Fanen, Jack Moriarty, Tony Begazi et Paul Bennaïm puis Bernard Photzer à la batterie Bernard Janin, puis, à la basse Jean Sarrus et Chinois.

HECTOR : Je suis né à Paris en décembre 1946, et j'y ai toujours habité. J'ai un demi-frère plus âgé de 21 ans, mais ma passion de la musique n'a rien à voir avec lui, on ne se voit pas, la différence d'âge est trop énorme. Je découvre le rock au lycée, à Janson-de-Sailly, j'ai des copains comme Arnaud de Rosnay dans ma classe, un autre qui est le fils du consul des États-Unis, et donc ils ont accès à des disques incroyables. C'est de cette façon que je découvre les pionniers, parce que eux voyagent énormément...

Mes parents ont une maison de campagne dans la vallée de Chevreuse, et un cousin de mon père est notre voisin. Ce cousin a un fils qui s'appelle Léo directeur commercial chez Decca, son fils s'appelle Alain Pewzner, il jouera au sein de Martin Circus. Mais, pour l'instant, ce Léo en question s'occupe d'un chanteur qui est un autre cousin à moi, Frankie Jordan. Et un jour il me dit : « Alors, tu chantes ? » Je lui réponds que oui. Alors il m'organise une audition. Je dois avoir à peine 16 ans et cette bande n'aboutit sur rien, si ce n'est que cette première expérience me conforte dans mon envie de chanter. Je continue dans mon coin, à m'entraîner sur des disques, jusqu'au jour où j'entends parler d'un orchestre qui cherche un chanteur, sans aucun doute au Golf Drouot. C'est comme ça que je fais la connaissance des Mediators, en débarquant dans une Maison des Jeunes du XIe arrondissement, je les vois en train de reprendre du Shadows, « Apache », et aussi des morceaux d'Elvis Presley, « Hound Dog », « Blue Suede Shoes ». On doit être au tout début de l'année 1963.

Je laisse pousser mes cheveux avant de chanter. Déjà, au lycée, je les ai longs, ce qui me cause quelques problèmes car ça n'est pas du tout la mode à l'époque. La raison première, c'est mon anticonformisme naturel, ça n'est pas du tout parce que je déteste les coiffeurs comme on le dit, puis c'est vite devenu une sorte de seconde peau, on s'y attache très vite... C'est pas facile d'avoir les cheveux longs au début des années 1960, il y a beaucoup de quolibets d'ordre sexuel, mais à la limite ça passe plus inaperçu en 1962-1963 que trois ans plus tard. Avant que les Beatles ou Antoine ne popularisent la chose, je suis tellement seul que personne n'ose rien dire à haute voix. Ce sont plutôt des chuchotements. Et si un dingue veut me sauter dessus pour me raser, il y a toujours quelqu'un pour me défendre...

Comment devenir musicien ?

SERGE MOSINIAK : Je suis né le 10 septembre 1945, de parents qui ne sont pas du tout musiciens. Je fais la connaissance de Marc Schlech et de Gilbert Kravetz au lycée Voltaire dans le XIe arrondissement de Paris. Nous sommes trois copains de classe qui décidons de monter un groupe parce que nous aimons les mêmes choses, en particulier les Shadows, et nous voulons notre propre groupe instrumental... Marc et Gilbert jouent de la guitare, moi de la basse. Nous apprenons ensemble : dès que l'un passe un accord ou un solo, il le montre aux autres. Nous sommes complètement autodidactes. À ce petit jeu-là, c'est Marc qui se débrouille le mieux, au bout d'un an c'est vraiment lui le moteur de la formation, travaillant sans cesse. J'habite le quartier de Voltaire, Marc aussi, Gilbert habite à Montreuil et Willy à Bobigny. C'est celui que l'on surnomme le banlieusard, aussi parce qu'il est un peu différent de nous, légèrement loubard mais super-gentil, toujours de bon poil. Au lycée nous ne sommes pas des stars : le groupe, c'est comme une vie parallèle, on ne s'en vante jamais, peu de copains sont au courant, faut dire que l'on ne passe pas à la télé tous les jours non plus. Nos guitares sont faites sur mesure par un luthier du coin, Amico, un Italien chez qui nous passons des heures à le regarder travailler.

GILBERT KRAVETZ : On a commandé nos guitares à ce petit luthier de la rue Popincourt, et on vient souvent, pour voir nos guitares se construire, mais aussi pour le plaisir. C'est un vieux monsieur qui travaille de manière artisanale, et nous sommes aussi impressionnés que passionnés. Mes parents ne font pas de musique du tout, j'ai un frère et une sœur, mais ils ne sont pas là-dedans non plus. Je suis en classe avec Marc et Serge qui habite boulevard Parmentier et moi boulevard Voltaire, on se connaît en fait depuis le primaire. On commence à gratter vers 13-14 ans, puis à faire des répétitions, chez moi, mais sans avoir l'intention de jouer vraiment ailleurs que dans ma chambre. Sauf qu'à un moment on cherche un batteur et on tombe sur William. Plusieurs semaines après, c'est au tour d'Hector. On le rencontre au Golf, heureusement que cette salle existe d'ailleurs car sinon nous ne serions jamais entrés en contact.

HECTOR : Le Golf Drouot, c'est un club, au début il n'y a pas de scène, juste un juke-box, un bar, une salle plus sombre et le parcours de golf miniature qui a donné son nom. C'est le seul endroit où l'on peut écouter des disques américains, Neil Sedaka et Paul Anka, sans oublier Elvis. On y va pour boire un coup, pour s'y retrouver, pour draguer, pour discuter. Ce n'est qu'après quelques mois que la partie droite devient salle de concert avec le Tremplin. Le seul autre bon plan pour entendre du rock à cette époque, c'est la base américaine du côté d'Orléans, à Châteauroux. De très nombreuses stars s'y produisent : Wilson Picket, Ben E. King, Joe Cocker... C'est là-bas que je fais la connaissance de Jack Moriarty, son père est colonel au Shape. Grâce à ça, il peut acheter une Stratocaster au même prix qu'aux États-Unis.

Hector et les Mediators

HECTOR : Les Mediators s'appellent déjà ainsi avant que je les rencontre, et moi je suis déjà Hector, je ne sais d'ailleurs plus pourquoi je m'appelle ainsi mais ce qui est sûr, c'est qu'au Golf tout le monde a un surnom, de Moustique à Chouchou. Je cède à la tradition, mais j'opte pour un nom français et non américain.

SERGE MOSINIAK : Je n'ai aucun souvenir de la rencontre avec Hector, je sais simplement qu'il n'est pas du tout du même milieu que nous. Il a de l'argent, du charisme et beaucoup d'ascendant. Tout ceci est lié d'ailleurs... Il peut rester des heures au Wimpy des grands boulevards et payer la note sans que cela lui pose de problème, ce qui n'est pas du tout notre cas. On doit être légèrement dépendants de lui. L'appartement de ses parents, situé rue Richepanse à deux pas de la Madeleine, est immense; en plus, comme ses parents sont la plupart du temps à la campagne, il semble en avoir l'usufruit presque exclusif. Hector possède un certain charisme, mais surtout une façon de prendre le pouvoir sur les autres, aussi beaucoup plus de maturité que les mecs de son âge. Je crois que dès le début il bosse pour son compte, il n'est pas question d'un groupe : c'est Hector et les Mediators, et non Hector partie intégrante des Mediators. Son caractère est la parfaite antithèse de celui de Marc Schlech, ce dernier travaille énormément, alors qu'Hector ne répète jamais. Dès le début, c'est le conflit entre Hector et Marc, ce dernier ne restera pas très longtemps, quelques mois.

WILLIAM ROUDIL : Moi je ne suis pas au lycée Voltaire, je suis pied-noir et j'arrive d'Algérie. Là-bas j'étais déjà musicien dans un groupe; en fait, avant de venir à Paris, j'étais déjà professionnel, je jouais dans les cabarets alors que je n'avais même pas 18 ans. Je suis né en 1943, mais dès l'âge de 16 ans je suis musicien pro. L'orchestre dans lequel je jouais s'appelait Johnny Guitare du nom du leader. À un moment on devait partir pour Tamanrasset car les complexes pétroliers devaient y monter un gros cabaret mais l'idée a été abandonnée, je ne sais pourquoi. Avant l'indépendance d'Algérie, il y a énormément de boîtes et de brasseries avec des chanteurs et des orchestres à Alger. Pas seulement des chansons algériennes, mais aussi beaucoup de musique espagnole, du paso-doble, du cha-cha, du mambo, de la salsa, du rock américain et du Édith Piaf. Dans les bars, il n'est pas rare de tomber sur un scopitone et de découvrir le visage des Chaussettes noires ou d'Elvis Presley... Dans notre groupe il y a deux guitaristes et un bassiste, nous jouons du rock, celui d'Elvis mais aussi celui des Chaussettes. J'arrive en France en 1962, à Marseille, puis je monte à Paris. Je traîne au Golf parce que je sais que c'est là que je rencontrerai d'autres musiciens. Je joue un moment avec les Zodiacs [*N.d.A.* : Le papa des deux frangins du groupe Kyo, Fab et Flo Dubois, joue également dans ce groupe], puis je fais la connaissance d'Hector et des Mediators. Ça tombe bien, ils cherchent un batteur.

Le rock and roll est un art comique

HECTOR : Marc Schlech est un bon musicien, un très bon guitariste, mais on ne peut pas dire que l'on s'entende vraiment parce que moi, je suis fan de rock and roll américain, mais surtout du côté exhibitionniste. Little Richard et Jerry Lee Lewis, je suis persuadé qu'ils sont là avant tout pour déconner, et c'est exactement ce que je veux faire. Le problème, avec quelqu'un comme Marc, c'est que si l'on pète sur scène il n'est pas content. Alors, à partir du moment où j'ai un valet de chambre, ça ne colle plus du tout. Pas de problème pour reprendre du Shadows, mais arriver en baignoire avec un valet de chambre, le Marc, ça le dépasse. Or pour moi, le rock and roll n'a rien de sérieux, à l'origine c'est quelque chose de comique, c'est cela que j'essaye de transposer. Je trouve que l'on ne s'amuse pas beaucoup, que les autres groupes sont un peu trop coincés et j'essaye d'amener une dimension comique à la chose. Je suis renforcé dans mon idée car j'ai l'impression que même Elvis Presley, lorsqu'il pose avec un chien, c'est pour donner une dimension comique à son personnage, c'est encore plus évident lorsque l'on observe son jeu de scène. Chuck Berry ou Little Richard ont forcément une mise en scène burlesque. Traverser la scène comme le fait Chuck Berry, avec son fameux *duck walk*, ça n'a rien de sérieux. On n'est plus dans le jazz. Le rock est une musique gaie. Malheureusement, en France, c'est quelque chose de très sérieux. On joue dans un groupe de rock comme on rentre en religion, c'est-à-dire, tout le contraire.

SERGE MOSINIAK : Marc est un mec très particulier, fils unique, d'une famille extrêmement rigide, c'est un gros bosseur, alors qu'Hector, pour moi, c'est un vrai branleur. Nous sommes tous des gamins qui ont entre 16 et 17 ans, et il y a une complète dichotomie entre le groupe qui travaille énormément et Hector qui reste un dilettante. Il préfère par exemple continuer à chanter en yaourt que prendre des cours d'anglais... Nous aurions besoin d'un vrai manager, d'un encadrement, mais à Philips nous ne sommes pas du tout au premier plan.

GILBERT KRAVETZ : Hector est un personnage qui sort du lot, c'est une vraie personnalité. S'il n'avait pas choqué, c'est évident qu'il n'aurait pas fait ce parcours et que Philips ne se serait jamais intéressé à nous, nous ne faisons après tout que des reprises. Hector, il a toujours des tenues extravagantes, et il y a ses entrées, dans une cage de fauve, avec une liane à la Tarzan, dans une baignoire... Il est devenu en peu de temps la coqueluche du Golf Drouot. Les gens l'aiment bien, il connaît tout le monde.

WILLIAM ROUDIL : À Alger nous sommes plutôt ouverts, et c'est vrai que je n'ai pas la même histoire que Marc, Serge et Gilbert. J'ai tout quitté pour venir en France, j'ai laissé ma moto sur le quai et une grande partie de mes bagages, et la vie au quotidien reste une découverte. Je me moque complètement des tenues d'Hector, à Alger aussi il n'était pas rare de croiser un homme avec des cheveux longs. J'ai forcément un regard beaucoup plus distancié par rapport à ça. Je suis plus vieux aussi, c'est moi qui conduis le camion, en 1963 je suis le seul à avoir le permis. J'habite en banlieue, à Bobigny, et mes copains ce sont des blousons noirs, ils nous défendent souvent contre ceux qui veulent nous agresser physiquement.

Un valet sinon rien

HECTOR : J'aurai deux valets de pied, Jérôme et Fabrice. Jérôme, je le rencontre à l'hôtel Richepanse, à deux pas de chez moi, il est vraiment valet. Tous les jours, il arbore son magnifique gilet à rayures, et à force de se croiser on sympathise. On sympathise parce qu'on a le même âge, et on devient vite amis. On va ensemble au Golf Drouot, et dès que le groupe démarre, je ne peux pas concevoir cette aventure sans lui.

SERGE MOSINIAK : Hector jouit d'un certain charisme comme certains gourous de secte, il a sans doute beaucoup plus de maturité que nous et, résultat, nous sommes réduits presque en esclaves, c'est sans doute exagéré comme terme, mais il est évident qu'il nous domine totalement. Le valet qui l'accompagne sur les photos ou en concert est avec lui tous les jours. C'est un peu le bouffon du roi qui ne quitte jamais son maître d'une semelle. Sur scène, il essuie le visage d'Hector, lui lave les pieds, l'habille... Personnellement, j'ai beaucoup de mal là-dessus.

HECTOR : Il ne faut pas oublier que mon valet est d'abord un ami, je le considère comme partie intégrante de cette petite troupe de comédiens qui m'accompagne, les autres rôles étant : le bouffon chargé de nous faire marrer sur commande et l'attaché culturel qui organise les journées et inflige les sentences. Parfois aussi il y a un ou plusieurs gardes du corps.

La Guitare d'or, du 1er au 3 juin 1963 à l'Olympia

ROGER FREY : Eh oui ! tout va toujours très vite dans le monde du rock. Moustique, dernier postulant au titre d'idole des jeunes, a déjà un rival sérieux, avant même qu'on ait pu entendre son premier disque, en la personne d'un de ses copains : Hector. Révélé par la « Guitare d'or », encore qu'il ne parvint pas au stade de la finale, Hector s'est depuis lié à une maison de disques et ce, pour une durée de cinq ans.

Vendredi, il s'est présenté sur le Tremplin du Golf, vêtu d'une redingote de soie noire qui tranchait avec les vestes fantaisie rouge vif de ses musiciens, les Mediators.

Il ne leur fallut pas moins d'un quart d'heure pour s'installer. C'est qu'Hector et les Mediators étrennaient, ce soir-là, leur nouveau matériel : des amplis, des chambres d'échos, des dizaines et des dizaines de mètres de câble, deux micros, et il y en avait là pour plus de deux millions anciens. Les nouveaux patrons d'Hector font bien les choses... (*Cinémonde* 9 juillet 1963.)

HECTOR : Je signe le contrat Philips [*N.d.A.* : le 13 juin 1963] au lendemain de la Guitare d'or, avec un mec qui s'appelle Claude Dejacques. Il s'occupe de Jacques Brel et de Georges Brassens, est très versé dans la chanson française, un univers très éloigné du mien, et on n'accroche pas du tout. Lui est plutôt familier de cabarets rive gauche genre L'Échelle de Jacob, ce qui n'a rien à voir avec l'ambiance du Golf Drouot. Néanmoins il connaît bien le métier et me confie à un certain Jean-Claude Demarty, un jeune directeur artistique. Ce jeune mec hérite donc de moi un peu par hasard, il ne faut pas bien longtemps pour comprendre que ça lui tombe sur la tête à l'improviste. Il est totalement décontenancé et ne sait pas du tout quoi faire. Par exemple les deux titres « Something Else » et « Tchang » que nous avons enregistrés [*N.d.A.* : au tout début du mois d'avril], dans ma tête c'est une base de travail. À aucun moment je n'imagine que Philips les commercialisera un jour... Mais pour l'instant il n'est pas encore question de disque, juste de concerts.

WILLIAM ROUDIL : J'ai l'impression que Philips nous a toujours plus ou moins arnaqués, d'accord ils nous signent, mais c'est évident que dans leur tête il n'y a que le chanteur qui les intéresse. En plus, ils savent très bien que la plupart des Mediators sont au lycée, que cette situation n'est pas éternelle, que dans pas très longtemps ils feront autre chose.

Un guitariste qui fait la manche

HECTOR : J'ai de bonnes relations avec les Mediators, sauf avec Marc Schlech le guitariste, que je suis obligé de virer rapidement... Je le remplace par un Anglais, Peter Watson, qui ne s'entend pas du tout avec le bassiste Serge Mosiniak. Ce dernier le considère plus comme un hippie que comme un musicien, pourtant Peter a déjà sorti plusieurs disques au sein des Travellers. Il a une vie mouvementée et, surtout, adore faire la manche. C'est d'ailleurs comme ça que je le rencontre, parce qu'il fait la manche à la terrasse d'un café. Il ne peut s'en empêcher, c'est plus fort que lui. Ce n'est même pas pour une raison financière, mais il adore ça. À chaque fois que l'on traverse une ville, il prend sa douze-cordes et nous lance : « Je reviens dans 10 minutes ! » Les autres en deviennent fous. Il n'est pas rare non plus que l'on joue le soir dans une ville et que, l'après-midi, on retrouve Peter en train de faire la manche au café en face... Je me revois à Perpignan en train de lui dire : « Va au moins faire ça ailleurs ! » Et lui de me répondre : « Mais pourquoi ? C'est bien ici, y a du monde. » Peter Watson a toujours agi ainsi, bien avant que je le rencontre, et je ne peux plus le changer. Même lorsqu'il tournait avec les Travellers, il faisait déjà la manche, sauf que les deux autres se joignaient à lui.

GILBERT KRAVETZ : Peter est beaucoup plus âgé que nous, surtout il est le seul qui vit déjà en appartement, il est marié et a même un enfant. Il joue de la douze-cordes et fait la manche tous les jours, aux terrasses des cafés, mais aussi à l'entrée des cinémas. C'est un personnage qui ne peut que s'entendre avec Hector.

HECTOR : L'idole de Peter, c'est Lonnie Donegan [*N.d.A.* : leader du mouvement skiffle en Angleterre], et il adore le rock, la country, le blue-grass, le blues... Il ne joue peut-être pas très bien mais avec sa douze-cordes et son accent ça le fait bien. Lorsque l'on croise la route d'Hugues Aufray, au casino de Trouville [*N.d.A.* : le 25 août 1963], ce dernier s'entend à merveille avec mon guitariste. Normal, leur répertoire est très proche de l'esprit des Travellers. Un morceau comme « Green Back Dollar », c'est du pur folklore anglo-américain, que ce soit le répertoire de Peter, Paul & Mary, le Kingston Trio ou celui de Woody Guthrie, il connaît cela par cœur.

Salon de la Radio et de la Télévision, 15 septembre 1963

HECTOR : Dès le moment où l'on s'inscrit à ce concours, on se met à répéter sérieusement, car quitte à faire les choses, autant les faire bien. Et sans doute pour pallier le fait que l'on ne joue pas très bien, on décide d'une mise en scène. J'ai un valet qui m'accompagne et le soir, au journal télévisé, le seul groupe que l'on peut identifier à cause de cette mini-mise en scène, c'est le nôtre. C'est Jacky Gordon qui remporte le concours, mais c'est nous qui passons à la télé.

CLAUDE LEDOUX : À signaler le journal télévisé de 20 heures où, au lieu de nous dire une fois de plus qu'il ne s'était rien passé d'important en ce dimanche, on nous présenta deux séquences amusantes et insolites : au Salon de la Radio et de la Télévision, Hector, le Chopin du Twist — auteur de « Twistesse en sole meunière » —, longue crinière et redingote, a déclaré que, quand il chantait, il ne pensait à rien, comme dans la vie... (*France-Soir*, 17 septembre 1963.)

HECTOR : Pierre Sabbagh, qui est le patron du service actualité et variétés, vient me voir et me dit : « Bon voilà, c'est vous qu'on a filmés et qu'on va passer au journal télévisé parce que visuellement et tout, c'est beaucoup plus porteur que Jacky Gordon qui fait "What'd I Say" » !

CHRISTOPHE IZARD : Dans quatre jours, Hector, 17 ans, le dernier-né des prêtres du vrai rock, va fêter l'anniversaire qui lui tient le plus à cœur. Le 20 septembre, cela fera juste un an qu'il n'est pas entré dans un salon de coiffure. Hector, c'est le vainqueur du concours de rock du Salon de la Radio et de la Télévision, il a fait hier soir sa première apparition sur le petit écran. Sur scène, Hector est le plus aristocratique de nos chanteurs. « J'entre en scène avec mon habit à queue-de-pie. Après trois chansons, j'appelle mon valet de chambre qui, vêtu d'un gilet rayé, m'apporte ma redingote... Lorsque je suis sur scène, je ne sais plus si c'est le genre que je veux me donner ou bien mon caractère qui reprend le dessus. D'ailleurs, mon grand rêve est de partir avec quatre copains au fond de la jungle africaine et de vivre sans souci, vêtus de peaux de bêtes, comme de véritables trappeurs. Les femmes ? Je n'y ai pas songé. C'est utile de temps en temps, mais cela reste secondaire. » Cette vie sans souci, Hector y tient beaucoup. Il a besoin d'un grand repos d'esprit. « Je ne pense jamais. Je n'ai plus de grands problèmes, ni de grandes préoccupations depuis que j'ai quitté le lycée »... (*France-Soir*, 17 septembre 1963.)

HECTOR : Dès lors tout va s'enchaîner. C'est à la fois réfléchi car il y a cette envie de s'amuser, mais c'est un hasard complet de passer le soir même à la télé... Ce n'est pas calculé. Nous ne pouvons pas anticiper la réaction des gens car au départ c'est plus un gag qu'autre chose. L'après-midi, Philips, qui est co-organisateur de ce concours nous promet de commercialiser deux titres de notre choix que nous aurons enregistrés, mais le lendemain et au vu de la réaction du sujet télé ils en veulent déjà plus. Un premier 45-tours est réalisé avec les deux titres mis en boîte quelques mois plus tôt, puis nous enregistrons dans la foulée « Peggy Sue » et « Whole Lotta Shakin'Goin'On » [*N.d.A.* : le 25 septembre 1963]. En fait, nous optons pour ces reprises car nous sommes un peu pris au dépourvu, nous n'avons encore rien écrit.

Anniversaire chez les Rothschild, le 19 octobre 1963

HECTOR : Quand nous arrivons chez les Rothschild et que leur maître d'hôtel aperçoit mon valet, il lui montre tout de suite où sont les cuisines. « Le personnel c'est par là ! » Jérôme ne sait pas quoi faire, mais je lui fais signe d'écraser le coup parce que c'est une soirée extrêmement privée. Il n'y a là que la famille des Rothschild et quelques intimes dont Régine et plusieurs banquiers. Le cadre est exceptionnel, c'est un hôtel particulier dans le quartier des Invalides. C'est Régine qui m'a mis sur le coup, et dès que j'ai donné mon accord de principe, quelques jours après, je reçois une lettre du secrétaire personnel du baron Rothschild me remerciant pour ma participation. Je ne réclame pas d'argent, juste un défraiement pour les musiciens. C'est là qu'intervient mon impresario de l'époque, Georges Leroux, qui travaille également avec Dick Rivers et les Missiles. Lorsqu'il arrive, ils ne le laissent pas rentrer. « Si vous n'avez pas de carton d'invitation, monsieur, vous ne pouvez pas rentrer, ceci est une soirée privée ! » Lui qui veut profiter de cette soirée pour s'introduire dans le milieu, c'est râpé. Je pense qu'il s'est vengé en se faisant payer, comment ? Mystère.

GILBERT KRAVETZ : Pour nous cette soirée, c'est le plus gros cachet. Il n'est pas rare que nous soyons payés 40 ou 50 francs, là c'est dix fois plus, sauf que nous n'en verrons jamais la couleur. Notre pseudo-impresario s'est enfui avec la caisse.

Je vous déteste...

SERGE MOSINIAK : Sur scène, Hector donne dans la provoc' la plus totale et la plus délirante, de temps en temps des gens ont envie de tout casser, car en plus il affecte un certain mépris pour son public, « Je vous déteste » est une chanson écrite sur mesure pour lui, Jean Yanne et Gérard Sire ont parfaitement saisi le personnage et s'en servent. Je crois qu'à un moment Hector est pris à son propre piège, car lui, à la base, c'est quand même un fan de rock.

HECTOR : Je fais la connaissance de Jean Yanne et Gérard Sire par une connaissance commune... Gérard a une boîte de production qui s'appelle Pilote Production, et avec Jean il travaille sur des sketches qu'ils proposent à la télé et à la radio, des émissions comme les blagues téléphoniques ou *Signé Furax*, *Le Saucisson d'argent* c'est eux. Ils bossent tous les deux ensemble. Francis Blanche et Jacques Martin et son fidèle pianiste Popov [*N.d.A.* : vrai nom Jean Baitzourov] sont aussi de la partie, Claude Lelouch est dans le coin également. Jean Yanne et Gérard Sire sont des fans de Screamin' Jay Hawkins, et la première fois, on parle de lui. Ça nous donne des idées, et nous tombons d'accord qu'en France, il n'y a pas d'équivalent et qu'il faudrait absolument s'y mettre. La première chanson qu'ils me proposent, c'est « Je vous déteste », mais le texte est bien plus violent que celui qui sortira sur le disque. Là encore, le label Philips se sent obligé d'édulcorer la chose. Pourtant, leurs deux chansons ne sont évidemment pas à prendre au premier degré, ça reste une énorme farce. L'idée d'une chanson comme « Je vous déteste » est de prévenir les auditeurs que la plupart des chanteurs qu'il entend à la radio n'ont aucun intérêt, c'est pour nous une ode à la connerie monumentale, quitte à se moquer du monde autant le faire jusqu'au bout. Pour « T'es pas du quartier » on parle du problème du racisme qui est alors plus d'ordre social qu'ethnique.

Je vous déteste, oui, je vous hais,
Et d'un seul geste, et d'un seul geste je vous balaie.
Vous pouvez rire, pousser des cris,
Tout ça n'm'inspire, tout ça n'm'inspire que du mépris,
Je vois que vous ne m'aimez pas, mais je vous le rends bien,
Toujours tout nous séparera, d'ailleurs j'y compte bien...

(Extrait de « Je vous déteste ».)

HECTOR : Dès que je rencontre Jean Yanne et Gérard Sire, je me rends compte que je tiens quelque chose, ils ont parfaitement saisi où je veux en venir, le clin d'œil, le côté démystificateur, le second degré, c'est une entente parfaite. Jean Yanne se retrouve dans mon personnage comme s'il avait rêvé de le faire lui-même, mais n'aurait pas pu à cause de son physique. J'ai presque l'impression qu'il enregistre par procuration... Ils m'écrivent plusieurs chansons dont certaines resteront inédites, « Médication de Thaïs », « Il est fou » et « Le sifflet des boudins » notamment. Je leur fais écouter des disques de Screamin' Jay Hawkins, Ray Stevens et les Coasters, et ils saisissent tout de suite.

BRUNO BAYON/SERGE LOUPIEN : Son premier E.P. affichait, en crédit de ses morceaux les plus saqués, une signature appelée à devenir célèbre : Jean Yanne. Dont les textes brillants et teigneux, taillés sur mesure pour le vilain Hector (« Je vous déteste » ou « Fous le camp, t'es pas du quartier »), annonçaient, par leur férocité sarcastique en rupture avec la niaiserie chouchou ambiante, le ton d'un fameux duo d'agitateurs rock à venir : Lanzmann/Dutronc. Hector était en avance de vingt longueurs, résultat, il n'a pas tenu la distance... (Notes de pochette de la compilation intitulée *Les Années 60 de Libération :* Hector « Je vous déteste ».)

Et les gars je n'suis pas du coin,
J'arrive d'un pays lointain,
Je n'suis pour vous qu'un étranger,
Mais en ami je viens vous trouver,
Je sais qu'ici vous régnez en maîtres,
Dans ce quartier vous êtes les rois,
La rue tremble sous votre loi,
Mais vous m'accepterez peut-être...
Barre-toi
Allez tire-toi,
Casse-toi !

(Extrait de « T'es pas du quartier ».)

Spectacle Idoles 64 *à l'Européen, 14 au 18 novembre 1963*

« Il est très grand siècle ! Il voyage en calèche et attend, pour en sortir, que son laquais l'aide à descendre. C'est Hector, la nouvelle idole des jeunes. Ses excentricités en ont fait le Salvador Dalí du twist. Après avoir transporté le public juvénile du Golf Drouot il va faire ses grands débuts jeudi prochain à l'Européen accompagné par ses Médiators... » (*Le Parisien libéré*, 14 novembre 1963.)

MONIQUE FLEURY : Hector surnommé les cheveux les plus longs du rock, célèbre pour entrer en scène vêtu d'une queue-de-pie suivi d'un valet de chambre en gilet rayé qui lui apporte thé et sandwich, fait ses débuts ce soir à l'Européen au même programme que Moustique. Au téléphone, il m'avait dit :

— Dois-je amener mon valet de chambre ?

— Pourquoi pas ?

Il était là avec Hector. Il s'appelle Jérôme...

— Vous avez déjà chanté en public ?

— Oui, à Namur.

— Ça a marché ?

— Non.

— On vous a sifflé ?

— Non, on m'a applaudi...

— Vous avez une voiture ?

— Une Rolls-Royce de 1938. J'ai cassé ma tirelire.

— Et l'Européen ?

— Cinq jours seulement. Pour moi, un sondage qui me prépare pour Bobino et l'Olympia en février. Je ne chante qu'une chanson en français. « Je vous déteste. » Je prépare un numéro satirique sur les copains et les yéyés.

— Votre but dans la vie ?

— Empêcher les gens d'aller chez le coiffeur... (*France-Soir*, 15 novembre 1963.)

JACQUELINE LEULLIOT : On a beau avoir vu le Chopin du twist en photo, sur toutes ses coutures, il mérite le déplacement. Rien ne manque à son numéro de pseudo-chanteur anti-yéyé hurleur à souhait, grimaçant et servi sur scène par un valet en gilet rayé... (*L'Aurore*, 15 novembre 1963.)

CHRISTOPHE IZARD : Premier morceau de choc, Hector, le Chopin du twist, la plus grande chevelure du rock, arrive en chapeau haut de forme et en jaquette. Il exhibait fièrement un bouchon de lavabo qu'il portait en sautoir. Le numéro commença bien, mais Hector n'était pas en forme. C'est à peine s'il convoqua son valet en livrée pour se faire servir un verre d'eau et un gâteau sec. Dans le micro, sa voix était imperceptible et il ne déchaîna personne... (*France-Soir*, 16 novembre 1963.)

JEAN VERMOREL : Un vrai poème le programme de l'Européen : « Moustique, Hector et ses Mediators, les Schtroumpfs, Samson et ses Diables. » Essayez de le dire vite... Mais le plus incroyable, le summum du grotesque, c'est Hector. Jamais vu ça.

Redingote 1850, jabot, manchettes, melon, cheveux jusqu'aux épaules, frisottés, visage chevalin et air maussade d'un petit Buster Keaton de 18 ans...

Sur scène, c'est terrible, Malingre, épaules creuses, air inspiré, tignasse en persienne, yeux aux galeries, plus Chopin du Twist que jamais, Hector se déchaîne. Mediators par-derrière. Assourdissant. Batteur, « Padobonne ! Glieuk », guitare électrique. « Aguetupielninowyouyié », chante-t-il en substance...

« Une autre ! Une autre ! » braille la salle de l'Européen, Hector impassible, dandy, joues creuses, œil fiévreux, rabat ses longues mèches derrière ses oreilles en un geste très féminin. Et hop, ça repart : Badaboum, gleuk... « A guetupeilniqow youyé »...

Sur scène, il baisse le micro. Hauter, 80 centimètres. Il se baisse, en angle droit, comme s'il avait un lumbago : « Je suis mieux comme ça pour chanter », me dira-t-il. Badaboum ! Gléuck... Les cheveux sont devant le nez chevalin. Il les relève. Les cheveux, c'est ma vedette de son numéro. « Aguetupielniaowyouyé ! »... (*Paris-Presse-L'Intransigeant,* novembre 1963.)

L'Ancienne Belgique,
22 au 27 novembre 1963

HECTOR : Le programmateur n'a vraiment pas froid aux yeux puisqu'il m'engage en vedette américaine d'Esther et Abi Ofarim ! [*N.d.A.* : duo de musique traditionnelle israélienne].

SERGE MOSINIAK : L'Ancienne Belgique marque vraiment la fin pour moi, car il y a deux nouveaux guitaristes, Peter Watson, Mick Jones et ce dernier touche deux fois plus que moi... Sinon l'endroit est plutôt particulier, c'est une grande salle, où les gens mangent et boivent en même temps, ils écoutent ce qui se passe mais se moquent un peu du groupe en fait, l'important est qu'il y ait une attraction pendant qu'ils passent un bon moment.

WILLIAM ROUDIL : En tournée, Hector est invivable, il ne veut par exemple pas porter les instruments, et plusieurs fois les autres sont à deux doigts de lui sauter dessus. C'est moi qui conduis la camionnette car je suis le plus vieux et le seul à avoir mon permis, or je crois que lors de ce périple belge, ce sont mes copains de Bobigny qui nous prêtent leur camionnette. P'tit Claude et son frère, leur père est boucher, et à la frontière les douaniers ne nous ratent pas, nous héritons de très nombreux PV car la camionnette n'est pas du tout prévue pour rouler sur une autoroute. C'est aussi très éprouvant physiquement, et heureusement notre nouveau guitariste a emporté quelques amphétamines avec lui pour tenir le choc. Pour moi c'est une grande première, mais lui est déjà très au fait de ces substances. Le premier soir nous sommes en pleine forme, le lendemain, un peu moins...

Cherchez l'idole

SERGE MOSINIAK : Je participe à l'enregistrement de la séquence pour le film *Cherchez l'idole* [*N.d.A.* : enregistrement les 2, 3 et 4 décembre 1963 à l'Olympia], mais c'est ma dernière apparition au côté d'Hector.

HECTOR : Dans le film *Cherchez l'idole*, tous les groupes sont contraints de reprendre une chanson signée Charles Aznavour et Georges Garvarentz, et comme je ne vais pas chanter « La Mamma », j'opte pour un morceau de Johnny Hallyday, « Il faut saisir sa chance ». J'essaie de rester fidèle à mon esprit, mais la scène est montée et je n'ai pas mon mot à dire.

Procès avec Philips

HECTOR : L'épisode Philips n'aboutit que sur deux 45-tours, pourtant cela va durer plusieurs mois car il y a un procès. Je n'aime pas du tout la façon dont je suis traité et je porte plainte pour utilisation abusive des bandes enregistrées, eux répondent que puisque j'ai signé un contrat d'artiste avec eux je ne peux pas aller voir ailleurs. En fait j'ai beaucoup de mal à signer avec un autre label, car bien que concurrentes, la plupart des maisons de disques sont solidaires. La base du problème, c'est que je suis furieux de l'amalgame entre les anciennes chansons qui sont des reprises (« Something Else », « Tchang », « Peggy Sue », « Whole Lotta Shakin'Goin'On ») et les deux nouvelles signées Jean Yanne-Gérard Sire. Ils veulent profiter de ma soudaine notoriété et gagner de l'argent en vendant n'importe quoi. Je passe à la télé et ne cesse de donner des concerts, pour eux c'est évident, il faut surfer sur cette vague et sortir un autre 45-tours.

SERGE MOSINIAK : Je ne joue pas sur les deux titres de Jean Yanne et Gérard Sire ; en fait, dès que ça devient une affaire commerciale, les Mediators ne sont plus dans le coup et sont éloignés, pourtant notre nom est bien renseigné sur la pochette.

HECTOR : Le deuxième 45-tours est donc un mélange d'ancien et de neuf pas finalisé, en gros du n'importe quoi... D'autant plus que les deux nouveaux titres n'en sont qu'au stade de maquette. Ce ne sont d'ailleurs pas les Mediators qui jouent dessus, mais Pierre Nicolas, le contrebassiste de Georges Brassens, le pianiste Guy Motta et aussi François Barat qui a pour habitude d'accompagner Boby Lapointe. C'est pour moi un bonheur que de les rencontrer, mais ça ne m'empêche pas de porter plainte contre Philips. Cette dernière est condamnée à me verser 5 francs par 45-tours vendu, mais au final ça me coûte plus cher en avocat que ça ne me rapporte. Surtout, je suis totalement inconscient des soucis que ça occasionne, je commence à en avoir une idée précise lorsque je cherche un nouveau contrat. Je me rends compte que ça n'est pas aussi simple car je suis tricard un peu partout. Philips ne s'est pas gêné pour assurer ma publicité, mais c'est de leur faute, s'ils avaient attendu quelques semaines de plus il n'y aurait eu aucun souci. Depuis le début ils n'ont rien compris, ils sont persuadés qu'Hector et les Mediators c'est un groupe de rock au même titre que les Pirates. En attaquant, je suis inconscient d'une chose, la façon dont le show-business est organisé, inconscient du fait que tous ces labels ont des intérêts en commun, qu'il n'y a qu'une seule chaîne de télé et trois stations de radio : France Inter, Radio Monte-Carlo et Radio Luxembourg [*N.d.A.* : qui deviendra RTL]. Tout est verrouillé. Je n'ai donc plus la possibilité d'enregistrer, mais ça ne m'empêche pas de continuer à donner des concerts.

Les Splectors

SERGE MOSINIAK : Dès qu'Hector rencontre la bande de Pilote Production, nous redevenons un groupe indépendant, mais nous n'avons plus le droit de nous appeler les Mediators car c'est trop associé à Hector, et Philips ne veut plus en entendre parler suite au procès. C'est pour cette raison que nous enregistrons un 45-tours sous le nom des Splectors. C'est un jeu de mots parce qu'en français la traduction du mot *mediator* c'est plectre, et puis c'est très proche du mot spectre qui rappelle les Fantômes et les Shadows, deux formations instrumentales que l'on aime beaucoup. Comme les Splectors arrivent après qu'Hector se brouille avec Philips, il y a presque tous les Mediators, à savoir Marc Schlech, Gilbert Kravetz, moi-même et à la batterie Farid Khaldi alias Denis Pépin.

GILBERT KRAVETZ : Nous répétons chez Farid, dans son appartement rue Ménilmontant, en fait, à cette époque-là, les groupes se font et se défont très rapidement. Chez Philips, ils doivent aimer notre musique, car non seulement on enregistre un 45-tours mais on participe également à une compilation, celle de l'été 1964 avec Claude François, France Gall et Johnny Hallyday... Mais comme le disque ne se vend pas, il n'y a pas de suite.

Hector et le petit écran

HECTOR : Depuis mon premier passage au 20-heures, je suis un bon client pour les équipes de télé, ils adorent me filmer. Lorsque les actualités Pathé me sollicitent, je réponds présent. J'habite à côté de la place de la Concorde, à peine 50 mètres à pied. Ils commencent leur sujet par des images de moi au réveil et tiennent absolument à me filmer dans mon bain. Mais ma salle de bains est trop petite et au bout d'un moment je leur dis : « Écoutez c'est pas compliqué, je vais prendre mon bain à la fontaine de la place de la Concorde. On va amener ce qu'il faut, de la lessive, une brosse à dos, un peignoir de bain, etc. Là-bas il y a de la place, vous pourrez filmer... » On part de chez moi en baignoire à roulettes jusqu'à la place de la Concorde. Bien sûr à un moment les flics débarquent et m'emmènent au poste avec tous ceux qui m'accompagnent, mon valet, mon bouffon... Ils ne font pas dans le détail car ils embarquent également tout un car de Japonais là par hasard et qui se régalent et mitraille à tout va. Les flics veulent absolument récupérer les pellicules. Au poste de police, tout le monde est très vite relâché sauf moi, car je réponds aux questions du commissaire mais uniquement en chantant, et ça ne lui plaît pas du tout. Il fait même venir une ambulance pour m'emmener à l'Hôtel-Dieu section psychiatrique, on me met une camisole... Heureusement mon valet et mon bouffon ainsi que l'équipe télé ont rameuté du monde, et les flics très embarrassés se sentent obligés de me relâcher. Le préfet Maurice Papon donne son feu vert, après tout je n'ai rien fait de mal. J'ai déjà prévu ma sortie, dès qu'ils me lâchent je pique un sprint et je plonge tête première dans la Seine. Mais les policiers préfèrent me raccompagner chez moi, pour éviter justement ce genre de débordement.

GILBERT KRAVETZ : Pour l'une de nos premières télés, *Télé Midi* présentée par Jacques Angelvin [*N.d.A.* : *Télé-Paris*, de Roger Féral et Jacques Chabannes, devenu *Paris-Club* en 1960], je suis obligé de sécher les cours car c'est un direct. Le lendemain, je donne un mot d'excuse à mon prof avec comme prétexte un mal de dents. Ce dernier me dit : « Vous vous foutez de moi ? Je vous ai vu en direct hier à la télé. » Heureusement, il se marre. Il est vrai que pour l'occasion nous sommes vêtus de peaux de bêtes et sommes filmés dans une cage. Mes parents sont conciliants, mais ça ne les empêche pas de vérifier mes résultats scolaires... Les parents de Marc l'accepteront beaucoup plus difficilement que les miens.

HECTOR : Souvent les journalistes de la télévision viennent me voir et me demandent ce que je peux faire. En général, je leur propose trois scénarios qui vont crescendo. Le premier, c'est de recouvrir toutes les plaques de mon quartier par des mini-affiches : avenue Hector, boulevard Hector, rue Hector... La deuxième, recouvrir l'Arc de Triomphe d'une housse rose, de l'emballer façon Christo au moyen d'hélicoptères et avec une grande inscription dessus : Hector. La troisième, d'aller me faire cuire quelque chose sur la flamme du Soldat inconnu, un œuf par exemple parce que ça ne met pas longtemps. Ils choisissent la troisième solution car ça leur semble la plus simple à réaliser, et m'y voilà... Évidemment les anciens combattants réagissent très mal, au début ils pensent à une action publicitaire, mais lorsqu'ils s'aperçoivent que ça n'est pas le cas, ils portent plainte pour dégradation de monument historique, outrage aux bonnes mœurs... Il y a procès, mais l'affaire s'écrase, sans doute parce que la télé est dans le coup, elle me filme et diffuse les images. À aucun moment je ne vois de connotation sacrilège, pour moi c'est beaucoup plus premier degré, il y a une flamme qui ne sert pas à grand-chose, quelqu'un a faim et il va en profiter pour se faire cuire un œuf. Je ne recherche pas la publicité parce que je n'ai rien à vendre derrière, surtout que cela se passe pendant mon procès avec Philips. Je fais tout ceci surtout pour m'amuser. J'ai déjà enregistré quelques disques, mais je ne crois pas, vu le genre de chansons, que mon public soit touché par ce genre de publicité. Je ne pense pas que le public qui fréquente le Golf Drouot lise *Le Figaro* ou *France-Soir*. D'autant plus qu'il n'y a pas beaucoup de médias, une seule chaîne de télé sous contrôle gouvernemental et seulement quelques radios. On parle encore très peu des chanteurs, il n'y a pas vraiment de presse spécialisée ni d'émission spécialisée.

Nouveau disque

Wow l'alligator, que tu as trouvé mort,
Mais je sais qu'il vivait encore, mon alligator,
Oui ce matin dans la salle de bains
J'y avais beurré son pain,
Et donné un verre de vin,
Et je te dis foi d'Hector ! qu'il vivait encore, mon alligator...

(Extrait de « Alligator ».)

HECTOR : Je ne signe pas avec Ducretet-Thomson, je signe avec Ken Lean qui est producteur chez Pathé-Marconi, et le disque sort sur Ducretet à l'automne 1964, mais ça aurait pu tout aussi bien sortir sur Columbia ou Pathé-Marconi. Ce type de décision c'est vraiment de la cuisine interne, les Chats sauvages sont sur Pathé, les Shadows sur Columbia et donc Hector sur Ducretet. Ken Lean est un producteur indépendant qui s'occupe d'Evy, des Aiglons et du Petit Prince, entre autres. Je le rencontre au Golf Drouot. Il a une façon de travailler et des idées extrêmement en avance sur son temps. Au niveau de la prise de son par exemple, il ne laisse cela à personne d'autre, il s'installe derrière la console quelle que soit la personne qui s'y trouve. C'est avec lui que j'enregistre le 45 avec deux reprises de Screamin' Jay Hawkins, « Alligator » et « Hong Kong » [*N.d.A.* : les deux autres morceaux sont « Mon copain Johnny » et « La femme de ma vie »]. J'enregistre au studio Pathé à Boulogne-Billancourt, avec à la guitare Jack Moriarty, Guy Motta aux claviers et Dimacio à la batterie. Il y a des cuivres également dont Benny Vasseur au trombone, ce qui n'est pas évident car ce n'est pas encore la mode d'Otis Redding, et je dois jouer avec des musiciens de jazz. Ce disque passe complètement inaperçu pour deux raisons : la première, c'est que c'est une production indépendante pour Pathé-Marconi et qu'ils s'en moquent un peu ; mais surtout l'équipe chargée de s'occuper de sa promotion pense que je suis bon pour l'asile. Ils sont plus habitués à Adamo qu'à une chanson comme « Alligator ».

Musicorama en première partie des Animals, Olympia le 15 décembre 1964

JEAN-CLAUDE BERTHON : Une chaise à porteurs... Deux laquais... Un valet... Voici Hector. Physiquement et humoristiquement parfait, mais vocalement beaucoup moins... Cela n'est d'ailleurs pas tellement important dans le cas d'Hector puisque sa personnalité ne prend forme qu'à partir du moment où il devient ridicule. Il y réussit d'ailleurs tout en interprétant « She Was My Baby » de Jerry Lee Lewis, et « Money », puis « Alligator » déguisé en homme des cavernes... (*Disco Revue* n° 5, 11 janvier 1965.)

HECTOR : Pour le Musicorama j'utilise une chaise à porteurs pour mon entrée sur scène, c'est la seule fois, sinon j'essayerai une baignoire, une chiotte à roulettes et un cercueil, même un éléphant une fois... L'Olympia, c'est bien plus grand que le Golf Drouot, alors forcément mes mises en scène y sont bien plus intéressantes. J'ai une section de cuivres et des choristes qui m'accompagnent, sauf que, pour ces derniers, la maison de disques n'a rien voulu savoir et ne veut pas les payer. Je fais donc appel à des poules et des canards. Je les tiens en laisse et dispose des micros à leur hauteur... Ils font très bien l'affaire d'ailleurs, même si en première partie des Animals, c'est légèrement musclé. Ces canards, c'est un pied de nez aux gens de Pathé-Marconi qui n'ont pas voulu participer financièrement ; à cause d'eux je n'ai pas de choristes. Et moi je réagis de la façon suivante : « Vous ne voulez pas me payer de choristes ? Vous allez voir ! » Et donc je fais appel à des canards à la place.

Hector sur scène

« Beaucoup ont été surpris ; enfin la majorité du public n'était pas avertie, car il faut savoir que pour Hector le succès commence à partir du moment où il devient ridicule et où il se fait siffler. Pour commencer, nous eûmes droit à la vedette américaine des spectacles hectoriens, c'est-à-dire Jean-François Dupas qui nous relata dans une chanson à deux parties l'histoire du rock, ceci en sautant un peu partout ou se roulant par terre. Comme de bien entendu, il fut hué. Six musiciens, un valet, Hector arrive vêtu d'un costume Louis XV, blanc, jambes nues et chaussures ridicules et poilues. Vocalement et musicalement, ce que fait Hector est très appréciable. À part "Lucille" avec laquelle il commence, son répertoire est uniquement composé de morceaux de Screamin' Jay Hawkins tels que "I Put A Spell On You", "Strange", "I Love Get Money". Je dois avouer que du point de vue comique, Hector représente une attraction de classe vraiment peu ordinaire. Tous ceux qui l'avaient déjà vu précédemment, ainsi que tout le public, furent grandement étonnés de le voir faire du strip-tease et finir son tour de chant en caleçon mini-long, à petits pois. Après cela, on peut se demander quel sera le prochain gag d'Hector et pour quand. » (*Golf Drouot Actualités*, 1er au 15 décembre 1965.)

HECTOR : Il n'y a pas de différence entre Paris et la province, je me déplace toujours avec mes accessoires, une baignoire, un cercueil, une malle remplie de fringues, et mon réveil. Sur scène j'ai un réveil qui sonne et, si j'ai signé pour une demi-heure, je ne joue que 30 minutes, pas une de plus. Mon réveil sonne, et je peux être au beau milieu d'un morceau, je quitte la scène quand même. Sur la côte belge, j'arrive par la mer. Dans des villes telles que Knokke-le-Zoute, Zeebrugge ou Blankenberge, le casino donne sur la mer, et pour moi c'est parfait, je me fais déposer au loin et j'arrive à la rame sur mon cercueil flottant... Une autre fois, je débarque à dos d'éléphant. Cela tient à la fois du pari et du théâtre comique.

GILBERT KRAVETZ : Nous partageons plusieurs fois l'affiche avec Danny Boy et les Pénitents, ainsi que Moustique ; pour ce dernier, lorsqu'il n'a pas d'orchestre, on l'accompagne. Nous jouons aussi dans plusieurs fêtes foraines, à Arpajon, pour la Foire aux haricots, on doit faire la parade sur un plateau qui tourne. Notre rôle, c'est d'attirer les gens à l'intérieur du chapiteau, ils payent à l'entrée et on doit jouer deux ou trois titres. En alternance, de l'autre côté du plateau il y a une strip-teaseuse, en fait la femme du patron... Si on accepte ce genre de plans, c'est que l'on court quand même un peu après le cacheton ; l'on fait plusieurs kilomètres, et il ne nous reste le plus souvent qu'un peu d'argent pour acheter de l'essence, pas de quoi manger. Et souvent, nous sommes obligés de faire la manche à la station-service. Sur le moment, c'est très difficile à accepter, mais avec le recul, ça reste des bons souvenirs.

HECTOR : Une fois ou deux, ça se passe mal, mais c'est de ma faute. En Belgique, je suis sous un chapiteau et à un moment j'arrête de chanter. Je déclare alors : « Maintenant je continue si vous coupez les cordes ! » Évidemment pour moi c'est une plaisanterie, mais y a toujours des cons qui te prennent au mot. Ça ne s'est pas écroulé, mais le chapiteau vacillait dangereusement... Une autre fois, à Colombey-les-Deux-Églises, je tombe sur un club qui jouxte une station-service. J'ai préparé mon entrée en m'installant dans une cage, et j'ai demandé à un ami de me procurer des fumigènes pour masquer la préparation. Seulement, je n'ai pas prévu que ces fumigènes étaient destinés à des exercices extérieurs. Au bout de quelques minutes, dans ce club, c'est la panique complète. Et, vu de l'extérieur, les gendarmes ont pensé que c'était la station d'essence qui prenait feu... La plaisanterie est mal reçue. Comme cette fois où, suite à mon surnom de Chopin du twist, on m'invite à participer à une émission classique, salle Pleyel. C'est une émission retransmise à la radio, et ne s'y produisent que des premiers prix, chacun devant y aller de sa propre interprétation. Je me rends tout de suite compte du problème d'aiguillage, mais, une fois sur place, je me dis que je n'ai aucune raison de ne pas aller jusqu'au bout. L'organisateur me demande ce que je pense de Chopin. Je lui réponds que c'est un con, un mauvais exemple pour la jeunesse. Mon interlocuteur ne percute pas tout de suite et me demande de me mettre au piano. Je fais semblant de regarder si le piano est accordé ou non, je lui annonce que je ne peux pas jouer, que les conditions idéales ne sont pas réunies. Et lui reste toujours très premier degré. Ce n'est que lorsque je me lève pour commencer à casser le piano qu'il y a une réaction de sa part et du public. Je me fais expulser de l'endroit et interdire d'antenne pendant un petit moment car l'organisateur est le frère du ministre de la Jeunesse et des Sports... Mais, au final, ce sont eux qui ne se sont pas renseignés sur mon style de musique, ce n'est pas vraiment ma faute.

WILLIAM ROUDIL : Ça pète souvent sur scène, mais heureusement mes copains blousons noirs nous accompagnent. Et ils nous protègent. Par contre, ça peut aussi se retourner contre eux, ce sont parfois eux qui déclenchent les hostilités. Une fois, à Sarcelles, je vois tout mon matos voler, avec les cymbales qui sont devenues des sortes de frisbees. Personne n'a été blessé, ouf ! Il n'y a qu'au Golf Drouot que nos copains blousons noirs savent se tenir, car c'est notre fief, même s'il faut toujours leur rappeler : « Déconnez pas, ici c'est chez nous ! » Précisons quand même que le personnage d'Hector ne passe pas toujours, et que très souvent il se fait huer. Nous recevons souvent des vieilles tomates, des godasses et aussi des pièces, je suis obligé de me planquer derrière mes cymbales, encore plus quand mes potes ne sont pas avec nous. Le public ne supporte pas la chanson de Jean Yanne « Je vous déteste », elle est interprétée très premier degré. Presque à chaque fois qu'Hector la chante, badaboum ! Il y a aussi une banlieue que nous redoutons précisément, Malakoff, car là-bas les types de Bobigny ne sont pas bien vus. C'était un coin très sauvage, alors le début du concert, avec les reprises rock and roll, ça passe, mais dès qu'Hector balance le reste accompagné de son laquais, ça n'est plus tenable. Nous nous faisons sortir de la salle, *manu militari* ! C'est trop décalé.

HECTOR : Lorsque je suis sur scène et que l'on m'insulte, je force la chose. Si on me traite de pédé, je me mets à quatre pattes, et je demande à mon valet de se mettre derrière moi et de baisser son froc. Et là, en général, le public est tellement estomaqué qu'il s'arrête net. C'est comme pour les tomates, toujours avec mon valet, j'en vends souvent à l'entrée de mes concerts, et là, d'un coup, les gens qui viennent me voir ont beaucoup plus de mal à m'acheter des tomates pour me les balancer sur la gueule une demi-heure plus tard. À partir de ce moment-là, je contrôle la situation et ça devient bien moins amusant pour eux. Plusieurs fois, si on nous en jette quand même, on sort la table, la vinaigrette, le litre de rouge et on s'installe, avec un panneau : Merci pour la bouffe ! On pousse même le vice jusqu'à mettre un disque pour qu'il y ait un fond sonore. Tant que le pick-up est branché, je mime une ou deux chansons déguisé en Sheila, avec les couettes, la jupe écossaise, et la danse idiote. Elle, ça ne lui plaît pas trop, par contre mon public en redemande.

Amitiés célèbres

HECTOR : J'ai un bon contact avec Screamin' Jay Hawkins [*N.d.A.* : chanteur américain de rock and roll, il est l'un des premiers à proposer un show foncièrement outrancier, n'hésitant pas à user des arcanes de la sorcellerie et du cinéma fantastique pour mettre en scène son spectacle, au milieu des années 1950, pour la somme de 300 dollars il accepte d'arriver sur scène dans un cercueil; son plus grand succès reste « I Put A Spell On You »]. Pionnier du spectacle, évidemment je l'admire énormément et je connais toutes ses chansons. J'en ai sorti deux [*N.d.A.* : « Alligator » et « Hong Kong » sur son troisième 45-tours] mais enregistré certaines autres qui sont restées inédites, et il est vraiment épaté; que les gens lui parlent de « I Put A Spell On You », il a l'habitude, mais de « Frenzy » ou « Alligator Wine », c'est autre chose! En fait je possède le 25-centimètres sorti en France à la fin des années 1950 [*N.d.A.* : référencé Fontana TR 662 114], et pour moi c'est une base de travail énorme. C'est là-dessus que je découvre « I Put A Spell On You », « Alligator Wine » et « Hong Kong ».

Je suis un peu déçu par ma rencontre avec Screaming Lord Sutch [*N.d.A.* : équivalent anglais de Screamin' Jay Hawkins conjuguant rock et horreur]. La première chose qui me frappe, c'est que d'abord il n'est pas Screaming Lord Sutch toute la journée, c'est un personnage qu'il s'est construit, un personnage qui doit beaucoup au marché aux puces. J'ai l'impression qu'il s'est acheté un chapeau haut de forme, une veste léopard et deux trois accessoires et qu'il est devenu Lord Sutch de cette façon. C'est très clownesque, son numéro, d'ailleurs sa hache, elle est en carton-pâte, et tout est comme ça chez lui. Ça n'a rien à voir avec le professionnalisme d'un Screamin' Jay Hawkins, chez ce dernier tout est réglé. Alors que par exemple le cercueil de Lord Sutch il est tout cabossé, rafistolé d'un peu partout et il manque de la peinture aux quatre coins. C'est trop amateur pour moi. Il profite de très bons musiciens mais c'est un type assez négligé, rien à voir avec un Salvador Dalí par exemple. Bon, c'est vrai qu'il est l'un des seuls à faire ça et que par rapport aux autres c'est barjot, mais je pense que ça aurait dû être beaucoup mieux que ça. Même le Dracula [*N.d.A.* : numéro de vampire présenté en intermède] du Golf Drouot, il est beaucoup plus crédible.

Avec Salvador Dalí, nous nous rencontrons à l'occasion d'une célébration quelconque à l'École polytechnique, rue de la Montagne-Sainte-Geneviève. Nous sommes tous les deux conviés et discutons longuement de notre arrivée jusqu'au moment où on s'aperçoit que la bouche d'égout donne au beau milieu de la cour d'honneur. Nous ne pouvons nous priver d'un tel plaisir. Le soir même, nous sommes conviés à un anniversaire chez Maxim's. J'envoie mon valet l'après-midi pour donner ma recette de soupe à la tomate au grand chef et annonce l'heure de mon arrivée car ce plat doit être à la bonne température au bon moment. Le timing est parfait, et lorsque le grand chef amène la soupière, je me déchausse et je prends un bain de pieds dedans. Il est furieux. Salvador Dalí n'a pas non plus raté son entrée, il est arrivé dans une Rolls-Royce remplie de choux-fleurs : lorsqu'il a ouvert la porte, plusieurs kilos se sont déversés sur le trottoir devant la porte du restaurant.

Entre Israël et Liban

HECTOR : L'été 1965, je pars pendant trois mois et demi en Israël et au Liban. Je pars en bateau en passant par Naples, Gênes, Chypre, sur un paquebot. Je suis accompagné par les Outlaws dans lequel il y a Chinois à la basse, Bernard Janin à la batterie, Tony Begazi et Paul Bennaïm aux guitares. Là-bas je joue dans des boîtes où la scène se réduit à une sorte d'estrade et des vraies salles de concert. Je fais surtout du Screamin' Jay Hawkins, du rock and roll... C'est une tournée et je suis sûr d'être payé, je joue tous les soirs, j'ai un manager, Raymond Zam, qui gère tout ça. Les propriétaires des hôtels me font du souci, ils me disent que c'est trop fort, que c'est trop exhibitionniste, et j'ai encore des problèmes d'avocat parce que je me déshabille sur scène... Le Liban est totalement libre à l'époque, c'est le Saint-Tropez des années 1960, la Suisse du Moyen-Orient, avec énormément de grands hôtels. J'y croise Neil Sedaka, Paul Anka et Del Shannon. C'est Miami ! Je me déshabille sur scène, je fais beaucoup de bruit, je harangue la foule et les mecs, ils prétendent ne pas comprendre. Mon manager qui m'a fait venir paraît scandalisé, alors qu'il m'a engagé pour cette tournée parce qu'il m'a vu à l'Olympia en 1965, avec les Animals. Il sait où il met les pieds. Il aurait engagé les Animals, je dis pas, mais là... Je lui fais remarquer d'ailleurs : « Tu t'attendais à quoi ? » Et encore les moyens sont limites, j'aurais pu faire mieux !

Hector initiateur du happening ?

JAMES ARCH : Hector vient au Bus Palladium, il fait un tabac terrible. Son numéro est parfaitement au point, il se lave les fesses devant tout le monde et après balance l'eau sur les premiers rangs... Un truc de fou. Je reste persuadé que ça donne l'idée à des gens comme Jean-Jacques Lebel de monter des happenings. Jean-Jacques est client du Bus, il vient tous les soirs. Et quelques semaines après Hector, sans doute au début de l'année 1966, il me propose d'organiser un happening. Je n'ai aucune idée de ce que c'est. Et je m'aperçois que c'est une nouvelle façon de faire la fête, une sorte d'anarchie vivante qui peut partir dans tous les sens, avec des maîtres de cérémonie qui parviennent à catalyser le phénomène. Par chance, la drogue n'est pas encore très démocratisée et donc il n'y a jamais de violence.

HECTOR : Ce que je fais n'a rien à voir avec un happening. Pour moi, un happening, c'est une improvisation où on te donne un thème, quelques accessoires et advienne que pourra... À partir du moment où il y a une mise en scène qui est écrite et réglée, ça ne peut être un happening. Lorsque nous distribuons des tomates à l'entrée pour que les gens nous les balancent, on provoque une réaction. Pire, on leur montre l'exemple en balançant nous-mêmes les premières tomates car si aucun d'entre nous n'avait osé le faire, ça n'est pas sûr que le public nous aurait jeté ces tomates parce qu'il faut quand même oser. Mais, dès le départ, on sait comment ça se termine. Par contre, ce qui est sûr, c'est que deux concerts d'Hector ne se ressemblent pas, c'est pour cela que le type qui va nous voir même plusieurs soirs de suite, il est surpris parce qu'il a l'impression d'une grande improvisation à chaque fois renouvelée.

Prix des plus longs cheveux, Bus Palladium,
23 novembre 1965

FRANÇOIS JOUFFA : Hector c'est un artiste lyrique mais c'est aussi le président du club des ch'veux longs.

HECTOR : Maintenant c'est ridicule de porter des ch'veux longs parc'qu'on est à la mode des cheveux courts et ça fait sale et négligé.

FRANÇOIS JOUFFA : Et toi tu n'es pas du tout à la mode bien sûr.

HECTOR : Non mais je porte des cheveux longs comme les militaires portent des boutons dorés.

FRANÇOIS JOUFFA : En chantant tu te grattes la tête.

HECTOR : Je me grattais la tête parce qu'il devait y avoir un arachnide, c'est une petite bête... (Extrait du CD : *L'Âge d'or des yéyés* réalisé par Europe 1.)

CHOUCHOU : Hector reconnu par Long Chris comme le meilleur sosie du redoutable Billy the Kid, qui terrorisa la vieille Amérique. Ce n'est pas par hasard que le copain Hector prend l'air inspiré devant cette affiche, car il est l'un des plus sérieux spécialistes français de l'histoire du western, sur laquelle il prépare un ouvrage. Son autre projet : acheter une voiture anglaise, genre Jaguar, avec plate-forme arrière pour ses laquais... (*Salut les copains* n° 19.)

Bill Haley à l'Alhambra de Paris,
le 24 et le 25 septembre 1966

HECTOR : Bill Haley, je le rencontre parce qu'il vient faire un gala, je vais le chercher à l'aéroport et je l'emmène à l'hôtel. Il ne reste que quelques jours mais il se produit deux soirs de suite à l'Alhambra, ainsi qu'à la Tour de Nesle, une toute minuscule boîte de Saint-Germain-des-Prés et ne manquera pas de passer au Golf Drouot... Il est avec ses Comets mais se révèle rapidement abîmé, dans sa tête et physiquement. Il picole pas mal et surtout a connu énormément de déceptions. Il me montre des programmes et des affiches qu'il promène dans sa valise, du temps où Elvis Presley et Jerry Lee Lewis assuraient ses premières parties... Alors que là, il est devenu une sorte de chanteur de saloon. Il est obligé de jouer et de tout accepter pour gagner sa vie, car il n'a rien écrit, même son plus gros tube « Rock Around The Clock », ça n'est pas de lui. Il sait très bien qu'un type comme Chuck Berry est incontournable, que tous ont puisé dans son répertoire, des Rolling Stones aux Beatles en passant par Elvis Presley, alors que lui, Bill, il est complètement oublié. Il est très désabusé. Il est dans un hôtel minable de Pigalle, alors que les rock stars descendent au George V. La chambre d'hôtel est une horreur, il y a un lit crasseux avec juste un couvre-lit, et lui attend que son manager l'appelle pour qu'il se rende à l'Alhambra... Le public est déjà dans la salle, mais Bill Haley n'apparaîtra pas avant que son manager soit sûr d'être payé ; en attendant, il enfile bière sur bière avec Rudy (Pompilli), son saxophoniste... Ça me fait un choc. Surtout que le lendemain, au Golf Drouot, les types ne peuvent s'empêcher de le toucher, physiquement, comme une sorte de porte-bonheur. Bill Haley est une icône du rock, exactement comme Gene Vincent, et personne n'imagine sa solitude dans sa chambre d'hôtel minable, surtout pas le public du Golf. Le fossé entre son image et ce qu'il est réellement est énorme. Il est en bout de course, et forcément le fan de rock and roll que je suis ne peut qu'être touché par cette situation.

HENRI LEPROUX : Je me souviens des Comets qui reçurent avec un air ravi les 500 francs des mains des Jumelles, d'Hector qui vint en fiacre et repartit sur les épaules de ses fans... (*Le Temple du rock.*)

HECTOR : S'il est obligé de réclamer son dû avant de se produire, c'est qu'il a donné. On sent une grande habitude des tournées galères chez lui, dans les années 1960 n'importe qui peut s'improviser entrepreneur de spectacles, on ne sait jamais sur qui on va tomber, et mieux vaut réclamer sa paye avant de jouer pour être sûr de ne pas rentrer bredouille. Souvent l'organisateur s'en va discrètement avec la caisse, et impossible de mettre la main dessus.

Exil au Canada avec Mike Shannon

MIKE SHANNON : Au Canada, j'ai déjà rencontré des producteurs. Dans ma naïveté, je me dis qu'il vaut mieux ne pas aller aux USA tout de suite, mais passer par la case Canada. En fait, j'y reste trois ans. Là-bas, Hector est mon gérant personnel. Mais, attention, un Hector sérieux ! Il s'emploie à faire avancer nos affaires. Nous nous produisons dans des endroits prestigieux et faisons quelques disques, qui ne marchent pas trop mal, sous le nom de George Brummell... (Propos recueillis par Jean-William Thoury, *Jukebox Magazine* n° 121.)

HECTOR : Nous partons au Canada au mois d'octobre 1967, Mike en tant que chanteur, et moi en tant que manager et producteur. On va y rester deux ans, Mike enregistre des disques pour la firme Canusa sous le nom de George Brummell [*N.d.A.* : il enregistre cinq simples : « Vendredi m'obsède »/« Étrange garçon », « L'histoire de Gregory »/« Il travaille à la mine, celui-là »/ « Chérie, chérie »/« Tes yeux me parlent » et « Notre amour est un grand musicien »/« Mais si quelqu'un »], et se produit dans de nombreux galas. En parallèle, je produis d'autres artistes et j'écris même des chansons sous le nom de Sam Kalfon pour Johnny Farago, Patrick Zabé, les Baronets dans lequel il y a René Angelil, le futur mari de Céline Dion. Sur le label Canusa il y a de tout, des groupes de rock, des chanteurs à voix, des orchestres folkloriques et des groupes vocaux. Je n'ai aucun regret de ne plus monter sur scène car je me sens bien dans mon rôle de producteur, d'autant plus que la façon de travailler est très différente de celle que j'ai connue jusque-là en France. Les réactions sont rapides, si l'on tombe d'accord pour enregistrer un morceau, il peut être bouclé dans les deux jours, dans les bacs la semaine suivante et passer en radio dans la foulée. À partir de là, les opportunités pour se produire en concert sont nombreuses. On travaille rapidement et c'est vraiment très agréable. Il y a énormément de possibilités de chanter en public, et les types n'attendent pas que le téléphone sonne. Je croise Eddy Mitchell lorsque je suis au Canada et lui n'en revient pas de ça, que les types puissent enchaîner des galas dans des cafés, devant 250 personnes, alors que dix jours après ils se produisent dans une patinoire devant 10 000... C'est pourtant ainsi qu'ils apprennent leur métier, les Ray Charles, Marvin Gaye, les Supremes et autres Joe Tex. Je mets de côté ma carrière déjà parce que je ne peux pas tout faire, m'occuper de Mike et de moi. Ensuite parce que je ne suis pas au Canada en tant que chanteur, je suis vraiment là pour m'occuper de Mike. Ensuite, ce que je fais, c'est un peu compliqué à mettre en place, il faut des moyens, une organisation. Mike, il met un smoking et il peut chanter, que ce soit avec un pianiste ou un groupe. Une fois son concert terminé, il enfile un blouson et salut. Moi, c'est plus compliqué. J'en ai aussi un peu marre de tout gérer, et ça correspond parfaitement au sentiment qui se dégage de ma rencontre avec Tiny Tim. Je le croise à Chicago à ce moment-là, on en discute et il me confirme dans cette idée que rien n'est acquis, qu'il faut toujours se battre. Pour avoir une mise en scène, une lumière adéquate, un minimum de confort et qu'à ce niveau-là on parle forcément de rentabilité. Donc je n'ai pas de regret.

3

Une jeune fille moqueuse

Stella

L'humour est une arme redoutable dont l'efficacité n'est plus à démontrer. Du haut de ses 13 ans, Stella pose ses conditions. Pas question qu'elle soit absorbée par cette vaste opération de marketing orchestrée par Daniel Filipacchi et consorts, ni assimilée aux autres chanteuses issues du moule yéyé sixties. Stella, c'est un électron libre. Un phénomène dont l'espièglerie n'a d'égal que la verve de ses textes. Elle peut ainsi faire aussi bien que n'importe quelle artiste présentée par la bible de l'époque, *Salut les copains*, et ne va d'ailleurs pas tarder à le prouver. Éveillée très tôt par son oncle Maurice Chorenslup aux raffinements mélodiques du jazz, elle sait que le twist ne peut souffrir la comparaison. Cette jeune femme au tempérament intrépide se pose en concurrente redoutable, puisque avertie des règles du jeu. Attention, il ne s'agit pas de faire carrière, juste de prendre un peu de bon temps en attendant ses 18 ans. Tout ceci n'étant qu'une vaste plaisanterie, pas besoin d'être savant pour parvenir à ses fins, enregistrer un disque et devenir une vedette... Stella sortira une dizaine de 45-tours entre 1963 et 1968 et passera comme prévu à la radio ainsi que sur le poste familial en prenant pour cible favorite ses contemporains. Son ascension rapide prouvera sa juste vision de la chose même si cela ne peut être que temporaire. Le contrepied peut être un point de départ, pas une finalité. Il n'a de toute façon jamais été question pour Stella de cimenter l'avenir, la jeune femme est bien trop insouciante pour cela. Pourtant, sa gouaille et sa franche assurance, ainsi que le talent inné de son tonton — c'est avec ce dernier qu'elle écrit les textes —, rendent ces quelques plages magiques et immuables. Surtout qu'en toile de fond se dessine une époque où la remise en cause du discours officiel est à la mode. Le côté trublion de Stella est bien évidemment précurseur de celui d'Antoine et de Jacques Dutronc. Mais, venue par hasard à la chanson, celle-ci abandonnera sa carrière sans aucun regret à l'âge où d'autres la commencent à peine, 18 ans, pour continuer le combat au sein du groupe le plus anticonformiste des années 1970, Magma. Aujourd'hui les 45-tours de Stella sont parmi les plus délirants et les plus révélateurs de cette décennie.

« Garçon manqué nonchalant, portant cheveux courts et pantalon, benjamine de la chanson Stella Zelcer en est aussi la joyeuse pétroleuse. De complicité avec un jeune oncle qui lui tient lieu de grand frère, alors qu'elle était encore au lycée, elle écrit sa première chanson gag "Pourquoi pas moi", une satire drolatique de la vague d'idolâtrie qui submerge la chanson... » (*Special Pop*, 4e trimestre 1967.)

Stella Zelcer

STELLA : Lorsque mes parents arrivent à Paris de Pologne, ils ont six mois. Mon père est né à Varsovie et ma mère, à Radocyzse, un petit village près de Lodz. Je suis née le 12 décembre 1950 à Paris. Mon père a eu plein d'activités très diverses, mais toujours dans le commerce. Dans les années 1950, il est directeur d'une blanchisserie industrielle et ma mère travaille avec mon grand-père dans un magasin de chaussures aux puces de Saint-Ouen. Je n'ai plus trop de souvenirs de ma petite enfance, mais une copine d'école primaire m'a dit que, déjà, à l'âge de 8-9 ans, je n'avais qu'une envie, faire de la musique. Il paraît que c'est quelque chose que je disais tout le temps, mais c'est marrant, j'ai complètement oublié. Par contre, j'ai ce souvenir d'être en classe et de chanter. Il y a des profs qui nous font répéter avec un guide-chant. J'avais toujours l'impression que, quand je m'arrêtais, je trouvais que ça sonnait moins bien. C'est complètement ridicule, mais j'avais déjà une oreille qui était attirée par ce genre de choses. Au début du phénomène yéyé, moi j'écoute du jazz depuis plusieurs années, j'ai ce fameux oncle, Maurice Chorenslup, qui est amateur et qui m'a initiée. Je suis très jeune, mais j'ai toutes mes copines qui écoutent toutes ces conneries yéyé et je trouve ça vraiment nul comparé aux disques de jazz familiaux.

MAURICE CHORENSLUP : Je suis né à Paris en 1936, ma famille est d'origine juive et, pendant la Seconde Guerre mondiale, on ne cesse de bouger. Après la libération, après un interminable tour de France, on peut enfin revenir dans la capitale. J'en profite pour commencer à gratter sur une guitare. J'essaye de jouer un peu de jazz, c'est le début des premiers magnétophones, mais dès que je m'écoute, je me dis qu'il vaut peut-être mieux que je me dirige sur autre chose... La guitare, c'est uniquement pour mon plaisir personnel, je n'ai pas dans l'idée de composer, ni d'être chanteur ni quoi que ce soit. J'ai même cette réflexion que, si un jour je veux écrire des chansons, je ne vois pas trop à quoi cela pourrait servir car je sais que je serai incapable de faire mieux que Georges Brassens. Pour moi, c'est une sorte de summum. Dès que je l'ai entendu, ça m'a procuré la même émotion que Judy Garland ou Billie Holiday, ça me faisait venir les larmes aux yeux. C'est probablement la raison pour laquelle lorsqu'un certain nombre d'années après je me décide fortuitement à écrire quelques morceaux, j'opte pour quelque chose de diamétralement opposé.

STELLA : Avec mon oncle, Maurice Chorenslup, nous sommes très proches. C'est lui qui me fait découvrir le jazz mais aussi plein d'autres choses, il m'emmène par exemple tout le temps au cinoche. Il s'occupe beaucoup de moi, culturellement parlant. Quelques années avant notre première maquette, on enregistre même un disque dans une cabine qui ressemblait un peu à un photomaton, on pouvait y graver un souple et ressortir instantanément avec. On voulait faire une surprise à mes grands-parents et j'enregistre une chanson de Jean-Claude Darnal, « Le tour du monde » avec mon tonton qui m'accompagne à la guitare. Hélas ce disque a depuis été égaré dans mes déménagements.

MAURICE CHORENSLUP : J'effectue mon service militaire assez tard parce que je suis sursitaire, je poursuis des études en droit. Je suis un amateur de jazz qui voit arriver avec un étonnement amusé le rock en France. Et la première fois que j'entends Johnny Hallyday, je suis en voiture au tout début des années 1960. Je fais beaucoup d'aller et retour en voiture, entre ma caserne en Allemagne et la France, et pour ne pas m'endormir, la nuit, j'écoute la radio. Très sincèrement, la première fois que j'entends

Johnny, je crois que c'est un clown musical. Je me dis : « Tiens, voilà un type qui fait de la dérision, il fait des chansons américaines mais en beaucoup plus mal pour faire rire les gens... » Il n'y a pour moi aucun doute. J'en suis sûr ! Je connaissais un peu le rhythm and blues originel, sans être spécialiste, mais au moins je savais à quoi ça correspondait. Et donc le rock, surtout le rock local, m'est passé au-dessus de la tête. Je n'arrivais pas à voir le moindre intérêt à ça !

Pourquoi pas moi

Stella sort son premier 45-tours à la fin de l'année 1963. Une année primordiale puisqu'elle marque une sorte d'apogée du mouvement yéyé pour les jeunes Français. Pour la première fois, les adultes très largement réfractaires à toute émancipation sont bien obligés de reconnaître qu'il se passe quelque chose auquel ils ne sauront résister longtemps. Manque de chance, ils n'y comprennent et surtout n'y entendent rien. On appelle ça le twist.

Le 22 juin 1963, c'est la légendaire Nuit de la Nation. Ce soir-là, plus de 150 000 copains se sont rassemblés autour de la place de la Nation pour fêter le premier anniversaire de leur bible, *Salut les copains*. Tous sont venus écouter Johnny Hallyday, Richard Anthony, Frank Alamo, les Chats Sauvages, Sylvie Vartan, Danyel Gérard, Nicole Paquin et les Gam's. Il n'y aura aucune violence. Ce qui n'empêche pas le général de Gaulle d'être furieux et de déclamer cette phrase restée célèbre : « Ces jeunes gens ont de l'énergie à revendre, qu'on leur fasse construire des routes ! » De très nombreux journalistes feront le même genre de constat dans la presse d'alors. Le meilleur exemple étant Philippe Bouvard : « Quelle différence entre le twist de Vincennes et les discours d'Hitler au Reichstag ? » (*Le Figaro*, 24 juin 1963.)

Une nuit entièrement consacrée au dieu Twist (aussi appelé Rock and Roll par certains) et qui consacre également le mensuel lancé par Daniel Filipacchi et Frank Ténot suite à leur rendez-vous radiophonique au nom éponyme sur Europe n° 1. En moins de douze mois, le tirage dépasse le million d'exemplaires. C'est un chiffre exceptionnel, un peu trop même pour tous ceux que l'on dénomme affectueusement les croulants.

C'est que la mode des groupes twist-rock a laissé la place à toute une nouvelle génération propre sur elle. Sheila, Claude François, Frank Alamo, Lucky Blondo ne font pas dans la contestation. Ils adaptent des airs anglo-saxons et ne parlent jamais de politique. Ils viennent compléter la première vague des Johnny, Eddy et Sylvie. Autant dire que les chanteurs d'avant-hier, comprenez ceux de papa et maman, sont depuis longtemps mis au rebut, et qu'ils vont devoir connaître une longue traversée du désert... Ne comptent plus que ces jeunes idoles yéyé, dont le talent n'est pas toujours la qualité première mais dont tout le monde raffole. Public et professionnels. En fait, le cynisme de quelques producteurs a agi comme un réflexe, ils ont très vite compris qu'il y avait là énormément d'argent à se faire. C'est un peu la *Star Academy* avant l'heure, de jeunes inconnus vont devenir de jeunes vedettes en moins de temps qu'il n'en faut pour le dire, on profite d'un système, celui de la très forte demande. L'investissement n'est pas bien lourd, et, comme il peut rapporter gros, on aurait tort de s'en priver. N'en resteront dans le métier qu'un ou deux... L'année 1963 est caractéristique de ces jeunes gens que l'on lance à grands coups de renforts publicitaires.

Stella est une jeune fille presque comme les autres. Elle aussi écoute la radio et découvre ces idoles. Son seul problème, c'est qu'elle n'est pas complètement inculte... Son oncle lui a déjà fait découvrir les grands noms du jazz et, bien évidemment, il lui est dès lors très difficile d'acclamer ces chanteurs préfabriqués. Son air moqueur qui transparaît sur son premier 45-tours est à remettre en situation, c'est celui d'une jeune fille qui a goûté aux délices d'Ella Fitzgerald et qui ne comprend pas pourquoi on plébiscite tant Sheila. Stella est une exception dans la production yéyé.

STELLA : Le premier truc qui est venu c'est « Pourquoi pas moi ? ». Avec mon oncle, on enregistre une espèce de petite maquette, lui joue de la guitare, moi je chante, et on envoie la bande chez Vogue parce que c'est la maison de disques qui est la moins loin de chez nous. C'est un critère de choix comme un autre. On n'a pas envie d'envoyer ça à cinquante endroits parce que pour nous, c'est vraiment une blague.

MAURICE CHORENSLUP : Dans tout ce qu'on appelle la vague yéyé, il y a quand même des trucs qui m'horripilent. Un soir encore une fois à la radio dans ma voiture, j'entends « Première surprise-partie » par Sheila avec vingt-deux fois de suite la phrase : « C'est ma première surprise-partie, C'est ma première surprise-partie, C'est ma première surprise-partie... » Il n'y a rien d'autre dans la chanson. Et là, je me dis que si un morceau comme celui-là arrive à être édité, à passer en radio et à être acheté par les gens, n'importe quel con, y compris moi, peut en faire autant. C'est le déclic. D'ailleurs, c'est la raison pour laquelle la première chanson que j'écris s'appelle « Pourquoi pas moi ». Stella n'a jamais chanté de sa vie, elle n'en avait d'ailleurs jamais eu l'intention. Mais il se trouve par bonheur qu'elle avait une très bonne voix naturelle, et on a monté ça un petit peu à titre de gag. En tout cas, on enregistre ce premier essai sur un magnétophone à bande Grundig et je l'apporte aux disques Vogue à Villetaneuse, parce que ce sont les plus près de l'endroit où je travaille. Et avec un culot extraordinaire, au bout de quinze jours, comme je n'ai pas de réponse, je vais rouspéter. Je tombe sur un type charmant, M. Bernot, un type extraordinaire qui a beaucoup aidé Françoise Hardy. C'est lui qui proposera deux fois de suite cette dernière à Jacques Wolfsohn. La première fois, il l'a envoyée balader. Mais M. Bernot y croit, il lui fait travailler la voix à titre bénévole et la représente deux mois plus tard à Wolfsohn, sans lui dire qu'il l'a déjà refusée. C'est comme ça que ça a démarré... Donc je tombe sur ce type-là que je ne connaissais pas, il me montre un amas de bandes magnétiques, de paquets et autres et me dit : « Écoutez, si vous retrouvez votre maquette, je veux bien l'écouter. » Alors je m'y mets, et par bol, je la trouve rapidement. Il l'écoute et me dit : « Oui il y a quelque chose. » Il l'a fait écouter à Jacques Wolfsohn, et on signe un contrat une semaine après. C'est comme ça que ça a commencé.

STELLA : Les paroles, on les a écrites ensemble, parce que moi j'ajoute la note réaliste, le point de vue de quelqu'un de mon âge. J'amène des idées et Maurice les développe. Mes parents m'ont toujours laissée faire ce que j'avais envie, ils m'ont même soutenue. L'idée de départ de « Pourquoi pas moi », c'est que ça n'a pas de sens de faire la même chose que les autres, surtout que je trouvais ça nul, donc c'est un moyen de me démarquer.

MAURICE CHORENSLUP : Toute cette histoire-là, c'est un gag. Si l'on m'avait envoyé balader chez Vogue, il est probable que je n'aurais même pas envoyé la bande à quelqu'un d'autre. Mais on a essayé et c'est sorti.

Premier disque

J'ai tout pour plaire, je chante comme une cass'role
J'ai 14 ans, je vais encore à l'école
J'ai le regard flou et la tête un peu molle
Oui mais seul'ment j'connais pas d'grand manitou...

(Extrait de « Pourquoi pas moi ».)

MARCEL AMONT : Mais c'est très mignon ! Vous dites qu'elle a 13 ans ? Ça me paraît extraordinaire, étant donné ce qu'elle dit. Et ce qui est très important c'est qu'elle ne se prend pas au sérieux, elle se moque gentiment des idoles. Moi je lui donne 20 sur 10 à cette petite ! (*Nous les jeunes* n° 9, mars 1964.)

MAURICE CHORENSLUP : Comme c'est l'époque des 45-tours à durée prolongée, il faut quatre titres. Alors j'écris dans la foulée du premier trois autres titres, dont « Les parents twist ». Pour moi c'était facile et je pensais que tout le monde avait cette faculté de composer des mélodies dans sa tête. J'en créais une vingtaine par jour dont dix-neuf sans intérêt, mais au moins je n'étais jamais à court. De plus, j'ai toujours pensé qu'il y avait deux grandes façons d'écrire des chansons, façon Georges Brassens en un an et demi, ou alors à la Charles Trenet, en dix minutes. Moi je suis plutôt, le talent mis à part, du côté de Charles Trenet, en dix minutes c'est terminé.

Mes parents n'sont pas des croulants,
Ils sont même un peu trop dans l'vent,
Pour les raisonner rien à faire,
Ils vont tous les soirs au Saint-Hilaire...

(Extrait de « Les parents twist ».)

CHRISTOPHE IZARD : En réalité le père de Stella a 33 ans et dirige une respectable usine de chiffons en gros, dans la banlieue parisienne. Maman reste à la maison et se contente de rêver aux folles nuits du Saint-Hilaire... (*Moins de 20 ans*, 4 janvier 1964.)

STELLA : On a quand même eu de la chance de tomber sur

Jacques Wolfsohn, son esprit iconoclaste correspondant parfaitement à ce que l'on recherchait, même s'il faut bien reconnaître qu'il y a quarante ans tout coûtait beaucoup moins cher qu'aujourd'hui. On réalisait un disque en trois heures, et on le fabriquait en quelques jours. Les moyens de production n'étaient pas du tout les mêmes, donc les labels tentaient plus de choses. Ça ne leur coûtait pas beaucoup d'investir dans ce premier disque.

MAURICE CHORENSLUP : Le premier 45-tours passe en radio. Ça marche même pas mal, ça ne ressemblait pas aux trucs ambiants, c'était un contre-pied un peu à la manière des chansonniers. Genre : on va faire le contraire de tout le monde. C'est parti de ma tournure d'esprit normale, mais là c'était facile parce que tourner en dérision ce qui se faisait à l'époque, c'était pas très compliqué... Je joue sur la maquette, par contre ce n'est pas moi sur le disque. Ce sont des musiciens de studio, la formation de Roger Samyn. Je ne sais même pas écrire la musique. Donc on a filé la bande à un arrangeur qui a écrit les orchestrations. On a enregistré le disque au Théâtre des Champs-Élysées avenue Montaigne, le matin ça faisait office de studio d'enregistrement. Ils n'étaient pas très équipés niveau consoles, par contre j'étais très fier et très impressionné car les chœurs que l'on peut entendre ce sont les gens des Double-Six. Le groupe de jazz vocal dans lequel il y avait Christiane Legrand, la sœur de Michel.

« Sheila méfiez-vous ! Vous êtes la cible d'une jeune rivale. À 13 ans, Stella se lance à l'assaut de vos 17 ans. Elle a comme devise : Je suis l'anti-Sheila ! » (*Paris-Jour*, 14 novembre 1963.)

« Elle avait lu dans les journaux qu'il suffisait de se présenter dans une maison de disques pour être immédiatement engagée. Cela lui semblait incroyable. Accompagnée de son oncle, elle voulut tenter le coup pour rire. La première firme à laquelle elle s'adressa la convoqua immédiatement pour un essai. Quelques jours plus tard, elle signait le contrat de son premier disque... » (*France-Soir*, 16 novembre 1963.)

Sheila en victime désignée

STELLA : « La surprise est partie » ne passe pas beaucoup en radio. Pour attaquer ce mouvement yéyé, il fallait quand même aller au bout du voyage. Moi je n'avais que 13 ans, j'étais très jeune et je ne me rendais pas vraiment compte de ce qu'il se passait. Je n'avais par exemple aucune idée si Sheila prenait mal mes attaques. Ça s'est passé tellement vite que c'est le genre de question qui ne m'est jamais venue à l'esprit. Chez Vogue, je rencontrais l'arrangeur une fois, avec mon oncle, lorsqu'on lui amenait les chansons terminées et c'est lui qui les habillait. Ça n'était jamais vraiment long. Mais chez Vogue, je n'ai jamais travaillé avec la même personne. Sur le premier disque, c'est Roger Samyn, sur le deuxième Mickey Baker, et sur le troisième Alain Goraguer. Les séances d'enregistrement n'ont jamais duré plus d'un après-midi et aucun lien ne s'est établi. Même pour Mickey Baker, le nom me disait quelque chose, je savais que c'était un Américain tout ce qu'il y a de plus respectable, mais je n'avais le temps de rien. C'est peut-être pour cela que je me suis vite rendu compte que ça n'était pas exactement ce dont j'avais envie. D'autant plus que dès le deuxième 45-tours, je suis en conflit avec ma maison de disques. Il y a une adaptation d'un morceau italien « A Me Piace Celentano » qui devient « C'est chanter que je préfère ». La signification première est « J'aime Celentano » et moi je pense tout de suite à une adaptation française « J'aime Nougaro ». En plus comme j'aime vraiment sa musique, le texte que l'on écrit avec mon oncle nous plaît bien. Mais les dirigeants de Vogue ne veulent pas en entendre parler, uniquement parce que Claude Nougaro n'est pas un artiste maison. Je ne céderai qu'à moitié, et encore, au bout de plusieurs semaines, en évinçant le nom Celentano du titre.

L'Olympia, du 19 août au 7 septembre 1964

« Parmi tous les débutants qui ont tenté leur chance sur les antennes, Stella s'est fait remarquer par son originalité et son sens de l'ironie. Sur des rythmes au goût du jour, elle interprète des chansons qui font sourire parce que précisément ses textes se moquent gentiment des idoles en place... Un visage d'enfant, un sourire plein de malice, des yeux bleus largement ouverts à la vie, un entrain de tous les instants. Stella est un prénom à suivre. Elle nous paraît également douée pour la chanson... » (*L'Humanité*, 15 août 1964.)

STELLA : Pour ma première scène, à Bobino, je ne chante que deux ou trois titres. Je ne me souviens de rien, si ce n'est que l'on est obligé de me pousser sur scène. C'est très rapide, je dois rester une dizaine de minutes et interpréter mes deux premiers succès « Pourquoi pas moi » et « Les parents twist ». Par contre, pour ma deuxième expérience, je me produis en première partie de Trini Lopez, boulevard des Capucines, à l'Olympia à partir de la mi-août 1964. Au même programme il y a Jocelyne qui a à peu près le même âge que moi et ça crée des liens. Ce n'est pas un concert unique, on doit rester une quinzaine de jours à l'affiche. Mes parents viennent me voir. Ils ne se sont jamais opposés à ma carrière, du moment que je poursuive mes études. Mes copines d'école m'envient car je croise des vedettes et que je peux sortir le soir.

Changement de label

JACQUES LEBLANC : Au mois d'octobre 1964, cette fois accompagnée par l'orchestre d'Alain Goraguer (réputé arrangeur de Serge Gainsbourg et France Gall), Stella grave « Je te rends mon sablier ». Ce dernier titre est loin d'être innocent car Stella va quitter Vogue début 1965 et leur rend son... tablier... (*Jukebox Magazine* n° 144.)

MAURICE CHORENSLUP : Je me rends très rapidement compte que Jacques Wolfsohn est un type épouvantable, c'est à cause de lui que l'on quitte Vogue. Très souvent il nous convoque pour qu'on lui présente les chansons du prochain disque, et lui est parti à Londres sans s'excuser... Une autre fois, il nous reçoit dans son bureau, prend son journal et se met dos à nous pour lire pendant un quart d'heure avant de daigner nous adresser la parole.

STELLA : Pourquoi RCA Victor ? Je ne me souviens pas très bien de la raison, sans doute qu'ils me font des appels du pied. En tout cas, chez eux, je vais plus avoir l'impression de travailler en équipe.

Western House

PATRICK CHAPUIS : Je n'ai pas osé ouvrir d'une bourrade la porte du saloon, cette porte basse à double battant que les caïds enfoncent d'une pichenette. Je suis entré comme un voleur, un peu minable dans mon imperméable, au milieu de tous ces gaillards portant chapeau à large bord. Dix minutes plus tard, moi aussi je parlais à voix haute, m'appuyant nonchalamment au bar et faisant tinter les dés dans ma main... (*L'Équipe*, 18 décembre 1964.)

MAURICE CHORENSLUP : Au début des années 1960, une fois libéré de mes obligations militaires, je travaille avec mes parents qui ont un magasin de chaussures à Saint-Ouen sur le marché aux Puces. J'ai un beau-frère qui tient lui aussi une échoppe aux Puces, il a commencé à vendre des espèces de bottes de cow-boy fabriquées en Alsace, puis, mais en les achetant par correspondance, un ou deux chapeaux, un ou deux fouets... Je le remplace lorsqu'il part en vacances, et j'observe qu'il y a une demande pour ces articles. Je lui dis qu'il faut approfondir l'idée, qu'il faut ouvrir une boutique d'articles de cow-boy à Paris. Il trouve mon idée très farfelue mais ne peut s'empêcher de répondre : « Si tu trouves le magasin, banco ! » L'inauguration de Western House, avenue de la Grande-Armée, a lieu le 4 décembre 1964. C'est le seul magasin dans les années 1960 où l'on pourra trouver des vêtements authentiquement américains, on vend un peu de tout même si les deux axes principaux restent les jeans et les bottes. Tenir cette boutique ne fait absolument pas double emploi avec la carrière de Stella : elle continue à aller au lycée, et on doit avoir à peine plus de deux séances d'enregistrement par an. On ne peut donc pas dire que cela bouleverse notre existence. Même avec la promotion, il doit y avoir cinq ou six émissions télé et autant de radios. En fait avec une douzaine d'envois, on doit couvrir tous les programmateurs.

STELLA : À 15 ans j'ai fumé mon premier joint, c'était avec François Girbaud, l'un des deux créateurs de prêt-à-porter. Un jour, il m'écrit une lettre vraiment rigolote avec des petits dessins partout, et je lui réponds. On commence à correspondre jusqu'au jour où il débarque à Paris. Mes parents l'hébergent, on doit être à l'automne 1964, car c'est juste avant l'ouverture de Western

House. Et François se retrouve embringué dans l'histoire, c'est lui qui inventera le principe des jeans délavés... Il me fait découvrir le shit aussi. Mais je dois en parler avec des copines de classe et ça remonte sans doute jusqu'au proviseur. Un jour il me convoque dans son bureau. Il s'attendait peut-être à voir une pute en bas résille et talons aiguilles, mais en face de lui il a une jeune fille avec une petite jupe écossaise et des grandes chaussettes. Il ne sait pas trop quoi me dire en fait... C'est comme avec les copains et les professeurs, les rapports sont difficiles. En 1965, je rentre à Stéphane-Mallarmé dans le XVIIe arrondissement et, très rapidement, à part une ou deux copines, tout le monde me regarde bizarrement. C'est un mélange de sensations, je sens qu'il y a un peu de jalousie, car je sors pas mal et je croise de nombreuses idoles. J'arrêterais très rapidement l'école, à la fin de ma première à 16 ans et demi. Le bac n'a alors pas autant d'importance qu'aujourd'hui.

J'achète des disques américains

GÉRARD HUGÉ : Petit bout de femme de 15 ans à la voix moqueuse, qui compose elle-même des chansons ironiques et tendres tout à la fois, en dehors de tous les courants et tendances qui peuvent influencer le monde de la chanson, telle se présente à nous la petite Stella, dont on ne peut ignorer la personnalité. Puisse-t-elle vous plaire autant qu'à moi ! ! ! (Notes de pochette du premier 45-tours sorti sur étiquette RCA Victor au mois de juin 1965.)

T'achètes des disques américains
T'achètes des disques afro-cubains
T'achètes des disques mexicains
Et quelques tamourés tahitiens
Tu te croirais déshonoré, d'acheter des disques français...

(Extrait de « J'achète des disques américains ».)

STELLA : « J'achète des disques américains » marque un tournant à plusieurs niveaux. J'ai l'impression qu'à ce moment-là on a fait le tour des chanteurs français et qu'avec Maurice on s'attache plus à des mouvements. L'influence de la culture américaine est énorme sur les jeunes, tout le monde rêve du pays de l'oncle Sam et j'ai envie de brocarder ça. C'est toujours dans cette idée de foutre la zone. À partir de ce 45-tours-là, c'est Gérard Hugé qui signe les arrangements, je travaillerai avec lui jusqu'au bout, ça me change... C'est une époque où j'ai de plus en plus de copains musiciens, même mon petit ami est guitariste. J'ai très vite une réputation d'emmerdeuse parce que pour le concert des Copains-Menier, le 25 juin 1966 à l'Alhambra, je veux absolument que ce soient les Sharks qui m'accompagnent. J'en ai marre d'avoir un grand orchestre qui ne fait qu'interpréter une musique sur partition. Je veux des gens impliqués.

Le folklore auvergnat

C'était un air du folklore auvergnat
Que j'avais entendu à Salut-les-Fouchtra
C'était un air du folklore auvergnat
Que chantait Verchuren le Dylan de là-bas
Certains rêvent d'aller en Amérique
Ils trouvent que c'est vraiment fantastique
New York ils trouvent cela excitant
On voit qu'ils ne connaissent pas Clermont-Ferrand...

(Extrait du « Folklore auvergnat ».)

STELLA : « Le folklore auvergnat » c'est tout simplement une satire du « Folklore américain » de Sheila. C'est un principe que j'avais adopté : toujours me moquer de quelque chose qui se passait dans le métier... (*Club des années 60* n° 23, avril 1997.)

ROLAND MANOURY : Ne croyez pas, Mademoiselle Stella, que les Auvergnats sont des rébarbatifs aux allures de croulants, mais si la mode est actuellement à qui criera sa rancœur à la face du monde, vous êtes loin d'égaler un Bob Dylan, un Antoine ou une Sheila. Personne ne confondra Stella et Sheila. Celle-ci a la chance d'être auvergnate et elle en est fière. La jeunesse auvergnate ne vous pardonnera pas de vous être attaquée aux Auvergnats, d'avoir prononcé des Fouchtri et des Fouchtra, car vous apprendrez que l'on n'a jamais prononcé ce mot en Auvergne, et vous apprendrez encore que Verchuren n'est pas auvergnat et qu'il est encore moins le Dylan de là-bas ! Votre maladresse risque fort de retomber sur vos seize printemps et vous méritez de retourner vite sur les bancs de l'école, ne serait-ce que pour apprendre un peu mieux le français, non sans avoir, auparavant, reçu une bonne fessée !... Contre la programmation de tels disques, où la qualité et le talent sont totalement inexistants, je lance avec l'accord de *L'Auvergnat de Paris* un appel à tous nos lecteurs... (*L'Auvergnat de Paris*, mai 1966.)

PATRICK MILLER : Défense de taper sur le folklore ! Les seuls flonflons que les Auvergnats acceptent, ce sont ceux des accordéons de Boisserie, Prud-homme, Ségurel, les champions du Vas-y Mimile, les rois du musette de la rue de Lappe et des bals de campagne... Un visage souriant, des cheveux blonds coupés court, un regard amusé, Mlle Zelcer ne paraît pourtant pas être l'ennemi farouche que croient reconnaître en elle les gens du Centre... (*Paris-Presse*, mai 1966.)

« L'éditorialiste de *L'Auvergnat de Paris* menace la jeune chanteuse Stella de la colère de ses cinq cent mille lecteurs et d'une bonne fessée pour avoir interprété sur les ondes et ailleurs quelques couplets intitulés “Un air du folklore auvergnat” dans lesquels à coups de fouchtra et de bougnats, elle vante d'une façon un peu trop ironique les vertus touristiques de Clermont-Ferrand... » (*Le Figaro*, mai 1966.)

MAURICE CHORENSLUP : On a été traîné dans la boue par *L'Auvergnat de Paris*, en première page, plusieurs semaines de suite... On me traite de raciste. Bon, c'est vrai qu'il faut être abonné à *L'Auvergnat de Paris* pour le savoir, mais c'est quand même une communauté importante, puissante et organisée. En plus ils sont plus ou moins pro-Sheila car elle a des origines auvergnates. Alors on se moquait d'eux doublement car le titre est évidemment un clin d'œil au morceau de Sheila « Le folklore américain ».

STELLA : « Un air du folklore auvergnat » passe beaucoup en radio, c'est sans doute cela qui a dû les énerver... Pourquoi ça marche particulièrement ? Sans doute parce que c'est pris au premier degré par les Auvergnats de Paris. Leur volonté de retirer cette chanson des ondes de l'ORTF m'assure une promotion inattendue. J'ai des articles partout, et du coup, tout le monde veut entendre ce morceau dit scandaleux.

« On est pour ou contre Stella, une débrouillarde élève du lycée Stéphane-Mallarmé, devenue en une soirée un compositeur-interprète plus controversé qu'Antoine. Tout ça à cause de son “Folklore auvergnat”, une chanson sur un rythme de bourrée, bien innocente, plutôt drôle, qu'on entend depuis sans arrêt mais sans ennui... En attendant Stella semble avoir adroitement tiré ses marrons du feu. 80 000 exemplaires de son disque sont déjà vendus... » (*Minute*, mai 1966.)

Si vous connaissez quelque chose de pire qu'un vampire...

Au cours de la rentrée 1966, paraît sans doute l'un des disques les plus importants de Stella, son septième. Cette année-là, c'est l'explosion du phénomène beatnik, des jeunes gens qui veulent vivre sans contrainte, et qui cheveux au vent n'ont d'autre idée que de refaire le monde. Un monde qu'ils connaissent bien puisqu'ils l'ont visité en auto-stop et que vagabondage aidant, ils ne cessent de l'évoquer avec leurs amis de rencontre. Les pays de l'Europe ne semblent plus avoir aucune frontière pour eux, c'est la fameuse autoroute européenne qui va de Paris à Stockholm qu'évoque Antoine.

En France, ce dernier est sans aucun doute possible leur modèle. Il est LE beatnik made in France, l'équivalent local de Bob Dylan, rejoint en cours de route par de nombreux autres, et plus particulièrement par un autre chanteur tout aussi anticonformiste, Michel Polnareff. Antoine est parti en Suède. Michel Polnareff a fait la manche sur les marches du Sacré-Cœur. Tous deux sont des beatniks et refusent le modèle social qu'on leur propose.

Stella qui va fêter ses 16 ans se moque ouvertement de ces jeunes hommes alors que tout porte à penser qu'elle pourrait être tentée de les imiter. Sans doute très influencée par son oncle, elle se gausse de ce qu'ils représentent. Elle est l'une des seules à ne pas croire du tout au mouvement et à n'y voir qu'un phénomène de mode dans lequel elle n'aurait aucun intérêt à s'infiltrer. Elle n'en a pas envie non plus, peut-être encore trop jeune. Par contre, cela représente une fantastique source l'inspiration. Dans

« Beatnik d'occasion », Antoine est plusieurs fois identifiable, il roule en TR4 et veut la pilule mais refuse la bombe.

Dans le titre à rallonge qu'est « Si vous connaissez quelque chose de pire qu'un vampire, parlez-m'en toujours, ça pourra peut-être me faire sourire », Stella attaque même les chanteurs anglais. Comme si son amour du jazz ne s'était jamais démenti et que des groupes comme les Rolling Stones, Pretty Things ou autres Yardbirds la laissaient complètement indifférente.

En cela, Stella reste fidèle à sa propre logique d'observatrice cynique. Épaulée par son oncle, qui lui apporte le recul de son âge, la conjugaison de leur talent d'écriture leur permettra d'échapper à des propos aux réminiscences réactionnaires. C'est d'ailleurs là l'extraordinaire force de ces quelques plages.

Je proteste, je ne sais pas contre quoi
Je proteste, ne m'demandez pas pourquoi
Je proteste, pour le Vietnam, pour Cuba ou pour Hong Kong
J'suis la prêtresse du protest song.
Je proteste, quand on m'marche sur les pieds
Ça m'fait mal, ça m'empêche de protester
J'suis pour les Viets, contre les Congs
Et les Congs c'est pas c'qui manque
J'suis la prêtresse du protest song...

(Extrait de « Cauchemar auto-protestateur ».)

STELLA : Avec le morceau « Cauchemar auto-protestateur », on est en plein mouvement beatnik. Le protest song, c'est le mouvement dont tout le monde parle et pas seulement en France. Je me suis sentie obligée de donner mon avis. J'ai toujours du recul par rapport aux choses. D'entrée de jeu, j'ai l'impression d'un phénomène de mode, d'un truc qui ne va durer qu'un temps, qui va passer. Le côté dérision est toujours présent chez moi. J'ai eu l'impression qu'Antoine avait le même recul, mais comme ça a pris une ampleur nationale, à mon avis, il s'est fait piéger et pris au jeu, alors que moi je ne cherchais pas du tout à devenir une vedette. Depuis le début, je vis au jour le jour. Je n'ai d'autre but que de m'amuser.

MAURICE CHORENSLUP : Écrire des chansons, c'est comme un entraînement, il faut trouver des idées et sans cesse se renouveler. Le point de départ étant toujours ce qui se passe autour de nous. Pour « Le Vampire... », c'est l'idée d'un vers qui m'est venue en premier. J'avais trouvé : « J'aime le sang qui coule le soir au fond des bois... », ça m'amusait mais c'est tout ce que j'avais, et un jour j'ai réussi à trouver la suite, mais uniquement à cause de cet assemblage de mots. Sur le même disque il y a un titre, « Beatnik d'occasion », qui m'a directement été inspiré par les clients de mon magasin Western House. Les accompagnateurs d'Antoine sont mes clients. Ils s'appellent encore les Problèmes, et répètent à qui veut l'entendre qu'ils sont des purs et durs qui font du rock et qui jamais ne feront de la soupe. Moins d'un an plus tard, ils sont devenus les Charlots ! Mon but n'a pas été de me moquer particulièrement d'eux, mais il est évident que je regardais tout ceci d'un œil amusé.

STELLA : C'était bien sûr calqué sur « Cauchemar psychomoteur » qu'Hugues Aufray avait fait d'après « Psychomotor Nightmare » de Bob Dylan. Plus la chanson visée était engagée et plus nous en prenions le contre-pied. C'était en fait dérivé de ce que les chansonniers faisaient... (Propos recueillis par Michel Gosselin pour *Le Club des années 60*, n° 23, avril 1997.)

Beatniks d'occasion révoltés de carton-pâte
Qui portent cheveux longs mais roulent en TR4
S'ils regardent le monde d'un œil désabusé
C'est que par leur tignasse le deuxième est caché
Beatniks d'occasion révoltés de carton-pâte
Qui portent cheveux longs mais roulent en TR4
Ils veulent la pilule et refusent la bombe
Heureusement qu'ils sont là pour refaire le monde
Depuis quelque temps ils se sont mis à penser
Ils ne devraient pas ça pourrait les fatiguer...

(Extrait de « Beatnik d'occasion ».)

CHARLES SUDAKA : Une emmerdeuse qui a parfois raison, ainsi Maurice définit-il sa nièce en une formule très brève ; puis il enchaîne : Je fais la musique des chansons et nous travaillons les paroles tous deux, mais entre nous il y a toujours la guerre pour le choix des paroles et l'orchestration, c'est de là d'ailleurs que peut naître le valable... (*15 à 20* n° 16, 15 juin 1967.)

Le disque du tonton

MAURICE CHORENSLUP : En 1966 il y a des titres de Stella qui ont quand même bien marché, et lorsque l'idée que j'enregistre moi aussi un 45-tours a germé, les gens de RCA Victor se sont dit : « Pourquoi pas ? » Moi je considère cela comme un gag supplémentaire. D'ailleurs dans les notes de pochette, sous le pseudonyme de Professeur Duchmu j'annonce clairement la couleur : « Chorenslup n'acceptera aucun reportage, aucune interview : il a d'ailleurs engagé, dans ce but, un attaché de presse chargé spécialement de ne rien faire... » Au début, mon nom ne figure même pas sur la pochette du disque, il n'y a que ces trois lettres, « Lui ». Je demande à Daniel Filipacchi qui est le patron du magazine du même nom si je peux utiliser ce mot. Dans un premier temps, il n'y voit aucun inconvénient et trouve même l'idée plutôt amusante. Par contre, ce n'est pas du tout l'avis du conseil d'administration et de ses associés. Ils y opposent un veto catégorique. Je suis donc obligé de refaire la pochette, mais c'est Daniel Filipacchi qui paye tous les frais. C'est pour cette raison que sa sortie est retardée et qu'il existe deux pochettes, la seconde étant identifiée par mon nom. C'est là mon seul essai.

« Le silence »

MAURICE CHORENSLUP : Une chanson comme « Le silence » est un bon souvenir, parce que lorsque je vais à la SACEM pour toucher mes droits — à l'époque on se déplace encore pour toucher ses chèques —, il y a un type qui me dit : « C'est fort quand même, c'est la première fois que l'on paye des droits sur le silence ! » J'ai passé le concours de la SACEM plusieurs fois en tant qu'auteur. Il fallait que quatre chansons aient déjà été publiées pour avoir le droit de le passer. Mais je serai obligé de m'y reprendre par trois fois car je n'ai aucune idée de ce qui importait pour le réussir. Et c'est là qu'on m'a expliqué que ce que j'écrivais n'avait aucune importance, c'était la manière de le présenter qui comptait. Il y a les règles de la prosodie à respecter et ça, on ne peut y déroger. Jacques Brel n'aurait donc pas réussi son examen car le nombre de pieds tombe rarement comme il faut.

CHARLES SUDAKA : Stella, quels sont tes problèmes actuels ?
— Me lever le matin est un problème car j'adore me coucher, mais déteste accomplir l'action inverse. Mon hippopotame, car il prend trop de place dans mon appartement qui est moderne. Les autres problèmes sont résolus à ce jour : les Charlots... (*15 à 20* n° 16, 15 juin 1967.)

Mai 68

STELLA : Lors des événements de mai 68, je vis un peu cloîtrée chez moi parce qu'il n'y a pas de possibilité vraiment de bouger trop, pas de taxi, pas d'essence... Et puis je ne me sens pas vraiment concernée. Je n'ai jamais eu l'impression que l'on m'ait beaucoup empêchée de faire quoi que ce soit, je ne me suis jamais sentie frustrée, ni par mes parents ni par quelqu'un d'autre. Je me suis toujours fixé des objectifs qu'en général j'ai réussi à atteindre. Je n'ai donc pas l'impression d'avoir beaucoup de bâtons dans les roues, donc je n'ai aucune raison de contester. De balancer des pierres pourquoi ? De plus, la politique ne m'intéresse pas, je ne vois pas du tout ce que j'irai faire dans la rue. Lorsque dans mes chansons je conteste quelque chose, c'est par rapport à des choses qui existent, ou par rapport à des gens qui mettent en avant un avis qui pour moi ne vaut pas le coup. Et puis, en mai 68, il n'y a plus que la musique qui m'intéresse, pour moi tout le reste est accessoire. Je préfère travailler des instruments que faire la révolution dans la rue, c'est ce qui m'intéresse le plus. J'ai des copains qui partent en Inde à peu près à cette époque, eh bien je préfère rester à Paris pour me perfectionner. C'est dire si la musique est pour moi primordiale.

Dernier disque

Le dernier disque de Stella sort au mois de décembre 1968, la première face est un duo avec une certaine Valérie qui n'est autre que la fille de Maurice Chorenslup. Ce titre semble terminer le cycle entamé avec « Pourquoi pas moi ».

Valérie
Je voudrais être chanteuse comme toi,
Je voudrais faire des disques comme toi,
Je voudrais être célèbre comme toi,
Mais il faut que tu me dises comment t'as fait ça
Stella
Ne crois pas que c'est facile mon enfant,
On ne devient pas chanteuse en un instant,
Il faut apprendre d'abord c'est fatigant,
Moi-même pour en être là j'ai mis longtemps...

(Extrait de « Stella et Valérie ».)

STELLA : J'arrête, je n'ai même pas 18 ans. J'ai envie de faire autre chose et surtout je me rends compte que ça ne peut pas fonctionner. Je ne supporte plus le milieu du show-business où tout le monde s'embrasse et tout le monde s'étreint en se disant : « Ma chérie ! C'est génial ! » Moi, ma seule pensée, c'est : « Mais c'est quoi ce milieu de cons ? » Je crois que j'ai une vision trop réaliste de ce qu'est le métier, pour moi ça n'est rien qu'un truc superficiel, et donc je préfère dire stop.

FRANÇOISE VARENNE : Comptes-tu faire une longue carrière dans le music-hall ?

STELLA : Je ne pense pas. En ce moment je m'amuse. C'est aussi valable comme passe-temps que la chasse aux papillons ou les collections de timbres. Je t'avoue que je ne prends pas mon ascension vers la gloire très au sérieux. D'ailleurs, j'ai horreur de m'exhiber en public... (*Ciné Monde*, 14 janvier 1964.)

MAURICE CHORENSLUP : Pour l'une des dernières séances d'enregistrement, Jacques Soupley, le PDG de CBS, me fait venir et me demande : « Écoutez, est-ce qu'il faut vraiment continuer ? Parce que vous savez dans ce métier, on vend du vent, alors si l'interprète principal n'y croit pas du tout du tout, c'est difficile. » Et c'est ce qui a fini par arriver. Stella s'en foutait un petit peu parce qu'elle était vraiment influencée. Tous ses copains étaient des rockers qui ne faisaient rien d'autre que transformer le monde en paroles. Je pense qu'ils étaient jaloux qu'elle enregistre des disques, et ils ne cessaient de lui répéter que ça ne valait rien. Or comme moi à la même période j'avais énormément de travail, ça s'est un peu arrêté faute de combattants. Mais on ne s'est jamais dit : « Ça y est on arrête ! »

La majorité

STELLA : Peu après mes 18 ans, le 12 décembre 1968, je pars de chez mes parents, je n'avais pas de raison de le faire avant parce que je menais une vie de patachon et qu'ils ne me disaient rien. J'avais beau passer mes nuits dehors, au Rock And Roll Circus ou à La Tour de Nesle, me réveiller à pas d'heure, jamais une remarque... Mais je me décide quand même à partir de chez eux. Je touche l'argent qui a été bloqué sur un compte depuis le premier contrat avec Vogue. Ma première impression est que ça n'a rien d'un pactole. J'achète une voiture, une Fiat 500, j'offre un manteau de fourrure à ma mère, et j'en profite pour sortir et payer des coups aux copains. Cet argent ne signifie rien, et donc le dépenser, ça n'a aucune importance. Je le fais jusqu'au jour où je n'ai plus de sous et puis voilà.

Une autre vie

STELLA : Lorsque je rencontre Christian Vander, il est habillé comme les autres, avec des tuniques et autres choses que portaient les jeunes à cette époque. Ce n'est que lorsqu'il a dû monter sur scène qu'il a voulu une tenue plus sobre, qu'il s'est habillé de noir. Pour que les gens n'écoutent que la musique et que le reste soit accessoire. La couleur des chaussettes du guitariste, on s'en fout, c'est la musique qui importe. Nous sommes à l'automne 1969, Christian aime le jazz et surtout Coltrane. Il a été tellement bouleversé par sa disparition qu'il a passé deux années en Italie à se détruire à moitié parce qu'il ne savait plus du tout ce qu'il devait faire... Puis il a commencé à composer et à monter un groupe. Christian n'a pas encore fondé Magma lorsque je fais sa connaissance, il recherche des musiciens. Il veut faire une musique différente et surtout d'une manière différente. Il tient absolument à une unité de groupe, pas question qu'il soit le leader de quoi que ce soit. Au début, personne n'a d'argent, et mes copains musiciens ne sont pas du tout intéressés par ce projet. Tous font des séances et gagnent leur vie. Pour eux, c'est trop l'aventure. Je suis un pilier du Rock And Roll Circus et un soir je remarque un type monter sur scène pour taper le bœuf, et là je reste complètement scotchée. C'est Paul-Jean Borowsky, le clavier de Martin Circus, qui me dit : « Tu devrais essayer d'aller le rencontrer... » C'était Christian. Ça paraissait évident pour lui. Pour moi, c'est le coup de foudre.

4

Le style anglais

Ronnie Bird

Avec sa coupe de ch'veux à la Brian Jones et sa parfaite maîtrise des sonorités fraîchement débarquées d'Angleterre, Ronnie Bird semble incarner à lui seul le vent nouveau venu d'outre-Manche. Non pas qu'il soit spécialisé dans la reprise, même s'il en enregistre beaucoup, mais il est le premier à transcender le genre de l'adaptation en le rendant intelligent. Et, de ce fait, il établit une réelle connivence avec le public qui d'intuition lui fait confiance. Conjuguant une allure féline et une maîtrise du sujet toujours impeccable, il devient quasiment le seul chanteur français à pouvoir rivaliser avec la vague du rock anglais et celle, américaine, que l'on appelle *garage*. Le gros son fait musique... Le seul qui ait lieu d'être. Et ce n'est pas parce qu'il a les cheveux longs que ce n'est pas un rocker : la preuve, c'est d'abord l'organe fétiche des purs et durs, *Disco Revue*, qui le soutient ardemment. Au-delà de la forme, Ronnie Bird est également l'un des premiers à donner vie à des textes adultes. Il y a beaucoup de souffrance amoureuse dans ses paroles, aussi du doute et du désespoir. Et bien évidemment il est impossible de ne pas les rapprocher des questions que se posent ses pairs sur la société et qui aboutiront à une remise en cause totale et complète. Car être Ronnie Bird n'est pas chose aisée en ce milieu des années 1960, contre la soumission et la compromission, la lutte sera quotidienne... Ronnie enregistre tout d'abord pour la firme Decca, et devient une tête connue en l'espace de quelques mois grâce à deux succès : « Fais attention ! » et « Où va-t-elle ? ». Du coup, il suscite les convoitises, et une autre firme, Philips, le débauche... Cette deuxième période de sa discographie est importante puisqu'elle correspond historiquement à l'explosion d'Antoine. L'homme à la tête blonde se sent obligé de lui répondre dans une chanson, « Chante ». Les termes sont même très directs, Ronnie ayant tout de suite compris que ce nouveau venu allait semer le doute. Le personnage public devient presque aigri et ses fans ne peuvent s'empêcher d'être désorientés, ne serait-ce que parce qu'à leurs yeux il reste intouchable. Ronnie Bird se branche alors sur des morceaux aux réminiscences noires (soul, rhythm and blues) mais les dés sont jetés : il ne se hissera jamais au rang de Johnny Hallyday. Un Johnny qui lui aussi enregistre pour Philips et dont l'ombre menaçante semble planer sur son développement. On aurait voulu stopper net la carrière de ce jeune chanteur que l'on ne s'y serait pas pris autrement. Ouvrir sa porte pour mieux contrôler... Ronnie sortira encore quelques superbes titres et disparaîtra à l'horizon, refusant de se retourner sur son passé. Il habite désormais à New York. Restent 38 plages absolument essentielles dans l'histoire du rock français que les amateurs redécouvrent régulièrement.

Ronnie Bird s'appelle en fait Ronald Mehu.

SERGE LOUPIEN : Ronnie, c'est notre héros. Ronnie Bird. Ange blond, plutôt qu'oiseau. Une espèce de Brian Jones obsédé par Musset, à l'allure princière, à la dégaine raffinée : bottines, pantalon moulant, col de chemise à patte et veston cintré. La classe. Le bonheur. Le style anglais. Ramenard, avec ça, arrogant, impertinent. Clamant partout haut et fort que Johnny Hallyday n'était qu'un vieux jeton dépassé, le croulant du rock'n'roll, un semi-retraité. Méprisant un public qu'il savait subjuguer. Qui lui pardonnait tout et qui l'idolâtrait... (*Sexties*, Grasset.)

RONNIE BIRD : Je suis né le 24 avril 1946, j'ai un demi-frère plus vieux que moi de quelques années qui était plutôt bon danseur. Fin 50 tout début 60, il traîne beaucoup dans les boîtes de Saint-Germain, au Club Saint-Germain en particulier où se produit alors la crème du jazz américain (le Modern Jazz Quartet entre autres). On y danse le lindy hop [*N.d.A.* : ancêtre du rock dansé en couple apparu à la fin des années 20, et très populaire dans les clubs de jazz la décennie suivante] sur fond de be-bop ou sur les musiques de Louis Jordan. On y écoute le jazz qui est roi, mais aussi du blues et du rhythm and blues. C'est mon frère le premier qui me fait découvrir James Brown, ainsi qu'Elvis Presley. Chez les voisins d'en face, Little Richard hurle « Lucille » en s'arrachant les cordes vocales. Il y a à Paris quelques boîtes branchées qui passent un doux mélange d'Elvis Presley, Eddie Cochran, Gene Vincent, Chuck Berry, Ray Charles, Ronettes, Brenda Lee, Peggy Lee. Tout ça pêle-mêle, avec de l'afro-cubain, du mambo, du cha-cha et les premiers Anglais pré-Beatles genre Tommy Steele, Alexis Korner, Cliff Richard et les Shadows. Le premier Régine de la rue du Four est un de ces lieux-là. À quatorze ans, j'essaie de m'y glisser pour prévenir mon frère que la police le recherche comme déserteur. On est en 60 et je vais souvent l'été en Angleterre où je suis censé apprendre l'anglais. C'est l'époque des *Teddy boys* [*N.d.A.* : nom donné aux premiers rockers anglais], ça bastonne à Brighton. Je croque mes premiers fruits défendus, une Wendy de banlieue londonienne à cheveux crêpés et lèvres rose bonbon, premiers baisers timides, premiers disques volés, c'est le rite de passage obligatoire. Je ramène les Everly Brothers, les Ricky Nelson, les Jerry Lee (Lewis) et autre « Peggy Sue » du lunettar de Lubbock Buddy Holly à qui je rendrais hommage sur mon premier disque avec la chanson de Mike Berry « A Tribute To Buddy Holly ».

La collection de disques fait l'homme, même quand on n'a pas plus de vingt-cinq 45-tours, on sent qu'on en connaît un bout.

Alors évidemment, quand Johnny apparaît en France on le trouve plutôt ridicule. Il fait un peu panoplie de cow-boy de pacotille. Bien sûr il essaie de son mieux de trouver son propre style, comme nous tous, mais en petits cons de snobs que nous sommes, on trouve ça nul. « Excuse-moi partenaire », mais on a déjà entendu les originaux et ils sont meilleurs ! Vince Taylor on est d'accord. Il ne chante pas très bien non plus mais il a l'avantage du look 100 % pur cuir, un groupe d'enfer et il est anglais. Donc il a tout bon. On a aussi déjà vu le groupe black de Rocky Roberts et les Airedales, les démobilisés du porte-avions *Forrestal* restés en Europe, et ça déménage. Johnny première mouture et ses *Kili Watcheries* du début, ça ne le fait pas du tout. Nous nous sommes élus de toute façon arbitres en tous genres et toutes catégories et, pour ce qui est de la critique, on est très forts ! C'est peut-être pour ça qu'on a dit que j'étais arrogant, mais la jeunesse est comme ça, un vrai jeu de massacre. T'aimes ou t'aimes pas, j'ai au moins le mérite de savoir faire la différence entre les bananes et les oranges.

Johnny, lui il s'en fout de ce que j'ai à dire. Il poursuit son chemin et, très vite, il devient riche et célèbre, et comme il est beau gosse et presque intelligent, toute une jeunesse se reconnaît en lui. C'est l'idole numéro un incontestée. En plus, il y a le business derrière lui qui a compris que pour que le rock vende de la pub et des magazines, il fallait qu'il chante en français. Johnny, j'imagine qu'il ne pose pas trop de questions, il laisse faire son manager, Mr Ramirez comme disait Guy Bedos. En plus il commence à réunir autour de lui la crème des musiciens du moment et sa présence en scène est indéniable.

Quarante ans plus tard, en regardant en arrière Johnny courage, il a plus que gagné son pari. Moi par contre, j'ai pas mal voyagé mais récolté des miettes en prenant moult détours. Question d'avenir, les perspectives ça serait plutôt Ris-Orangis que la capitale.

Toutes ces premières années, avant 1962, je ne chante pas encore sérieusement. Je prends juste des poses devant la glace à la Rocky Volcano.

Pour faire comme si, j'essaye des noms que je découpe en lettres de carton peint et que je colle sur ma guitare acoustique genre Ricky Bird ou Ronnie Nelson. Je gratte vaguement deux trois accords que je mets à toutes les sauces. Dès la première vague rock en vérité, je suis attiré par Eddy Mitchell et les Chaussettes Noires. Il y a chez eux un timing, un phrasé, un mélange d'humour titi parisien pince-sans-rire que je partage. Comme un gros clin d'œil, et le son est meilleur. « Oh Daniel, j'ai bandé pour toi... » Eddy, il a le look vendeur de voitures d'occasion, tchatche et bagout, coups de poing aussi s'il le faut. Grosse différence aussi, il écrit ses paroles. J'aime ça. En plus, il a annoncé la couleur dès la pochette, on est tout de suite prévenu que c'est parrainé par la pub des chaussettes Stem, comme aux USA où les émissions de radio sont sponsorisées par des marques de dentifrice ou de gomina. Le rock, c'est fait pour vendre des produits, Daniel Filipacchi l'a très bien compris.

Première audition et premier concert

RONNIE BIRD : Je passe ma première audition chez Pathé, ça doit être en 1962, dans le cadre d'auditions générales (en anglais, on appelle ça un *cattle call* littéralement un appel aux vaches ou rassemblement de bétail). On cherche des jeunes ! [*N.d.A.* : cela donne lieu à une collection de super 45-tours, la série PAT, pour laquelle enregistrent Alice Dona, Alain Kan, les Missiles...]. Je chante en choucroute phonétique une version approximative du « Peggy Sue » de Buddy Holly (encore lui) en m'accompagnant sur une super Gibson que le père de mon copain Didier Léon a rapportée des USA, avec ampli Gibson assorti et pédale trémolo (très important la pédale d'effets !). Le matos adéquat. C'est déjà la première partie de gagnée, ça donne tout de suite un avantage psychologique sur l'adversaire et le petit plus de confiance nécessaire pour aider à affronter la peur du ridicule. On est une cinquantaine d'aspirants rockers à se toiser du regard, et la rumeur affirme que le directeur artistique marche à voile et à vapeur. Bof ! À la guerre comme à la guerre !

Ça frétille chez les petits poissons, et en fin de compte il signe un grand Suédois blond bellâtre et mollasse du nom de Bob Asklöf, dont la rumeur voulait qu'il en fût aussi. Après le succès des Spotnicks, faux Ventures nordiques, c'était normal, fallait signer le Viking ! Mes espoirs tombent à l'eau. Je rends la Gibson à regret. J'ai 16 ans, je commence à chanter depuis un an ou deux. Je suis en classe de seconde. J'ai traîné jusque-là de lycées en cours privés et autres écoles religieuses punitives. Je viens d'être transféré en cours d'année, suite à un renvoi, comme pensionnaire au lycée de Rambouillet où je dois terminer la saison. Le proviseur ne sait pas trop quoi faire de moi. Je fais de la résistance passive suite à une bagarre avec un grand con champion de lutte gréco-romaine (on est encore en pleine époque péplum). Je propose de monter un groupe et le proviseur me laisse plus ou moins faire, content de voir que je m'intéresse enfin à quelque chose. On va répéter une fois par semaine en ville avec permission officielle de sortie, au Bar Club. You kai di you kai da ! J'ai gagné une guitare à l'arbre de Noël du bureau de mon père, une Egmond Lucky 7 extra-plate, rouge et noir, avec les cordes à deux doigts du manche. Une merde, ce n'est pas l'Ohio que j'avais vue en vitrine chez Paul Beuscher... Je passe une seconde audition chez Versailles sans succès. Merci, on vous rappellera !

Le premier concert officiel de mon premier groupe, The Blazers, se passe à la salle des fêtes de Gallardon, non loin de Rambouillet. La Lucky 7 est branchée par deux fiches bananes sur le poste radio Telefunken emprunté à la maison. On est encore loin de la Gibson, la gratte est injouable sauf en *mi*, *la*, *ré*, de toute façon ce sont les trois seuls accords que je connaisse. Tout dans l'intention. On est sur l'affiche, on est nuls, mais on est très fiers.

Au lycée de Rambouillet, je rencontre Dominique Lamblin qui est en première avec Jean-Marc Aletti, le fils du propriétaire du fameux hôtel Aletti à Alger, et d'Elyette Derrieux qui est à la tête de la Société Sofrason qui distribue en France les disques Decca, RCA. Je ne me souviens plus des circonstances exactes, mais après audition et entrevue arrangée avec madame sa mère par l'héritier Aletti et Lamblin, on me met dans les mains d'un ancien bassiste de Marseille reconverti à la direction artistique du nom de Jacques Bec. Un type gentil mais pas très rock, plutôt typique. Jazz light, chansons balloche avec aspirations bizness et dineros. Ça ne lui portera hélas pas chance. En plus d'être généreux, il a la grande qualité de me laisser faire mes choix en m'aidant à naviguer dans la bureaucratie poussiéreuse de la maison de disques et des studios de la rue Beaujon. Il me présente son copain Antonio Rubio, qui a joué avec Johnny Hallyday au tout début, et l'organiste malgache allumé et drôle, Rakotonirina [*N.d.A.* : nom simplifié et francisé en Paul Rako selon les crédits de pochette]. Et avec Mickey Baker, grand guitariste noir américain exilé qui a été de toutes les séances rhythm and blues des années 50 aux USA, on fait mes premiers disques. Jean-Marc Aletti avait une super collection de disques, merci maman, et Lamblin était bien branché aussi, donc j'avais souvent une petite tête d'avance sur le gros peloton dans le choix des adaptations possibles. Claude Righi, que j'oublie souvent de mentionner et avec qui je suis plutôt complice à ce moment-là, écrit la plupart des adaptations et j'écris également quelques originaux. Dominique Lamblin commencera à travailler très vite pour Decca puis pour Warner, Carrère, et enfin il montera sa propre boîte, Underdog. Inévitablement, nos parcours se sépareront. Moi je dois assurer mon turf et eux passent du côté du commercial, et leurs obligations et loyautés envers les maisons de disques qui les payent sont souvent divergentes des miennes. Pendant des années, je galérerai pour maintenir en vie un groupe après l'autre ou pour trouver les appuis financiers pour continuer à produire mes disques ou mes concerts. Eux finiront tant bien que mal leurs écoles de commerce et viendront prendre leur place au soleil dans le complexe culturo-commercial des années 70 et 80. Donc, *de facto*, on se retrouve chacun de son côté de la ligne Siegfried. Il n'y a malheureusement pas de caisse de retraite ou de *golden parachute* pour vieux rocker has been. On travaille sans filet.

Tout ce joli petit monde évidemment se réclamera plus tard de Mai 68 ou de rock attitude en souvenir des acides pris (ou pas) et des pétards inhalés ainsi que du nombre de concerts des Rolling Stones auxquels ils ont assisté. C'est avec un certain agacement que j'entendrai du loin de mon exil semi-volontaire l'histoire racontée et réécrite par les souteneurs de *statu quo* qui s'érigent en gardiens de la flamme.

À ce moment je suis déjà parti, après avoir littéralement montré mes fesses et baissé mon froc soir après soir pendant un an et demi dans la version « Broadway » sur l'objection de conscience [*N.d.A.* : la comédie musicale *Hair*] pour payer mes dettes et m'extirper de mon contrat de dupe.

Chanteur ?

RONNIE BIRD : Pourquoi je me mets à chanter ? Parce que l'éducation répressive qui prévaut à l'époque et les abus en tous genres dont je fais les frais dans divers établissements ne m'encouragent pas dans la voie des études, et par conséquent je me sens mal dans ma peau. Je cherche à tout prix une porte de sortie. Et chanter est la seule aventure attractive qui pourrait me donner, peut-être, la chance de me réincarner dans un autre monde que celui qui est le mien. J'ai remarqué que souvent ceux qui se donnent en spectacle le font pour combler un déficit de connaissance. En fait j'étais très timide et complexé.

L'autre élément sous-jacent, qui n'est pas complètement calculé, c'est la défiance qui vous fait dire : O.K., je ne vois pas comment je vais faire ma place par les voies traditionnelles, eh bien tant pis, je prends le risque et pendant qu'ils font gentiment leurs études, je deviens riche et célèbre et personne ne pourra plus me dire d'aller jouer dans la cour des petits. J'espérais pouvoir m'asseoir à la table des grands avec la mise de fonds minimum nécessaire pour être considéré comme un des joueurs. Pari raté ! C'est un peu la même idée que le rock show-biz naissant avait lancée avec la Guitare d'or [*N.d.A.* : sorte de super audition à l'échelon national censée dénicher le nouveau talent twist, qui a lieu du 1er au 3 juin 1963 à l'Olympia]. Celui qui arrive premier enregistre un 45-tours. C'est le jackpot du rêveur, le billet de loterie gagnant ! Pouvoir enfin sortir de son trou ! Le rock, quand ça marche, c'est un passeport ultime. C'est la première fois qu'une nouvelle option de vie s'offre à la jeunesse marginalisée. C'est plus uniquement acteur, coureur cycliste, footballeur ou boxeur, maintenant, en plus il y a rocker !

C'est Moustique qui a gagné la première Guitare d'or, il n'a pas fait carrière pour autant, mais il en était pourtant le parfait symbole. Comme Johnny, il avait tous les attributs qui font pleurer dans les chaumières avec lesquels le public s'identifie volontiers. Enfance malheureuse ou abandonnée, issu des classes défavorisées, courageux devant l'adversité, déterminé à surmonter tous les écueils. Mais bien sûr, dans la réalité, il n'a qu'une chance sur un million, et encore. Comme dit le slogan du Loto aux USA, « You got to be in it to win it ! » (Pour gagner il faut déjà être dedans.) Donc moi aussi j'essaie de grimper dans ce train-là.

Début 1964, quand mon père signe mon premier contrat de disque avec Decca, j'ai 17 ans. Bien sûr, il n'était pas très pour, mais pas vraiment contre non plus, plutôt tolérant de nature, et en bon père il souhaitait sûrement mon bonheur. Il avait été réalisateur de films documentaires et publicitaires, il avait voyagé pas mal, en Afrique entre autres, et il avait beaucoup d'amis acteurs, peintres ou musiciens, mais il m'avait mis en garde : « Ne te raconte surtout pas d'histoires, à vouloir prendre des raccourcis, on finit souvent par faire deux fois la distance. Attention de ne pas te perdre en chemin. » J'étais prévenu.

« J'ai fait mon premier disque. Je crois que j'ai dû en vendre cinq mille exemplaires. C'était le fameux « Adieu à un ami », un titre du chanteur Mike Berry, qui avait fait une sorte d'hommage à Buddy Holly. J'étais assez fou de ça, ça remonte bien avant les Beatles. La musique qui me branchait au départ, c'était Ritchie Valens, Jerry Lee Lewis, Little Richard surtout, parce que c'était la grande énergie. C'était toute la musique que j'ai aimée plus tard, le rhythm'n'blues qui venait un peu de l'église mais en rock'n'roll... » (*Juke Box Magazine* n° 1, propos recueillis par Jacques Leblanc.)

La Foire aux vins de Colmar, 6 août 1964

RONNIE BIRD : Dès le début je passe un peu pour le râleur de service. Au moment de la parution de mon premier 45-tours, la maison de disques me branche avec Johnny Stark, organisateur de tournées et manager de Johnny et Sylvie. Leur carrière à tous deux est déjà en plein essor. La maison de disques donne systématiquement à Mr Stark le premier choix à ses nouveaux artistes. J'en fais partie. Je suis très vaguement pris à l'essai. Stark est chargé chaque année de la programmation des artistes de variétés de la Foire aux vins de Colmar. La maison lui donne un petit budget d'affichage et probablement une petite ristourne, me voilà donc parachuté en Alsace. Pendant dix jours, chaque soir je fais l'ouverture de rideau et en supplément les matinées enfantines. Je suis accompagné par la section rythmique du grand orchestre de Jo Schmoulduc, qui n'est pas rock pour un sou, mais alors pas du tout, et là, je me sens littéralement crucifié, humilié, je me jure que plus jamais je n'irai à l'abattoir sans mon groupe. Se produisent sur cette scène soir après soir tous les noms importants du moment, de Dionne Warwick à Ray Charles en passant par Alain Barrière, Pierre Vassiliu ou encore Hugues Aufray ou les Missiles, tous artistes Stark évidemment.

Je dois toucher l'équivalent de 50 francs (7,5 euros) par jour, et encore. Je loge chez l'habitant. Dès le premier soir, je suis super déprimé. Sentant mon désarroi, la logeuse pour essayer de me remonter le moral me ressert de la choucroute maison.

Sur la grande place de Colmar bordée des deux côtés par des cafés à terrasse, la bière coule à flots et la saucisse est débitée au mètre. À un bout de la place, une petite scène avec orchestre bavarois fait du « Oompah Oompah pah... » bien gras. De l'autre, la grande scène où se produisent le soir les attractions internationales, et où je fais mes premiers pas pro dans la douleur. Le soir après mon passage, je regarde les autres, et plus tard je me bourre la gueule avec le trompettiste Ivan Julien, qui a été l'arrangeur de Johnny Hallyday et qui a atterri là cet été pour faire un cacheton (aussi parce que Stark voulait l'éloigner de Paris pour le mettre au vert à cause d'une mauvaise addiction, si mes souvenirs sont bons). C'est un musicien talentueux, délicat et pas drôle. Pas Chet Baker non plus, mais on est à Colmar et le jazz, c'est en Amérique, sauf pour quelques brefs instants magiques, lorsque Ray Charles vient chanter « Hit The Road Jack ». Hit The Road..., on voudrait bien ! La portière claque, on l'entrevoit, et ciao bye bye.

Moi je chante ma petite chanson hommage à Buddy Holly « Adieu à un ami », le blanco du Texas est déjà mort dans un accident d'avion avec Ritchie Valens [*N.d.A.* : créateur de « La Bamba »] et le Big Bopper comme le veut la légende [*N.d.A.* : l'accident qui coûte la vie à ces trois rockers a lieu le 3 février 1959 dans l'Iowa]. Brouillards de Colmar et solo d'accordéon. Évidemment, je n'ai aucun contact avec les stars qui repartent aussi vite qu'elles sont venues. Glamour, sourires, Johnny Stark est toujours sur la photo dans *L'Est républicain* du lendemain matin.

Je rentre à Paris, et pas content je vais voir la patronne. Je lui dis : « Je n'ai pas vu une seule de mes affiches, l'argent que vous avez donné à M. Stark, il en a fait quoi ? La prochaine fois donnez-m'en la moitié, au moins j'achèterai le pot de colle et je collerai les affiches moi-même ! » Évidemment, ce n'est pas très bien vu et ça ne contribue pas à ma popularité auprès des pouvoirs maison ni de Johnny Stark qui de toute façon s'en fout complètement.

Même si je ne suis pas à l'époque particulièrement branché sur la première vague des idoles françaises, je n'y suis pas étranger non plus. On écoute tous plus ou moins les mêmes émissions, on achète les mêmes journaux, on va dans les quelques endroits qui vous permettent d'écouter les groupes, comme le Golf Drouot. On a tous un point de vue bien arrêté sur les uns ou les autres, nous n'appartenons pas aux mêmes bandes et l'on en fait grand cas, même si on est tous plus ou moins dans la même barque générationnelle. Tard dans la nuit, les anglophones essaient de capter Luxembourg international pour essayer d'entendre des trucs américains ou anglais avec l'œil vert du poste qui brille dans le noir. Les autres écoutent ce qu'on leur donne comme les émissions de Filipacchi. À cette époque, on ne se pose pas encore la question de savoir si le système nous manipule, il y a trop peu de choix. Il y a trois ou quatre stations de radio, point à la ligne. C'est pratiquement impossible d'opérer hors système. Donc si on veut être de la partie, vaut mieux ne pas être trop difficile et surtout ne pas poser trop de questions. Même si à 18 ans on a envie d'essayer des trucs nouveaux.

Les Tarés accompagnent Ronnie Bird

RONNIE BIRD : Dans la période qui suit la sortie de mon premier disque que *Salut les copains* passe de temps en temps, je n'ai pas de groupe attitré. Ça devient très vite une source de conflit avec ma direction artistique et une obsession pour moi. Je n'ai pas de manager non plus, ni évidemment l'argent suffisant pour soutenir un groupe ou investir dans du matos qui pourrait m'assurer (à l'africaine) la fidélité même temporaire de musiciens. Tout de suite je décide d'en faire ma priorité, surtout après la galère de Colmar...

À l'occasion d'une sorte de résidence proposée par Henri Leproux au Golf Drouot, je réunis un groupe composé de Didier Léon, jeune musicien, peintre et propriétaire de la fameuse Gibson précédemment prêtée pour l'audition Pathé. Il a le look rockabilly au naturel, il est super beau. Très talentueux, une sensibilité et une curiosité inhabituelles, qui l'amèneront bien avant l'heure à s'intéresser aux musiques africaines. Au cours d'un long voyage au Maroc et au Mali, il apprend à jouer de l'oud et du balafon. Il revient illuminé et enthousiaste, mais fragile il se suicide et quitte le monde trop tôt hélas... Richard Fontaine, le Robin des bois de la République, joue aussi de la guitare. C'est un loubard grande gueule toujours partant et plutôt généreux de sa personne, avec une vraie présence. Il a déjà joué en groupe, dont les Daltons de Long Chris. Il connaît donc les quelques riffs obligatoires du répertoire rock de base, les « Carol », « Route 66 » et « Walking The Dog ». Aussi « Long Tall Sally », cette salope, que nous massacrons tous plus ou moins. Sa personnalité à haut risque l'entraînera, je crois, dans quelques complications avec les autorités. Le batteur, c'est Koko Améziane, le prince du Maghreb, seigneur toujours partant, solide et rieur, pilier du Golf Drouot depuis les premières heures. Il jouera avec moi à plusieurs reprises et accompagnera quantité de gens lorsqu'il formera les Sharks, un groupe à cuivres pro au moment du virage R & B. Le bassiste est un ami de Koko dont je ne me souviens plus du tout du nom. Tout ça dure évidemment très peu de temps. C'est un moment de grâce, de fun et d'énergie. 40 degrés sur scène, la sueur qui dégouline des murs, la sono Bouyer poussive qui gueule de tous ses 25 watts. On se marre bien ! On fume sur scène et on boit des canettes. Testostérone attitude. Le bizness est à cent lieues. On rêve de succès bien sûr, mais l'éclate de la découverte des possibilités et des tendresses de Yasmina suffit largement.

Le groupe s'appelle les Stormbeats. Après, ça sera les Rebelles de Bernard Photzer qui m'accompagnent, alors renommés les Tarés pour l'occasion, tout un programme...

BERNARD PHOTZER : Les Tarés, c'est une nouvelle formation des Rebelles avec Jean Sarrus à la basse, Yvan Ganofsky à la guitare rythmique, Chérif Amara à la batterie et moi-même à la guitare solo. Christian Fechner s'occupe plus ou moins de nous, c'est d'ailleurs lui qui nous trouve ce nom, les Tarés. Plus tard, il récidive avec les Problèmes puis les Charlots, comme si le rock se devait d'avoir une dimension humoristique... Nous nous produisons souvent au Golf Drouot, on accompagne celui qui deviendra Sullivan, Jacky Dautriche, qui est notre chanteur. On jouit d'un petit succès car on reprend pas mal de morceaux des Rolling Stones, et un soir Ronnie Bird est dans la salle. Il nous branche : « J'ai besoin d'un groupe pour m'accompagner, vous êtes libres ? » Ça s'est fait aussi simplement que ça. Ronnie Bird, on le connaît de réputation et on l'a déjà vu en action au Golf, c'est le premier mec qui chante très british, alors qu'avant tous les autres ils étaient encore rock and roll. Mais Ronnie dégage beaucoup de classe, on jurerait qu'il est anglais. En plus il est mignon, il a une belle gueule, des cheveux un peu longs alors que tous les autres sont encore au blouson noir. Il plaît aux filles ! D'entrée de jeu, on s'investit dans le projet, même si on laisse du coup Sullivan sur le carreau, mais à l'époque quand tu restes dans le même groupe plus de trois mois, tu as l'impression de stagner. C'est sans doute pour cette raison que lorsque Hugues Aufray me propose de jouer avec lui, suite à la tournée commune, je ne peux que sauter sur l'occasion. Je serai resté presque un semestre avec Ronnie Bird, autant dire une éternité.

Tournée avec Hugues Aufray, 8 février 1965

ALAIN KREMENETZKY : Hier soir, nous avons eu l'occasion de voir Hugues Aufray à Bourges et de ce fait Ronnie Bird et les Tarés qui étaient du spectacle. Ronnie avait le désavantage de passer en tête du programme mais il s'en est fort bien tiré et a quitté la scène au bout de quatre chansons sous les applaudissements du public qui, comme moi, avait fortement apprécié son jeu de scène assez inhabituel, son répertoire bien choisi et la présence des Tarés, quatre gars bien sympas qui le secondaient avec un brio exceptionnel. En conclusion : ça a chauffé ! (*Disco Revue* n° 7, mars 1965.)

RONNIE BIRD : Les Tarés ont le look, en tout cas les cheveux. Longs et raides. On passe à gauche et à droite dans des petits clubs de banlieue, à l'occasion de la sortie de mon troisième 45-tours, avec la reprise du « The Last Time » des Stones devenue « Elle m'attend » et le « Don't Bring Me Down » des Pretty Things devenu « Tu perds ton temps ». Je pars en tournée avec Hugues Aufray et Françoise Hardy. Le tourneur me prend dans la tournée en renâclant, en ouverture de rideau, juste après Éric Charden. Ma présence est en conflit avec le reste de la programmation. Le peu de monde qui est venu vraiment pour moi emmerde le reste du spectacle, et vice versa. Françoise et Hugues sont super gentils avec moi, mais je sais qu'on ne devrait pas être là. Encore une fois, évidemment pas une seule affiche. Personne ne veut prendre le risque de m'engager seul. Il faudrait un management qui s'occupe plus activement de me booker en club, où je préfère jouer, mais il y a trop peu de commissions à prendre donc ils traînent les pieds, et c'est moi qui en fin de compte m'occupe de tout. Y compris de trouver des dates.

Ce qu'on appelle clubs en province à l'époque c'est souvent une salle de bal où l'on passe en attraction en alternance avec les joueurs d'accordéon qui font du faux typique. C'est là que je commence la lutte pour obtenir plus de contrôle sur les endroits où je me produis, et davantage de soutien promotionnel de la part de la maison de disques. Malheureusement, je ne vends pas beaucoup, 35 à 40 000 au maximum. Je suis mal distribué. C'est dur de faire vivre un groupe, même mal, dans ces conditions. Je me saigne pour du mauvais matos alors que le son est primordial. Un Vox pourri acheté à l'ancien batteur de Claude François, une escroquerie. Une guitare Kent qui est belle mais qui sonne mal. Bernard Photzer a un Fender trafiqué et Jean Sarrus un équipement pro. La seule chose en notre faveur c'est que j'ai pas mal de presse. Jean-Marie Périer a fait une série de photos avec les Tarés aux puces de Saint-Ouen. Bernard Photzer a une bonne tronche et il joue pas mal. Jean Sarrus, l'œil rieur, compagnon de la première heure. Ivan Ganofsky, un faux air de Brian Jones façon russe, et Chérif le batteur porte une mini-afro hendrixienne. Le groupe durera six ou sept mois. Bernard Photzer part jouer chez Hugues Aufray. Je l'avais vu venir. Il y a des offres difficiles à refuser quand on essaie de faire une carrière de musicien et d'en vivre. Jean Sarrus rentre chez les Problèmes, qui accompagneront plus tard Antoine avant de devenir les Charlots et de faire sous la tutelle de Christian Fechner, le manager d'Antoine, leur carrière inattendue et étonnamment populaire. Du rock au cinéma à la comédie de boulevard. Les autres, je les perdrai tous de vue, mais avec Jean Sarrus qui s'est réinventé courageusement et avec humour au moins trois ou quatre fois, nos chemins se recroiseront une ou deux fois à Paris et au Texas pour l'émission sur la musique country qu'il réalisera dans les années 90 [*N.d.A.* : pour la chaîne du câble Canal Jimmy].

JEAN-CLAUDE BERTHON : Il est quand même encourageant de voir que parmi le nombre sans cesse croissant de chanteurs voulant se donner le style Rolling Stones, l'un d'entre eux, un nommé Ronnie Bird, se voit tout d'un coup sortir du rang d'amateurs dans lequel il était plongé, pour devenir sans aucun doute le chef de file de la nouvelle vague du rock 1965.

Une très forte personnalité se dégage de Ronnie Bird. Il sait ce qu'il veut. Il aime le rock et il vit pour ça. Il ne mâche pas ses mots quand on lui en parle. De plus, il compose. En fait il s'annonce comme étant le premier créateur rock français, tout ce qui avait pu voir le jour avant n'étant que de la copie, et bien souvent de la mauvaise copie. Ronnie nous fait faire un grand pas en avant, peut-être que grâce à lui, nous sommes à la veille de découvrir le rock français. Souhaitons qu'il reste très longtemps encore le pur que nous découvrons en lui... (*Disco Revue* n° 5, 11 janvier 1965.)

Première partie des Animals au Twenty Club de Mouscron, Belgique (11 juillet 1965)

JEAN-NOËL COGHE : Ronnie Bird qui a assuré la première partie des Animals au Twenty, étonne et déconcerte. Il a tout compris. Sans singer les Anglais, il s'impose avec des textes dans le ton (« Où va-t-elle ? »), une musique bien carrée. Il devient le favori des rockers... (*Autant en emporte le rock...*, EPM-Le Castor astral.)

RONNIE BIRD : Je passe souvent chez Jean Vanloo à Mouscron, de l'autre côté de la frontière belge. Il tient un club comme il en existe peu encore en France à ce moment-là. Pas un bastringue crade comme on en a l'habitude, mais un endroit avec une vraie scène et une sono correcte, pas très grand mais propre et bien tenu. La plupart des groupes anglais qui ont compté à l'époque s'y sont produits dans leur période ascendante ou descendante, de Eric Burdon et ses Animals aux Moody Blues première version et bien d'autres, y compris les groupes belges qui assuraient comme les Nightrockers. Le Nord et la Belgique sont une source importante de boulot pour tous les petits groupes. Vanloo sert de tourneur, Besnehard aussi. Souvent les week-ends on faisait ce qu'on appelait un doublage. Deux concerts séparés dans deux salles de bal, arrière-salles de café ou clubs souvent distants l'un de l'autre de vingt ou trente kilomètres. Tout ça pour gagner un peu plus d'argent et justifier des frais de voyage. Il ne fallait pas traîner. Le cachet courant pour un gig de l'époque est de 1 500 francs [*N.d.A.* : 225 euros], avec quatre ou cinq musiciens à payer plus le road quand il y en avait un et l'essence, il ne me reste généralement rien. Mais tous les groupes de l'époque sont plus ou moins logés à la même enseigne. Les Anglais sont payés à la semaine par leur management, 50 livres sterling, pas plus. On est tous dans le combi Volkswagen ou dans un vieux Ford Thames ou un Bedford pourri, entassés avec le matos. Quand en fin de gig les musiciens se sont laissé aller à boire un coup de trop, comme c'est souvent le cas, l'humeur dans le van peut être plus que volatile. Plus tard, ou occasionnellement quand le manager vient, on a une voiture en plus. J'en loue une de temps en temps dont je débranche le compteur avant d'être découvert à la suite d'un accident à Marseille.

Rikki Stein, qui a travaillé pour Radio Caroline, la station pirate anglaise de Rohan O'Reilly, aide Van Loo et d'autres patrons à faire la programmation de leurs clubs. Dans un de ceux-là, à Loison-sous-Lens, Rikki traîne même le pauvre Jimi Hendrix et je passe en première partie [*N.d.A.* : le 5 mars 1967].

Dans beaucoup de ces endroits la prestation est sans filet, il faut passer par la salle pour aller s'installer sur scène. Donc pas de chichi, sans road on débarque le matériel souvent sous la pluie avec la moumoute qui dégouline. Pas de Babyliss non plus. On traverse la salle sous les quolibets du public qui en a marre d'attendre et c'est parti. « One, Two, Three, Into The Land Of 1 000 Dances ! » [*N.d.A.* : morceau créé par Chris Kenner en 1963 et popularisé par Wilson Pickett en 1966]. Hurlements rageurs. Les murs qui dégoulinent de sueur, l'odeur de clope et de bière, et deux maigrichonnes en micro-mini qui se déhanchent dans des fausses cages à canari suspendues de chaque côté. Boogaloo !

Où va-t-elle ?

RONNIE BIRD : J'étais fan de blues que j'ai essayé d'introduire musicalement comme tous les groupes anglais, c'est-à-dire les Stones, de faire leurs versions de blues noir américain approximatives parce qu'on était loin des sources. Au début c'est surtout ça que je faisais et c'est ce qui me branchait de chanter en scène, et c'est ça que j'ai continué à faire essentiellement. Dans le choix des disques c'était toujours un compromis pour essayer de trouver quelque chose qui soit nouveau, un peu commercial et en même temps qui puisse se prêter à une adaptation... (*Juke Box Magazine* n° 1, propos recueillis par Jacques Leblanc.)

Ce qui frappe le plus dans les premiers disques de Ronnie Bird, outre l'énorme son qui n'a rien à envier à ses homologues étrangers, ce sont ces textes dans lesquels on perçoit un profond désarroi. La relation amoureuse n'est ici jamais idéalisée, mais au contraire volontiers présentée sous l'aspect du désordre avec le spectre de la tromperie et de la rupture... Alors que les yéyés mettaient volontiers en musique leurs premiers émois d'adolescents pubères, ici c'est plus l'après-passion qui est mis en avant. Cette entrée de plain-pied dans la réalité donne au chanteur une dimension humaine et accessible qui contraste avec le charisme qui se dégage de sa personne. Comme si pour la première fois derrière l'artiste, on découvrait l'homme, celui qui n'hésite pas à employer des mots directs et à s'interroger sur les sentiments de l'autre... Le doute est très présent, ne serait-ce que par cette question on ne peut plus simple qui devient un tube : *Où va-t-*

elle ? Cela remet également en cause la place du type forcément un peu macho, auquel rien ni personne ne saurait résister, et se conjugue parfaitement avec cette coupe de douille, légèrement efféminée, en tout cas bien trop longue qui est LE signe de complicité, aussi de ralliement.

Ronnie Bird sort quatre super 45-tours entre le mois de mai 1964 et le mois de novembre 1965 sur la firme Decca. Les deux premiers sont arrangés par Mickey Baker, un Américain exilé en France qui a travaillé, entre autres, avec Screamin' Jay Hawkins ; les deux suivants par Antonio Rubio et Paul Rako. Ils se vendent plutôt bien, puisque les deux derniers, portés par des titres comme « Elle m'attend », « Fais attention ! », « Où va-t-elle ? », « Je voudrais dire », avoisinent les 50 000 exemplaires mais ne sont pas des cartons tels ceux de Johnny Hallyday, Frank Alamo, Adamo ou Christophe. Ronnie Bird est un peu l'éternel outsider chéri par les connaisseurs, ceux qui vont à la Locomotive et se sont branchés sur les Rolling Stones pour leur aspect rebelle. Il n'est pas besoin d'écouter les morceaux de ce type-là pour savoir que l'on va les apprécier, le contact est intuitif. Mais en même temps, on préfère acheter les originaux, lui étant trop proches. Éternel problème d'une scène locale qui ne parvient qu'à subsister.

Les Poppies

JOËL RIVE : J'ai une cousine Françoise qui est coiffeuse chez Carita du côté des Champs-Élysées, elle sort beaucoup, au Bilboquet, chez Castel, et un jour elle me dit : *Il y a un mec qui s'appelle Ronnie Bird, il cherche un guitariste rythmique. Je t'ai pris rendez-vous !* Je vais auditionner au Bilboquet et je tombe sur de très très bons musiciens : Bobbie Clarke à la batterie, Ralph Danks à la guitare solo, Alan Bugby à la basse. Je suis à la guitare rythmique, mais je suis un peu le plus mauvais du groupe. Par contre je suis à bonne école et c'est à ce moment-là que j'apprends vraiment à jouer. Je fais pas mal de pains, mais les autres ça ne les dérange pas... Le groupe qui accompagne Ronnie se fait appeler les Poppies, cette formation se stabilise autour d'Alan, Pierrot Fanen à la guitare solo (*N.d.A.* : ex-Kelton), Carl Dayckins à la batterie et moi-même en rythmique. J'ai plusieurs repères historiques, la première partie de P.J. Proby à l'Olympia le 28 septembre 1965, et l'enregistrement du disque « Où va-t-elle » quelques semaines plus tard, c'est moi qui joue de l'harmonica.

RONNIE BIRD : Effectivement il était le cousin d'une girl-friend que j'ai bien aimée et qui m'avait parlé de lui. Il jouait avec Thierry Vincent, qui avait fait des disques pas mal du tout, et je crois avoir entendu Joël un soir avec lui et avoir trouvé ça plutôt bien. À Paris à l'époque, si tu es un peu branché, tu sais forcément très vite qui fait quoi et où. Dans toutes les grandes villes où il y a une scène musicale active, les musiciens sont toujours en mouvance, passant d'un groupe à l'autre à la fois parce que de cette manière se crée une émulation musicale, mais aussi parce que, les choses étant ce qu'elles sont, dès qu'il y a un peu plus d'argent proposé ailleurs c'est souvent la défection instantanée. La loyauté n'étant pas hélas le fort de la profession. J'ai passé mon temps à essayer de trouver des musiciens et de les garder. Cet effort devient vite déprimant, surtout quand tu fonctionnes avec aussi peu de moyens. Je récupère à un moment le groupe qui avait été celui de Vince Taylor, qui commençait à manquer sérieusement à l'appel. Ralph Danks avait été le soliste avec Johnny Taylor à la rythmique, Alan Bugby le nègre blanc de Leicester, qui était un sérieux buveur et pouvait y aller vite du coup de tête, était à la basse et sa présence, son jeu et ses mouvements giratoires sur scène étaient légendaires. Et enfin Bobbie Clarke, qui avait été longtemps le batteur de Johnny Hallyday. Bobbie était lui aussi sur la pente descendante avec problème de drogue grandissant. Ralph très vite quitte la France, je le remplace par Pierrot Fanen (l'ex-Kelton) qui avait commencé à se faire une réputation comme *bon* guitariste français. Toujours un peu souffreteux, obsessionnel et maniaque, mais je l'aimais bien malgré sa croisade permanente contre les Anglos et autres Saxons qui le mettaient mal à l'aise vu qu'il ne parlait pas un mot de rosbif. Donc quand il se retrouve face à Johnny Taylor, qui non seulement joue aussi bien que lui mais en plus chante et connaît par cœur tout le répertoire qu'on rêve de maîtriser, il flippe. Exit Johnny Taylor qui a ses propres ambitions. Exit également Bobby Clarke dans la foulée, pour raisons de santé ou d'argent, ou les deux... Je le remplace par Carl Daykins, un Anglais qui ressemble à Roger McGuinn des Byrds et avec lequel je lie une réelle complicité. Joël Rive vient faire le quatrième comme guitariste rythmique. Ce groupe devient les Hoppies et non les Poppies. On passe à l'Olympia en première partie de P. J. Proby, à la Locomotive, au Weekend, club de la rue de la Gaîté. On passe sur la côte, dans tous les clubs, on sillonne la France de long en large. Pendant cette période, ça tourne plutôt bien, mais comme toujours l'opération continue à me coûter autant qu'elle me rapporte. Joël Rive, après avoir partagé un bout de chemin avec nous, est le premier à partir, je le remplacerai par toute une série d'organistes lorsque le désir de changer le son se fera sentir. Des orgues Vox ou Farfisa en attendant l'arrivée du fermier de Bristol qui nous tombera du ciel avec son baby *Spinet* Hammond [*N.d.A.* : modèle très prisé d'orgue], son baffle Leslie fait sur mesure pour la route et son break Ford Thames. Le matos, toujours le matos !

The Hoppies cesseront d'exister lorsque, sur la route de retour d'un gig au Touquet, mon road d'alors ira planter le combi dans un arbre et le pauvre y perdra une jambe. L'organiste se retrouvera avec une fracture du crâne. C'est juste avant de démarrer la tournée Tom Jones de l'été 1966. Cette période sera pour moi un vrai cauchemar et le début de ma désillusion avec la route et le business. Je devrai pendant longtemps assumer les conséquences psychologiques de cet événement traumatique.

Il me faudra encore une fois remonter un autre groupe pour honorer mes engagements, et seuls Carl Daykins et Alan Bugby me resteront fidèles encore quelques mois pour m'aider à retrouver un autre guitariste en plein été. Encore un Anglais très médiocre pour pouvoir finir la tournée Tom Jones. *The show had to go on !*

Le Bus Palladium

RONNIE BIRD : La nuit c'est mon univers d'alors, avec ses gens, ses familiers, ses connexions sans cesse faites et défaites. On y puise des idées, on y nourrit des espoirs. On se réveille souvent le lendemain avec des gueules de bois meurtrières, mais on a l'impression d'y avoir gagné ses galons. On y fait des rencontres éphémères ou qui parfois durent une vie. On y forge des souvenirs.

La nuit, il faut en être ou ne pas être. C'est partir en voyage un peu déjà tous les soirs avant de partir plus loin pour de bon.

J'y ai toujours eu quelques accès privilégiés, on m'accordait généreusement dans pas mal d'endroits branchés une petite crédibilité.

Les clubs, il y en a tellement eu qu'avec le temps ils se confondent un peu dans ma mémoire, mais restent les incontournables de mon panthéon : le Golf, le Las Vegas, la Locomotive, le Bilboquet, Castel, Chez Régine, la Cage, le Rock and Roll Circus, le Cherry Lane et tous les autres plus obscurs ou inavouables que j'ai oubliés et qui ont abrité mes rêves, mes désirs et mes excès. J'allais oublier le Bus Palladium de la première heure bien sûr, où je me produis souvent.

JAMES ARCH : Je suis né en 1942, à la fin des années 1950, je suis danseur de be-bop à Saint-Germain-des-Prés, au Club Saint-Germain principalement et aussi un peu au Caveau de la Huchette. Je fais des exhibitions de be-bop avec ma partenaire, nous sommes trois couples de danseurs et nous sommes la plupart du temps au Club Saint-Germain qui deviendra le Bilboquet. Ça me donne l'occasion de rencontrer plein de gens, en particulier les noctambules. En parallèle à ça, j'apprends un métier, je suis apprenti coiffeur. Je travaille la journée dans un salon, je suis des cours du soir, puis après, je vais danser à Saint-Germain-des-Prés jusqu'à 4-5 heures du matin. Je gagne tout juste de quoi payer mon taxi de retour, j'habite à Asnières. Et j'ai un réel problème vis-à-vis de mes amis d'Asnières, les banlieusards, auxquels on refuse systématiquement l'entrée dans les boîtes où je danse parce que ce sont des clubs privés. En fait, il faut jouir d'une certaine notoriété pour rentrer dans ces clubs qui sont privés, comme chez Castel par exemple. Et donc mes potes qui viennent pour me voir danser sont systématiquement refoulés à l'entrée. En plus, lorsque vous habitiez la banlieue comme Asnières, eh bien le dernier train est à 1 heure du matin, le dernier métro et le dernier bus à 1 heure moins 10. Donc, en tant que client de banlieue, vous regardez sans cesse votre montre pour ne pas rater le dernier train; or, souvent, ça commence à chauffer à partir de minuit, et c'est super-frustrant.

En 1964, on me donne la possibilité de diriger une discothèque située rue Saint-Séverin à Saint-Michel, La Grande Séverine. On me fait confiance bien que je ne l'aie jamais fait. Je n'ai jusque-là organisé que des surprises-parties. Je loue des arrière-salles de bistrot, je paye la location en demandant une participation à tous ceux qui veulent venir. Je ne fais pas ça pour gagner de l'argent, plutôt pour que l'on puisse s'amuser sans que ça nous coûte trop. Je tombe par hasard sur un groupe anglais à la recherche d'un contrat, je les rencontre rue Saint-Benoît. Ils sont sous-payés, je crois qu'ils ne parviennent même pas à régler leur chambre d'hôtel. Ils jouent du rhythm and blues et je demande à mes parents s'ils acceptent de les héberger. On les logera un an, ce sont les Ingoes. Ils sont super-bons, le guitariste rythmique Brian Godding jouera plus tard au sein des Blossom Toes, le soliste Jim Cregan avec Rod Stewart. L'organisation est très artisanale. J'ai très peu de personnel. Les Ingoes jouent tous les soirs, quatre sets de vingt minutes à partir de 22 heures, et ça dure toute la nuit, en alternance avec des disques pop, rock et rhythm and blues. Nous sommes au mois de mars-avril 65.

Attenant à la salle, il y a un club de jazz dont je m'occupais aussi, le Jazz Land. C'est un lieu où se produiront Ornette Coleman, Art Taylor, Cecile Taylor, Johnny Griffin, Dexter Gordon, toutes les stars du jazz moderne en fait. La Grande Séverine contient 150 personnes et je refuse du monde tous les soirs, et comme le Jazz Land est déficitaire, je propose de casser le mur entre les deux. Le propriétaire refuse, et je pars. J'essaye de trouver un autre lieu, mais comme je n'ai pas d'argent, c'est mission impossible. Le quartier de Saint-Germain-des-Prés est déjà très à la mode, très prisé, c'est pour cette raison que je m'oriente vers un quartier totalement déshérité, Pigalle.

Rue Fontaine, je trouve un lieu qui est en fait un vieux dancing. C'est une dame qui a racheté ça quelques mois auparavant, mais il n'y a pas un chat. Elle paye un orchestre de tango et ça lui revient très cher. Ça s'appelle L'Ange rouge, et elle attend le client sur la porte tellement il n'y a personne. Je me hasarde à lui demander si elle ne veut pas me le louer. Je lui dis que j'ai eu une expérience quelques mois plus tôt à Saint-Germain-des-Prés avec La Grande Séverine. On se met d'accord au bout d'un certain temps pour une location en fin de semaine. Je loue les vendredis et samedis soir, ainsi que les dimanches après-midi. C'est 2 000 francs de l'époque, ce qui correspondrait aujourd'hui à quelque chose comme 3 000 euros.

Je crée un concept d'une grande logique, je me place en tant que client lambda, du mec de banlieue que je suis, avec ce critère du dernier train, du dernier bus, du dernier métro à 1 heure du matin. Et j'ai une idée. Je vais voir les conducteurs de bus qui dans la journée amènent les turfistes aux champs de course. Tous ces cars partent en général des grandes places telles la République, la Bastille, Clichy... Une fois leur journée terminée, les cars ne travaillent plus. Je leur propose mon idée : aller à Courbevoie, Colombes, Bois-Colombes, Argenteuil, Gennevilliers devant les maisons de la culture, point de ralliement. Les jeunes pourront prendre le car, et moyennant 2 francs arriver directement au Bus Palladium. Ils peuvent également venir par leurs propres moyens, ils savent qu'ils pourront rentrer chez eux, dans leur banlieue. À partir de 2 heures du matin, des cars assurent la tournée, toujours pour la somme de 2 francs.

Le Bus Palladium ouvre au mois de septembre 1965. J'ai fait une petite affiche que je colle moi-même sur les murs, et je distribue également des flyers partout où je peux.

Vince Taylor vient jouer dès le deuxième soir, je le connais depuis l'époque de La Grande Séverine. Pour l'occasion j'organise le concours des cheveux les plus longs... Un copain qui travaille à Europe 1 annonce l'événement, et c'est un succès. Grâce à ce concours, on a de la presse. La venue de Salvador Dalí va être un véritable déclencheur, une soirée où toute la jet-set se presse. Jamais une boîte n'a eu un tel ambassadeur, une telle publicité. Le Bus Palladium est devenu un phénomène de société, en partie aussi parce qu'il n'y avait plus de barrière sociale à l'entrée. Peu importe que tu sois connu ou pas, fortuné ou non, la porte t'est grande ouverte, même si tu n'as pas mis ta cravate. On n'avait jamais vu un panel aussi varié.

Antoine est client, Polnareff aussi. Antoine n'est pas encore connu, est encore étudiant et il vient avec sa guitare sèche. Michel Polnareff également. Nicoletta chante déjà. Vigon se produit avec Michel Jonasz au sein des Lemons, il en est l'organiste. Johnny Hallyday vient parfois, car c'est un copain de jeunesse, mais les beatniks le sifflent dès qu'il se pointe. Ça a beau être un puriste, à leurs yeux il fait partie des yéyés. Il n'est pas le seul à se faire jeter, Claude François aussi, Richard Anthony, Sylvie Vartan, pareil. Ils représentent une période de la musique assez naze. Rien à voir avec Ronnie Bird. Très rapidement, il vient tous les soirs. Il joue très souvent en fin de semaine. C'est l'un des seuls qui soit reconnu par ce public avec Noël Deschamps et Pussy Cat.

JEAN-PIERRE QUÉLIN : Ronnie Bird, le maître de chapelle, fait son entrée. Soutenu en tempo médium par ses péons, Ronnie l'oiseau joue au rouge-gorge. Impavide et saccadant, il exécute la parade amoureuse, annonciatrice des transes : tête à droite, tête à gauche, le bras en avant, en arrière... L'assistance tourne au ralenti, piétine, se demande avec anxiété à quelle sauce on va le manger. Sur scène, l'oiseau se cambre, soliloque, donne des recommandations, exorcise. La salle n'est plus qu'un souffle. Et puis brutalement, c'est l'envol : le micro à bout de bras, l'œil en folie, la jambe à la verticale, le Bird hurle qu'il a trop de peine et qu'il faut qu'il sorte de son néant... (*Le Monde*, 13 janvier 1966.)

Changement de label

RONNIE BIRD : Je quitte Decca pour Phonogram [*N.d.A.* : autre nom pour la société Philips], d'abord parce que je suis très mal distribué, et ensuite je souhaite obtenir des royalties supérieures aux 5 % du prix de gros qui est alors le contrat de base de tout débutant. C'est trop peu, surtout si l'artiste n'a pas de part d'édition en appoint. Quand il écrit lui-même ses chansons, il a au moins sa part d'auteur en supplément, sinon il ne peut compter que sur ses maigres royalties et à ce taux-là il faut vendre beaucoup de disques pour voir le moindre sou. À cette époque, j'écris peu de chansons. Pour essayer d'obtenir plus de royalties et plus de liberté j'essaie de négocier un contrat d'indépendant à 8 % du détail et des points supplémentaires éventuels sur une échelle croissante liée aux ventes. Rien de très révolutionnaire, mais en ce temps-là il faut se battre pour obtenir ce genre de deal et je dois négocier pratiquement tout moi-même sans conseil légal. En général, il n'est pas recommandé que l'artiste soit son propre négociateur, surtout quand la discussion est ardue, il prend le risque de passer pour un difficile. Il aurait déjà fallu trouver la personne de confiance qui aurait pu me représenter. Et là, j'ai toujours eu un peu de mal !

Essentiellement je voulais avoir la garantie du choix du studio et des musiciens, ce qui est primordial pour avoir au moins le son. L'idéal dans ma tête était d'avoir les moyens d'aller enregistrer en Angleterre. Il est convenu que Phonogram me fasse une avance pour me produire, moitié en argent moitié en temps de studio, mais dans leurs studios. Et c'est là, à nouveau, que le bât blesse. Comme il est difficile de faire le travail chez eux comme je le voudrais et qu'il me faut à chaque fois des rallonges pour aller ailleurs, je me retrouve toujours à leur devoir de l'argent et je n'ai jamais vraiment ni les moyens ni la liberté créative espérée. Il y a à Paris quelques studios bien équipés, mais les ingénieurs manquent souvent de savoir-faire et le résultat est sans relief. C'est pour ça que tous les artistes d'un certain calibre finissaient par aller enregistrer à Londres.

Lorsque je signe avec Phonogram, c'est le début d'une période de changement où le business est en train de devenir une énorme machine à fric et fait déjà l'objet de consolidations et de concentrations de labels. J'arrive en fin de contrat avec Decca où sur un plan commercial je me suis senti peu soutenu. J'ai meilleur espoir chez Phonogram qui néanmoins est aussi la maison de Johnny où Lee Hallyday produit les Lionceaux et Herbert Léonard. On m'a dit plus tard que je n'avais pas fait forcément le meilleur choix en allant chez Phonogram, qu'il pouvait y avoir eu un conflit d'intérêts. Il est vrai également que je n'étais pas un artiste 100 % maison puisque j'avais ma propre production indépendante et que leur intérêt commercial n'était peut-être pas aussi engagé. Ce qui est sûr c'est que je n'ai jamais été l'une de leurs grandes priorités, mais personnellement j'ai toujours eu des rapports plus qu'amicaux avec Lee, Herbert ou les Lionceaux. Avec Johnny, je n'en avais pas, à part une fois de temps en temps un salut de la tête. Maintenant, est-ce que des décisions ont été prises au sommet pour me freiner ? Franchement je ne crois pas aux théories de la conspiration. Johnny était déjà une énorme star. La perception de la part d'une maison de disques d'une compétition possible où je pourrais lui porter ombrage ne m'a jamais effleuré. Pour la simple raison que je n'ai jamais été, même de loin, dans la même ligne commerciale que Johnny.

Ronnie Bird en tournée

JACQUES LEBLANC : Le 5 février 1966, à la Mutualité à Paris, une affiche d'enfer est proposée aux rockers avec, outre Ronnie Bird, les Moody Blues et les Yardbirds, plus Antoine et Vigon. Simultanément, Chuck Berry est de retour en France pour un formidable périple, du 14 au 19 février 1966, de Roubaix au Balajan près de Paris, en compagnie de Ronnie Bird, plus Antoine, Pussy Cat, les Lionceaux, les Problèmes et Memphis Slim dont *Salut les copains* rend compte avec éloge. Une bien belle affiche... (*Juke Box Magazine* n° 13.)

SERGE LOUPIEN : C'est alors que l'on a annoncé Ronnie Bird. Mon cœur s'est mis à matraquer. Je n'en croyais pas mes yeux. Il est apparu, circonspect. Assurant ses appuis jusqu'au milieu de l'arène, en tâtant le terrain du bout du pied. Beau comme un dieu, il était. Avec son futal en velours moulant, sa chemise Carnaby Street fermée à double tour, et son petit gilet tout brodé. « Salut les empaffés ! » il a fait. Rugissement approbateur de la foule. C'était gagné.

Il a attaqué par « Où va-t-elle ». Mon morceau préféré. Il se démantibulait, il se désarticulait, il tournoyait autour du micro, farfadet désossé, agitant son tambourin, rejetant d'un élégant mouvement de nuque la frange qui lui retombait sur le nez. Je n'avais encore jamais vu un truc pareil... (*Sexties*, Grasset.)

ANTOINE : Au début sur les articles de presse, c'était Chuck Berry, Ronnie Bird, Antoine et à la fin c'était Antoine, Chuck Berry, Ronnie Bird... À mon avis c'est l'une des raisons pour laquelle Ronnie est rentré dans le chœur des gens qui attaquaient.

RONNIE BIRD : Antoine, c'est vrai que dès le début il m'énerve un peu. J'ai alors l'arrogance de penser que je suis *bon et vrai*, et qu'il ne l'est pas. J'ai déjà quelques années de galère sous la ceinture au moment de son apparition et, à tort ou à raison, j'estime que ça me donne le droit à la critique. C'est du genre : Qui c'est celui-là ? Bien sûr il y a toujours un peu de jalousie liée à l'incertitude créée par l'arrivée d'un nouveau venu. À 20 ans on est souvent territorial et on se définit par opposition. « Tu es d'où toi exactement ? » « C'est quoi ton truc ? » La première fois que je le vois, c'est, je crois, à l'occasion d'un concert organisé à la fac de la rue d'Assas. J'y joue, lui aussi. Mon vague management est plus ou moins en business avec Christian Fechner, son manager à lui. Ils préparent sans doute la tournée avec Chuck Berry à laquelle je participe. Dans ce lieu, je vois bien qu'Antoine est dans son élément, dans ce milieu estudiantin, c'est moi qui m'impatiente. Il grattouille et chante ses trucs d'une voix nasillarde un peu nunuche et il porte bien sûr la panoplie vestimentaire obligatoire du moment, style Barbudo de la Sierra. *Oh yeah !* La salle répond tout de suite. Ils se reconnaissent en lui, même si ça sent le gros clin d'œil et que pour moi ça manque sérieusement d'authenticité. Les étudiants, ils n'avaient pas encore eu ce modèle-là, leur beatnik françaoui bien à eux. L'impression qu'il me reste de ses prestations de cette période c'est plutôt *folkie boy*, le canular estudiantin sympa. Après ça on part pour une petite tournée avec Chuck Berry, et c'est mon groupe qui accompagne le maître es rock à béret [*N.d.A.* : le guitariste américain Chuck Berry aimait porter le béret]. Antoine, lui, a sérieusement le vent en poupe. Avec les Problèmes qui l'accompagnent on se connaît déjà. Jeannot Sarrus a joué avec moi autrefois. Avec les autres on s'est croisés maintes fois dans les circuits clubs de banlieue, les seuls vrais lieux pour tester sa crédibilité rock. Je n'ai pas été à Centrale, mais au moins j'ai passé cet examen-là. Plus tard quand il s'en prendra à Johnny, intuitivement je me rangerai du côté des rockers au nom des galons gagnés à la dure, et j'écrirai une chanson à sa défense, pas bien pointue d'ailleurs, dans laquelle je remets gauchement en cause la crédibilité des motifs d'Antoine. Tempête dans un verre d'eau. Guéguerre de territoires imaginaires. Tout ça ne l'empêchera pas de faire carrière et d'aller très vite, très haut et très fort. « L'était bien chanceux » comme disent les Canucks ! Quand j'ai appris bien plus tard, alors que j'étais déjà installé à New York, qu'il était parti bourlinguer autour du monde en bateau, je n'ai pu que lui souhaiter, toute amertume oubliée, bon vent et bon calme. Après tout il aura été plus fidèle à l'idée du personnage qu'il s'était inventé que je ne l'aurais imaginé. *Oh yeah !*

Première partie des Rolling Stones au Palais des Sports de Bruxelles, le 27 mars 1966

CHRISTIAN NAUWELAERS : La journée est triste pour Ronnie Bird. Même si Milou Boelens pense qu'une partie de la salle l'a quand même apprécié, il doit affronter les huées et les insultes. Les nombreux rockers du Club des Aigles présents ce jour-là rejettent par principe et sans nuance TOUTES les adaptations françaises de titres anglo-saxons. Ronnie Bird — qui a dû se sentir attiré dans un traquenard — est humilié (injustement) sur scène... Jack Song, célèbre disquaire spécialisé bruxellois, se souvient d'un pétard lancé sur l'orgue de Mat Camison pendant la prestation de Ronnie Bird. Ronnie s'interrompt alors et, après un conciliabule avec ses musiciens, chante en anglais « In The Midnight Hour », ce qui entraîne un revirement du public, décidément un peu borné... (*Juke Box Magazine* n° 129.)

RONNIE BIRD : C'est un concert houleux que cette première partie des Rolling Stones à Bruxelles, mais je pense tout de même avoir tiré mon épingle du jeu sans perdre l'honneur. Faut pas oublier que c'est la Belgique, en pleine lutte Flamands *vs* Wallons. Dès que tu chantes en anglais, tu te prends les canettes des Wallons sur la gueule. En français, c'est le contraire. Donc, c'est de toute façon impossible de s'en sortir intact.

Ma préférence, un peu par snobisme, surtout par désir d'authenticité, c'est de chanter en anglais. Donc en club, pratiquement 70 % de mon tour est en anglais. Je joue souvent en Belgique, et je n'ai généralement pas de problème. Mais là, pour ce concert, la maison de disques m'encourage au contraire à chanter mes titres en français. Normal, il y a dans la salle une bande connue à Bruxelles sous le nom de la bande des Aigles. Des blousons noirs en mal de baston. Ils bazardent sur scène des pétards gros comme des bâtons de dynamite, et l'organiste (Mat Camison) qui n'est pas un foudre de guerre en prend un sur la main qui lui brûle le dessus de son orgue Vox tout neuf. Il est vert de rage, et je tente comme je peux de rallier mes troupes, aussi le public, avec un « In The Midnight Hour » de la dernière heure qui sauve l'affaire. La moule et la frite acceptent de cohabiter pour un bref instant. Ouf !

Antoine et ses Élucubrations

Voilà que la chanson devient un vrai concours,
Les idoles à Centrale viennent suivre des cours,
Chante,
L'autoroute à présent devient remplie de gens
Chante,
Puisqu'il paraît qu'elle conduit à la Tour d'Argent
Moi je meurs, oui je meurs
Hélas trois fois hélas, parce que je n'ai pas étudié

Vietnam et Cuba c'est un joli gimmick,
Treillis chemise à fleurs et tu deviens beatnik,
Chante,
On paye très très mal ingénieur atomique,
Chante,
La musique a du bon lorsque l'on pense au fric...

(Extrait de « Chante ».)

RONNIE BIRD : Antoine, je l'ai déjà dit, il m'agace un peu, mais je pourrais dire ça de plein d'autres. Il y a toujours de nouveaux postulants, ça pousse derrière ! Très vite, ça marche très fort pour lui. Je suis donc sur la défensive. Moi et quelques autres, on a un peu le sentiment d'avoir essuyé les plâtres, et il arrive le bec enfariné, tout sourire. Donc déjà par principe, je le trouve suspect. Il nous fait Bob Dylan rencontre Donovan version Paname. Pourquoi pas ? Il y avait un créneau à prendre et on pourrait copier pire. Ses paroles ? Je n'ai pas le souvenir de rien de bien révolutionnaire. Il a le look requis pour ce genre-là, il est plutôt sympathique, il arrive au bon moment. Et on reprend en chœur « All Together Now »... [*N.d.A.* : chanson des Beatles.] Le bon timing est essentiel. Avant l'heure c'est pas l'heure, après l'heure on connaît. Le rock amateur, un peu artisanal de la première et deuxième vague, en quelques années est devenu un mouvement, un business important aussi. Il y a un besoin de changement de société dans l'air, une envie d'ébranler la raideur ambiante. Tout le monde y participe, ce n'est plus uniquement la banlieue zonarde qui se rebelle mais aussi les étudiants qui prennent le train en marche. Le rock c'est le nouveau véhicule. Le must, il faut en être. Et puis ça attire les filles et les binoclards, ils en veulent aussi. Quand l'université s'en mêle ça devient un phénomène culturel, ça conduira à Mai 68. On passe de la petite chapelle au mouvement de masse, et moi la foule en mal de saccages sous couvert d'idéologie, je n'en suis pas. On leur fait dire n'importe quoi aux fleurs. Ce n'est pas mon truc. Les étudiants, je les ai toujours trouvés suspects, normal je ne suis pas membre du club. Les soi-disant défenseurs de la veuve et de l'orphelin qui prétendaient parler au nom des classes laborieuses deviendront trop souvent les protecteurs du statu quo bourgeois en costume cravate. J'écris « Chante » à ce moment-là, c'est sûr, ça pisse pas loin et ça sent un peu l'amertume. Mais c'est polémique et ça fait parler.

ANTOINE : Une autre attaque sera plus inattendue, c'est celle de Ronnie Bird dans « Chante ». Je pense que c'est à cause de la tournée Chuck Berry, pendant laquelle mon nom n'a cessé de grossir, alors que le sien diminuait en proportion. À l'époque, on est encore bien loin de la *Star Academy*, passer en vedette à l'Olympia trois mois à peine après avoir enregistré son premier disque, c'est impensable. Surtout que je n'ai pas eu de campagne de presse démesurée, ma médiatisation a suivi le circuit normal des choses.

RONNIE BIRD : La jeunesse gaucho intello étudiante dont Antoine est un peu le porte-parole — évidemment je schématise — se réclame des beatniks américains. De Kerouac, de Burroughs et autres figures beat. Mais en France, peu de ceux qui invoquent les beats ont réellement lu *On The Road* [*N.d.A.* : titre original du livre le plus connu de Kerouac, *Sur la route*, paru en 1957], c'est plutôt les années 50. C'est plus rebelle sans cause que *flower power*... En France comme d'habitude on mélange tout. L'ailleurs, le monde, pour beaucoup ce sont les photos de *Paris-Match* qui leur amènent. On en est curieux, mais on filtre l'info avec le peu qu'on sait et c'est souvent pas grand-chose. Mais c'est étranger, c'est loin, c'est ricain donc c'est bien. Il y a tant de choses qui se perdent dans la traduction mais aussi parfois sont réinventées par elle. Les erreurs d'interprétation deviennent créations. On est tous en partie copie, ersatz d'autres, conglomérat d'erreurs accumulées. Pour un peu que l'idée originale atteigne son public et plante un germe de changement, il faut quelquefois qu'elle soit traduite, et c'est souvent dans l'approximation de cette traduction que les gens se reconnaissent le mieux. Antoine, le public accroche. Les signaux qu'il envoie sont simples et positifs, et il se marre. Il dit : « Il y a un vent de changement, j'en suis, voulez-vous en être ? » Moi par contre je suis déjà classé comme dandy. Esthète. Poseur distant et compliqué. Et je décline en mineur et en adolescent les complications du relationnel. Ni vraiment rock popu comme Johnny, ni chantre folkie du changement à venir. Je suis le hurleur de service temporairement élu. Je gueule tout seul dans le désert, il n'y a plus grand monde à la messe. J'ai le cul entre deux chaises comme d'habitude. C'est l'impasse.

Mini-tournée canadienne

LÉO ROY : La formation des Hou-Lops est en vedette au Starovan rock du 11 février 1967 au centre Paul-Sauvé de Montréal avec les Aristocrates, les Sextans, les Faucons, les Chantels, les Joccos et le rocker Français Ronnie Bird... (*La Merveilleuse époque des groupes québécois des années 1960*, Rétro Laser.)

RONNIE BIRD : Je me rends au Canada pendant l'hiver 66, j'y suis l'invité de CJMS, une radio francophone de Montréal qui organise et assure la promotion de concerts au Québec. Je donne quatre concerts, à Chicoutimi, Trois-Rivières, Québec et Montréal. Je viens seul car je dois être accompagné par un groupe local [*N.d.A.* : les Hou-Lops]. Je garde un souvenir vivace de ce voyage en plein hiver, de ce premier contact avec un continent où je rêve d'aller depuis si longtemps. Je suis confronté pour la première fois à la démesure des paysages et des lieux, avant-goût francophone de cette Amérique sur laquelle j'ai tant fantasmé... La taille immense du centre Paul-Sauvé à Montréal dont on couvre la glace des matchs de hockey à l'occasion des concerts. Matos impressionnant des musiciens dont je garde peu de souvenir sinon qu'ils n'étaient pas très bons... Ça ne devait pas particulièrement les enthousiasmer de m'accompagner, autant que moi de me retrouver une fois de plus parachuté à froid dans une situation étrangère sans mes musiciens laissés quelques jours plus tôt dans un petit club du Sud-Ouest, L'Écurie, à Mons à côté d'Agen. Le Québec, c'est une découverte, une autre échelle. C'est déjà un peu l'Amérique, mais en français et un peu perdu dans la traduction. Moderne comme la France ne l'est pas, mais provinciale à la fois.

En partant au Canada, j'ai fait passer un copain à moi pour mon manager pour obtenir un billet de plus et qu'on puisse aller ensemble à New York. On y passera trois semaines formidables. On descend à l'hôtel Algonquin, alors renommé pour son jazz bar. On va rendre visite à Billy Strayhorn [*N.d.A.* : compositeur et arrangeur pour Duke Ellington] qui est un ami de mon copain. Il se meurt du cancer. Il fait l'effort de me demander ce qui me ferait plaisir de faire à New York pendant mon séjour. Je lui réponds : « Aller à l'Apollo ! », la salle mythique de Harlem. De son lit, il appelle personnellement le management, et le soir même après s'être éclaté tout l'après-midi à écouter les chanteurs amateurs auditionner pour *Amateur Night* (le gagnant passe en lever de rideau le soir même) on assiste au concert de Cannonball Adderley qui passe en vedette. On est là à la source, c'est un grand ! Le lendemain, la femme de Duke Ellington nous invite à dîner dans un club où chante Lou Rawls. Classe. On marche des kilomètres dans Manhattan, on achète des disques et des bouquins, on va au cinéma, on en prend plein les yeux et les oreilles.

JEAN-WILLIAM THOURY : Fin 1966-début 1967, les chanteurs français que l'on dit rockers, Eddy, Johnny, Dick mais aussi Ronnie se demandent si la vérité ne réside pas dorénavant uniquement du côté des chanteurs noirs et de ce style que l'on nomme rhythm and blues. N'est-ce pas chez eux que l'on trouve désormais ce sens de l'énergie, de l'engagement physique, de la concision ? N'est-ce pas sur les disques de James Brown ou sur les productions Stax (que d'ailleurs les artistes qui ont jusqu'alors servi de références à Ronnie vénèrent) que l'on peut entendre les sections rythmiques les plus carrées, les arrangements les plus serrés, les voix les plus puissantes, les textes les plus sensuels ? (*Juke Box Magazine* n° 36.)

CATHERINE CLAUDE : Que pensez-vous du public français en général ?

RONNIE BIRD : En fait, les amateurs de rock en France ne sont pas tellement nombreux, hélas ! Je ne sais pas à quoi cela tient, mais en France le grand public est plutôt attiré vers des chanteurs comme Christophe et Hervé Vilard, tandis qu'en Angleterre, le grand public achète les disques des Stones, et beaucoup de personnes de 50 ans vont assister à leurs concerts ! En France, ce n'est pas pensable. Nous sommes en retard de cinq ans, et je crois que nous ne pourrons jamais rattraper ce retard.

CATHERINE CLAUDE : Aimez-vous les tournées ?

RONNIE BIRD : Oui. Oui, j'aime bien ça. C'est un peu fatigant, bien sûr, mais il est agréable d'avoir chaque soir un public différent dans une ville différente... La seule chose que je n'aime pas, ce sont les endroits où il vous faut chanter parfois : des espèces de bals ou d'arrière-salles qui n'ont rien à voir avec des salles de spectacles. Mon vœu serait qu'il y ait dans chaque ville un club rocker, comme La Locomotive par exemple. D'abord, les jeunes auraient au moins un endroit agréable où ils pourraient entendre de la bonne musique et, par contrecoup, cela donnerait du travail à de nombreux chanteurs et groupes français... (*Les Rockers* n° 2, 17 décembre 1966.)

Épilogue

RONNIE BIRD : Je retourne à New York en 1968, pour essayer de négocier un contrat avec Mercury, la boîte américaine affiliée à Phonogram. Fort du disque en anglais que je viens d'enregistrer à Paris avec Mick Jones et Tommy Brown [*N.d.A.* : le dernier disque de Ronnie Bird enregistré dans les années 60 l'est en anglais « Sad Soul »/« Rain In The City »]. Je suis en bout de course en France et j'essaie de m'extraire du bourbier de mon contrat. Je commence à écrire une comédie musicale rock pour laquelle je voudrais impliquer Mick et Tommy qui jouent et composent pour Johnny. On se rencontre pour en parler, j'écris une dizaine de chansons et, alors que je tente de trouver des appuis pour faire avancer ce projet qui n'aboutira pas, je rencontre chez Jean-Marie Périer Annie Fargue, qui est elle-même en train de monter de son côté la comédie musicale *Hair* à Paris. Elle m'emmène voir la pièce à Londres et offre de m'engager si les choses se font et si ça m'intéresse. Elles se feront. J'ai besoin d'argent et ça me permettra de rembourser une partie de mes dettes. La maison de disques a cessé de s'intéresser à moi et je leur dois de l'argent, mon management m'évite, ils veulent faire des coups comme on dit alors. Je n'ai pas les moyens financiers de produire un autre disque, je n'ai plus de groupe, et pour couronner le tout, suite à l'accident du combi, je suis poursuivi en justice et l'on me réclame une somme astronomique en dommages et intérêts. Procès et coûts additionnels. Ça suffit comme ça, merci.

Tout me tombe d'un coup sur le dos, le cumul des événements est devenu trop lourd pour moi à assumer. J'en ai marre de Paris, j'en ai fait le tour déjà dix fois de trop, de jour comme de nuit, et au rythme où je vais c'est la cirrhose garantie sinon pire.

Évidemment je n'ai pas de diplôme, vu les choix faits précédemment, et je dois dire que la perspective d'un boulot de serveur ou de chauffeur de taxi ne cadrait pas exactement avec l'ambition et l'orgueil qui me restaient. Essayer d'obtenir un job de directeur artistique comme beaucoup d'ex-idoles au chômage l'ont fait ? J'aurais peut-être dû si j'avais su comment et où. Mais mon expérience était encore trop fraîche et douloureuse pour que je puisse vraiment être utile à quelqu'un d'autre. Ça n'aurait pas été un service à leur rendre. En plus j'ai toujours eu avant tout le goût de l'indépendance. Tant qu'à avoir à se refaire de rien, il y avait d'autres aventures à vivre ailleurs. Rideau la France. Mon père m'avait prévenu : « Il n'y a pas de raccourci ! »

Le dernier disque de Ronnie Bird sort au moment des fêtes de fin d'année 1968, il s'agit d'un deux-titres entièrement chanté en anglais : « Sad Soul »/«Rain In The City ». Le charme si particulier de la langue natale de Ronnie n'est plus, et ces deux titres passent inaperçus. Malheureusement, ils ne permettent pas non plus de s'immiscer dans le paysage musical outre-Atlantique où la compétition est déjà très dure. Ronnie fait alors quelques aller et retour entre New York et Paris, où il accepte de participer à la comédie musicale *Hair* qui se tient au Théâtre de la Porte Saint-Martin à partir du 11 juin 1969. Il tient le rôle de l'un des bonzes, et côtoie Julien Clerc, Gregory Ken (futur Chagrin d'Amour), Gérard Palaprat, Célia et Hervé Wattine. Juste après, il enchaîne avec une autre comédie musicale, *Jésus Christ Superstar*, puis voyage. D'abord en Espagne rejoindre le groupe King Harvest puis en Asie, en Inde, au Japon où il produit quelques artistes, en Indonésie, au Laos puis en Écosse. À partir de 1975, il se stabilise à New York.

CHARLES SUDAKA : Depuis « Le Pivert », enregistrement paru il y a près d'un an, Ronnie Bird jusqu'alors habitué au hit-parade avec ses titres précédents, « Où va-t-elle ? », « Chante ! », etc., avait semble-t-il, fait ses adieux au public français. En effet, lui que l'on entendait régulièrement sur les ondes, qui apparaissait toujours dans les premières places des référendums, organisées par certains de nos confrères, avait rejoint ce monde de l'anonymat d'où il s'était enfui quelques années auparavant...

— Pourquoi fais-tu tes valises ?

— C'est simple, parce que je quitte la France définitivement... (*Best* n° 9.)

5

Toi qui connais les filles

Pollux

Les Pollux restent une complète énigme. Tout d'abord parce qu'il existe très peu de documents les concernant, ensuite parce qu'ils semblent n'avoir déclenché aucun écho favorable. Leur unique 45-tours a pendant très longtemps été soldé, et même dans ces conditions peu d'amateurs s'y sont osés. À cela plusieurs explications. Le nom, indissociable d'une série qui passait sur l'écran familial, *Le Manège enchanté*, avec dans les rôles principaux Zébulon, Ambroise, Margote et Pollux, le chien à l'accent anglais. Une image trop enfantine donc pour correspondre aux attentes d'un public en mal de Rolling Stones francisés, comme si la référence à la mythologie grecque — Castor et Pollux sont les deux frères jumeaux fils de Jupiter et Léda — était passée totalement inaperçue. Autre évidence, ce groupe est le premier à comprendre un musicien noir dans ses rangs. Il était sans doute bien trop tôt pour ce genre de métissage, car même aux États-Unis à la même époque il n'y a qu'un seul autre exemple, Love avec Arthur Lee, qui avouera bien des années après avoir été régulièrement confronté au racisme. Enfin la moue dédaigneuse que ces quatre jeunes hommes semblent afficher n'est pas des plus attrayantes. Habillés façon bande du drugstore (coupes de ch'veux à la Beatles, blazer et pochette), on devine chez eux un certain mépris envers tous ceux qui n'appartiennent pas à leur monde. Une image difficile à vendre en dehors du cercle des initiés. Quoi qu'il en soit, et pour tous ceux qui seraient passés outre à ces quelques obstacles, les quatre chansons des Pollux claquent comme une magistrale gifle. Du rock trempé dans le son anglais ultra-efficace.

Les Pollux sont composés de Christian Evo (batterie + chant), Christian Riegler (guitare + chant), Bernard Ancinon (guitare + chant) et Bernard Kermarrec (basse).

CHRISTIAN EVO : Je suis né à Paris XIVe, j'ai un frère aîné. Je grandis à Paris puis à Maisons-Alfort. Mon père se prénomme Marcel. Dans sa jeunesse, il a été batteur avant de devenir mandataire aux Halles. Il participe à tous ces bals musettes qui prennent place juste après la Seconde Guerre mondiale. Tout petit, je découvre sa batterie. Il ne joue plus depuis un moment, mais il a gardé son instrument. Je commence à taper dessus. Vers 10-11 ans je rentre dans une fanfare, je joue du tambour. Au tout début des années 1960, je découvre le rock and roll, les Shadows et leur équivalent français, les Fantômes. Je remonte la batterie de mon père. Avec un ou deux copains du quartier, dont Mario Konior, on s'essaye à quelques instrumentaux, les Shadows restent notre grand modèle, tout simplement parce que l'on n'a pas de chanteur.

MME ANCINON : C'est le frère aîné de Bernard, Michel, qui lui refile le virus, il joue du saxophone et de la guitare, il est passionné de musique. Bernard fait des études de comptabilité mais sans conviction, il n'a vite qu'une idée en tête : jouer dans un groupe. D'une famille modeste d'origine martiniquaise, il est né à Cotton-Pelagie le 17 mars 1947. L'une des premières formations dans laquelle il officie s'appelle les Albators, puis les Rovers avec le journaliste Claude Krief. Il est encore au lycée.

Formation des Pollux

CHRISTIAN EVO : Le premier Pollux dont je fais la connaissance s'appelle Bernard Kermarrec, ensemble on joue du Shadows. À Maisons-Alfort, après le pont de Charenton, il y a un troquet, Le Petit Caporal, où on organise des boums. Le dimanche après-midi, c'est un lieu de rendez-vous, et pour nous c'est l'occasion de réunir des copains et des copines. La salle est au premier et le bar en rez-de-chaussée, le patron est plutôt satisfait car les gens consomment. La rencontre avec Christian Riegler et Bernard Ancinon se fait à la Maison des jeunes d'Alfortville. Eux jouent dans un autre groupe également instrumental et n'hésitent pas à se joindre à nous. Il y a deux guitaristes, un bassiste et un batteur. On aime tous les Beatles et les Rolling Stones. Les Pollux sont nés d'une façon complètement informelle, après une séance de répétition, l'un des deux guitaristes a lancé à l'autre : « Tu connais “Carol” des Rolling Stones ? » Et voilà. Nous avions tous envie de jouer cette musique-là. C'est parti comme ça.

Il y a un autre type à Créteil qui tient le Café du commerce et qui programme également des groupes en week-end. Il s'est vite aperçu que l'on attire du public au Petit Caporal, et il nous débauche... En 1964-1965 des groupes qui jouent du Rolling Stones, du Beatles et des Animals, ça attire du monde. Nous ne jouons que des reprises, notre principe est le suivant : « Pourquoi s'emmerder à créer puisqu'il n'y a qu'à reprendre les chansons des autres ? »

MME ANCINON : Mes parents habitent Alfortville, il y a une Maison des jeunes où tout le monde va, pas vraiment pour la musique plutôt pour le sport. On peut y jouer au volley-ball et au ping-pong. Par contre, à la moindre occasion, il y a un concert, et très souvent, ce sont les Pollux qui ont en charge d'animer la soirée. On se rencontre comme ça, parce que je suis une familière de cette Maison de jeunes et notre amitié se transforme. J'ai 16 ans quand on fait connaissance, je suis au courant des concerts, par contre je n'ai pas le droit d'aller les voir.

CHRISTIAN EVO : Au début nous n'avons pas de nom, le groupe n'est pas mon activité à plein-temps. Je travaille aux Halles, je suis commis de plateau, c'est un peu le scribouillard de service. Il y a un type dont la femme est Mya Simille, une parolière qui a déjà travaillé avec Dick Rivers. C'est lui qui me dit : « Tu joues dans un groupe ? File-moi une bande magnétique, je vais en parler à ma femme... » On la rencontre avec Dick Rivers à la fin de l'année 1964. Ça leur plaît, on les suit.

Le nom des Pollux a un rapport direct avec notre coupe de cheveux, Christian Riegler et moi nous avons une coupe à la Pollux, au ras du front et ça tombe un peu de chaque côté comme un cocker. Le Pollux imaginé par Serge Danot ressemble d'ailleurs à un cocker. Le nom est parti de là. Les gens nous disaient souvent : « Tu as une tête de Pollux ! » On a de la chance de ne pas avoir de problème avec Serge Danot qui a déposé le nom, mais personne ne nous a jamais rien dit.

Ce sont les Shadows qui nous ont tous éveillés à la musique, c'est un total dépaysement avec ce que l'on peut entendre habituellement, des types comme Chris Montez ou Tommy Roe. D'un seul coup les Shadows, et dans la foulée il y a les Beatles. Quand on entend « She Loves You », c'est un vrai déclic, un choc. On devient complètement fous de cette musique. Nous sommes branchés sur Radio Caroline avec un fading à la limite du supportable parce que le son ne cesse d'aller et venir, mais avec tous mes potes de l'époque, nous l'écoutons tous les soirs. Les Animals ne passent pas encore sur les radios françaises, et pendant très longtemps on ne comprend pas bien le nom. Pour nous ce sont les Alamos, il a fallu avoir leur premier 45-tours pour comprendre le nom. Le déferlement de cette musique est tel que tout le monde veut prendre sa guitare et gratter dans son coin pour former un groupe.

Premier concert

CHRISTIAN EVO : Nous ne lisons pas la musique ou alors très très peu, pour nous il n'est pas question de faire carrière, uniquement l'envie de s'éclater. Même faire un disque ça nous paraissait complètement improbable. Nous sommes un groupe sans autre ambition que de s'amuser.

JEAN MARCOU : Les Pollux font toutes les galères habituelles et se retrouvent, comme tout le monde, sur la scène du Golf Drouot. Un directeur artistique en quête de jeunes espoirs leur permet de réaliser un premier disque, un EP comme le veut l'époque... (*Juke Box Magazine* n° 41.)

Contrat avec Disc'AZ

MYA SIMILLE : Je suis très très jeune à l'époque, depuis très peu de temps dans la chanson. Je vois ce groupe à La Courneuve, je n'y connais rien mais je les trouve bien. Et j'en parle à Lucien Morisse, alors directeur d'Europe 1. Je prends rendez-vous avec lui et le groupe, il vient les voir jouer, ça lui plaît assez pour qu'il me donne quartier libre pour réaliser un disque avec eux. C'est la première fois que je fais ça. La seule chose que j'avais faite alors, c'était écrire quelques chansons, je n'ai que 23 ans. Mais j'ai très envie de ça, de m'occuper d'un groupe. Lucien Morisse, ça l'amuse beaucoup, il sait que je ne suis qu'une débutante. C'était un garçon très intelligent, il se dit : « Pourquoi pas ? » Mon premier mari travaillait aux Halles. On était jeunes mariés, on commençait dans la vie et il cherchait du travail, c'est par hasard qu'il a trouvé ce job aux Halles. De mon côté, j'écris, pas encore des chansons, en fait c'est mon mari qui un jour me dit : « Puisque tu écris, pourquoi tu n'essayes pas quelques chansons ça rapporterait plus que tes nouvelles ? » Je collabore alors à plusieurs journaux de style *Nous deux* et *Confidences*. Je n'y connais pas grand-chose en musique, mais je me rends vite compte que les Pollux sont les premiers à imiter les Rolling Stones en France, même au niveau look, ils ont tous la grande frange... Ça ne correspond pas à mes goûts musicaux, mais je dois avouer que je ne suis pas une experte à ce moment-là. Je démarre et à propos de mes premières chansons on m'a répondu : « Vous écrivez comme Léo Ferré, ça n'est pas possible ! Écoutez un peu ce qu'il se passe. » J'écoute donc la radio, et c'est là que je découvre les yéyés. Un jour je suggère à un éditeur qu'il y a beaucoup de gens qui reviennent d'Afrique du Nord, et qu'il faudrait écrire une chanson pour eux parce qu'ils ont quitté leur pays. C'est juste une idée de chanson. Le type me répond que ça n'a aucun intérêt, et quelques mois plus tard Enrico Macias cartonne avec « Adieu mon pays ». C'est cet éditeur, Rudy Revel, qui s'est souvenu de moi et qui m'a rappelée. C'est grâce à lui que je débute dans la chanson, je deviens la parolière attitrée de Dick Rivers [*N.d.A.* : la première adaptation cosignée Mya Simille enregistrée par Dick Rivers le 3 juin 1964 est « Bientôt à moi » (« Not Fade Away ») empruntée au répertoire des Rolling Stones]. Je deviens ensuite directeur artistique en produisant les Pollux avec l'argent d'Europe 1, mais ça ne marche pas. Sans doute parce que je n'y connais rien justement. Je redeviendrai rapidement parolière.

CHRISTIAN EVO : Le disque n'est pas tout à fait à notre goût à nous, nous ne l'aurions pas du tout fait comme ça. Ce sont encore les vieilles traditions de poser d'abord la musique, puis ensuite les voix. Nous l'enregistrons dans un studio de la rue Croix-Nivert. Chez AZ il y a les Kelton et Christophe que l'on rencontre dans les couloirs. La personne qui s'occupe de nous n'est autre que Lucien Morisse, notre directeur artistique. C'est déjà quelqu'un d'important. Nous sommes même programmés pour aller jouer à la Locomotive. Lucien Morisse a prévu d'aller nous voir, le genre de personne qui a sa place réservée quel que soit l'endroit où il débarque. Ce jour-là, notre guitariste, Bernard Ancinon, oublie sa guitare ! Il nous accuse même de ne pas lui avoir fait penser à la prendre... C'est le début de l'après-midi, Bernard a largement le temps d'aller chercher l'instrument chez lui et de revenir sans que personne s'aperçoive de quoi que ce soit. Le problème est qu'il ne reviendra pas ! Il est vexé qu'on ne lui ait pas rappelé de prendre sa guitare. C'est une époque où l'on rencontre pas mal de problèmes de racisme. Je me souviens très bien que quelqu'un m'a dit : « Ho merde, vous avez un Noir avec vous, ça ne marchera jamais. Ça porte la poisse ce mélange de couleur... » Nous sommes le seul groupe avec un Noir, même les Anglais ou les Américains ne l'ont pas encore osé. Il n'y a aucun groupe mixte qui tourne, encore moins dans les journaux ou à la radio ! On nous répétera souvent que d'avoir pris un Noir, c'était de mauvais augure pour nous. Ce soir-là donc, le fameux Bernard Ancinon ne revient pas, Lucien Morisse est là, mais nous, on ne peut pas jouer. On est persuadés qu'il lui est arrivé quelque chose, on n'imagine pas un seul instant qu'il fait la gueule et qu'il ne reviendra pas parce qu'il nous en veut. Je me revois en train de nous excuser platement. Le directeur de la Locomotive est furieux après nous, pour un peu il nous aurait tapé dessus. Ça fait un mois que l'on se produit à la Locomotive assez régulièrement et que le public semble nous apprécier. Nous ne sommes pas payés, on nous paye trois sandwichs et un Coca et c'est bon.

Quatre chansons pour l'éternité

Aucun doute sur les passions musicales du groupe, le rock anglais au gros son. Des quatre titres qu'ils interprètent trois puisent d'ailleurs dans ce répertoire mais exécutés avec une extraordinaire efficacité. Il n'y a aucun faux pas dans ces quelques minutes de bonheur, et l'idée de ces chœurs qui viennent en renfort multiplie le côté haute énergie qui s'en dégage. Il est très étonnant que cela passe inaperçu, même aux oreilles pointues de l'équipe rédactionnelle de *Disco Revue*.

JEAN MARCOU : D'entrée, à la vue de la pochette, on comprend à qui on a à faire : quatre types coiffés à la Rolling Stones, avec même un Brian Jones local, le regard dédaigneux, super-fringués avec pochette blanche. La super-classe. On n'y était pas vraiment habitués en cette année 1965 où traînaient encore les vestiges de la vague post-Shadows française, ou pire encore les yéyés. Alors quand on a vu cette pochette chez les disquaires, on ne pouvait que devenir fans du groupe... (*Jukebox Magazine* n° 41.)

Toi qui connais les filles,
Toi qui es mon ami,
Toi qui connais les filles,
Conseille-moi je t'en prie.
Ho dis-moi comment faut-il faire,
Ho dis-moi pour lui parler d'amour,
Lui crier mon amour.

(Extrait de « Toi qui connais les filles ».)

CHRISTIAN EVO : Je suis le batteur, mais je chante également, on peut m'entendre sur trois des quatre chansons du disque : « Tu es fou », « Mais oublie-la » et « Toi qui connais ». Sur « Fais-moi oublier », c'est Christian Riegler que l'on entend. Tous les quatre nous avons la chance de savoir chanter, mais sur scène Bernard Kermarrec n'est pas du tout à l'aise, il est tétanisé à l'idée de se produire devant un public.

Nous étions comme quatre frères,
Quatre bons copains,
Jusqu'au jour où quelle affaire,
Une fille vint.
C'est vrai que je perdis la tête,
Et ce fut l'amour,
Mais les autres chantaient à tue-tête répétaient toujours.
Mais oublie-la,
Restons entre nous,
Mais oublie-la,
Les filles on s'en fout,
Mais oublie-la.

(Extrait de « Mais oublie-la ».)

CHRISTIAN EVO : Nous sommes un peu trop jeunes. Nous n'avons pas vraiment de velléités de devenir des vedettes, ça n'est pas notre but. Le disque, on le trouve tous nul, on nous oblige à chanter en français alors qu'à l'époque nous ne chantons qu'en anglais. D'ailleurs sur scène tous les groupes ne chantent qu'en anglais, les Jets, les Kelton... Il n'y a que les grosses pointures comme Eddy Mitchell ou Johnny Hallyday qui chantent en français, mais ils ne reprennent pratiquement que des succès anglo-saxons. Les fanatiques de cette musique ont un avis très critique sur les chanteurs français car à leurs yeux ils ne font que copier. Nous, nous ne voulons pas copier, nous voulons faire des reprises. Rien ne nous fait peur, attaquer un morceau des Kinks tel que « You Really Got Me », on le réussit sans problème. Cela ne nous a jamais fait peur. Nous n'avons pas un très bon matériel, sauf Bernard Ancinon qui a la même basse que Paul McCartney, une Hofner, les autres c'est de la sous-marque. Il est impensable pour nous de se payer des Ludwig ou des Premier.

Notre look pour la pochette n'a rien à voir avec celui que l'on arbore tous les jours. Nous sommes en jeans et baskets et non pas en complet veston cravate comme on peut le voir sur cette photo. Lorsque l'on fait cette session de photo, dans le studio on croise George Chakiris. C'est une anecdote sans doute idiote mais nous, on le regarde avec des yeux grands ouverts, nous avons tous vu *West Side Story* et nous sommes impressionnés de le croiser dans ces conditions.

On joue aussi une fois juste avant Johnny Hallyday lors de la soirée d'élection de Mademoiselle Âge Tendre [*N.d.A.* : à la Locomotive le 16 mai 1965]. C'est un type d'un abord très facile et très sympa.

La première partie des Beatles, le 20 juin 1965

JEAN MARCOU : D'ailleurs les Pollux devaient être aussi bons sur scène que sur disque, puisqu'ils sont programmés en première partie des Beatles, au Palais des Sports de Paris, le 20 juin 1965. Ils ont eu du courage : passer en lever de rideau devant une meute déchaînée et hurlante qui ne veut que les Beatles, juste avant Jean-Claude Germain, les Jets, Moustique, Evy, les Haricots Rouges (!?) et les Yardbirds... (*Jukebox Magazine* n° 41.)

FRANÇOIS RICHARD LLOYD : C'était en juin 1965, au Palais des Sports de Paris. Porte de Versailles. J'ai gardé la place (10 francs) quelque part, mais où ? Avec quelques photomatons, lettres, souvenirs... Dans quelle caisse ? Le chemin du métro me paraissait long, j'habitais alors le XIIe. J'étais venu au concert avec un tambourin et des baguettes, ce qui me paraissait assez ridicule et embarrassant quelques années après, mais assez attendrissant maintenant. En première partie, il y avait Evy accompagnée par le Bobbie Clarke Noise, Moustique et les Pollux (des proto Groovies en fait) et surtout les Yardbirds, et quand j'y pense les premiers feed-back que j'ai jamais entendu live... (*Best* hors-série n° 8, 1995.)

CHRISTIAN EVO : Cette soirée est un événement, mais je n'y participe pas... On a une salade avec le groupe juste avant, et je pars. Déjà dans ma tête, je sens le vent venir, je n'ai aucune envie de devenir une énorme vedette. C'est un certain Jean-Claude qui me remplace, il rêvait de prendre ma place et ce soir-là je la lui laisse. Je préfère partir en week-end avec ma copine. Ce n'est pas la musique que je veux réellement faire, et je sens le service militaire s'approcher à grands pas...

JEAN-NOËL COGHE : La première partie du concert est un mélange de genres : Haricots Rouges, Pollux, Jets, Moustique. Et heureusement : The Yardbirds... (*Autant en emporte le rock*, Le Castor astral.)

MME ANCINON : Je n'ai pas le droit d'aller les voir en première partie des Beatles, mes parents ont posé un veto absolu. Déjà en tant que copine d'un black, ça passe mal, je ne peux donc qu'obéir. C'est un succès, ils ne se font pas du tout jeter... On ne croise pas de couple mixte dans la rue, aux yeux de beaucoup je ne suis qu'une pute puisque je sors avec un Noir. Bernard a toujours beaucoup souffert de cela, à l'école, il est victime du racisme, c'est pour cette raison qu'il abandonne rapidement ses études pour la musique.

CHRISTIAN EVO : À l'émission d'Europe 1, *Salut les copains*, nous sommes les chouchous du mois, mais nous ne sommes même pas invités. On fait tout de même la connaissance d'Hubert, le présentateur de l'époque, et on est super-jaloux des boots Anello & Davide que George Harrison vient de lui offrir. C'est impossible à trouver en France. Il y a déjà beaucoup de groupes, on est super trop jeunes pour se rendre compte où on a mis les pieds. Nous ne sommes pas assez sérieux. Je suis le plus vieux et je n'ai pas 20 ans. Christian Riegler a 17 ans. On fait du beau boulot, mais il n'est pas question de carrière.

Le début de la fin

CHRISTIAN EVO : Le problème dans le groupe, c'est que très très vite, on part tous à l'armée. On n'a pas le temps de faire des progrès ou un deuxième disque. Je pars au mois de septembre 1965 en Allemagne pour une période de seize mois. Bernard Ancinon me suit de très près, à partir de ce moment-là il ne sera plus jamais question des Pollux.

Aussi, quand je fais mon service militaire en Allemagne, je me rends compte de la différence. Plusieurs émissions de télé allemandes diffusent des groupes, je découvre les Hollies avec « Bus Stop » et lorsque je cherche une comparaison ou un équivalent, j'ai l'impression qu'en France, il n'y a rien. De plus on ne voit jamais les Beatles ou les Rolling Stones à la télé. Les groupes anglais s'imposent d'abord par la radio. Nous sommes obligés d'aller à la pêche sur des émissions de radio de pays limitrophes comme Radio Caroline et d'aller dans des magasins où l'on trouve des imports. On achète souvent des disques à la couverture, sans jamais avoir entendu la musique.

La contestation de l'année 1966

CHRISTIAN EVO : Nous, ce qu'on veut c'est faire de la musique, s'éclater. La dimension sociale, on ne s'en rend pas compte. Ce n'est qu'avec l'adaptation de Bob Dylan par Hugues Aufray que la musique prendra une autre dimension. Jouer est un plaisir personnel. Michel Polnareff perce en 1966. Cette vague de contestation nous apparaît plutôt vague car nous ne manquons de rien à cette époque. On a beaucoup plus de moyens et de possibilités qu'aujourd'hui. Je pense vraiment que c'est après 1968 que c'est devenu la merde... On a du boulot. Cela ne nous pose aucun problème de quitter un travail pour partir en tournée, nous savons que nous en retrouverons un autre au retour. Le chômage n'existe pas. Nous avons de l'argent, des voitures. Je n'ai jamais de problème à mon boulot pour travailler avec les cheveux longs. On aime la musique, nos parents ont souffert de la guerre et passent sur nombre de nos caprices. Il n'y a pas de drogues ni de sida, pas de maladie grave non plus, c'est aussi le début de la libération sexuelle, tout cela change le monde. La musique est gaie. Il n'y a pas de guerre sauf au Vietnam, et franchement on ne sait même pas où c'est le Vietnam ! Nous n'avons aucune dimension de ce que ça peut représenter pour les États-Unis, en plus la guerre d'Algérie est terminée. Il n'y a aucun souci. On ne se pose pas de question.

JEAN MARCOU : Comme bien d'autres formations françaises, les Pollux n'ont pas eu vraiment leur chance, la tâche était trop lourde... (*Jukebox Magazine* n° 41.)

MME ANCINON : Après l'épisode Pollux, Bernard tourne quelque temps avec Danny Boy et les Pénitents au début en 1967, c'est la tournée *L'Épopée du rock*. Puis il continue comme chanteur avec Ra-Laï, Claude et Bruno Ravolosson après le départ de Danny. Mais c'est une période où ils vont commencer à ramer car personne ne veut engager un groupe de métis. Les rares fois où l'engagement est confirmé, c'est souvent à la dernière minute et c'est Bernard qui doit courir après une voiture car aucun autre n'a prévu quoi que ce soit... Juste après les événements de Mai 68, ma mère me fait émanciper, Bernard et moi nous installons dans un studio à Maisons-Alfort. Je me souviens très bien du déménagement, il ne possède en tout et pour tout qu'une paire de chaussures et deux guitares. Il est d'une famille très modeste, genre quatre enfants avec une maman pour les nourrir. Moi je suis première coiffeuse dans un salon et je gagne bien ma vie. Bernard change de nom et se fait appeler Brian Burd, il signe chez Vogue via Dany Maranne l'ex-Fantômes, ce dernier est devenu directeur artistique. Ça ne marche pas, ce qui ne décourage pas Bernard. Il ne laissera jamais tomber et connaîtra un petit succès une dizaine d'années après. Il a toujours voulu faire carrière et je pense qu'à la longue, l'indifférence générale a eu raison de lui.

Épilogue

Bernard Ancinon signe chez Vogue en 1969 et devient Brian Burd. Il sort deux 45-tours puis un album dans une veine soul/rhythm and blues, avant de se transformer à nouveau en Bernie Lyon à partir du début des années 1980. Il connaîtra d'ailleurs quelque succès sous ce patronyme dans une veine variété internationale/disco avant de décéder le 17 juin 2000 à l'âge de 43 ans.

Christian Riegler, né le 17 décembre 1947 à Saint-Maurice (94), est lui aussi décédé le 30 juin 1990 à Paris XXe.

Christian Evo travaillera aux Halles, à Manufrance, à la FNAC, puis deviendra commercial pour Gérand l'importateur d'armes, aujourd'hui il coule des jours heureux à la retraite.

6

L'Avventura

Stone & Charden

Dans les années 1970, Stone et Charden incarnent le bonheur parfait. Ils parviennent à mettre en musique leur entente privée et deviennent un modèle de réussite. Leurs refrains (« L'Avventura », « Il y a du soleil sur la France », « Le prix des allumettes », « Made in Normandie »...) sont populaires et séduisent un très large auditoire. Quelques années plus tôt, ils travaillaient déjà ensemble, dans une veine plus confidentielle et surtout beaucoup plus rock. Éric Charden orchestre les premiers pas de celle qui ne va pas tarder à devenir sa femme. Une certaine Annie Gautrat devenue Stone, noctambule abonnée au Bus Palladium et qui en cette année 1966 est consacrée Miss Beatnik. Elle est l'une des premières jeunes femmes à se brancher sur le rock façon outre-Manche, à reprendre du Beatles et à arborer une coupe à la Brian Jones. Ça tombe bien, Éric Charden qui dès 1963 enregistre de nombreux 45-tours proches de ceux de Georges Brassens vient de découvrir de nouvelles sonorités bien plus électriques d'origine anglo-saxonne et en use volontiers. Leur trajectoire déroute puisqu'elle n'hésite pas à jouer au caméléon, elle prouve surtout que le bouleversement culturel des années 1960 est pluriel et incessant. Que l'on peut être acteur d'un mouvement sans en embrasser pleinement la cause. Il n'y a par exemple aucune contestation sociale chez Stone et Charden car ils n'en ressentent aucun besoin. Pourtant certains textes laissent transparaître sinon un malaise générationnel, du moins une solidarité avec les aspirations d'une époque. Il n'y a pas non plus d'opportunisme, juste un besoin de conjuguer son art avec l'air du temps, qui en cette décennie magique ne cesse de se renouveler. Seul regret, que Stone et Charden n'aient pas éprouvé le besoin de chanter en duo à ce moment-là, ils auraient offert une parfaite réponse à Sonny & Cher.

Éric Charden est né le 15 octobre 1942 à Haiphong en Indochine. Stone, de son vrai nom Annie Gautrat est née le 31 juillet 1947 à Paris.

De Haiphong à Marseille

ÉRIC CHARDEN : Maman était tibétaine, elle était orpheline, recueillie par les bonnes sœurs de l'orphelinat de Haiphong. Mon père avait fait Polytechnique et il construisait des ports à travers le monde. C'est comme ça qu'ils se sont rencontrés au Vietnam à Haiphong. Mes antécédents familiaux sont plutôt stricts. J'arrive en France, à Marseille, à l'âge de 8 ans. Papa n'est pas du voyage, j'ai pris avec ma mère le bateau *Champollion* qui s'arrêtera à Marseille où nous attend Amandine, ma grand-mère.

Je vais au lycée Saint-Charles. Je souffre d'une maladie enfantine, d'une sinusite chronique, et ma mère m'emmène à Cauterets, dans les Hautes-Pyrénées, pour suivre une cure. C'est là qu'un soir, au Casino, j'assiste à une représentation de Jacques Brel. Nous sommes au beau milieu des années 1950, ce sont ses grands débuts car il pose encore le pied sur le tabouret. Il chante des choses comme « Grand Jacques » et « La haine ». Je le sais car dès que je rentre à Marseille, j'achète ses disques et je les écoute le plus possible. Jacques Brel est un énorme choc, c'est à ce moment-là que je me dis en moi-même : « Je serai chanteur ! »

À peu près à la même époque je découvre le rock via Bill Haley et les Comets que j'entends à la radio. « See You Later Alligator », je m'en souviens car c'est alors très rare d'entendre du rock à la radio. Je ne vais pas tarder à apprendre d'un instrument, d'abord le saxophone, mais c'est trop bruyant, et donc j'opte pour la guitare. Je prends quelques cours de solfège, mais ne supporte pas le professeur qui me donne des coups de règle sur les doigts quand je me trompe, et préfère apprendre seul dans ma chambre.

« Ma mère aimait l'opéra et l'opéra-comique. Donc c'est ma grand-mère qui m'a fait écouter les premières chansons de variété : "Les trois cloches", "La petite église", "Domino"... Un soir, on m'a même emmené au Gymnase voir Fernandel... » (*Platine* n° 39, propos recueillis par Jean-Pierre Pasqualini.)

Côté études, je vais d'abord chez les jésuites, chez les maristes, puis au lycée Minier à Aix-en-Provence où je passe le bac. C'est là que le nouveau compagnon de ma mère — dès notre départ du Vietnam mes parents se sont séparés et mon père a été muté à Dakar où il vit désormais avec sa nouvelle moitié —, me propose le marché suivant : si je veux travailler dans son entreprise, je dois faire HEC. Je suis un stage intensif pendant les vacances estivales, passe le concours et suis reçu. Je dois partir à Paris. Ma mère me loue une chambre à l'hôtel Moderne rue Lemercier. Je n'ai pas oublié ma guitare. Dans ma tête, je ne rêve que de ça, de musique. D'ailleurs je compose mes premières chansons.

Le Pas-de-Calais, la Somme, l'Aisne...

STONE : Mon père est chargé d'électrifier le nord de la France. C'est son boulot, donc nous, on voyage essentiellement dans tous les départements du nord, le Pas-de-calais, la Somme, l'Aisne... On ne cesse de se déplacer, mais on reste toujours dans la même région, et moi je trouve ça épouvantable. Car, quand on est enfant, il n'y a rien de pire que de se trouver bien quelque part et de devoir partir au bout de quelques mois. C'est pourtant ce que nous vivons. On déménage tous les deux ans. Je dois faire une douzaine de villes entre l'âge de 6 et 18 ans, ça fait beaucoup. Et je n'ai que des souvenirs de copains que je quitte, d'écoles sympas mais que je quitte également. Et quand mon père est muté à Paris, c'est le bonheur total. Pour la première fois, je vais pouvoir rester un peu plus que deux ans au même endroit.

Je découvre la musique très jeune, parce que ma mère était chanteuse, chanteuse d'opérette. Elle a appris le chant classique et s'est dirigée vers l'opérette, elle s'appelait Sylvie Laurence. On est juste avant-guerre à ce moment-là, et ça marche bien, l'opérette. Ma mère participe à des mises en scène d'Henri Varna, au théâtre Mogador notamment... Elle pense faire carrière, mais malheureusement la guerre arrive. Elle a continué après l'armistice, mais a rencontré mon père qui n'était pas du tout dans ce milieu-là, et a donc mis ses activités artistiques en veilleuse. Mon père commence à se déplacer et ma mère le suit. Mais ça ne l'empêche pas de rester très branchée sur l'opérette et moi je baigne dans cette ambiance depuis toute petite. J'ai toujours entendu chanter ma mère, elle avait une très jolie voix, et un répertoire riche. Aussi loin que je me souvienne, j'ai toujours cette impression de chansons, et dès le départ je suis passionnée par cet univers.

Ce qui est formidable en plus, c'est que, comme tous les gens de ma génération, j'ai cette chance folle de tomber juste à un moment où tout est en train de changer, c'est-à-dire que l'on bascule de la chanson traditionnelle avec tous les chanteurs des années 50, aux yéyés, une vague immense qui balayera tout sur son passage. On s'est rendu compte que les jeunes entre 12 et 20 ans avaient un pouvoir d'achat, même minime, mais qu'ils étaient devenus des clients à part entière. Avec le peu de sous qu'ils ont, ils achètent des disques. Je me retrouve en plein dans cette époque, pile dedans, à tel point qu'à chaque fois que j'entends quelque chose de nouveau, je me fais cette réflexion : « Ils ont écrit une nouvelle chanson pour moi ! » C'est une impression étonnante, à chaque fois que j'entends un nouvel artiste, j'ai l'impression qu'il ne chante que pour moi. Je suis une fan.

Ma maman ne m'a jamais empêchée d'écouter mes disques. Elle est très libérale et elle, elle trouve ça très bien. Elle rigole même lorsqu'elle voit Johnny Hallyday se rouler par terre, alors que les parents de mes copines sont outrés. L'autre leitmotiv c'était : « Mais qu'est-ce qu'il raconte ? On ne comprend rien ! » Alors que ma mère, elle trouve ça formidable justement qu'une musique puisse coller de cette manière à une génération.

Je découvre d'abord les morceaux en français. Les gens qui ont 4-5 ans de plus que moi connaissent souvent les versions originales avant d'entendre les adaptations françaises. Or moi c'est l'inverse. J'écoute d'abord les reprises. Je suis de 1947 et en 1960 j'ai 13 ans. C'est encore jeune et j'écoute Sacha Distel ou Colette Deréal. Ma mère m'emmène voir *Le Chanteur de Mexico* avec Luis Mariano et je suis folle de lui. Sacha Distel aussi, je suis allé le voir sur scène et j'adore une chanson comme « Scoubidou ». Ensuite je me tourne vers tous les groupes twist, Chaussettes Noires, Chats Sauvages, Pirates, sans savoir que ce sont des adaptations. Je ne me pose même pas la question, je les entends chanter en français et voilà. Je consomme beaucoup et ce n'est qu'en

1964-1965 que j'apprends qu'il existe des versions originales nettement mieux orchestrées.

Paris

ÉRIC CHARDEN : Je suis les cours d'HEC deux mois, mais la musique a déjà remporté la partie. Je ne vais pas au Golf Drouot, je préfère une boîte située derrière l'Opéra, la Microthèque. Lucienne, la patronne est adorable, un soir elle m'autorise à chanter mes premières œuvres en public. Mes potes me soutiennent et j'y prends goût. Je ne vais pas tarder à abandonner HEC.

À la Microthèque, je fais la connaissance de Marine, son père est peintre, il s'appelle Henri Mahé et a inspiré Céline pour l'un des personnages de son roman *Voyage au bout de la nuit.* Henri Mahé est un individu extraordinaire, hors du commun. Très en avance sur son temps aussi. Il refuse de vendre ses tableaux, et gagne sa vie en réalisant le portrait des gens qui viennent chez lui. Ses clients peuvent être des ministres, Maurice Papon, ou des truands célèbres tel Gaston la Peugeot. Henri ne quitte pratiquement jamais sa cave atelier, et avec Marine on en profite... Mais un soir son père me fait appeler : « Tu devrais descendre, papa fait le portrait d'un type qui ne déride pas une seconde, et si jamais papa lui dessine la tête comme il a là, il va lui foutre le tableau sur la gueule et on ne bouffe pas pendant un mois... » C'est comme ça ! Henri Mahé paye ses impôts avec des toiles. Alors moi je descends et je joue de la guitare, ce sont mes premières chansons, et j'arrive à distraire le type. À tel point qu'à la fin de la séance il me tend sa carte. Il s'appelle Pierre Bourgeois, c'est le directeur des éditions Pathé-Marconi. Il me dit : « Écoutez, vous êtes formidable, venez me voir dans mon bureau demain matin, et je vais vous proposer un contrat pour enregistrer un album... » Voilà, ça commence comme ça.

STONE : Je travaille assez jeune, à l'âge de 16 ans. J'arrête mes études en troisième. Au début je vais à l'école normalement, comme tout le monde, mais il est vrai que le fait de déménager sans cesse n'arrange pas les choses, et niveau études il me faut souvent reprendre de zéro. En plus les classes ne sont pas toujours au même niveau d'une ville à l'autre et j'ai beaucoup de mal à comprendre de quoi il s'agit. De plus je ne suis pas une élève très studieuse, et en troisième, je décide en accord avec mes parents de tout arrêter, c'est devenu trop n'importe quoi.

Nous déménageons à Paris au mois de juin 1965, pendant l'été. Et la première chose que je fais, c'est d'en profiter, je sors. C'était mon rêve depuis toujours. Déjà en province, il y a peu de possibilités de s'amuser, et moi à Paris j'ai la chance d'avoir une cousine, Lilou, qui a le même âge que moi. Nos parents sont amis, elle habite en proche banlieue et toutes les deux, on adore sortir. Je suis déjà venue la voir : mon père travaillant à la SNCF, je ne paye pas le train. Donc je viens le plus possible, et souvent le week-end nous allons au Golf Drouot. C'est le tout premier endroit où elle m'a emmenée. Je rencontre Henri Leproux, je dois avoir tout juste 16 ans car c'est la limite d'âge pour franchir la porte, et je suis un peu obligée de me vieillir pour pouvoir entrer. Je rencontre d'autres personnalités tels Richard Fontaine, le futur Cédric de Cédric et Cléo, mais ça reste amical. Chanter pour moi, à l'époque, c'est vraiment du domaine de l'inaccessible, un rêve. Je ne peux envisager que cela m'arrive réellement.

Je commence à travailler chez Eram quand j'habite encore Tourcoing. C'est mon premier boulot et c'est une année épouvantable, vendeuse chez Eram... Je suis vraiment considérée comme la bonne à tout faire, avec un patron antipathique qui ne manque pas une occasion de me rabaisser du genre : « Vous ne ferez jamais rien dans la vie ! Vous êtes nulle ! » J'ai tout entendu, mais heureusement mon père est muté à Paris peu de temps après et je quitte ce boulot avec une joie non dissimulée. Comme à l'époque il y a du travail à la pelle, je me suis dit qu'il fallait que je trouve quelque chose qui me plaise un peu. Je n'ai plus aucune envie de redevenir vendeuse de chaussures et je décroche ce job à l'argus de la presse. Or comme j'adore tout ce qui était journaux, j'achète régulièrement *Salut les copains*, *Disco Revue*, *Mademoiselle Âge tendre*, je me dis que c'est l'idéal pour moi. Mon travail consiste à lire les journaux et à entourer les articles qui concernent nos abonnés. Les gens s'abonnent à l'argus de la presse pour qu'on leur envoie les articles les concernant. J'y travaille presque un an, je trouve ce boulot formidable.

Premier disque d'Éric

JACQUES LEBLANC : Il effectue alors ses débuts, dans le style chanson française, à contre-courant du mouvement yéyé, avec quatre de ses créations « Symphonie en bleu »/« Casoar »/« Toi »/ « Quatre cent vingt et un » qu'il cosigne avec le chef d'orchestre Jean Leccia... (*Jukebox Magazine* n° 145.)

ERIC CHARDEN : Je suis plus vieux que les idoles, et je trouve ça décevant. Je n'appartiens pas du tout à la bande *Salut les copains*, surtout, je ne me gêne pas pour donner mon avis. Or chacun sait que le premier qui dit la vérité, c'est celui qui doit être exécuté... Je crois que j'ai été exécuté plein de fois. Mes premiers disques ne marchent pas du tout, pourtant c'était pas mal.

« En 1963, je sors mon premier disque qui ne va pas faire beaucoup de ventes, mais rencontre un bon accueil médiatique. À l'époque, les maisons d'édition étaient plus importantes que maintenant : elles achetaient les chansons, faisaient des avances sur les droits, ou donnaient des primes à la signature. Les éditeurs se battaient pour avoir les chansons des rois du cashbox anglais et américains, et les droits de faire des adaptations en français. Moi j'ai toujours pensé qu'il n'y avait pas de raison, qu'on pouvait largement faire aussi bien. Je le pense toujours, et la suite allait me donner raison... » (*Laisse aller la musique...*, Éditions CPE.)

À la fin de l'année 1963-début 1964 je pars en tournée avec Johnny Hallyday grâce à Johnny Stark. C'est lui qui me dit : « Je vais te faire démarrer ! » Il y a un système de vedettariat très établi, en premier c'est la vedette anglaise qui chante trois chansons, ensuite il y a un magicien et/ou un jongleur, suit la vedette américaine qui chante sept-huit chansons et termine la première partie. Ensuite c'est l'entracte et la vedette. Moi je suis en lever de rideau, ce qui signifie que je suis comme un bonus, avant l'anglaise. Le présentateur dit en parlant de moi : « Johnny va arriver, ne vous inquiétez pas, mais là on a un p'tit jeune qui démarre, il s'appelle Éric Charden, encouragez-le par vos applaudissements ! » J'arrive seul avec ma guitare et je me fais jeter. Je suis tellement démoralisé qu'une fois je ne repars pas avec le reste de l'équipe, je préfère rester dans un hôtel en Camargue, aux Saintes-Maries-de-la-Mer, Le Brûleur de loups. Je me repose une bonne semaine avant de rappeler Johnny Stark. « Mais tu es où ? — Je suis resté au Brûleur de loups. — Quand est-ce que tu reviens ? — Dès que tu m'auras envoyé de l'argent pour payer la note, j'ai pas un rond. — D'accord, mais tu dois être demain soir à Genève... » Johnny doit particulièrement apprécier ma prestation ce soir-là, car il me prête deux musiciens pour m'accompagner. Je ne chante que deux morceaux, mais j'ai presque un orchestre à ma disposition ainsi qu'un bout de sono.

« Pierre Bourgeois est parti chez Ricordi avec Jean Porasse comme associé et j'ai suivi. C'est là que j'ai sorti mon deuxième disque... Ensuite Vega a racheté Ricordi et je me suis retrouvé dans une nouvelle maison de disques avec mon premier 30 cm qui comprenait “J'ai la tête pleine de Provence”... » (*Platine* n° 39, propos recueillis par Jean-Pierre Pasqualini.)

ROBERT TOUTAN : Enfant de la vitesse, Éric a pris le rythme de son temps, son inquiétude aussi, et c'est, sans doute, ce qui le rend si proche de ceux qui ont son âge, c'est-à-dire : vingt ans... (Notes de la pochette du premier album commercialisé au mois de juin 1964.)

ÉRIC CHARDEN : C'est une époque où je rencontre l'arrangeur Mickey Baker. Ce type m'éclate complètement. Moi je ne bois pas du tout, alors que lui se verse une bière dans un shaker, rajoute du gin et de la vodka. Il mélange tout ça et l'avale d'un trait. Il s'en tape même plusieurs et à chaque fois je lui dis : « Mais, Mickey, tu vas éclater ! » Il me répond : *« No, Eric, you're crazy ! »* C'est vrai que c'est une montagne, il mesure presque 2 mètres. Sa femme Barbara est charmante, elle est directrice artistique chez Decca et branche son mari avec la plupart des artistes Decca : Sylvie Vartan, Ronnie Bird...

Tournée avec Ronnie Bird

JACQUES LEBLANC : À partir du 8 février 1965, Éric entame sa deuxième tournée, passant en lever de rideau du spectacle qui réunit Ronnie Bird, Françoise Hardy et Hugues Aufray... *(Juke Box Magazine* n° 145.)

ÉRIC CHARDEN : Françoise Hardy doit faire l'américaine et Ronnie Bird l'anglaise mais en fait on est plusieurs à se partager la première partie. Il y a Ronnie Bird donc, Noël Deschamps et moi. Je voyage avec Ronnie parce qu'on sympathise vite. Il a son propre groupe, les Tarés. Par contre, moi, je chante toujours seul, uniquement accompagné de ma guitare sèche. Chaque soir, il faut que je dégage vite le plateau pour la suite du programme, et un soir, j'oublie ma guitare. L'un des musiciens d'Hugues Aufray marche dessus, je n'ai plus de guitare... Heureusement, le guitariste des Tarés m'en file une pour que je puisse continuer la tournée.

Ronnie est très versé dans le rock anglais, et c'est sans doute suite à cette tournée que mon style devient plus rock. Mais c'est complètement involontaire. Est-ce que j'essaye de faire comme eux ? Je ne pense pas. Cette évolution correspond à une espèce de cheminement naturel, ces sonorités sont alors dans l'air du temps et je m'en imprègne, comme tout le monde. À aucun moment ce revirement est réfléchi, je ne me suis jamais dit : « Il faut que je sonne comme les Rolling Stones ! »

Sinon cette tournée avec Ronnie Bird a bien failli nous coûter la vie. Nous sommes tous les deux en voiture, il y a beaucoup de virages, des tunnels et du verglas. Nous parlons ensemble et je ne vois pas la voiture partir sur le côté, heureusement il n'y a personne dans l'autre sens. Ronnie Bird est beaucoup moins accessible qu'Antoine. Il n'est pas du tout homosexuel, mais il a en lui ce côté androgyne pré-Bowie qui le fait entrer dans une autre dimension, celle des vedettes un peu hautaines, inaccessibles.

La fin de l'année 1965 est marquée par un bouleversement musical dans la carrière d'Éric Charden. Celui qui jusque-là ne jurait que par la chanson traditionnelle opte désormais pour un univers beaucoup plus électrique à mi-chemin entre l'énorme son anglais (« Amour limite zéro », « Pas question », « Je te veux », « Va-t'en de ma vie »...) et le folk-rock importé des États-Unis (« À la une », « J'ai besoin d'elle », « Monsieur Henri »...). Alternant les ballades et les tempos rythmés, on y découvre ici et là une guitare complètement saturée, une chambre d'écho à la limite de l'asphyxie et un habillage complètement psychédélique. En deux années, sa discographie se gonfle d'une vingtaine de morceaux explosifs très proches de l'esprit d'un Ronnie Bird. Leur tournée commune a sans aucun doute laissé quelques traces même si cela est inconscient. Chose encore plus surprenante, il n'y a aucune adaptation, uniquement des créations.

« Son premier disque, “Casoar” et “Symphonie en bleu”, n’obtient pas le succès qu’il espère. Mais Éric est passionné de folk-song et il ne désespère pas de faire partager ses goûts à son directeur artistique ; il compose des chansons dans le style de celle de son idole Bob Dylan. Peu à peu il gagne la partie, il impose ses propres titres... » (*Salut les copains* n° 39, octobre 1965.)

ÉRIC CHARDEN : À partir de l’automne 1965, j’enregistre sous la direction de Léo Petit, et c’est lui qui me présente les Sharks qui vont m’accompagner pendant cette période rock. Ce sont eux également qui accompagnent Stone derrière ses disques. Par contre, à partir de la période pop, en gros « Le monde est gris, le monde est bleu », ce sont les musiciens qui jusque-là jouaient avec Jacques Dutronc, soit Alain Legovic (alias Alain Chamfort) au clavier, Michel Pelay à la batterie, Hadi Kalafate à la basse, Christian Padovan et Jean-Pierre Alarcen aux guitares. La plupart d’entre eux partiront dans le Système Crapoutchik.

« Éric Charden met les bouchées doubles. Il ne veut pas rater son train, semble-t-il. Influencé à la fois par James Brown et Bob Dylan, Éric a décidé de composer essentiellement des morceaux de rhythm and blues avec des paroles plus poétiques... » (*Salut les copains* n° 43, février 1966.)

Le Bus Palladium

STONE : À Paris, je commence à travailler à l’argus de la presse à partir du mois de septembre 65. En parallèle de ça, avec ma cousine, tous les dimanches, on sort, c’est devenu une habitude. Et un beau jour elle me dit : « Écoute, il y a une nouvelle boîte qui vient de s’ouvrir qui est super, elle s’appelle la Locomotive à côté de la place de Clichy. Surtout il y a des groupes qui s’y produisent : les Who, les Small Faces... » Nous y allons et nous en devenons des piliers. Nous y sommes fourrées tout le temps, le week-end mais aussi en semaine. Sauf qu’un dimanche, on se pointe à la Loco et on ne sait pas pourquoi, mais c’est fermé. Il est tôt, genre 3 heures de l’après-midi et nous n’avons pas du tout envie de rentrer. Il ne fait pas beau, on doit être au mois de novembre. On rôde un peu dans le quartier et on passe devant le Bus Palladium. Il n'y a personne, le patron, James Arch, est devant la porte. Nous sommes un petit groupe en fait, et on entre. C'est le patron qui nous propose : « Voilà j'ai besoin de jeunes pour faire l'animation, si vous voulez, vous revenez, vous rentrez gratuitement et vous me mettez de l'ambiance en dansant... »

En l'espace de deux mois, le Bus Palladium devient un haut lieu des nuits parisiennes. Je me retrouve sans vraiment l'avoir cherché, au beau milieu de toute une faune que je ne connais pas mais que je reconnais. Il y a là de nombreux acteurs et chanteurs célèbres. C'est drôle, et moi je suis ravie. Avec ma cousine on laisse tomber toutes les autres boîtes et nous n'allons plus qu'au Bus Palladium. Nous sommes devenues très copines avec James, mais le gag c'est qu'il veut que l'on vienne tous les soirs, et moi mon père ne veut pas que je sorte le soir car je travaille le lendemain. Alors, je fais le mur. J'attends qu'il soit couché pour passer la porte... Je sors en semaine sans qu'il le sache et je rentre au petit matin avant qu'il ne se lève, ma mère est au courant. Elle se fait du souci, mais accepte d'être dans la combine. James Arch nous dit : « Moi j'ai besoin de vous dans la mesure où vous mettez de l'ambiance ! » C'est la pleine époque beatnik, les garçons ont de grandes parkas vertes avec le signe de la paix dans le dos et les cheveux qui commencent à être très longs. James nous file un sandwich et un verre de lait pour tenir toute la nuit, c'est ça le deal, et ça nous convient parfaitement. Avec ça, on assure la nuit. Ça me va très bien, sauf que je travaille et, comme je dors très peu, je m'endors parfois au boulot... Il me devient impossible d'assurer les deux. Mais je suis fière de contribuer même modestement au succès du Bus Palladium, parce que si c'est devenu une boîte branchée, c'est quand même un peu grâce à nous.

Ma maman est couturière et grâce à elle j'ai pu me confectionner du sur-mesure. Lorsque je découvre sur le premier album des Who la veste du bassiste John Entwistle réalisée à partir du drapeau anglais, je demande à ma mère de m'en faire une exactement pareil. Elle a bien regardé le modèle et n'a aucun problème pour me fabriquer la même. Je la porte au dos de mon premier 45-tours. Même chose pour mon costume noir et blanc. J'ai vu une photo, et je lui ai demandé la même chose, un costume avec un côté noir et l'autre blanc. Ma mère achète le tissu et elle me le fait. Mon surnom de Stone intervient d'ailleurs à cette époque-là, au Palladium. Jusque-là j'ai un carré traditionnel, mais un jour où je ne savais pas quoi faire, pendant les vacances, chez ma grand-mère, j'ai disposé une photo de Brian Jones devant moi et je me suis fait exactement la même tête que lui. Ce n'est pas très difficile d'ailleurs, il suffit de couper un peu sur le côté et de tout rabattre en avant. Et dans la bande du Bus, c'est l'un des garçons qui un jour me dit : « Ho toi, tu es une petite Stone ! » Et ça m'est resté. Au début, mon surnom, c'était Petite Stone, mais sur le disque ils ont enlevé l'adjectif.

DJENTO : Au début de l'année 1966 je deviens directeur artistique chez Polydor avec Jean-Pierre Orfino. On devient très potes, même costard, même mallette et on partage même un appartement... Stone, on l'a tout de suite remarquée au Bus Palladium. Elle a des fringues incroyables et je me suis dévoué pour aller l'aborder. Je vais la voir et je la branche pour lui demander si elle veut bien faire un coup d'essai. Évidemment qu'elle est d'accord, qui aurait refusé ?

STONE : Je rencontre Jean-Pierre Orfino alias Hector au Bus Palladium. Pour moi il n'est pas un inconnu, j'ai passé des années à découper toutes les photos dans les magazines et à potasser tous les articles concernant ces groupes, et donc je reconnais très bien l'ex-bassiste des Pirates. Quand j'en vois un, je ne peux pas le rater, même s'il a cessé toute activité musicale depuis quelques années déjà. Il vient me brancher avec une autre personne (Djento) et je suis plutôt flattée qu'une personne comme lui vienne me voir. Il me dit : « Je sais qui tu es, je te vois souvent ici au Bus Palladium. Je suis maintenant directeur artistique chez Polydor, j'ai laissé tomber la musique, les Pirates n'existent plus, nous sommes à la recherche de chanteurs. Et moi je suis chargé par mon patron de trouver de nouveaux talents. Et justement nous sommes à la recherche d'une fille. Tu chantes ? » Je ne pouvais pas lui dire d'emblée que c'était mon rêve et donc j'hésite un peu, et je lui dis que ça m'arrive de temps en temps. Il me donne rendez-vous pour un bout d'essai en studio.

Lors de ma première séance chez Polydor, je chante « Où va-t-elle ? » de Ronnie Bird que je croise très souvent au Bus Palladium. Nous sommes au mois de novembre 1965, Antoine n'a pas encore enregistré son tube « Les élucubrations... » qui n'explosera qu'au mois de février suivant, mais c'est le même esprit. J'appartiens à la même vague, et d'ailleurs lorsqu'il sera connu, ça nous donnera un angle d'attaque vis-à-vis des journalistes, on me présentera comme une sorte de réponse féminine. Au sein de Polydor, il y a beaucoup de chanteurs traditionnels comme Marcel Amont, Colette Deréal, les Compagnons de la Chanson... Ils aiment beaucoup la chanson française classique mais ont tout de même dépêché deux jeunes directeurs artistiques pour se mettre au goût du jour. Jean-Pierre m'avouera quelque temps plus tard, que lorsqu'il a fait écouter ma reprise de Ronnie Bird à ses boss, la moitié des anciens, dont Jean Bertola, le patron, ont été totalement contre, mais comme ça ne représentait pas un grand risque financier, il y a eu une sorte de consensus et j'ai pu enregistrer mon premier 45-tours. À ce moment-là il n'est pas encore question de l'élection de Miss Beatnik.

Élection de Miss Beatnik

STONE : Éric Charden apparaît à point nommé, mais le contrat avec Polydor est antérieur à cette élection. Mon premier essai prend place quelques semaines avant cette élection de Miss Beatnik. Le problème de Jean-Pierre Orfino, c'est qu'il ne connaît personne. Il a beau avoir participé à l'un des groupes majeurs de la vague twist, il reste un débutant. Or il n'écrit pas de chanson, moi encore moins, et on ne sait pas du tout à qui nous adresser. Tous les grands auteurs compositeurs ont leurs artistes attitrés, et ça n'est pas si facile que ça. Jean-Pierre a beau multiplier les demandes, personne ne semble intéressé. C'est pour cette raison que l'on reste plusieurs mois sans rien faire, à simplement essayer de trouver un volontaire qui veuille bien m'écrire deux trois chansons. Je me souviens très bien qu'un jour il me dit : « Je viens de demander à Charles Aznavour, cette fois c'est bon ! » Et moi je me disais : « Aznavour, ça m'étonnerait... » Et bien évidemment, ça s'est conclu par un silence radio.

Indépendamment de cela, au début du mois de janvier 1966, un monsieur nous branche au Bus Palladium en nous disant : « Voilà, je lance une nouvelle boîte, Les Écuries du lion d'argent, et comme je vois que votre formule avec les beatniks marche bien, je voudrais que vous veniez dans ma boîte... » Ce monsieur s'appelle Mario Polonio et est d'origine italienne. Il ne nous paye pas, il n'est pas question d'argent, mais nous invite et nous annonce qu'il va organiser l'élection de Miss Beatnik. Il se charge de tout, d'inviter des chanteurs célèbres et des journalistes. Il s'occupe de l'organisation, nous, de notre côté, nous devons présenter plusieurs jeunes filles avec le look. On accepte tout de suite. Nous devons être six ou sept filles à nous présenter, c'est vraiment fait de bric et de broc, mais on passe une bonne soirée.

« Elle a été élue Miss Beatnik 1966, il y a quelques jours au club des Écuries du lion d'argent, l'un des nouveaux rendez-vous des beatniks et non-beatniks de la capitale... Miss Beatnik 1966, qui a été élue pour ses talents de danseuse de monkiss et pour sa présentation, a eu droit à un voyage à Londres... » (*Salut les copains* n° 44, mars 1966.)

STONE : La boîte se trouve rue Léopold-Belland, une petite rue qui donne dans la rue Montorgueil. Le patron a bien fait les choses puisqu'il a invité plein de chanteurs en vogue. Parmi eux, Antoine dont on commence à beaucoup parler, et Éric Charden qui a enregistré plusieurs 45-tours. Il y a aussi Carlos, le secrétaire de Sylvie Vartan, tous les journalistes de *Salut les copains* et Sophie Agacinski qui deviendra Mme Jean-Marc Thibault et la belle-sœur de M. Jospin. Sophie Agacinski a joué dans un feuilleton télé qui a très bien marché, *Seule à Paris*. Avec autant de monde, c'est sûr que l'on va parler de cette nouvelle boîte, et aussi de l'élection. D'abord, nous devons danser, ensuite le jury votera pour Miss Beatnik. Je suis élue. Un prix a été négocié avec l'équipe de *Salut les copains* qui consiste en un week-end à Londres. C'est mon rêve, je n'y suis jamais allée, et, indépendamment de Miss Beatnik, c'est ça qui m'intéresse le plus, me promener à Carnaby Street pour de vrai ! J'irai en compagnie de Robert Madjar. Mais ce soir-là, avec Jean-Pierre Orfino, nous faisons la connaissance d'Éric Charden. On discute ensemble, on sympathise et il nous dit qu'il compose des chansons. Ce qui tombe pile-poil car on commence vraiment à désespérer pour mon disque. J'ai signé mon contrat avec Polydor, mais je n'ai toujours pas de chanson. Le seul point de désaccord entre Jean-Pierre Orfino et Éric Charden c'est le problème des adaptations, mais ils finissent par trouver un accord, deux titres des Beatles et deux originaux. Éric est contre les adaptations, mais il ne peut refuser ce compromis.

« Sélection animée la nuit dernière dans un club de la capitale : les beatniks de Paris ont élu leur miss. C'est la jeune Annie Gautrat, 18 ans, qui a été choisie par un jury dans lequel on reconnaissait la comédienne Sophie Agacinsky, l'héroïne de *Seule à Paris*. Grâce à son titre, Annie pourra se rendre à Londres où elle assistera à l'élection de la Miss Beatnik anglaise. En attendant, elle doit subir les hommages de ses électeurs, tous barbus et chevelus, comme il se doit ! » (*Le Parisien libéré*, 26 janvier 1966.)

ÉRIC CHARDEN : Je ne veux pas y aller. Je ne veux pas y aller du tout et je reste chez moi enfermé. Ce sont les journalistes de *Salut les copains*, Jean-Pierre Frimbois, Bernard Leloup et Éric Vincent qui défoncent ma porte pour m'emmener de force. J'habite un tout petit appartement à Neuilly, et la porte n'est pas solide, ils n'ont aucun mal à l'enfoncer. Et moi qui n'ai aucune habitude de boire, je n'arrête pas. Je bois verre sur verre et je finis complètement bourré... Je pars même dans les toilettes au moment de l'élection, et je m'endors carrément à l'intérieur. Ce sont les autres membres du jury qui me retrouvent étendu par terre, ils pensent que je suis reparti chez moi. Je vote pour une autre fille qu'Annie, mais c'est elle qui gagne. Le président du jury me la présente, je vais l'embrasser et c'est là qu'on me dit que ça tombe bien puisqu'elle va aussi enregistrer un disque chez Polydor. C'est lorsque je me retrouve en face d'elle pour échanger deux trois banalités que je réalise qu'elle est très belle. On se regarde, moi je suis encore un peu dans les vapes, et puis elle est partie... Je ne la revois pas pendant plusieurs jours, puis à son retour de Londres on tombe dans les bras l'un de l'autre. Et comme je suis compositeur, je lui adapte deux morceaux des Beatles et propose deux chansons à moi. C'est son premier disque, elle a 18 ans.

STONE : Au printemps 1966, il y a une grande fête dans les locaux Vogue, pour fêter l'incroyable succès d'Antoine. Il y a énormément de soirées comme cela, dans lesquelles les maisons de disques soutiennent leurs poulains. Je suis invitée parce que l'on se connaît bien, et j'ai cette discussion avec Germinal Tenas, l'un des directeurs artistiques. C'est lui qui me dit : « Il faut absolument que tu viennes rejoindre l'équipe parce qu'ici nous sommes jeunes et dynamiques. T'as ta place ici chez Vogue, Polydor c'est ringard ! » Et moi, je lui réponds : « Écoute, je suis désolée, mais j'ai déjà signé chez Polydor, je ne peux pas. »

Stone chante du Beatles

« Elle s'appelle Stone "parce que je ressemble à Brian Jones des Rolling Stones", dit-elle... Les cheveux coupés au bol, habillée en garçon, dans la rue on l'appelle Monsieur. Son père est employé à la SNCF, sa mère couturière. Elle a 18 ans et demi et s'appelle réellement Annie Gautrat. Il y a trois mois, Stone a été élue Miss Beatnik. C'est cela qui a décidé de sa carrière. Avant, elle était vendeuse dans un magasin de chaussures, mais "ce n'était pas drôle"... » (*France-Soir*, 29 avril 1966.)

STONE : Ils font les choses bien chez Polydor, ils veulent que ce premier 45-tours soit un coup médiatique et ils impriment des grandes affiches qu'ils disposent sur les Champs-Élysées. L'impact médiatique est très fort, et grâce à tout cela il y a de nombreux articles dans les journaux et des passages télé, alors que je suis encore inconnue. Par contre, les ventes de disques ne sont pas extraordinaires. Disons que je parviens à me faire connaître en peu de temps, et que grâce à cela j'enregistrerais plusieurs 45-tours. En fait ce qu'ils font à Polydor, c'est qu'ils misent tout sur la pub. Le coup des affiches sur les Champs-Élysées, ç'a un fort impact médiatique, les gens ne peuvent que parler de moi mais au point de vue ventes, les chiffres sont faibles. Par contre je parviens à une certaine notoriété, et Polydor décide de continuer sur la lancée. Aujourd'hui, ils auraient arrêté tout de suite les frais. Mais comme je profite d'une deuxième chance, d'une troisième et d'une quatrième, les disques marchent un peu mieux à chaque fois. J'ai pu après continuer grâce à ce système-là.

ÉRIC CHARDEN : Le premier disque de Stone intervient à un moment où j'écris pour de nombreuses personnes, et je suis obligé de prendre un pseudonyme si je veux signer les quatre titres. Mes compositions « C'est ma vie » et « J'aurai raison », je les signe de mon nom, mais pour les adaptations des Beatles « Le jour la nuit » (« You Won't See Me ») et « Seule » (« Norwegian

Wood »), j'use d'un pseudonyme, Bryan Mu. J'adore les histoires de continents perdus comme l'Atlantide, et Mu c'en est un qui était situé dans le Pacifique. Alors pour éviter que le nom de Charden ne fleurisse un peu trop, j'use de ce nom-là.

« Élue Miss Beatnik 1966, Stone — alias Annie Gautrat — affirme : J'ai inventé un nouveau style, le neuter look (la mode neutre). C'est une façon très voyante de ne pas me faire remarquer. Stone aux cheveux coupés, très anti-Antoine, professe des goûts très affirmés : le pantalon, dit-elle ne prouve plus rien, la coiffure non plus. Les boots, le blouson, le jean en velours, c'est tellement plus pratique que la robe d'organdi. Ce qu'elle aime, elle le chante : la vie, les cheveux raides et la liberté. » (*Paris Match* n° 892, 14 mai 1966.)

Mariage

« Pantalon et veste blancs pour elle, costume de velours noir et cravate à fleurs pour lui, ce sont les derniers mariés de la chanson. Stone (Annie Gautrat pour l'état civil), 17 ans, a épousé hier après-midi à la mairie du XVIIIe arrondissement, l'auteur-compositeur Éric Charden ("J'ai la tête pleine de Provence", "Claudie"). Leur amour n'est pas vieux. Ils se sont connus il y a trois mois, lorsque Éric (23 ans) a composé la première chanson de Stone "C'est ma vie". Devant les autres mariés en robe blanche (elles étaient neuf, hier à 16 heures), Stone a eu peur : "J'espère qu'il est permis de se marier en pantalon !" » (*France-Soir*, 22 juin 1966.)

STONE : En 1966, la majorité est encore à 21 ans, et mon père était plutôt sévère à ce niveau-là. Enfin pas sévère mais traditionnel, il ne voyait pas d'un bon œil que je puisse m'en aller avec un garçon comme ça sans être mariée. Mon père met donc les choses bien au point, si je veux partir de la maison et vivre avec un garçon, je dois me marier. Et comme il y a une tournée prévue pour l'été, je me dis que c'est encore la meilleure solution. Parce que, lorsque mon père dit que je ne peux pas partir de la maison, il parle aussi de la tournée. Il sait que j'ai une relation avec Éric et que lui aussi est au programme, il n'a aucun doute sur ce qui va se passer... Nous nous marions trois jours avant de partir. C'est la seule façon de s'émanciper à l'époque. Éric est dans un état second, il ne veut pas se marier, moi encore moins. Mais on le fait quand même, contraints et forcés. J'ai toujours été rétive au mariage, mais nous avons envie de vivre ensemble. Il fallait y passer pour être libres.

Beatnik ?

Il est arrivé seul dans la nuit sans aucun bruit
L'air très fatigué, les traits tirés, mal habillé
Il vient d'un pays du nord d'un pays lointain
Il ne sait pas encore de quoi sera fait demain...

(Extrait de « Seul ».)

ÉRIC CHARDEN : Si les beatniks contestent l'ordre établi, alors moi je suis le roi. Depuis le début, je ne cesse de me battre contre les idées préconçues et ce que l'on attend de moi. Je suis un garçon en colère depuis le premier jour. Ça n'a pas changé d'ailleurs... Par contre, je n'ai pas l'impression qu'Antoine soit un beatnik, il m'a même semblé tout à fait normal. Je vais chez lui et sa chambre est très grande, sa baignoire ronde et spacieuse et sa décoration intérieure organisée avec beaucoup de discernement. Étonnamment, en France, il n'y aura qu'une seule élection de Miss Beatnik, et c'est Annie qui la remporte. Même si elle n'est absolument pas contestataire et qu'elle serait plutôt gentille avec tout le monde, elle incarne bien les idées hippies qui vont alors surgir. Car Mai 68, ce ne sont pas que des pavés dans la gueule, c'est aussi les fleurs dans les cheveux. Et ça, Annie elle apprécie particulièrement. Avec elle il n'y a jamais de problème, tout va bien tout l'temps. D'ailleurs, si Stone n'a pas de conscience politique, c'est qu'elle incarne peut-être trop la chose. Je lui écris une chanson assez précise sur ce sujet « Notre génération », le texte est clair : « Notre génération est dans la nuit, Notre génération est dans l'ennui. Nous ne la voulons pas comme telle. Le droit d'aimer de le prouver librement. La liberté de s'exprimer nous la voulons... » Notre génération a besoin de casser des tabous pour exister. Pour moi c'est une chanson qui traduit parfaitement son époque.

STONE : Au Bus Palladium, il y a quelques beatniks qui sont des vrais entre guillemets, c'est-à-dire qu'ils voyagent, ils se baladent un peu, quoi... Ils font la route, certains d'entre eux sont même allés en Inde. C'est un phénomène qui vient d'Amérique, et qui petit à petit a envahi la France. On en parle beaucoup en 1966, c'est dans l'air du temps. Ça représente une espèce de nouvelle génération de jeunes qui s'opposent au système, c'est un peu toujours la même chose en fait car leur combat n'est pas très éloigné de celui des rockers dix ans plus tôt... Donovan et Bob Dylan sont leurs maîtres à penser. Moi, cette dimension politique ne me branche pas du tout. Je n'ai qu'une envie, m'éclater, m'amuser, essayer de faire mon trou là-dedans aussi, et ça s'arrête là. Au Bus Palladium, je suis engagée à cause de mon look, pas à cause de mes possibles idées politiques. Nous sommes des beatniks sédentaires, nous ne nous transportons qu'au Bus Palladium ! Sauf une fois, où nous allons jusqu'en Belgique. C'est notre seul voyage et je me souviens qu'il faisait un froid de canard. C'est en plein hiver, et une fois là-bas, je me dis que je n'aurai jamais dû venir ! On est dans une espèce de squat minable, et nous revenons sur Paris dès le lendemain. Pour nous, être beatnik, ça signifie surtout avoir un look un peu déjanté. Lorsque Antoine arrive, j'accroche tout de suite. Le fait que quelqu'un adapte l'esprit contestataire d'un Bob Dylan à la France, c'est exactement ce que nous attendions. Mais en même temps il a tout de même un côté variété qui transpire déjà, c'est-à-dire que ses textes ne sont ni compliqués ni violents. Il affirme haut et fort ce qu'il a envie de dire.

Tournée des Copains-Menier

JACQUES LEBLANC : Du 4 novembre, à Amiens, au 5 novembre 1966 à Tours, Stone est à l'affiche de la tournée Inventaire 66 qui traverse vingt villes de France, organisée pour les Copains-Menier, en compagnie de Hugues Aufray, Pussy Cat, Éric Charden, Pascal Danel, Michel Delpech, Noël Deschamps, Karine, Tom & Jerry et les Sharks. Sur scène elle interprète ses premiers succès, dont « C'est ma vie », « Fille ou garçon », « Notre génération »... (*Jukebox Magazine* n° 163.)

STONE : Ce sont les chocolats Menier qui montent cette tournée, ils prennent toutes les jeunes vedettes du moment, et demandent aux Sharks d'accompagner tous les chanteurs. La vedette, c'est Hugues Aufray, ensuite, dans l'ordre décroissant, Michel Delpech et Pascal Danel qui d'ailleurs se tirent la gueule parce qu'ils ne sont jamais d'accord. Moi je ne fais que trois chansons, comme tous les autres.

« 1,70 m, 50 kg, cheveux blonds, yeux bleus, un physique étonnant souligné par un non moins étonnant ensemble-pantalon pop-art, noir et blanc : à sa première apparition au Palladium, où pour s'amuser elle chantait avec des amis, Annie Gautrat a d'abord séduit... les photographes. Ils la comparaient à un jeune guerrier celte ! La jeune Annie avait aussi du dynamisme, un brin de voix, une mère (ancienne chanteuse à Mogador et ancienne couturière — c'est elle qui a mis au point le fameux costume) bien décidée à l'aider. Elle franchit victorieusement le cap des auditions et se retrouva dans l'écurie Polydor, avec sa photo géante placardée sur tous les murs de Paris... » (*Spécial Pop*, 4e trimestre 1967.)

Stone est l'une des rares demoiselles de ce côté-ci de la Manche adepte du son anglais. Elle commence à enregistrer au printemps 1966 et sortira six 45-tours en un peu plus d'un an, dans un style conjuguant le jerk dansant (« Le jour la nuit », « C'est ma vie », « Fille ou garçon »...) et les ballades folk (« J'aurais raison », « Je marche », « L'Antiquité »...). Dans son répertoire, on découvre des adaptations des incontournables Beatles, des Beach Boys, aussi des Troggs, mais surtout de très nombreuses œuvres originales signées Éric Charden. C'est une particularité encore peu répandue, mais qui justement est en train de révolutionner le métier via Antoine et Michel Polnareff. Ces derniers ont opté pour un matériel vierge de toute identification et qui surtout leur correspond pleinement. C'est sans aucun doute l'une des clés de leur énorme succès, au détriment par exemple d'un Ronnie Bird qui se sent encore obligé de puiser chez ses homologues anglo-saxons quelque inspiration. Autre chose frappante dans ce répertoire, l'énorme travail en studio qui illustre ces quelques mélodies : on y découvre des voix doublées, des arrangements de cordes et de nombreuses guitares aux effets psychédéliques... L'époque est marquée par ce travail minutieux en studio, les Beatles ou les Beach Boys en étant les plus parfaites illustrations. Mais en France, ce qui deviendra la musique pop n'est là non plus pas entièrement entrée dans les mœurs. Les disques de Stone, et les arrangements imaginés par Éric Charden font office de pépites méconnues. Dernier détail étonnant de cette discographie, l'arrivée d'un refrain qui détonne avec cette écriture résolument rock et qui préfigure les futurs duos. « Vive la France », se veut un refrain que n'importe quelle fanfare pourrait adopter ; on y pressent de très fortes réminiscences de flonflon populaire.

STONE : Nous enregistrons la plupart du temps au studio des Dames réservé aux productions Polydor, avec l'arrangeur Jean Bouchety qui s'occupe également de nombreux chanteurs : Eddy Mitchell, Michel Polnareff... Pour les chansons, je fais entièrement confiance à Éric, j'aime tout ce qu'il me propose. Nous abandonnons vite les reprises car encore une fois Éric déteste cela, et aussi l'une de ses compositions « Baby Stone » marche plutôt bien, suivie de « Vive la France ». Ça tombe bien d'ailleurs car l'époque des yéyés est totalement révolue et les reprises sont devenues presque obsolètes. C'est une époque où de nombreux nouveaux compositeurs explosent, et Éric en fait partie. Et comme moi je me considère plus comme une chanteuse française, disons de variété, c'est parfait. Même avec un nom à consonance anglaise, je me rends vite compte d'être plus dans mon registre dans ce style-là qu'en reprenant du blues. Je ne peux pas rivaliser avec une chanteuse comme Nicoletta.

« *Buffalo Bill* » *avec Serge Gainsbourg*

STONE : Au printemps 1967, Serge Gainsbourg m'écrit une chanson, « Buffalo Bill », c'est un bide terrible. Ça se passe mal et je le regrette. Polydor a son mot à dire, c'est eux qui produisent mes 45-tours, et un jour ils nous ont dit que les chansons d'Éric avaient beau être jolies, elles ne cartonnaient pas, qu'il faudrait peut-être que nous réfléchissions à une autre solution. Ils ont rajouté : « Il faut demander une chanson à Gainsbourg ! » Avec Éric, on était plutôt partant, et notre arrangeur Michel Colombier qui le connaît bien, nous a arrangé le coup. C'est lui qui nous a fixé un rendez-vous avec Serge Gainsbourg. Moi, je suis impressionnée tout de même, et je remarque qu'Éric l'a mauvaise, il est quand même un peu jaloux qu'on fasse appel à une autre personne. Or, manifestement, le Gainsbourg, il n'en a rien à foutre. Il est surchargé de demandes, en a par-dessus la tête, et n'a pas du tout envie de m'écrire une chanson. Michel Colombier lui demande : « Voilà Serge, crois-tu que tu aurais dans tes tiroirs quelque chose pour Stone ? » Alors l'autre vraiment pas intéressé, fait : « Ouais peut-être... Ah oui, tiens, il y a ça... » Et il me sort « Buffalo Bill ». Il en parle avec Michel Colombier en faisant référence aux principaux succès anglais du moment comme si c'était une sorte de patchwork. C'est son truc, il aime piocher des idées ici et là pour les mélanger ensemble. Pour ma part, il n'est absolument pas question de refuser, je suis obligée d'accepter cette proposition. Heureusement, sur le même disque, il y a « Vive la France » qui marche beaucoup mieux. Je pense que cette histoire est assez pénible pour Gainsbourg, il est victime de son succès.

Chaque soir on fait les deux boîtes, les Écuries du lion d'argent et le Bus Palladium. J'arrête de travailler à l'argus de la presse car ça m'est devenu impossible, et comme je viens de signer un contrat avec Polydor, et qu'Éric m'écrit des chansons, ça commence à prendre tournure. Au début on sort beaucoup en bande, mais dès le moment où nous nous marions, nous restons à la maison ou nous allons dîner chez des amis. Entre 1967 et 1969, Éric doit écrire une vingtaine de chansons pour Claude François, Johnny Hallyday, Sylvie Vartan, Eddy Mitchell, Dick Rivers, Dalida... Ça nous permet d'acheter une jolie maison et de nous installer d'une façon plus relax.

Mai 68

Je marche volontiers sur vos opinions
Je ris souvent de ce qui vous fait pleurer
Je ne comprends pas pourquoi vous dites non
À ce qui est souvent la vérité

(Extrait de « Je marche ».)

STONE : Lorsque mai 68 arrive, avec Éric nous vivons dans un autre monde. De plus je n'ai aucune connexion avec le milieu étudiant. Je suis dans ma banlieue à Saint-Cloud et je suis complètement en dehors du coup. Je mène une existence bourgeoise, mon mari gagne très bien sa vie et je n'ai pas de raison de la ramener. J'ai tout le confort, je ne crève pas de faim, donc je n'ai pas de raison de me rebeller, de revendiquer. J'ai la chance d'avoir épousé un compositeur très demandé et même si je suis à l'écoute, je ne peux pas être partie prenante non plus. En plus, à ce moment précis, j'ai trouvé ma voie, ma place. Je ne cours pas après le cachet, quoi. Je fais ce que je veux, j'organise mes petits galas moi-même. C'est une vie plutôt relax et donc je n'ai pas réellement de raison de me rebeller. La seule chose que je rate, c'est la comédie musicale *Hair*. Lorsqu'on me la propose, je ne comprends même pas de quoi il s'agit. La notion de troupe était bien trop nouvelle pour que je l'assimile. Je suis trop dans mon train-train quotidien.

ÉRIC CHARDEN : Dans les années 1960 l'autorité est encore très forte, on dit souvent 2 + 2 = 4 et ta gueule, on ne dit jamais 2 + 2 = 7 – 3. Mai 68, c'est aussi pour cette raison que ça explose, parce que les gens ne supportent plus cette autorité. Je n'ai jamais accepté ce totalitarisme. Même dans une chanson comme « Le monde est gris, le monde est bleu » lorsque je dis : « Et la tendresse berce mes yeux, et l'amour me quitte peu à peu car je n'ai pas trouvé quelqu'un qui me dise, je t'aime... » Moi je parle de la jeunesse et de l'apparente incompréhension générale de ses problèmes. Ce n'est donc pas une chanson d'amour au sens propre, et je reste persuadé que c'est pour cette raison que c'est un succès, même si ce sens caché n'a jamais été réellement dévoilé au grand public.

PIERRE CHATENIER : Il faut parfois avoir des oreilles. Il faut quelquefois écarter ses œillères; enlever ses lunettes déformantes, jeter ses préjugés par la fenêtre, faire son mea-culpa et partir en pénitence. Douce pénitence quand il s'agit de suivre la carrière musicale d'Éric Charden tout au long des différentes plages de son nouvel album. On court d'étonnement en surprise, de surprise en admiration... Il est allé à la bonne source. Mais il a bien digéré la leçon des maîtres. Et maintenant qu'elle est en lui, il crée. Il part tout seul à la découverte... (*Rock & Folk* n° 28, mai 1969.)

ÉRIC CHARDEN : Je crois que je n'ai jamais été dans le format, dans aucun format du tout d'ailleurs... Et ce qui est fou, c'est qu'on a toujours essayé de me cadrer. Avant le premier disque de Stone et Charden, je suis un type formidable, j'ai même un article dithyrambique sur moi dans *Rock & Folk* sur un album de mes albums solos. Mais du jour où je fais Stone et Charden, c'est vraiment le drame total pour tous ces gens-là, pour toute cette intelligentsia. Ils se demandent : « Mais pourquoi il fait ça ? » Ils n'ont pas compris que je ne faisais pas que du rock, pas que de la chanson. Moi je veux tout essayer.

7

Mademoiselle Âge tendre 65

Elsa Leroy

Première à un concours de circonstance. C'est un peu l'histoire d'Elsa Leroy, une jeune fille bien sous tout rapport, étudiante en terminale qui, un soir de l'année 1965, se retrouve propulsée Mademoiselle Âge tendre. Rien ne l'y prédestinait pourtant, même si elle s'endormait parfois en rêvant de devenir actrice. Et comme les podiums de la célébrité mènent presque toujours au septième art, la route de cette ambassadrice du charme hexagonal croise celle de Jean-Luc Godard le temps d'un film, *Masculin Féminin*, juste après un 45-tours qui enchante les auditeurs de *Salut les copains*, « Comment fais-tu ? ». Souvenir mitigé pour la prétendante à la célébrité — « Comment ça je n'ai rien gagné, mon disque passe pourtant plusieurs fois par jour ? » —, mais surtout la preuve que dans les années 1960 la notion de carrière est encore très aléatoire. Un jour sur les bancs du lycée, le lendemain en couverture des magazines, le rêve de notoriété n'est pas un leurre, mais ce n'est pas non plus une finalité en soi. La chance a une grande part de responsabilité. Elsa Leroy n'a rien demandé à personne, en a bien profité, mais n'a pas non plus hésité à tout plaquer du jour où elle a rencontré l'homme de sa vie. C'est aussi cela qui fait le charme de ces années 1960, une multiplication d'itinéraires météorites.

Une étudiante sans histoire

ELSA LEROY : J'ai une jeunesse tranquille. Mon père est directeur commercial dans l'entreprise qui fabrique le lait Gloria, maman est décédée. J'habite en banlieue à Clamart, mais je me rends tous les jours à Paris, rue de Varenne, au cours d'Hulst. Ma scolarité se déroule sans problème particulier. J'ai envie de devenir comédienne et je demande à mon père l'autorisation de suivre des cours d'art dramatique.

Lorsque je m'inscris au concours du magazine *Mademoiselle Âge tendre*, je suis en dernière année, en terminale section philosophie. Au début, ce concours est une chose toute simple, un nouveau magazine sort, j'entends dire qu'il se propose d'élire une jeune fille qui représentera la France. C'est l'année de mon bac, et autour de moi, mes amis me disent que c'est une idée formidable, que je dois absolument me présenter... J'ai besoin de 50 signatures et quelques conditions à remplir, comme être dynamique, sympathique, aimée par des gens autour de soi. Je m'inscris, plutôt en riant qu'autre chose. Je ne pense pas du tout que j'ai la moindre chance, mais au fil des sélections, je me retrouve dans les douze dernières candidates. C'est ma première photo dans le magazine.

Le journal a besoin d'une ambassadrice, c'est un nouveau support qui s'adresse à des jeunes filles de 18 ans, et c'est une façon de fidéliser une certaine frange du lectorat. Nous sommes censées passer sur les ondes, être prises en photo pour le journal. Or, moi ça me semble intéressant dans la mesure où je finis mon bac et que je ne sais pas très bien vers quoi je vais m'orienter l'année suivante. Je me dis qu'au fond, ça va peut-être m'aider d'avoir déjà un pied dans ce journal, que ça peut m'aider pour devenir journaliste ou pourquoi pas devenir mannequin... Je n'ai aucun plan défini.

Le concours Mademoiselle Âge tendre

ELSA LEROY : J'envoie une lettre, une photo et des signatures de gens qui trouvent que je pourrais me présenter et puis je dois avouer qu'au bout de quelques semaines j'oublie complètement. Mais un jour ça se concrétise. Je reçois une première lettre du journal me disant que dans un premier temps ils ont retenu ma candidature et que je suis sélectionnée dans les jeunes filles qui représenteront le journal, sous-entendu les douze premières qu'on sélectionne avant une seule. Et donc je saute de joie car je n'y croyais pas du tout, et puis surtout j'avais oublié que je m'étais inscrite. Ce n'est pas sérieux au départ, j'ai fait ça pour m'amuser, avec mes amis.

« Vous les avez vous-mêmes désignées en nous envoyant tout au cours de ce mois, des milliers et des milliers de bulletins de vote. Elles représentent toutes les régions de France, la Belgique et la Suisse. Qui sont-elles ? Quelle est leur nature ? Qu'aiment-elles ? Vous le saurez en écoutant ce qu'elles vous diront au micro de *Salut les copains* entre les 16 et 29 avril. Ces douze jeunes filles vont toutes venir passer vingt-quatre heures à Paris. Laquelle sera Mademoiselle Âge tendre ? C'est vous qui élirez la gagnante de la compétition, à la fin de cette série d'interviews : à partir du 29 avril, tous les auditeurs et auditrices de S.L.C. seront en effet invités à voter pour la candidate de leur choix. L'élection est entre vos mains. » (*Mademoiselle Âge tendre* n° 7, mai 1965.)

ELSA LEROY : Au début ce sont mes amis qui me soutiennent, ensuite, c'est un véritable concours, ce sont des gens que vous ne connaissez pas qui votent pour moi. C'est là que l'on commence à se prendre au jeu, dès la première interview sur Europe 1. Et puis il y a des cadeaux à la clé, une voiture, des vêtements, une moto... Dès le début je me rends compte que je vais profiter de nombre d'avantages et que j'ai tout à y gagner. Lucien Morisse me reçoit dans son bureau, il est charmant.

L'élection se déroule sur plusieurs numéros, le premier mois, nous sommes douze candidates, le deuxième six, le troisième trois, jusqu'au moment où je me retrouve toute seule. J'apprends la nouvelle de mon élection lorsque le journal me convoque, ils sont très contents que ce soit moi car ils me trouvent sympathique. Ils m'avouent aussi qu'ils auraient préféré faire gagner une jeune fille issue d'un niveau moins aisé que le mien pour que ça soit un véritable conte de fées, pourquoi pas une jeune provinciale, et je leur avoue que pour moi c'en est un, de conte de fées. Je leur explique que j'ai beau être née dans une famille bourgeoise classique, je n'ai aucune idée de ce que je vais devenir après mon bac, et que ce concours, c'est une véritable opportunité. Je fais la connaissance de Daniel Filipacchi qui me reçoit dans son bureau, il me demande quel serait mon rêve. Je suis en classe de philo, j'ai toujours aimé lire, et je lui réponds que dans un premier temps, j'aurai une grande faveur à lui demander : intégrer son journal pour apprendre le métier de journaliste. Il prend son téléphone, appelle Anne-Marie Périer et lui dit : « Tu cherchais une assistante, tu l'as ! » Ça a pris deux minutes. Entre-temps, il y a l'élection à proprement parler et mon bac.

Soirée d'élections à la Locomotive, le 16 mai 1965

ELSA LEROY : Il y a une soirée organisée en mon honneur, il n'y a pas de concert, juste des artistes qui sont venus me soutenir comme Hugues Aufray et Johnny Hallyday.

« Désormais, Mademoiselle Âge tendre a un visage. C'est celui d'Elsa Leroy, que les auditeurs et auditrices de *Salut les copains* ont élue pour les représenter pendant un an. Elsa, qui habite Clamart, a 18 ans. Elle prépare son bac dans la série philosophie. Elle mesure 1 m 69, pèse 54 kg et pratique plusieurs sports : natation, patinage, équitation. En matière de chanteurs et de chanteuses, elle aime les Beatles, Françoise, Adamo, Sylvie, Dionne Warwick, Jacques Brel et les Rolling Stones. Une fête a été organisée en son honneur par *MAT* à la Locomotive, le 16 mai. Le plus gros cadeau qu'elle a reçu ce jour-là : une Renault R4L ; le plus petit : une montre carrée en or ; le plus original : une invitation à déjeuner en compagnie de Johnny. Mais bien sûr, pour faire plus ample connaissance avec Elsa, vous pourrez lire dans le prochain numéro *MAT* le sujet qui vous fera vivre la merveilleuse aventure de l'élue 1965. » (*Mademoiselle Âge tendre* n° 9, juillet 1965.)

ELSA LEROY : En plus du titre, je gagne un voyage programmé au mois de septembre. Lorsqu'on me demande où je veux aller, je réponds Tahiti. À 18 ans je n'ai pas encore commencé à voyager et je me suis dit que quitte à prendre l'avion autant aller le plus loin possible, là où je ne retournerai pas avant un bon bout de temps. Je pars d'abord au mois de juillet en Corse où la mère de Daniel Filipacchi possède un club, puis je vais aux États-Unis, à New York puis à Chicago. Aux États-Unis, ils sont très curieux de cette formule d'un magazine qui s'adresse aux jeunes filles, qui mélange mode et actualité musicale. Je suis même reçue par le maire de Chicago et je circule en décapotable américaine.

Le journal

ELSA LEROY : La rédaction de *MAT*, c'est en fait un bureau minuscule, le rédacteur en chef s'appelle Guy Abitan et presque toutes les heures la porte s'ouvre sur une personnalité de l'époque, Claude François, France Gall, Stone... Il y a trois photographes : André Berg, Benjamin Augier, qui est avec la chanteuse Dani, et Tony Frank. Tous sont très gentils avec moi. Juste à côté, c'est la rédaction de *Salut les copains*. J'ai vraiment le souvenir de quelque chose d'extraordinaire. Il n'y a pas de barrière entre les artistes qui sont déjà très connus et nous. À 18 ans, c'est forcément impressionnant.

Je deviens donc l'assistante d'Anne-Marie Périer, je l'aide à rédiger sa rubrique beauté. Elle m'apprend beaucoup de choses. Et comme je me débrouille plutôt bien, au bout d'une année environ, je deviens rédactrice de mode à *Salut les copains*. Je ne suis pas salariée, juste une pigiste qui touche quelque chose comme 400 francs par mois [*N.d.A.* : 60 euros]. Dans mon esprit, de toute façon j'y gagne car j'apprends mon métier de journaliste : si j'avais dû m'inscrire à une école, cela m'aurait coûté beaucoup plus. Je n'ai aucune idée du SMIC [*N.d.A.* : en 1965, il est de 505 francs] d'alors ni de notion d'argent, j'achète une jupe chez Mayfair l'équivalent d'un mois de salaire, et je louche devant un sac Hermès qui vaut déjà 700 francs.

Un disque

« Elle était Mademoiselle Âge Tendre 1965. Aujourd'hui rédactrice au magazine *MAT*, Elsa Leroy qui ne veut surtout pas être en retard de deux ou trois longueurs, s'est posé la question : Et si j'enregistrais un disque ? Il n'en fallait pas tant pour que toute l'équipe de *SLC* l'encourageât à mettre son projet à exécution. Elsa a donc passé une audition, qui a tout à fait été concluante. Plus question alors de reculer... Le résultat est concluant. Le premier 45-tours d'Elsa Leroy vient de sortir chez

AZ... La tendance : rythme et sensualité. Elsa a conquis les gens du métier : Daniel Filipacchi et Lucien Morisse sont déjà ses fans les plus acharnés. » (*Salut les copains* n° 47, juin 1966.)

ELSA LEROY : C'est Daniel Filipacchi qui un jour me dit : « Il faut que tu enregistres un disque ! » Moi ça m'effraie un peu. Je lui réponds même : « Mais je ne sais pas chanter. » Je me souviens très bien de sa réponse : « Mais ça n'a pas d'importance, est-ce que tu crois que les autres savent chanter ? » Comme j'ai une grande confiance en lui, je le laisse faire. Je me retrouve dans un studio d'enregistrement avenue Foch un soir, on me fait écouter les musiques et lire les paroles dans la foulée. C'est parti pour l'enregistrement. Je découvre ce que je vais chanter quelques minutes avant de coucher ma voix sur bande. Claude Righi a écrit les paroles d'une adaptation, « Comment fais-tu ? », et c'est parti. Mais c'est très éprouvant, je ne terminerai pas avant 5 heures du matin, en larmes... Je me décourage au fil des heures jusqu'au moment où j'entends cette phrase magique : « C'est dans la boîte ! » La chanson n'est pas quelque chose qui m'attire, je ne me vois pas persévérer dans cette voie, je me confie d'ailleurs à Daniel Filipacchi en lui disant que je préférerais être comédienne. Il me rétorque : « Mais c'est une bonne nouvelle ça ! Si jamais on entend parler de quelque chose, on te branche dessus. »

L'unique 45-tours d'Elsa Leroy commercialisé au mois de juin 1966 est typique de ces disques qui font tout le charme des années 1960. Deux faces lentes agrémentées de deux faces rapides flirtant avec le jerk. Le titre mis en avant, « Comment fais-tu ? », est signé Claude Righi, c'est une adaptation d'un morceau de Ian Whitcomb. Arrangé par Gérard Hugé, ces deux professionnels sont des collaborateurs attitrés de Ronnie Bird, ce qui explique la bonne qualité de l'ensemble. Elsa Leroy est une jeune fille à la page, une demoiselle qui swingue et qui aurait pu sans aucun problème continuer dans cette voie. Son titre de Mademoiselle Âge tendre 1965 est bien évidemment mis en valeur et figure au recto et au verso de la pochette. C'est ici un véritable argument de vente, l'une des premières fois que l'on essaye de capitaliser sur la notoriété.

ELSA LEROY : Le titre « Comment fais-tu ? » passe très très souvent en radio, surtout sur Europe 1. Le label AZ sur lequel il est sorti appartient plus ou moins à Lucien Morisse à qui appartient la station. Et pour moi qui écoute l'émission *Salut les copains* en permanence, j'ai l'impression de l'entendre à longueur de journée... Je demanderai même un jour combien j'en ai vendu, si j'ai droit à quelque chose, on me répond assez sèchement : « Ma pauvre petite, tu n'en as vendu que 2 000 ! » Sur le moment je n'y prête pas attention, ce n'est que bien des années plus tard que je réalise que je ne suis inscrite nulle part et qu'il semble évident que cela a dû rapporter un peu d'argent. En gros que je me suis fait avoir, mais à l'époque je m'en fiche complètement.

Elsa au cinéma

ELSA LEROY : Je tourne d'abord dans un court-métrage de Christian Lara avant d'avoir rendez-vous avec Jean Aurel qui doit adapter un roman de Cécil Saint-Laurent, son film s'appelle *Lamiel*. Il aimerait bien me prendre dans le rôle principal mais me prévient qu'il n'est pas le seul décisionnaire, que ce sont les producteurs qui accepteront ou non de prendre une inconnue dans le rôle principal. Au final, c'est Anna Karina qui sera retenue. Mais par ce biais je fais la connaissance de Jean-Luc Godard. Ce dernier va me demander de tourner une séquence pour son prochain film, *Masculin Féminin* avec dans les rôles principaux : Jean-Pierre Léaud, Chantal Goya, Marlène Jobert...

Jean-Luc Godard est quelqu'un de très spécial, il me demande de représenter la jeune fille de l'époque, c'est l'idée de sa séquence. C'est donc une interview faite par Jean-Pierre Léaud avec des questions de tout ordre : « Est-ce que tu es au courant qu'il y a la guerre dans le monde ? Est-ce que tu sais ce qu'est la contraception ? » Godard pense que je suis une charmante idiote, une ahurie qui débarque de son journal *Mademoiselle Âge tendre* et qui ne sait rien. Mais au lieu de me braquer, je joue le rôle. Devant la caméra, je réponds : « Ha ? Ho bah, non, moi c'est pas tellement mon truc... Je ne sais pas ça ne m'intéresse pas trop... » Je joue la petite midinette qui n'en a absolument rien à faire de tout ça, qui n'est absolument pas préoccupée par ces choses-là. Je trouve que c'est horrible de vouloir prendre quelqu'un au piège de cette façon. Godard ne m'a jamais mise au courant de la manière dont il voulait s'y prendre. Il est très antipathique, et sans doute un peu dérangé, moralement et mentalement... C'est l'une des rares personnes que j'ai croisées et que je n'ai aucune envie de revoir. La séquence du film est tournée dans un immeuble qui donne sur le métro aérien, les fenêtres sont grandes ouvertes pour que je n'entende pas les réponses... Le tout en une prise.

À la sortie, j'ai très envie de contester les choses, j'en parle à Daniel Filipacchi qui me prend rendez-vous avec un ami à lui pour que j'aie une sorte de droit de réponse. Ce que je fais... Le pire, c'est que je ne suis même pas invitée à la première, je dois payer ma place pour aller voir le film ! Après cet épisode, je deviens mannequin, pour *Mademoiselle Âge tendre* et aussi pour le Salon du prêt-à-porter. C'est à cette occasion que je tombe sur mon mari, Alain Figaret. C'est le coup de foudre. J'abandonne tout pour le suivre à Biarritz. Mon fils naît au mois de mai 1968. Au journal, ils sont furieux que je les aie laissés tomber du jour au lendemain. Je mettrai trente ans avant de revoir Anne-Marie Périer. Mais en 1970, Alain et moi revenons à Paris, ouvrons un magasin dans le XVIe arrondissement... C'est le succès.

Elsa Leroy s'appelle désormais Elsa Figaret, son mari (Alain) et elle ont créé une ligne de chemises et chemisiers en 1975, vendue dans leurs propres magasins. Ils sont à la tête d'une trentaine de boutiques et sont devenus numéro un dans leur spécialité en France.

8

On s'en fout

Les Problèmes

Lorsque les Problèmes poussent leurs premiers cris, ils pensent s'inscrire dans la tradition des groupes de rock français, au même titre que les Chaussettes Noires ou les Chats Sauvages. Sauf que la messe est déjà dite. Entre les groupes de la vague twist et les Problèmes, se sont écoulées cinq années, autant dire une éternité... Cela commence par le look. En cette année 1965, plus question de se coiffer en arrière tels les premiers rockers ni d'arborer des guitares à la robe pailletée pour frimer. Les cheveux sont ramenés sur le front, c'est la fameuse frange Beatles, et il est de bon ton d'afficher un air décontracté, pourquoi pas les mains dans les poches ? Surtout pas d'instrument à arborer, le contenu est devenu sérieux... Musicalement il ne s'agit plus d'adapter le rock des pionniers américains, le syndrome Elvis, mais de conjuguer nouvelles sonorités anglaises (Rolling Stones et Pretty Things) et envie de révolution. Les deux se marient d'ailleurs à la perfection. Les Problèmes sont l'équivalent hexagonal de ces formations qui outre-Manche bouleversent mentalités et habitudes, ces jeunes gens que l'on appelle mods et qui vont s'imposer en première place des hit-parades. Sauf que de ce côté-ci l'impact est bien moins important, tempéré par les mentalités beaucoup plus coincées, et l'explosion incroyable d'Antoine. Il n'y a pas de place pour deux n° 1. Les Problèmes en feront les frais. En tant que groupe mais aussi parce qu'ils accompagneront le contestataire chevelu sur la demande de leur directeur artistique commun, Christian Fechner. Cette confusion ne jouera pas en leur faveur car cela a beau leur procurer une visibilité importante, ils apparaissent au fil des concerts comme le groupe d'Antoine. Ce qu'ils ne sont pas. Leurs deux 45-tours et le 33-tours qu'ils partagent avec lui nous le prouvent. Du rock qui flirte avec les Byrds pour le côté folk, Bob Dylan pour les prises de position, les Pretty Things ou les Yardbirds pour les arrangements et la rage qu'ils développent. Une très bonne formation donc, qui voit le jour à ce moment charnière où le commentaire social qui se fait très critique s'accommode parfaitement de cette envie de rythmes énervés. Les Problèmes officient en parallèle des premiers beatniks, un mouvement auquel ils se retrouvent rattachés historiquement, alors qu'ils ne vont pas tarder à devenir la troupe de gais lurons que le public attendait. Une bande de copains qui ne se prennent pas la tête, et dont les gags amuseront des millions de personnes. Les Problèmes s'effacent au profit des Charlots, passant d'un coup de l'anonymat à l'une des plus belles réussites de l'histoire de la chanson et du cinéma.

Le groupe des Problèmes est composé de : Jean Sarrus (basse), Gérard Rinaldi (chant), Gérard Filippelli (guitare solo), Donald Rieubon (batterie) et Luis Rego (guitare), ce dernier étant remplacé par Jacques Sullivan Dautriche lors de son incarcération au Portugal.

Des Rebelles aux Tarés

JEAN SARRUS : Je suis né en 1945, après être allé à l'École des pupilles de l'Air à Grenoble, j'arrive en 1961 à Paris ou plus exactement dans la banlieue à Puteaux. Je vais en classe à Nanterre et c'est là que je rencontre Rachid Houari. On parle tout de suite musique, j'ai découvert Elvis Presley via un copain qui est dans la marine marchande et qui a ramené ses disques des États-Unis. Rachid joue déjà de la batterie et, comme les études me font peur, cette rencontre tombe très bien. Je ne me vois pas entreprendre un long cursus, et je me pose souvent cette question : « Mais qu'est-ce que je vais pouvoir bien faire ? » D'esprit cartésien et de formation militaire, j'ai des doutes quant au métier de musicien, mais dès que Rachid m'en parle, il a les arguments qu'il faut : « Bah, on s'en fout, on crèvera, mais musiciens ! » Je me rends vite compte que c'est donc possible. Nous formons les Spectres au début de l'année 1962, et passons au Golf Drouot dans la foulée, Rachid à la batterie, Michel Fajembaum, Alain

Bruni à la basse et moi à la guitare. Nous deviendrons les Rebelles parce que notre impresario, Jean-Jacques Vuilermain, a un stock d'affiches sous ce nom à épuiser pour une tournée en Espagne [*N.d.A.* : qui prend place pour les fêtes de Pâques 1963]. On joue du rock, ça provoque une fracture avec mes parents, enfin surtout avec ma mère, car mon père est décédé en Indochine, elle ne supporte pas cette musique de cinglés.

BERNARD PHOTZER : C'est Jean-Jacques Vuilermain, le fils d'André Vuilermain, impresario d'artistes comme Jacques Hélian, qui est à l'origine des Rebelles, il a voulu faire comme papa et travailler dans la musique. Le groupe dure plusieurs années, de 1961 à 1964, et ne cessera d'évoluer. La formation des deux 45-tours sous le nom de Jean-Pierre et les Rebelles reste forcément la plus connue puisqu'il y a des traces, c'est aussi celle dont je fais partie. Mais lorsque Jean Sarrus arrive, je suis momentanément absent pour cause de service militaire. Par contre, je les retrouve une fois dégagé de mes obligations... C'est très emblématique de cette époque, les formations se font et se défont sans que l'on s'en émeuve, et lorsque l'on joue plusieurs semaines avec les mêmes personnes, on a l'impression de stagner.

GÉRARD RINALDI : Je suis né en février 43 et je fais la connaissance de Jean tardivement, vers l'âge de 20 ans. J'écoute du jazz, via l'une de mes tantes qui fréquente beaucoup Saint-Germain-des-Prés, aussi grâce aux quelques 78-tours que mon père possède (Artie Shaw, Johnny Dogs, Charlie Parker...), il m'initie également au classique via Claude Debussy et Maurice Ravel que j'apprécie tout particulièrement. À l'école, un copain aussi fan de jazz que moi mais beaucoup plus cultivé me fait alors découvrir tous les grands jazzmen, ces héritiers du be-bop que sont Max Roach, Charlie Mingus, Dizzy Gillepsie... J'accroche immédiatement. Mon père exerce toutes sortes de métiers, monteur de chaussures, projectionniste, cela ne l'empêche pas de chanter, il possède d'ailleurs une très jolie voix. Il me transmet son amour de la musique alors que l'un de ses amis me fait découvrir la clarinette. Comme j'en tire immédiatement des sons, il décide de m'en faire cadeau. Sur le coup, il est très étonné ! Je pense que tout part de là. Je dois avoir 15 ans et je commence à tricoter de la clarinette. Peu de temps après, je me dirige vers le saxophone, ténor, alto et soprano. Je touche les trois. Avec des copains du lycée Charlemagne nous jouons dans un petit groupe de jazz, enfin ce sont nos balbutiements pour essayer de reproduire ce que l'on entend sur les disques. Je découvre alors les chanteurs yéyé, je dois avouer que jusque-là j'ai fait preuve d'une grande inculture en la matière. En chanson française, je m'arrête à Léo Ferré, je n'ai pas pris les Chaussettes Noires en pleine face, sans doute car c'est une culture trop populaire pour le milieu dans lequel j'évolue. J'ai beau être fils d'ouvrier immigré italien, je suis scolarisé, ce qui est très peu courant alors. Et mes copains de classe qui sont plutôt bourgeois n'écoutent pas de twist, encore moins Sheila. Ils préfèrent le jazz. C'est Mam Houari, le frère de Rachid, qui un jour me dit : « Je joue dans un groupe de rock and roll le soir, je gagne un peu d'argent. Ça t'intéresse ? » Je lui réponds oui tout de suite, je suis super-fauché, jamais un sou en poche et l'occasion est trop belle. C'est l'une des énièmes formations des Rebelles.

JEAN SARRUS : Gérard intervient dans les Rebelles juste après ma découverte du groupe américain Rocky Roberts et les Airdales. Ces derniers font un carton et je suis persuadé que c'est grâce à leur saxophone. Heureusement Mam, qui en joue avec habileté veut bien se joindre à nous. C'est lui qui nous présente Gérard, en tant que deuxième saxophone. Je m'en souviens car nous avons le même âge mais lui va encore à l'école. Il a ce projet fou de mener de front deux carrières, le groupe et son baccalauréat...

GÉRARD RINALDI : D'un seul coup, je découvre une frange de jeunesse que je ne connaissais pas qui semblait libérée de pas mal de choses, notamment de la scolarité puisque presque tous ces gens ont décidé d'arrêter leurs études vers 16-17 ans. Très souvent cette liberté scolaire s'accompagne d'une liberté familiale, ce sont des gens qui déjà ne dorment plus chez eux. Moi, ça ne m'est encore jamais arrivé de ma vie... Et donc, à travers cette liberté, je découvre un nouveau monde qui ne m'était jamais apparu. Musicalement, j'associe cela à une variété rythmée américaine et ça m'amuse bien. En fait je trouve ce mode de vie fascinant et je ne tarde pas à faire comme eux, à tout plaquer pour passer mes nuits à jouer. Quand j'annonce à mon père que je vais arrêter mes études pour jouer du saxophone, il le prend très mal. Il est très déçu et ne m'adressera pas la parole pendant plus d'un an. Moi qui ai pour idée de devenir pilote, je me retrouve sur la côte niçoise à survivre comme je peux... Entre-temps il y a cette tournée Interclochers [*N.d.A.* : qui deviendra Intervilles] dans la région de Saint-Étienne en compagnie de Guy Lux et Léon Zitrone pour le petit écran.

JEAN SARRUS : Léon Zitrone ne cesse de nous dire : « Les Rebelles, faites rentrer la vache ! » Quand la vache ne veut pas rentrer, c'est nous qui allons dans l'arène pour faire patienter les gens...

GÉRARD RINALDI : Pascal Danel, que l'on rencontre sur cette émission et avec qui Jean sympathise, nous demande de continuer avec lui dans le Sud en nous promettant : « J'aurai plein de boulot là-bas pour vous ! » Or nous l'accompagnons deux fois et nous retrouvons sans rien à Nice... Heureusement, deux d'entre nous dorment sous une tente dans un champ à côté de la propriété de la belle-mère de Dick Rivers, un autre squatte le garage et deux autres ont atterri dans une chambre de bonne en ville. Les quelques francs qui nous restaient ont fondu comme neige au soleil, nous ne nous nourrissons que de Nescafé et de pâtes. C'est Dick Rivers qui nous sauve la mise, il nous a entendus jouer et nous propose de l'accompagner, il ne s'entend plus du tout avec ses Anglais, les Krewcats. Seul le soliste Claude Ciari reste à ses côtés. Nous sommes à la fin de l'été 1964. En rentrant de cette tournée, je reçois ma feuille de route. Je dois partir au service militaire au mois de septembre 1964.

JEAN SARRUS : Alors que Gérard est sous les drapeaux, nous faisons la connaissance de Ronnie Bird, cela stabilise le groupe des Rebelles qui deviennent les Tarés autour de Bernard Photzer et Yvan Ganofsky (guitares), Chérif Amara (batterie) et moi-même. Jusque-là on accompagnait Jacky Dautriche, le futur Sullivan qui est notre chanteur, mais on le laisse tomber pour Ronnie Bird. On se rencontre au Golf, il nous apprécie et c'est réciproque. Avec lui, on est assuré de prendre une grosse claque, Ronnie Bird c'est vraiment ce qu'il y a de mieux à l'époque. D'abord parce qu'il ne triche pas, qu'il parle véritablement anglais, ce qui est rare, mais aussi parce qu'il a le feeling. Son look de mods ne l'empêche pas de jouer du rock... On l'accompagne donc en tournée, au mois de février-mars 1965, juste après avoir accompagné Hector en mal de Mediators. Une tournée qui nous fait croiser la route d'Hugues Aufray et de Françoise Hardy. Hugues Aufray chante alors les œuvres de Bob Dylan et devient important parce qu'il popularise ce vent de contestation. Bernard Photzer deviendra d'ailleurs son guitariste. Françoise Hardy est déjà une grosse vedette, mais je ne me souviens pas d'une rivalité entre elle et Hugues Aufray. Par contre, la nuit, nous adorons faire tourner les tables. Françoise en raffole, elle nous demande même si l'un d'entre nous n'est pas sorcier car nous obtenons de bonnes vibrations... Cette tournée, c'est l'insouciance totale, du pur bonheur, changeant de ville tous les soirs, jouant la musique que nous aimons... Souvent, dès le concert avec Ronnie terminé, on en profite pour se produire dans une boîte sous le nom des Tarés. À Marseille, on trimballe même nos amplis à pied sur le trottoir après avoir assuré nos obligations de tournée... Pour le fun. Tarés, nous le sommes vraiment ! Ce sont les prémices des Charlots, Christian Fechner est déjà présent. Il sort du service militaire, est prestidigitateur et l'on se voit au Golf Drouot. C'est lui qui me dit : « J'ai envie de m'occuper d'un groupe dont les types auraient les cheveux longs. Tu as vu les Stones ? Je suis sûr que ça marcherait ! »

Pendant ce temps-là...

LUIS REGO : J'arrive à Paris du Portugal au mois de juillet 1962, mon intention est de continuer vers la Suède pour partir de mon pays natal. Je ne veux pas être enrôlé pour la guerre que le Portugal mène en Angola, et comme je viens de foirer le bac, que je n'ai pas de métier en main, je n'ai pas tellement de solution. Je décide de partir à l'étranger. J'ai une vague fiancée, une correspondante suédoise, j'en profite. On s'échange des courriers et je me dis : « Tiens je vais aller en Suède pour la voir. » Je n'ai pas assez d'argent, j'ai tout bouffé en chemin dans un voyage infernal d'auto-stop. Je me retrouve du côté de Belfort sans un rond et totalement démuni. Surtout, je réalise que je ne peux pas continuer le voyage comme ça, que c'est impossible... C'est là que je me décide à aller à Paris parce que j'y connais quelqu'un. Pour quelle raison ? Parce que Paris, c'est plus près de Belfort que Stockholm et qu'au vu de l'état de mes finances, je n'ai pas vraiment le choix. J'ai besoin d'aide. À Paris, je déniche un petit boulot, à l'époque on trouve encore du travail facilement. C'est donc vraiment un hasard que j'atterrisse là, car si j'avais eu assez d'argent, je serais certainement allé jusqu'en Suède, même si ça n'est pas du tout une destination culturelle. De la Suède je ne connais rien, par contre j'ai vu tous les films de la nouvelle vague. Je grattouille, mais au Portugal c'est très difficile d'avoir accès à un quelconque apprentissage. Je ferai venir ma guitare après quelques mois, une Hofner car là-bas c'est impossible d'avoir une Stratocaster ; au Portugal, elles ne sont pas importées. Il y a des disques mais très peu, on entend de la musique française, mais ce n'est pas ce qui m'attire le plus, je préfère Joao Gilberto [*N.d.A.* : l'un des créateurs de la bossa nova].

GÉRARD FILIPPELLI : Je suis né à Paris, j'ai grandi rue de Lappe, un lieu où la musique est importante à cause des bals musettes. J'apprends l'accordéon à l'âge de 9 ans, on l'avait acheté pour mon grand frère, mais c'est moi qui en hérite. Mon père est musicien autodidacte, ne possédant pas d'instruments, il s'est lui-même construit un violon. Il était un peu luthier, c'est d'ailleurs lui qui me fabrique mes premières guitares. J'apprends l'accordéon tout seul, mon père me surprend en train de m'en servir alors que je suis supposé ne pas y toucher, il finira par me payer quelques leçons... C'est amusant, parce que ça correspond à l'époque où je découvre les premiers disques de Bill Haley et d'Elvis Presley, en toute logique j'essaye de jouer du rock and roll à l'accordéon. Je me rends compte que c'est extrêmement difficile, c'est un instrument qui n'est pas du tout prévu pour. Un accordéon, ce n'est pas fait pour les trucs à contretemps, le fait de pomper sans arrêt, c'est trop dur. En plus il faut marcher à l'envers. C'est extrêmement difficile de jouer du rock and roll avec un accordéon, il y a ce son que l'on ne peut pas avoir.

Musicien de studio

GÉRARD FILIPPELLI : L'avantage d'avoir appris à jouer de l'accordéon, c'est de posséder des rudiments de bases musicales. Lorsque je commence la guitare, j'apprends à en jouer en quinze jours, en étudiant tous les accords possibles. J'apprends très vite, mais je plafonne également très vite, heureusement je fais la connaissance d'autres musiciens dans des salles de répétition. Des anonymes, puis Enrico Macias qui me demande si je peux l'accompagner. Ça ne me branche pas du tout car je suis déjà dans le rock and roll, et je décline son offre. Je regrette vite car grâce à lui j'aurais pu rencontrer d'autres musiciens. Je joue avec un type qui tourne dans les bases américaines depuis presque vingt ans, il doit toucher dans les 300 francs brut. Une fois les frais payés et nous ses musiciens, je suis sûr qu'il lui reste à peine 30 francs... Le bon côté de la chose, c'est que dans ces bases nous pouvons en profiter pour acheter des conserves que l'on ne trouve nulle part ailleurs. C'est aussi l'occasion de rencontrer des musiciens qui jouent très bien, des jazzmen qui ont assimilé Bill Haley et Elvis Presley et qui jouent Nashville. C'est-à-dire avec des cordes plus fines qu'à l'accoutumée. C'est d'ailleurs parce qu'ils peuvent se jouer de l'élasticité de ces cordes que le rock est né. Accorder sa guitare en Nashville, c'est adhérer à des tirants de cordes plus tendres, et aussi se référer à la ville qui pour nous incarne le berceau du rock and roll. Là-bas c'est un procédé très connu, rien à voir avec ce que nous connaissons à Paris. Ici, il y a de bons musiciens, mais ils ont beaucoup de mal à interpréter ce qu'on leur réclame, à reproduire ce qu'ils entendent, surtout le rock, ils n'y sont pas habitués. De l'autre côté, les fans de cette musique, eux, bien souvent jouent trop mal. C'est à cause de cela que je me retrouve musicien de studio, uniquement parce que je sais faire sortir des sons de ma guitare, alors que je reste incapable de lire une partition... Pour ma première séance, j'arrive trente minutes en retard, avec un ampli aussi encombrant qu'une armoire. Les musiciens de studio n'ont pas l'habitude de ce genre de choses, ils préfèrent se promener avec un petit ampli qu'ils branchent directement sur la console. Moi, j'arrive avec mon usine à gaz, je la branche et là ronflement énorme... Pour faire cesser le bruit, je donne un coup de pied dedans, j'ai l'habitude. Tout le monde m'observe avec effarement ! C'est une séance chez Barclay avec 40 musiciens (section de cordes, de cuivres...), c'est quand même assez sérieux, pas du tout rock and roll dans l'esprit. Le premier morceau — intro picking en solo + ronflette de l'ampli — ne me pose aucune difficulté car je sais le jouer. Mais sur le deuxième, à un moment il y a des ponctuations. Je les remarque bien sur la partition et je fais semblant de suivre. Ces signes ne ressemblent pas aux précédents, et je n'ai aucune idée de ce à quoi ça peut correspondre. En fait, sur mon solo, il y a des coups de feu ! Au lieu de cela je joue blanc. La honte de ma vie car les autres musiciens l'ont immédiatement remarqué et me disent : « C'est drôle, on n'entend pas beaucoup ton solo ! » Par contre, cette session pour Mick Harvey, l'ancien chanteur des Aristocrates, est importante car j'y croise les Problèmes.

LUIS REGO : Pour survivre, j'accepte n'importe quoi. Je me frotte au monde du travail, notamment celui à l'usine, et je me rends compte qu'il faut absolument que je m'en sorte car je sais que je ne pourrai pas rester dans cet environnement. J'essaye de me rapprocher du monde de la musique, en allant à Pigalle. Je fréquente des jeunes de mon âge, et petit à petit je commence à découvrir des lieux... Je finis par trouver un boulot de vendeur d'instruments à Pigalle, dans un magasin de batterie, dans une toute petite boutique rue Frochot. Me voilà vendeur. Tous les groupes de rock viennent s'y équiper. C'est là que je fais la connaissance de Gérard Rinaldi et Jean Sarrus. Ce dernier est alors bassiste avec Ronnie Bird, il a donc du métier, alors que moi je n'ai jamais joué professionnellement. Juste avant, je joue avec un type à Chaville, dans un groupe de banlieue qui ne dure pas très longtemps. Le seul souvenir, c'est ce Vox [*N.d.A.* : ampli de guitare] que l'on emprunte avec nos instruments à la main.

JEAN SARRUS : Avec Gérard Rinaldi on joue ensemble, les Tarés sont devenus les Relax. Au printemps 1965, on cherche de nouveaux musiciens, un guitariste notamment puisque Bernard Photzer est parti, un batteur aussi puisque Rachid est parti avec France Gall, enfin un organiste car nous sommes au début de la vague rhythm and blues. Je vais dans un magasin d'instruments de musique à Pigalle, Central Rythme, pour mettre une petite annonce, et le vendeur nous branche : « Ah vous cherchez un organiste ? Justement j'en connais un Albert Verrechia, mais il a un guitariste et il veut continuer à travailler avec lui. » Je lui réponds que je n'ai pas de guitariste non plus. Bien évidemment, le guitariste c'est le vendeur, Luis Rego en personne. Donald Rieubon qui est présent nous propose ses services comme batteur, l'équipe est au complet.

L'été 1965

GÉRARD RINALDI : Un type nous branche et nous propose de nous financer, il veut nous acheter du matériel, nous installer dans une maison qu'il aura louée au préalable pour que nous répétions le disque qu'il va nous faire enregistrer... Un vrai mécène... Hélas, c'est un mythomane complet. Mais comme on a déjà engagé des frais, il faut absolument que l'on trouve des engagements, la Bergerie sur la côte normande fera l'affaire. Le patron de ce club sis à Mathieu, un petit village à quelques kilomètres de Caen, est ravi, il fera une très belle saison en nous payant royalement 50 francs par soir...

JEAN SARRUS : Nous installons notre matériel le 1er juillet, nous le démonterons le 31 août. La boîte est minuscule et conviviale, il n'y a pas de scène et c'est tant mieux, nous jouons parmi les clients que nous n'allons pas tarder à connaître par leurs prénoms. Avec la même joie et la même hargne, nous faisons plusieurs sets dans la soirée : du Beatles, du Bob Dylan, du Animals plus les tubes en anglais et quelques compo en français. La Bergerie devient très rapidement le rendez-vous branché... (*100 % Charlots*, Ramsay, 2004.)

Audition chez Vogue

GÉRARD FILIPPELLI : En tant que musicien, je me rends compte que ce que l'on entend à la radio ne correspond pas du tout à ce que j'ai envie de jouer. Des groupes comme les Chaussettes Noires ou les Chats Sauvages, sans parler de Johnny Hallyday, tous gagnent de l'argent en imitant leurs pairs anglo-saxons. Pourtant, ils n'ont encore jamais vu de guitare de leur vie. Je ne suis pas le seul à trouver ces pseudo-musiciens médiocres. C'est alors que j'entends parler du Golf Drouot. Ma première impulsion, c'est de faire la même chose, c'est-à-dire de monter un groupe et de tenter de m'incruster. Je me sens moins mauvais, c'est relatif, car ça fait presque deux ans que j'accompagne mon chanteur dans les bases américaines. Nombre de groupes ne jouent que pour rentrer dans les boîtes à la mode gratuitement, boire des coups à l'œil et draguer. C'est une époque où les musiciens ont vachement la cote. Donc je prends des types qui ne savent pas jouer mais qui apprennent cinq ou six morceaux note pour note et je nous inscris au Tremplin. Pas pour gagner, mais dans l'espoir de rentrer en contact avec d'autres gens. C'est au Golf Drouot que je fais la connaissance de Richard Fontaine, futur Cédric, aussi de Long Chris, de Patrick Dietsch qui jouera au sein des Capitals puis de Martin Circus et de Koko Ameziane.

En fait je joue un peu avec tout le monde, dans l'espoir que l'un de ces groupes parviendra à quelque chose.

JEAN SARRUS : Lorsque l'on doit auditionner pour Christian Fechner et le label Vogue, on demande à Gérard Filippelli de se joindre à nous. Il joue mieux que Luis et on a vraiment envie de faire bonne impression. Il nous dit : « Mais, je joue avec les Trèfles ! — C'est juste pour une session ! — D'accord. » On restera presque trente ans ensemble...

GÉRARD FILIPPELLI : L'organiste, Albert Verrechia, part à ce moment-là, il en a peu ras-le-bol, ça tombe bien, car les autres ont envie de le virer. Du coup, il ne se démonte pas et déclare un jour : « Puisque c'est comme ça, je vous renvoie tous ! » Il a pris son orgue et il est parti. C'est à ce moment-là qu'ils me contactent, au début du mois de septembre de 1965... Ils me connaissent du Golf, aussi parce que je joue avec les Trèfles et qu'on partage la même salle de répétition au Rex. Gérard est venu me demander si je ne pouvais pas montrer deux-trois plans de guitare à Luis Rego pour étoffer son jeu et quelques jours plus tard ils ont une audition prévue et me demandent si je suis libre.

Christian Fechner

CHRISTIAN FECHNER : Je ne postule pas chez Vogue par hasard. Quelques années plus tôt ils ont eu Johnny Hallyday mais ils l'ont perdu, et je me dis que, s'il y a une maison de disques qui a besoin de retrouver des jeunes vedettes, c'est bien eux ! Ils ont un catalogue riche, mais pas d'artistes de la jeune génération. Je leur envoie donc une lettre, le genre d'écrits un peu prétentieux que l'on peut envoyer à 20 ans. Et sans doute à cause de ce ton provocateur, ils me reçoivent et me disent : « Bah oui, allez-y ! » En gros je me retrouve producteur, enfin directeur artistique sans jamais avoir mis les pieds dans un studio d'enregistrement... Mais j'ai une idée vraiment très précise de ce que je veux produire. Je pense immédiatement à ce groupe d'amis qui se produit au Golf Drouot, les Problèmes. Ils jouent du rock, ce qui est un petit peu vieillissant à l'époque, mais c'est plus pur et surtout plus dur que les anciennes formations twist. Ils sont dans la mouvance musclée façon Kinks, Animals. Je les signe tout de suite. En parallèle, je recherche mon Dylan français que je trouverai en la personne d'Antoine.

GERMINAL TENAS : Avant de travailler sur Antoine, Christian Fechner croit beaucoup à sa logique de groupe, il se réfère aux Byrds lorsqu'il fait enregistrer les Problèmes.

GÉRARD RINALDI : Christian Fechner n'a rien à voir dans l'histoire des Problèmes, il nous a juste signé chez Vogue. Il n'a aucune influence sur nous, sur notre look ou nos chansons, lorsqu'il pense à nous pour un disque c'est parce qu'il est pote avec Jean et qu'il nous a déjà vus à l'œuvre au Golf.

LUIS REGO : On ne fait que copier les modèles anglais, mais comme on arrive au même moment que la vague folk-rock, avec Bob Dylan en point de mire, d'un seul coup, les textes prennent de l'importance. On va donc écrire ce que l'on ressent au quotidien.

On nous traite de farfelus, on rit fort de nous dans la rue,
Parce qu'on a de longs cheveux qui nous descendent sur les yeux,
On dit qu'on est des désaxés, des paresseux, des mal coiffés,
Certains même sont si choqués qu'ils voudraient pouvoir nous raser,
Mais on s'en fout, mais on s'en fout,
Yé yé, yé yé, yé yé...

(Extrait de « On s'en fout ».)

GÉRARD RINALDI : Notre référence ultime, ce sont les Rolling Stones, car les Beatles ont un petit côté très sage qui nous énerve, ils semblent sortis tout neufs de chez maman avec le petit costume... On préfère le côté destructeur et révolutionnaire des Stones. Les Beatles, on trouve ça joli à écouter, alors que les Stones, c'est de la musique agressive, rentre-dedans. On se rend tout de suite compte de l'impact de leurs paroles, c'est pour cette raison que leur univers nous plaît beaucoup plus, c'est moins sophistiqué. Et j'essaye d'écrire des textes dans ce sens, ça correspond à un constat de la situation où la jeunesse est un petit peu déconcertée par ce qu'on lui propose comme avenir. Ce sont les prémices de 1968 qui ne va pas tarder. Il n'y a ni génie ni invention particulière, Boris Vian et son déserteur sont déjà passés par là. La génération avant la nôtre ne rencontre pas vraiment de problème, nous sommes les premiers historiquement à essuyer les plâtres de la société de consommation. C'est aussi surtout la première fois que des jeunes prennent la parole. Grâce à la technologie du microsillon en quelques jours nous avons accès à un auditoire très important. La dispersion de l'information est très rapide, et nous n'avons plus besoin de nous taper la France pendant deux ans pour nous faire connaître.

On me disait quand j'étais enfant, tu verras lorsque tu seras grand,
Aujourd'hui les jours ont passé, mais j'ai beau tout bien regarder
Non, non, non, je ne vois rien...
On m'avait parlé d'égalité, de liberté de fraternité,
Je croyais les gens s'aimer, mais je les ai bien regardés,
Non, non, non, je ne vois rien...

(Extrait de « Je ne vois rien ».)

JEAN SARRUS : Sur notre premier 45-tours, il est précisé *1er Groupe authentique de rhythm and blues 100 % français*, parce que notre directeur artistique l'a décidé. Nous sommes un groupe de terrain qui joue régulièrement dans les boîtes, et on se confronte régulièrement aux Anglais. Le snobisme fait que les boîtes préfèrent engager des groupes tels que les Pretty Things aux Problèmes, forcément ; on a les boules. C'est donc une sorte de tentative de contre-pied, mais il faut quand même préciser qu'avec nos noms, Rinaldi, Filippelli, Rego, ça ne fait pas très français !

Des lendemains, dont on n'attend jamais rien,
Des lendemains, qu'on connaît toujours trop bien
Est-ce la vie qu'on doit toujours vivre ?
Est-ce la vie qu'il faudra toujours suivre ?

(Extrait de « Des lendemains ».)

GÉRARD FILIPPELLI : Les textes de nos chansons reflètent parfaitement nos pensées, avec un côté premier degré, naturel, absolument pas réfléchi. Gérard Rinaldi écrit tous les textes, souvent il n'écrit qu'un couplet ou un refrain et nous le donne pour que l'on commence à composer dessus chacun de notre côté. On se retrouve au bout de deux ou trois semaines pour choisir la meilleure idée, et ensuite finaliser. Il y a toujours une tolérance, si l'un d'entre nous n'a rien proposé depuis un certain moment, on privilégie son idée.

« Cinq garçons chevelus, anti-conventionnels en diable, qui font et chantent ce qui leur plaît. Ils écrivent toutes leurs chansons et sont arrivés pour la première fois en France à réaliser la soudure entre le folk-song pour les textes et le rhythm and blues pour les musiques. Aimés ou détestés, ils ne peuvent en aucun cas laisser indifférents... Qu'en pensez-vous ? » (Notes de pochette du premier 45-tours commercialisé au mois de novembre 1965.)

GÉRARD FILIPPELLI : Pour le premier concert où nous sommes payés, nous vidons le sac de billets sur un lit et on se couche tous dedans. On vient d'enregistrer notre premier 45-tours.

JEAN SARRUS : Ce n'est pas vraiment le premier concert que nous donnons, plutôt la première fois que nous sommes bien payés, à l'Eden Ranch à Loison-sous-Lens, une boîte qui se veut un vrai ranch. On joue en matinée, et c'est un plaisir incroyable que de plonger dans les biffetons.

« Plus de problèmes pour les Problèmes

« Les Problèmes : cinq copains qui se connaissent depuis six ans et qui l'été dernier ont décidé de former un groupe et d'enregistrer chez Vogue. Gérard (chanteur), Jean (bassiste), Louis (rythmique), Phil (soliste) et Donald (batteur) composent tous leurs morceaux. Leur style s'apparente au rhythm and blues et les Problèmes apprécient les disques des Beatles, des Stones, de James Brown, de Tommy Tucker et de Chuck Berry. Quand ils ne sont pas en tournée, ils se réunissent chez l'un d'eux et s'amusent avec un train électrique durant quelques instants, avant de s'adonner à la fabrication de leurs guitares. Oui, car les éléments de cette formation ont décidé de confectionner eux-mêmes leurs instruments et amplis. Et les Problèmes n'ont plus de Problème dans ce domaine. » (*Salut les copains* n° 43, février 1966.)

LUIS REGO : Avec le disque enregistré on commence à faire des clubs parisiens, Mimi Pinson sur les Champs-Élysées, le Golf, la Locomotive... On se retrouve comme ça avec un peu de travail, jusqu'au jour où Christian Fechner nous présente Antoine, c'est là que ça change la donne.

Rencontre avec Antoine

GÉRARD FILIPPELLI : Je suis rue de Lappe, juste devant chez moi. Je tombe sur Christian Fechner avec un mec qui a les cheveux longs jusqu'aux épaules, encore plus longs que d'habitude... « Phil ! Phil ! Phil ! me crie-t-il, comme ça sans même me dire bonjour. Je l'ai ! » Et il me présente le mec à côté de lui comme si j'étais au courant de toute l'histoire. Fechner me dit : « Viens, viens, il faut que je te fasse écouter. Tu as une guitare chez toi ? — Oui. » On va chez moi. Il ne me donne pas plus d'explications que ça et colle la guitare dans les mains du type. Je me rends immédiatement compte dans le comportement de Christian qu'il y a effectivement une envie, une vraie excitation. Le mec se met à chanter des trucs que je comparerais aux propos d'un comique. En plus je trouve qu'il chante mal. Fechner lui demande à un moment : « Vas-y fais-lui "La Guerre" ! » Moi je trouve qu'il y a très peu d'intérêt, peut-être les textes, et encore. Fechner me demande : « Alors comment tu trouves ? » Moi, je ne veux absolument pas le contrarier, et je ne sais pas ce que je bredouille. Ce type-là, c'est Antoine. Je n'y comprends rien, pour moi il chante comme une patate. Je ne fais pas le lien avec cette politique que Fechner pratique de l'adaptation de la culture américaine à l'Europe et donc à la France. Il veut absolument un équivalent à Bob Dylan. Or moi qui ne comprends pas l'anglais, je n'ai pas du tout accroché sur Dylan, et je ne lui ai pas donné autant d'importance.

Enregistrement avec Antoine

GÉRARD FILIPPELLI : En tant que Problèmes, on accompagne Antoine sur ses premières séances d'enregistrement, sans y porter plus d'attention que ça.

JEAN SARRUS : Christian Fechner nous dit : « J'ai rencontré un mec, il n'a pas d'orchestre, il faudrait que je te le présente et qu'on fasse ces séances. » Et c'était Antoine. Et Antoine, quand on l'a écouté la première fois, franchement, ça faisait rive gauche. Il grattouillait comme un mec de rive gauche quoi. Simplement, au fur et à mesure que l'on a écouté ses titres, on s'est intéressé à ses textes. On se disait : « Il faut qu'on le booste. Qu'on refasse les peintures. » C'était normal : il était étudiant et s'entraînait tout seul dans sa chambre alors que nous, on jouait tous les jours depuis déjà presque deux ans. Avant d'entamer l'album d'Antoine, on met au point quelques chansons dans sa piaule à Centrale et l'enregistrement à proprement parler dure un après-midi, au tout nouveau studio Vogue rue d'Hauteville. On commence en début d'après-midi et on termine tard dans la nuit. Le mixage aussi est rapide, d'ailleurs on entend peu de guitare, il y a ce fameux solo de rien sur le titre phare « Les élucubrations d'Antoine », c'est quelque chose qui nous fera longtemps marrer ! L'ingénieur du son, ça ne l'a pas gêné plus que ça, il a remplacé ma basse par une ligne de piano. C'est Christian Fechner qui nous a dit : « Il faudra le faire assez vite quand même parce que je suis pressé... » Il y a une boulangerie à côté des studios, nous sommes allés acheter trois baguettes et deux tablettes de chocolat, c'est ce qui a dû coûter le plus cher !

GÉRARD FILIPPELLI : Pour l'album d'Antoine, le son nous est vraiment apparu comme exécrable, surtout que l'on sortait de Davout. Le son de basse a une grande importance, or la basse, c'est un instrument assez difficile à prendre et à rendre dans les haut-parleurs. Le critère de jugement pour un ingénieur son, c'est la basse, si c'est nul on dit qu'elle sonne carton. Tout simplement parce qu'on a vraiment l'impression d'entendre une basse en carton.

JEAN SARRUS : Nous ne jouons pas qu'avec Antoine, aussi derrière Jean-Bernard de Libreville, Jacques Morali, et avec Germinal Tenas sous le nom des Jingle Jumpers [*N.d.A.* : ces trois artistes ont enregistré chacun un 45 sur le label Vogue].

GÉRARD FILIPPELLI : Aussi Cédric & Cléo, Karine, ce qui ne nous empêche pas de continuer nos propres trucs à côté. Mais nous en avons rapidement marre d'accompagner tout le monde et aimerions nous consacrer plus à notre propre groupe. Sauf qu'au bout de quelques semaines, deux mois peut-être, les morceaux d'Antoine sont bombardés à la radio, ç'a l'air de marcher vraiment fort, à tel point qu'il doit partir en tournée. Christian Fechner nous dit : « On n'arrive pas à retrouver le son du disque, ça serait bien si vous pouviez accompagner Antoine. » Il sait bien que nous, on ne veut plus jouer derrière personne, mais nous n'avons pas vraiment le choix. On s'est dit qu'on allait l'accompagner un an ou deux, le temps de se faire un nom, ce qui nous permettrait de nous consacrer à notre propre carrière en tant que Problèmes. Pourquoi n'ont-ils pas pu retrouver le son initial ? Parce qu'on a fait un disque avec le son le plus pourri que j'aie jamais entendu, le plus mauvais ingénieur du son sur terre...

Carnaval Luso-Brasileiro, Lisbonne, les 9 et 20 février 1966

JEAN SARRUS : Luis Rego nous dit : « J'ai un plan d'enfer, il faut aller à Lisbonne, au théâtre Monumental dans le centre de Lisbonne, il y a le carnaval, ça a beaucoup d'importance le carnaval là-bas, d'origine brésilienne. Il y avait beaucoup de Brésiliens d'ailleurs. J'ai un contrat, on part quatre jours ! » On part et pendant le voyage, avec notre look très anglais, on se répète : « On va aller triompher au sud puisque du nord, d'Angleterre, ils descendent ici à Paris, nous, on va aller encore plus loin, jusqu'au Portugal... » Comme s'il suffisait de décaler. Et c'est ce qu'on fait, sauf qu'à la frontière Luis se fait alpaguer par la police de Salazar. On se retrouve à Lisbonne sans parler la langue, et très rapidement sans pognon.

GÉRARD FILIPPELLI : Pour se rendre au gala de Lisbonne, Gérard se fait prêter l'estafette de son père, mais on restera plus longtemps que prévu suite à l'incarcération de Luis. On décide de l'attendre sur place, le plus longtemps possible, à tel point que l'on n'a plus du tout les moyens de remonter à Paris. On se fait envoyer un mandat pour l'essence par nos copines, heureusement qu'elles sont là d'ailleurs, car jamais nous n'aurions eu l'idée d'appeler nos parents !

GÉRARD RINALDI : C'est arrivé d'une façon absolument épouvantable pour lui, c'est qu'à la frontière, on nous a demandé nos passeports et sans discussion aucune on lui a dit : « Prends tes valises ! » Et on ne l'a pas revu. Tout ça parce que l'adresse qu'il avait sur son passeport était celle d'un peintre opposant au régime de Salazar réfugié en France [*N.d.A.* : José Escada]. Ils se sont dit : « Ce type est un activiste. » Donc il a été mis en tôle, au secret, pendant trois mois, et nous, sur place, on a quand même essayé de nous renseigner. Nous allons régulièrement à la préfecture demander des nouvelles de notre copain, et on nous signifie clairement qu'il vaut mieux qu'on s'arrête. Le même jour, on a réussi à trouver un engagement dans une discothèque, le type nous vire et dépose tout notre matériel sur le trottoir... « Je suis désolé, mais ils sont venus, et je ne peux pas vous garder. » On prolonge notre séjour parce que l'on espère que Luis va nous rejoindre, mais au bout d'un moment on est coincés. Il faut que l'on rentre.

JEAN SARRUS : Un vrai cercle infernal. Nous avons opté pour un hôtel assez confortable car nous sommes censés rester quatre jours, au final nous serons bloqués presque trois semaines. Forcément la note s'alourdit de jour en jour et nous ne savons pas du tout comment payer, de plus les communications vers la France ne sont pas aussi simples qu'aujourd'hui. Il faut attendre huit heures pour la communication ! Ce sont nos copines qui se sont démenées comme des folles pour nous envoyer de l'argent et nous rapatrier.

LUIS REGO : Pendant les interrogatoires, je ne suis pas torturé, mais j'ai droit à de nombreuses humiliations telles que de me faire couper les cheveux et me faire traiter de pédé.

Premier Olympia, 17 mars 1966

Il nous faut partir,
Sans t'avoir revu,
Sans avoir pu te dire,
Ami Salut,
Nous n'y croyons pas,
Pour toi cependant,
Derrière tes barreaux,
Là-bas le soleil est moins grand
Nous dirons partout,
Sur tous les tons,
Qu'on t'a pris ta liberté,
Et qu'on t'a jeté au fond d'une prison,
Pour rien, sans raison

(Extrait de « Ballade à Luis Rego,
prisonnier politique ».)

« Ce garçon, c'est Luis Rego, le guitariste rythmique des Problèmes. Il est Portugais et cela lui a valu une fort désagréable aventure. Lui était installé en France depuis quatre ans, il habitait chez un de ses amis portugais exilé également. Cet ami avait dû fuir son pays à cause de ses opinions opposées à celles du docteur Salazar (chef de l'actuel gouvernement portugais) qui ne tolère aucune opposition. Lui, il n'avait, bien entendu, jamais fait de politique et ne s'intéressait qu'à la musique. Un jour il reçut pour lui et les Problèmes une proposition de contrat pour le carnaval de Lisbonne. Tout heureux de pouvoir montrer son pays natal à ses amis, Luis se rendit à son consulat faire valider son passeport et reçut l'assurance qu'après un bref séjour il pourrait repartir librement en France. Hélas, à la frontière portugaise, ce fut un autre son de cloche : sous prétexte d'interrogatoire, Luis fut séparé de ses amis, emmené sous bonne garde jusqu'à Lisbonne, mis au secret et incarcéré sans autre forme de procès. Atterrés, les Problèmes tentèrent de savoir ce qu'on pouvait reprocher à leur guitariste, firent intervenir quelques relations. Tout cela restant sans effet, ils se rendirent eux-mêmes au siège central de la police. Là on leur fit comprendre fort courtoisement mais fermement qu'ils avaient tout intérêt à ne pas se montrer trop curieux au sujet du prisonnier politique Luis Rego. La rage au cœur, ils durent rentrer en France. Luis est resté en prison deux mois et demi en subissant un interrogatoire tous les jours, puis on a fini par le relâcher, mais après lui avoir au préalable passé la boule à zéro. Depuis, les Problèmes ont écrit "La Ballade de Luis Rego" qu'ils chantent à chacun de leurs passages en scène. » (*Salut les copains* n° 47, juin 1966.)

LUIS REGO : La prison où je suis retenu s'appelle Caxias, elle est située au bord de la mer avec une très belle vue sur l'océan, c'est devenu un endroit très touristique et très fréquenté. Régulièrement, on vient me chercher pour m'emmener à Lisbonne au centre de la PIDE [*N.d.A.* : Police intérieure de défense d'État]. Je rentre dans un bureau, il n'y a rien, une table et trois chaises. Deux agents, un tape à la machine ma déclaration, et l'autre lit l'équivalent de *L'Équipe*. J'y vais à peu près une fois par semaine faire ma déclaration. Ils ne trouvent rien de concret à me reprocher si ce n'est de vagues fréquentations avec des communistes exilés à Paris. Un jour le gardien me dit : « Préparez-vous vous allez à Lisbonne, mais cette fois vous emportez vos affaires ! »

Tout de suite je me demande ce qui se passe. Mes camarades de cellule me disent que je vais être libéré. J'apprends effectivement ensuite par le commissaire que je suis libéré. Il me fait la morale, il me dit qu'il ne faut pas se moquer de la police, il me donne mon passeport. Je suis libéré, mais je l'apprends le jour même. Je rentre en avion, c'est la première fois que je le prends, je me torche au champagne et je ne me souviens plus trop de la suite... Je pense que c'est Christian Fechner qui m'a payé le billet. Pour la tournée, ça la fout mal que j'aie le crâne rasé, je porterai donc une perruque.

GÉRARD RINALDI : Luis est libéré alors que l'on a commencé les spectacles de l'Olympia avec Antoine, on ne sait pas qu'il est à Paris, et un soir on le voit débouler sur scène, prendre une guitare et se joindre à nous.

Première partie des Rolling Stones à Marseille, 30 mars 1966

JEAN SARRUS : Un jour, Christian Fechner nous dit : « Vous partez en tournée avec les Rolling Stones, jeudi ! — Ah bon ? » Je ne le dis pas mais je suis forcément impressionné, sauf que je ne parle pas anglais et je n'ose pas les aborder. C'est Mick Jagger qui vient nous voir et nous demander si ça va. Je suis super-intimidé quand même, ce sont mes idoles.

GÉRARD FILIPPELLI : En concert nous jouons nos propres morceaux, comme « Si c'est la nuit » mais aussi beaucoup de reprises de Tom Jones et « Satisfaction » des Rolling Stones. À Marseille, en première partie des Stones, on ne change pas nos habitudes, on reprend « Satisfaction ». C'est assez anecdotique, mais c'est très significatif du fait qu'on n'en a rien à battre, nous sommes des purs rockers ! Je crois aussi que l'on commence à être désabusés car je sais pertinemment que, quoi que l'on fasse, le public n'entend rien. Nous arrivons dans la salle et le public hurle, tout le monde crie et hurle... C'est une forte impression de surdité. On se sent donc obligés de développer notre jeu de scène, en faisant des mouvements de bras, n'importe quoi, pour que le public ait l'impression d'assister à un spectacle, qu'il soit content. J'aurais aimé jouer du rock avec des fioritures, des arrangements, mais c'est impossible. Trop de vacarme. Trop de bruit, de hurlements.

GÉRARD RINALDI : C'est la première tournée des Rolling Stones en France, Antoine est en première partie, et nous, nous sommes en vedette anglaise. Dans la hiérarchie, nous sommes les sous-fifres, il y a le sous-chef Antoine et les chefs, les Rolling Stones. Et on se paye le culot de jouer « Satisfaction » juste avant eux, ce qu'ils n'ont jamais dû savoir d'ailleurs, car ils arrivent toujours volontairement une heure en retard...

JEAN SARRUS : La première fois que l'on exécute « Satisfaction », je surprends Mick Jagger dans les coulisses, il a des yeux énormes, il est stupéfait de notre culot. Mais comme ils se plaignent le lendemain, on abandonne cette chanson, même si je crois qu'on la massacre tellement que ça les fait marrer...

GÉRARD FILIPPELLI : Sur scène, les Rolling Stones c'est du pur rock and roll. Brian Jones arrive en retard et pendant presque dix minutes tourne autour des autres musiciens et des instruments en se demandant ce qu'il va bien pouvoir faire... Il se pose à côté de Keith Richards, s'assoit au piano, saisit des maracas, et finalement opte pour une guitare et sort un accord énorme. Énorme, mais le plus souvent complètement à côté de la plaque, les autres font comme s'ils n'avaient rien remarqué et continuent... Je ne sais pas s'il était défoncé car c'est quelque chose que nous n'avons jamais fait, et il nous est impossible d'imaginer que d'autres musiciens peuvent fumer avant de jouer. En 1966, on ne parle pas encore du LSD et très peu du haschich, même si cette image de drogué colle à de nombreux musiciens.

JEAN SARRUS : Brian Jones est déjà à part. Vu de l'extérieur, il ne cesse de faire des trucs marrants, comme de tirer sur son sweat-shirt blanc pour faire croire qu'il a des seins, ce qui énerve profondément les autres... Mais surtout au beau milieu d'un morceau, alors qu'ils sont sur scène, il s'arrête de jouer et pose sa guitare. Sans explication. Il attend quelques minutes et décide de continuer au clavier, sans trop se soucier de ce que les autres font. Et toujours sans prévenir personne, il retourne à sa guitare, reprend le morceau où il l'avait terminé sans réaliser que les autres sont passés au suivant... À Marseille, au Gymnase, il y a un monde de fou. Dans la salle il y a des banderoles : *Antoine et les Problèmes* à côté de *Vive les Rolling Stones*. Les Rolling Stones n'en reviennent pas que le public nous identifie, Mick Jagger nous dira : « Mais ils sont aussi là pour vous ? » À un moment, je vois une chaise partir en direction du groupe, direct sur Mick...

Plus une note. Le groupe a arrêté net. Jagger saigne et ne comprend pas du tout le geste, il veut arrêter la tournée. Au final, il portera d'énormes lunettes de soleil pour masquer l'hématome. Le type a lancé cette chaise pour détendre l'atmosphère !

Tournées avec Antoine et Chuck Berry

GÉRARD FILIPPELLI : Antoine vient de sortir « Les élucubrations... », une chanson interprétée comme une agression envers Johnny Hallyday à cause d'une phrase : « Johnny en cage à Médrano... » Donc, à chaque gala d'Antoine, le succès est déjà assuré, à cause de l'arrivée des partisans et des opposants. Lui n'est pas dupe, il le sait. La preuve, lorsqu'il arrive sur scène, la première chose qu'il demande c'est : « Quels sont ceux qui sont avec moi ? — Ouais ! ! ! — Quels sont ceux qui sont contre moi ? — Ouais ! ! ! » Et là il prend un petit moment, et dit : « Non seulement ils sont contre moi, mais en plus ils ont payé pour venir ! » Une réflexion qui rend ces derniers hystériques... C'est un plan qu'Antoine fait souvent... Nous, on assure la première partie du spectacle, arrivant la plupart du temps en retard parce qu'il y a des doublages [*N.d.A.* : deux concerts la même date] et que notre impresario n'en a absolument rien à battre que nous ayons 500 kilomètres à faire en deux heures... Lui, ce qu'il veut, c'est que nous en fassions un maximum. Donc, quand on arrive, la salle est toujours hyper-chaude, et il faut jouer en subissant les fans et les contre-fans. C'est assez calme quand nous on joue, mais aussitôt qu'Antoine arrive, c'est la pluie d'objets... On nous félicite sur notre jeu de scène, mais ce que les gens ignorent, c'est qu'on a décidé de ne jamais rester plus d'une seconde au même endroit, pour éviter de s'en prendre plein la gueule... On a transformé cela en jeu de scène, et on n'arrête pas de se balader. À Nîmes, il y a une brique entière qui tombe à côté de moi. À un moment j'entends : Vlang ! Je regarde, à côté de moi, une brique pleine a explosé... Une autre fois, je suis à côté de Rinaldi qui joue des maracas, et d'un coup j'ai l'impression qu'il me donne un coup de maracas dans les couilles... Je suis devant le micro, je dois faire un chœur, je me tourne vers lui et lui lance : « Mais tu es fou ! » Il ne comprend pas. Je regarde sur ma braguette, c'est une tomate qui s'est éclatée à l'endroit de ma braguette... Il y a aussi des canettes de bière qui nous arrivent dessus.

Avec Chuck Berry, on arrive, on est crevé, on vient de dormir dans la bagnole en faisant de la route, souvent au dernier moment. Une fois, alors que Chuck Berry est déjà sur scène, je le regarde depuis les coulisses et je suis un peu déçu car je trouve qu'il a petit son. Par contre, j'aime bien son jeu de scène, sauf que, le lendemain, il fera exactement la même chose. Rien n'est improvisé, un vrai pro.

LUIS REGO : Je me souviens d'un Chuck Berry bourré, j'ai cette image d'un boxeur entouré de gens qui l'aspergent d'eau pour le ranimer... C'est eux qui le poussent sur scène, même si, une fois en action, il semble y prendre plaisir, mais a beaucoup de mal à jouer correctement. Il y a aussi ce brouhaha épouvantable, personne n'entend quoi que ce soit.

GÉRARD RINALDI : Ça me fait drôle d'imaginer que Chuck Berry, un type qui est quand même une espèce d'idole internationale, doive faire une tournée en France avec des moyens plutôt réduits.

LUIS REGO : Antoine est considéré comme un agitateur, un provocateur. Il y a donc toujours des jeunes qui ne viennent que pour lui balancer des trucs à la figure, surtout des tomates... C'est assez pénible car on reçoit des projectiles de toutes sortes, alors que ça n'est le fait que d'une minorité.

Bataille rangée en Corse, 2 juillet 1966

GÉRARD FILIPPELLI : En Corse, c'est *a priori* un gala comme les autres, sauf que je remarque tout de suite que la disposition de la salle ne convient pas du tout. C'est une salle toute en longueur et la scène est disposée de l'un des deux grands côtés, nous avons donc très peu de public en face, et beaucoup sur les deux côtés. Pour l'acoustique, c'est une catastrophe... On commence le spectacle, je crois qu'il y a un videur qui gêne, il est devant quelqu'un, le type dans le public lui crie : « Pousse-toi ! » Le videur l'envoie promener, le type prend une bouteille de champagne et la lance vers le videur qui est à un mètre de lui. La bouteille traverse l'espace vide devant nous pour échouer de l'autre côté. Immédiatement, une deuxième bouteille lui répond. Et, en quelques minutes, les spectateurs se placent derrière des tables et s'en servent de rempart, exactement comme dans un dessin animé de Tex Avery. Nous qui sommes devant voyons des objets qui volent dans tous les sens. Je me revois dire à Luis : « T'arrête pas, joue plus fort ! » Comme dans les westerns, on joue plus fort. Et là je vois une chaise voler dans notre direction, c'est Luis qui se la prend dans le coude. Antoine se barre, il part par la fenêtre qui est juste derrière nous. Coup de bol d'ailleurs qu'il y ait une fenêtre juste derrière nous. Donald reçoit une bouteille de champagne, il a la tête en sang. Je ne le vois pas se prendre la bouteille, je le vois juste passer devant moi, la tête en sang... Lorsqu'on se débine par la fenêtre, on voit des dizaines d'objets voler dans tous les sens. Ça semble une éternité, mais ça doit durer quelque chose comme 5-10 minutes. On apprendra plus tard que, dans la salle, il y a deux clans, l'un sympathisant d'Antoine et l'autre hostile. Ils sont venus dans l'intention de se mettre sur la gueule. Ce même soir, un type me pique ma guitare, une Guild demi-caisse que j'ai dû utiliser quinze jours ! Je me l'étais achetée pour l'Olympia, en remplacement d'une Gretsch modèle Chet Atkins que m'avait prêtée Richard Fontaine. Alors que je me protège et commence à m'enfuir, je pense à ma guitare et je vois un type détaler dans la direction inverse avec elle à la main. Je ne peux rien faire.

GÉRARD FILIPPELLI : Le lendemain, la gendarmerie vient nous chercher avec une estafette, c'est eux qui nous disent : « On va vous faire passer par les vignes parce qu'ils ont fait un barrage pour vous attendre avec des fusils de chasse. » Moi je pense à ce moment-là : « Merde, ce sont quand même des gendarmes et ils font le détour ! » Ils nous font passer à travers les vignes, nous déposent au pied de l'avion, on monte dedans et on s'en va. Le jour suivant, nous devons assurer un gala avec Mireille Matthieu, beaucoup plus calme. Ce qui est drôle, c'est que le batteur a la tête bandée, Luis Rego un bras qu'il ne peut pas plier, c'est pour cela qu'il joue avec sa guitare au niveau des genoux...

L'argent

GÉRARD FILIPPELLI : Avec les Problèmes, on gagne de quoi bouffer mais sans plus. C'est quand on commence à faire les tournées avec Antoine que l'on se fait un peu plus d'argent, quelque chose comme 200 balles [*N.d.A.* : 15 euros] par gala, desquels on doit soustraire tous les frais. Il ne reste pas grand-chose mais comme on se produit presque tous les jours, en fin de compte on arrive à s'en sortir. On ne gagne pas tellement avec Antoine, ce n'est que lorsque les Charlots démarrent que l'argent coulera à flots, plus avec le cinéma d'ailleurs qu'avec les disques... Dès le début, nous avons voulu tous diviser en cinq parts égales pour éviter de se séparer au bout de 4/5 pour des raisons de fric. Nous, Problèmes, nous voulons une démocratie communiste, tout partager de façon à éviter toute dissension matérielle. C'est la même raison qui nous pousse à aller impérativement en gala dans la même voiture, pour éviter des retards de l'un d'entre nous et des accidents. On se rend tout de suite compte que l'image est primordiale et qu'un groupe doit impérativement donner l'image d'un groupe cohérent, d'une bande de copains qui s'entendent bien. Ça n'est pas forcément le cas, mais notre règle d'or, c'est de ne jamais s'envoyer de vannes devant un étranger, surtout du métier.

LUIS REGO : On est content de ce succès, mais on ne prend pas ça au sérieux. Tous les groupes anglais sont musicalement mille fois au-dessus de nous, je me rends rapidement compte qu'il sera très difficile de les rattraper, d'être à leur niveau. Je ne peux donc me laisser abuser par le succès que nous avons. Je suis dilettante.

Cheveux longs et idées courtes ?

GÉRARD FILIPPELLI : Les agressions dans la rue, ça n'est pas une légende, lorsque l'on veut acheter des cigarettes il y a toujours un risque que l'on refuse de nous en vendre ou qu'on nous réponde : « Non ! » Moi, je ne me suis jamais fait agresser car je fais profil bas, je n'ai aucune envie d'avoir d'histoire parce que j'ai les cheveux trop longs. Je n'ai rien à revendiquer, ce qui me branche, c'est de faire de la musique et d'aller jouer devant mes copains. Le reste ? Ça me gonfle...

LUIS REGO : Je n'ai pas d'argent et je m'habille aux puces, les cheveux longs, c'est la mode. Sans doute par admiration des Beatles. Nous ne sommes pas beaucoup dans la rue à avoir ce look et je me fais traiter régulièrement de pédé. Les gens se retournent sur moi. L'époque est extrêmement conservatrice. Quand je rencontre les autres Problèmes, ça fait plusieurs années que je suis comme ça : avant d'être vendeur dans un magasin, je suis plongeur, ou plutôt assistant plongeur dans un restau U au métro Censier-Daubenton. J'y resterai neuf mois. J'ai les cheveux longs et mes deux chefs cuistots, un Breton et un Alsacien, se foutent souvent de moi, mais ils ne sont pas méchants, ils ne m'ont par exemple jamais renvoyé.

JEAN SARRUS : On se fait tirer les cheveux régulièrement dans la rue : ça, c'est le plus simple. Autrement, c'est la risée, on ne peut pas marcher tranquillement. À tel point que, très vite, le peu de sous que l'on a, on l'investit dans un mec qui nous suit partout, un balaise, un Zaïrois qui fait 2 mètres et 120 kilos. Un méchant. C'est tellement dissuasif qu'au début plus personne n'ose nous aborder et lui nous demande : « Mais pourquoi vous m'avez engagé, il n'y a jamais de bagarres ? » Mais, dès qu'il s'éloigne à plus de 10 mètres, ça recommence les agressions verbales : « Ha pédé ! Hé mademoiselle ! » Et lui arrive, badaboum... Il nous dit : « Au moins comme ça, c'est justifié, l'argent que je vous prends ! » Souvent, en tournée, on reste dans notre hôtel, et la grande question est immanquablement : « À qui le tour d'aller chercher des clopes ? — Ah non j'y suis allé hier ! » Dans les restaurants, on ne nous sert pas. Phil a failli se faire tondre, on se fait casser la figure de nombreuses fois... On arrive à nos concerts en car de police, en marchant à quatre pattes au milieu de la foule pour passer inaperçus. On a tout reçu, des bouteilles, des bouts de bois, des boîtes de conserve... Un soir on joue même avec de casques, tellement on en a marre de recevoir des projectiles, mais ça ne plaît pas du tout à Christian Fechner qui nous met à l'amende. À Grenoble, nous sommes descendus à l'hôtel des Trois Dauphins, je me mets à la fenêtre parce que j'entends du bruit, la foule nous a suivis et commence à tout dévaster, à commencer par notre voiture... Dès que je vois arriver un mec avec des gros bras et un marcel, je change de trottoir, comme ça on gagne du temps, sauf s'il y en a un autre de l'autre côté de la rue... On les appelle les manut'.

Tournée au Canada puis en Italie, été 1966

GÉRARD FILIPPELLI : Le premier jour de notre arrivée au Québec, Gérard Rinaldi fait tomber ses maracas, il les éclate et perd toutes les petites billes de plomb qui se trouvent à l'intérieur. Il essaye bien de les remplacer avec des grains de riz, mais finit en se disant : « De toute façon ça ne sert à rien car personne ne les entend avec le bordel dans la salle ! » Il enlève donc les grains de riz, et joue des maracas vide.

GÉRARD RINALDI : Dans la première partie, je suis chanteur, mais dans la seconde, c'est-à-dire lorsque les Problèmes accompagnent Antoine et que je ne joue pas de saxophone, je ne sers à rien, alors pour ne pas rester immobile j'essaye de faire du bruit avec mes maracas ou un tambourin. J'interviens aussi avec une flûte à bec, ce qui est assez ridicule en comparaison avec une guitare électrique ou une batterie, mais faut bien que je m'occupe. Je tape donc mes maracas de bon cœur et évidemment elles se fendent, je décide de continuer à les agiter comme si de rien n'était. Ça ne fait pas beaucoup de différence. Au Canada, c'est un raz de marée. On passe dans des *arenas*, des salles de sport qui normalement servent à des matchs de hockey. Qui plus est, c'est archi-plein partout... Il y a une sorte de prohibition sur l'alcool et la plupart des établissements nous servent dans des tasses à café, pour détourner la vigilance de la police... Il ne faut pas que l'on puisse deviner ce que l'on est en train de boire.

LUIS REGO : On ne comprend pas ce qui nous arrive, on est complètement dépassés par l'ampleur des événements. J'ai des souvenirs de foule en délire... Au Canada, notre garde du corps fait la sélection des jeunes filles que l'on va recevoir, il fait la sélection pour nous ! L'abondance de groupies est incroyable. C'est l'euphorie des concerts d'Antoine... En Italie, le premier soir, on arrive pour la balance, mais plutôt que perdre notre temps à tout bien régler, on préfère opter pour la solution la plus rapide, mettre tous les amplis à fond. Tu parles d'une balance ! Après, sur scène, c'est la folie... Le public ne nous entend pas car il hurle plus fort que le bruit de nos amplis, on se marre vachement... Que demander de plus ?

GÉRARD RINALDI : En Italie, le public ne comprend pas plus la langue des Rolling Stones que celle des Problèmes, ce qu'il voit, ce sont des chevelus sur scène, habillés comme jamais ils n'auraient osé le faire, en train de faire beaucoup de bruit avec une guitare qui s'agite. Vu comme cela, il n'y a aucune différence avec les Anglais ! C'est l'une des raisons de notre succès.

Les Problèmes deviennent Charlots

GÉRARD RINALDI : On rencontre Aldo Maccione à Montréal pendant la tournée au Québec, il se produit dans un petit cabaret avec son groupe Los Brutos. On lui dit qu'on vient d'enregistrer une parodie un peu dans l'esprit de ce qu'ils font, il nous souhaite bonne chance, en se marrant...

GÉRARD FILIPPELLI : Un jour, on se retrouve à faire une émission de radio qui s'appelle *Dans le vent,* présentée par Hubert. L'invité, normalement le premier du hit-parade, doit y chanter les succès des autres, en général les dix premiers [*N.d.A.* : au mois de mai 1966]. Antoine à cette époque avait deux titres classés dans le hit-parade, et nous un. En toute logique on l'accompagne, mais entre nous on a préparé une grosse blague, on a envie de lui saboter son truc, pas du tout par méchanceté mais vraiment pour déconner. Gérard Rinaldi qui imite très bien le péquenot est chargé de chanter avec l'accent du Berry. Moi, je décide de prendre mon accordéon pour trafiquer l'arrangement rock de « Je dis ce que je pense et je vis comme je veux » en valse. Ça devient de « Je dis n'importe quoi, je fais tout ce qu'on me dit ». C'est notre label en la personne de Christian Fechner qui nous dit que ça serait bien qu'on l'enregistre.

GÉRARD RINALDI : Sur le premier disque des Charlots, il y a trois instrumentaux et la parodie d'Antoine, la chanson dans laquelle Jean Sarrus dit au solo : « Chauffe, Marcel ! » Et ce « Chauffe, Marcel ! », ça cartonne. Mais ce soir-là, quand on a enregistré cette chanson, Christian Fechner nous dit : « Comment vous voulez vous appeler ? » On propose plein de trucs, j'y vais de mon Carpets Sellers, les Vendeurs de tapis, et le nom des Charlots arrive là-dessus.

LUIS REGO : C'est Fechner qui nous dit : « Vous n'avez qu'à vous appeler les Charlots ! » Le terme charlot désignant quelqu'un de pas sérieux, une sorte de bouffon, comme on dirait aujourd'hui.

JEAN SARRUS : Je ne sais pas pourquoi j'ai lancé « Chauffe, Marcel ! », peut-être parce que, Filippelli, je le voyais à l'accordéon, et que ça me faisait tellement rire... On a tout fait en direct bien sûr en une seule prise, et je l'ai tout de suite associé à l'accordéoniste Marcel Azzola... C'est vrai qu'il se débattait comme un fou avec son accordéon... Associé à Gérard Rinaldi qui faisait la tronche de travers pour prendre l'accent berrichon, c'est vraiment une bonne tranche de rigolade à la base. Pour les trois autres titres, c'est du n'importe quoi improvisé à la va-vite, du remplissage instrumental, il y a même un titre, « Pas de problèmes », signé par Robert Mouly, un amateur de jazz qui avait une émission sur Europe 1.

GÉRARD FILIPPELLI : On part en tournée, et ce disque sort. Nous avons donné notre accord, par contre il est hors de question d'apparaître en tant que Problèmes.

ANTOINE : Christian Fechner n'a jamais eu de scrupule, lorsque les Charlots enregistrent un soir pour s'amuser « Je dis ce que je pense... », dès que ça marche, il leur dit : « Tous vos rêves de devenir les Byrds français vous les oubliez, maintenant vous mettez des costumes ringards, coiffés au bol et vous êtes les Charlots. Vous oubliez le rock. »

LUIS REGO : Nous n'avons jamais eu de tube radio, et ça devient une vraie question, que doit-on faire ?

GÉRARD FILIPPELLI : Sur la pochette du disque, on met une photo de mannequins. Quelques jours plus tard, on rencontre Jacques Dutronc sur une plage, son morceau « Et moi, et moi, et moi » passe en radio et on lui dit quelque chose comme : « Ça marche bien pour toi ! » Il ne peut s'empêcher de nous rétorquer : « Bah pour vous aussi ça marche ! » C'est lui qui nous apprend que « Je dis n'importe quoi... » passe en radio. À mon avis il y a une partie du métier qui sait qui nous sommes, mais elle garde le secret, et l'autre qui se demande qui on est. On en joue d'ailleurs car ça nous fait de la publicité gratuite. La presse va émettre plusieurs hypothèses, citant même le nom de Marcel Amont le fantaisiste, Marcel Azzola parce qu'il est accordéoniste. Le seul indice c'est ce cri : « Chauffe, Marcel ! », mais aucun d'entre nous ne porte ce prénom. Les gens accrochent parce qu'ils trouvent ça bien qu'on se foute de la gueule d'un type qui est en couverture de tous les magazines. Ce Marcel, c'est vraiment l'identification du plouc lambda. Nous avons tous des surnoms en fait, Alfred c'est Gérard Rinaldi, Émile Jean Sarrus, Lucien Luis Rego, Félix Jean-Guy et Marcel, c'est moi.

LUIS REGO : Il se passe tout de suite une chose évidente, c'est qu'accompagner Antoine, c'est une chose, mais continuer à faire vivre le groupe, c'en est une autre, parce que d'un seul coup il y a des questions qui se posent sur la forme et surtout sur l'avenir de ce que nous faisons. Et moi, je commence à être un peu perplexe par rapport aux envies profondes de Rinaldi qui a une voix magnifique mais qui n'aime pas assez le rock pour ne chanter que ça. J'ai une conscience claire de cette situation, que la carrière des Problèmes est presque dans une impasse. Je suis dans cette réflexion pendant la tournée en Italie, je me pose vraiment la question de savoir ce que va être notre avenir, surtout que nous ne sommes pas des gros bosseurs. Je ne suis pas un grand guitariste, Phil se débrouille mieux que moi mais ce n'est pas un acharné non plus, quant à Sarrus il ne touche jamais sa basse. Musicalement, le groupe, c'est un peu n'importe quoi, et malgré le succès que nous avons, j'ai une vision assez consciente de nos limites. Au même moment, nous sommes classés dans les meilleures ventes, c'est un accident heureux. Là arrive un conflit dans le groupe, je dis que les Charlots c'est ce que je veux faire, quant à Rinaldi il a également envie de tenter l'aventure. Il n'y a que Jean Sarrus qui y est farouchement opposé.

GÉRARD FILIPPELLI : La décision de passer des Problèmes aux Charlots est assez dure, ça me fait un peu peur d'aller faire le con en public, autant on le fait entre nous, mais pour de vrai, devant un public... Sur le moment on ne réalise pas que l'on abandonne les idéaux des Problèmes, c'est vraiment la grosse blague faite à la concierge et qui devient un succès. Et plus on va faire de blagues, plus ça va marcher... La musique devient pour nous synonyme de spectacle, et on abandonne peu à peu nos instruments, nous sommes sur le devant de la scène en train de faire les pitres, privilégiant le côté visuel, ce qui ne nous empêche pas de jouer un ou deux morceaux pendant notre prestation.

LUIS REGO : Pour le premier disque, on n'a fait qu'essayer, c'est sans doute pour ça que l'on se cache, il n'y a pas notre photo sur la pochette, mais il n'y a en aucun cas renoncement de notre passé. Il faut aussi penser à la possibilité que ça ne marche pas du tout... Il faut que l'on crée une nouvelle image, en totale adéquation avec ce répertoire que l'on va défendre, que ça ne soit pas trop rock, plutôt burlesque. On ne cherche pas à cacher notre passé, mais c'est si rapide que l'on ne réalise pas tout. Pour notre premier concert en tant que Charlots, on n'a pas de répertoire, tout juste quelques gags qui nous permettent de tenir une demi-heure, alors que c'est inscrit soixante minutes sur notre contrat. Il nous faut improviser, meubler, gagner du temps, placer un maximum de grimaces... C'est aussi parce que nous ne travaillons pas beaucoup, on se laisse porter.

Jean-Guy Fechner, un Charlot pas problématique

LUIS REGO : La naissance des Charlots coïncide avec cette histoire malheureuse où Donald Rieubon part au service militaire, et Christian Fechner n'hésite pas une seconde, il appelle Jean-Guy son frère pour le remplacer. Il joue de la batterie en amateur, ce dont nous n'avons absolument pas besoin, mais personne n'ose dire non. Il n'y a aucune agressivité contre lui, il est arrivé, personne ne sait ce qu'il fout là, mais en même temps il ne dérange personne et il se retrouve à nos côtés pour enregistrer les premières télés... C'est très curieux.

Pour les premières télés [*N.d.A.* : *Main dans la main*, le 25 septembre, et *Oyez !* le lendemain], la coupe de cheveux de Gérard Filippelli lui masque complètement les yeux, il a un accordéon et on a la même mise en scène que pour l'Olympia. On n'a toujours pas travaillé mais on a ce gag de la fausse gifle que l'on réussit à reproduire à la perfection devant la caméra.

JEAN SARRUS : La semaine où l'on devient officiellement les Charlots, alors qu'on a le même look, les gens deviennent sympathiques avec nous... Les mêmes qui nous insultaient quelques jours auparavant ! Nous allons dans les mêmes villes et au début forcément, on a peur de retourner acheter des clopes, et là subitement on nous dit qu'on nous aime bien mais après nous avoir reconnus. Car lorsque sort le premier 45-tours, nous sommes encore les Problèmes. Nous terminons la tournée avec Antoine. On tombe en panne du côté de Niederbronn-les-Bains, des chauffeurs routiers ralentissent à notre hauteur et nous lancent : « Chauffe, Marcel ! » Je leur lance : « Mais c'est moi qui le crie, Marcel c'est lui, c'est Fil ! » Ils ne nous croient pas et nous laissent nous démerder.

Mai 68

LUIS REGO : Le côté contestataire des Problèmes est dans l'air du temps. En 1968, les consciences vont s'exprimer et c'est l'aboutissement de tout ce mouvement-là qui est né aux États-Unis. Par contre, pour moi ça se passe très différemment car je viens d'un pays marqué par dictature. Je goûte vraiment la démocratie et la liberté de penser. Donc, je n'ai aucune contestation à faire, je baigne plutôt dans le plaisir de respirer un autre air. Même si ces idées sont aussi les miennes, ma contestation n'est pas méchante. Je ne me considère pas un rebelle car je vis dans un pays où je peux dire à peu près ce que je veux. Je ne peux pas aller sur les barricades, je suis très joyeux mais j'ai peur de me faire renvoyer chez moi si je manifeste. Au même moment, on en profite pour écrire « Merci patron », c'est mon idée au départ, ma contribution, bizarrement, au moment même où on commence à avoir de l'argent. [*N.d.A.* : Gérard Filippelli se souvient d'une discussion antérieure dans la voiture à propos de l'élaboration d'un gala d'entreprise de fin d'année où il pense inverser les rôles, les patrons assurant le spectacle pour les ouvriers et ces derniers chantant en chœur : « Merci patron ! ».]

JEAN SARRUS : Le message de cette chanson, c'est la rigolade, que des employés puissent remercier leur patron nous fait hurler de rire ! C'est devenu énorme, lors des piquets de grève, ils diffusent cette chanson ; en prison, ils chantent : « Merci maton »...

De nombreux succès plus tard (« Hey Max », « Paulette, la reine des paupiettes », « Sois érotique »), les Charlots abordent le septième art, mais ceci est une autre histoire.

9

Élucubrations d'un révolté

Antoine

S'il fallait réduire l'épopée des années 1960 à deux événements clés, nul doute que l'on retiendrait le premier 45-tours de Johnny Hallyday « T'aimer follement » et la chanson d'Antoine, « Les élucubrations d'Antoine ». Johnny donne le coup d'envoi à l'explosion twist et par là même à la récupération du phénomène par les idoles yéyé. C'est une identification sans précédent et un phénomène de masse que personne ne prévoyait. Mais les premiers signes de révolte, le blouson noir et les contorsions laissent rapidement la place à une forme de variété sans aspérité. C'est à un monde parfait auquel Claude François, Sylvie Vartan et Sheila aspirent, une société sans aucun souci, un modèle plus que parfait puisque copié sur celui des Américains qui nous ont aidés à gagner la guerre... Antoine n'est pas un révolutionnaire-né, simplement un jeune homme qui se pose des questions et qui refuse d'entrer dans ce moule. Quarante ans plus tard, il aurait sans aucun doute pointé du doigt la télé-réalité, mais, au beau milieu des années 1960, ce sont les chanteurs qu'il entend à la radio et découvre dans le magazine *Salut les copains* qui l'énervent. Pourquoi ne s'y retrouve-t-il pas ? C'est un mystère, même si l'on s'aperçoit vite qu'il n'est que le déclencheur d'une révolte bien plus ambitieuse. En d'autres termes, si Antoine n'avait pas existé, il est évident qu'un autre aurait incarné son rôle. Les idées d'Antoine sont celles d'une grande partie de la jeunesse, qui toutefois n'ose encore le crier haut et fort. Le droit de porter les cheveux longs pour un souci esthétique est primordial puisque pendant des années ce sera le signe de reconnaissance des jeunes qui se veulent cool, comprendre : qui écoutent les Beatles. La pilule en vente libre est tout sauf anodine, surtout à une époque où toute publicité et vente de produits contraceptifs sont passibles de poursuites (loi de 1920). Attendre le mariage pour avoir des relations sexuelles ne correspond simplement plus à l'époque. Enfin, le fait de ne plus vouloir obéir à ses parents et de façon sous-jacente à toute forme d'autorité est le premier signe d'une révolution qui s'annonce imminente. À l'instar d'un Bob Dylan aux États-Unis, Antoine est le premier chanteur français à donner un sens à ses textes, à comprendre que ce formidable moyen de communication peut servir à chanter autre chose que des histoires à la Barbara Cartland et qu'il est temps que les mentalités évoluent. Il semble évident que sans lui la loi Neuwirth (qui permet de vendre des produits, médicaments et objets contraceptifs en pharmacie) n'aurait pas été adoptée aussi rapidement, le 28 décembre 1967, soit moins de deux ans après les premières diffusions radio de ses élucubrations, en janvier 1966. Enfin le droit de contester et de refuser les préceptes de l'autorité, c'est bien évidemment l'histoire de Mai 68. Antoine est là aussi l'un des éléments annonciateurs de ces quelques jours qui modifieront à jamais notre paysage, sinon politique, du moins social. Lui donner autant d'importance n'est pas une vue de l'esprit, il est le seul artiste à avoir rempli l'Olympia quelques semaines seulement après son premier disque. Sans renfort outrancier de publicité, uniquement parce que l'écho lui était favorable.

ANTOINE : Suis-je un canular ? Deux journaux sur trois me demandent si je suis un canular ou si je suis sincère ? Moi je n'ai jamais pensé être un canular. Barbara est une femme formidable, elle a attendu dix ans ; Hugues Aufray a attendu dix ans. Moi j'ai voulu réussir en trois mois et trois mois ont été ! (*Paris-Match* n° 890, 30 avril 1966.)

Le premier beatnik français

ROLAND GAILLAC : Les cheveux longs et ondulés, tombant très bas sur les épaules, la démarche incertaine et le regard insaisissable, Antoine, qui arbore la tenue classique des beatniks (veste de treillis de couleur kaki, casquette Bigeard, blue-jeans délavés et grosses bottes de cuir noir), a presque l'air d'arriver d'une autre planète... (*Salut les copains* n° 44, mars 1966.)

ANTOINE : Le mot beatnik vient d'auteurs comme Jack Kerouac qui a écrit *Sur la route*, c'est un mouvement littéraire et poétique américain avec la route comme hymne et terrain. En France, on ne dit pas de Dylan que c'est un beatnik, même s'il en est la conséquence directe parce qu'il a amené dans le rock toute cette culture, mais il ne faut pas oublier qu'à Newport il se fait huer. Moi je suis fanatique de musique folk, de gens comme Eric Andersen, les Journeymen, Pete Seeger, Eric von Schmidt, mais ça ne m'empêche pas d'apprécier tout autant le rock and roll et sa version française lorsqu'elle débarque chez nous. Johnny Hallyday, les Chaussettes noires, Danyel Gérard et Claude François, je les écoute. Mais en ce milieu des années 1960, lorsque arrivent les premiers folksingers en France on parle tout de suite de beatniks comme pour leur mettre une étiquette et les identifier le plus rapidement possible. Et puis cette appellation est à nouveau déformée puisque l'on ne parle plus que de leurs cheveux longs. L'expression cheveux longs devient synonyme de beatnik, et tant pis pour tout le mouvement culturel qui n'existe plus.

On couche n'importe où, dans des chambres à cent sous
On est des gratte-guitares, on chante sur les trottoirs
Oui mais on n'est pas syndiqués, nos blue-jeans sont râpés
Et dans tous les coins où l'on va, on est les rois...

(Chanson originale « King of the Road » écrite par Roger Miller
et traduite en français par Pierre Delanoë,
« On est les rois », chantée par Hugues Aufray.)

ANTOINE : Je découvre les beatniks à l'été 1965, dans le square de l'île de la Cité, au Vert-Galant. Ce sont des personnes qui voyagent en toute liberté et qui, contrairement à ce que l'on peut penser, ne sont jamais seules. Tous les soirs, et où qu'ils soient, ils savent où retrouver des gens avec qui discuter et partager quelques bons moments. C'est cela qui me pousse moi aussi à partir en auto-stop, d'autant plus qu'il n'est pas nécessaire d'être riche pour visiter l'Europe. Cela devient vite un mode de vie. Quand tu te sens seul et que tu rencontres des gens qui partagent tes idées, c'est évident que tu épouses complètement leur cause. Je pars donc sur les routes pendant l'été 1965. Il y a un mot que l'on lit sur les lèvres des gens qui me dépassent en voiture et qui me regardent — « Beatles ! » En cette année 1965, ils sont au top, et sont surtout connus auprès du grand public pour leurs cheveux longs. Moi je n'ai jamais vraiment aimé les cheveux courts, et je les ai donc laissés pousser. Pour tous je suis un beatle.

« C'est la guerre aux beatniks !

« Arrivés jusqu'au Quartier latin en auto-stop, tous vivent de l'argent que leur rapportent les craies — les dessins de couleur exécutés sur les trottoirs —, les chanteurs et les poètes se contentant d'interpréter leurs œuvres aux terrasses des cafés et de faire la quête. Ceux qui ne savent rien faire ouvrent les portières des voitures, réservent des places en zone bleue et demandent des tickets de métro ou quelques francs... Deux demoiselles beatnik nous ont avoué que ce dernier procédé — mieux connu sous le terme de faire la manche — pouvait leur rapporter certains jours jusqu'à 300 francs, ce qui leur permettait d'habiter un magnifique studio de l'île Saint-Louis... » (*Le Parisien libéré*, 8 avril 1966.)

ANTOINE : À partir du moment où je pars sur la route, je réalise très vite que bien que l'on soit seul, on rencontre énormément de gens. Je n'ai pas envie de rompre définitivement, car j'ai encore une année d'étude, et, au fond, pas de raison majeure de tout plaquer. Il n'est pas question de changer profondément mon existence, même si je sais déjà que ma vie sera de toute façon différente. Ma guitare est une compagne fidèle que j'emmène partout. À mon retour à la fin du mois d'août, je retourne au square du Vert-Galant. Mon premier contact avec des musiciens professionnels se fait par l'intermédiaire du Baron de Lyma. C'est le pape des beatniks et je discute souvent avec lui rue de la Huchette. Un jour, passe un musicien d'Hugues Aufray. Le Baron me branche et ce dernier me répond : « Tu devrais en parler avec Hugues ! » Je ne sais pas encore si je dois écrire ou adapter. Mes premiers textes datent de l'été mais j'ai aussi à mon répertoire quelques morceaux de Bob Dylan, car pour faire la manche c'est plus évident. J'aimerais bien sortir des adaptations de Dylan en français, j'en parle à Hugues qui me dit que je devrais plutôt me concentrer sur mes propres compositions. Je ne sais pas qu'il va lui-même enregistrer un album *Aufray chante Dylan* en compagnie de Pierre Delanoë. Je suis en train de lui voler son idée, mais, dans un sens, c'est lui qui me pousse à écrire.

Le Bob Dylan français

ALBERT RAISNER : Dans un petit club près des Ternes, mon copain Germinal, chanteur des Jingle Jumpers, me présente un garçon vêtu d'un battle jacket, la vareuse du combattant américain. Il gratte la guitare et souffle dans un harmonica-collier. Tiens un Bob Dylan français (j'avais rencontré Bob à New York en septembre lorsque « Like A Rolling Stone » était n° 1 du hit-parade aux USA). J'étais écroulé de fatigue, mais j'ai quand même retenu le nom du beatnik (vous avez deviné : c'était Antoine) et je l'invitais au tournage d'une enquête pour mon émission de deuxième chaîne, 48 heures plus tard... [*N.d.A.* : émission tournée le 24 novembre 1965.) (*Moins 20* n° 13, juin 1966.]

GERMINAL TENAS : J'ai 18 ans quand j'entre chez Vogue en 1965, et je fume la pipe pour faire plus vieux... Avec Christian Fechner, nous avons été engagés en même temps, nous héritons du titre ronflant de directeurs artistiques. Nous adorons les trucs bizarres alors que nous savons très bien que Léon Cabat, notre boss, ne partage pas les mêmes goûts. Il nous a fait confiance parce que nous sommes des enfants de la balle. Un jour Christian me dit : « Qu'est-ce que tu penses d'un mec qui se montrerait avec une guitare et un porte-harmonica ? Qui chanterait sur la liberté, qui serait un beatnik ? » Je lui réponds qu'effectivement c'est la tendance du moment, qu'il y a Dylan aux États-Unis et Donovan en Angleterre, qu'il faut tenter le coup ici en France. On organise donc des auditions à partir du début du mois de septembre 1965. Au début, il n'y a personne mais rapidement le bouche à oreille fait son effet, Michel Polnareff se présente, mais on le refuse. Avec le recul, je pense qu'il aurait été trop tôt de toute façon, que l'une des raisons de son succès c'est parce qu'il est intervenu après Antoine et Dutronc. Dès la première rencontre avec Antoine, je me rends compte qu'il ne chante pas très bien, mais justement le génie de Christian c'est de monter une polémique sur ce thème : il ne chante pas très bien, mais il a des choses à dire. Dans sa tête, c'est la parfaite incarnation de la guerre des générations. La guerre des générations, c'est le succès assuré, car les adultes vont détester et les jeunes vont prendre sa défense. On s'en fout un peu du manque de mélodie, car Antoine a des histoires à raconter.

CHRISTIAN FECHNER : Antoine incarne à la perfection nos idées, notre culture, à Germinal et moi, mais aussi celles de mes proches. C'était complètement nos idées, notre culture. Je suis très sensible à tout ce qui vient d'Angleterre, à la fois des Beatles et des Rolling Stones, avec peut-être une plus grande fascination pour ces derniers car j'ai l'impression qu'ils s'échappent de cette veine yéyé, ils sont plus authentiques à mes yeux, plus rebelles. Et, bien évidemment, j'admire énormément Bob Dylan qui vient de délaisser quelque peu sa guitare sèche pour proposer une bonne synthèse du protest-song et du rock and roll... Le Golf Drouot me semble alors d'une certaine manière finissant, car la première rébellion a vite été rattrapée par le système, et le plus gros vendeur de disques s'appelle Adamo. Moi, j'ai envie d'une rébellion faite musique, et lorsque j'organise ces auditions c'est ce que je recherche, j'ai une idée très précise de ce que je veux, ça devient même une obsession. C'est comme cela qu'Antoine va venir auditionner dans les studios Vogue, parce que Tom & Jerry [*N.d.A.* : duo de chanteurs ayant sorti quatre 45-tours pour la firme RCA Victor dans une veine folk-rock] qui se produisent au Golf Drouot le rencontrent un jour chez Paul Beuscher et lui conseillent de venir me voir. Tous les musiciens de Paris sont au courant que je suis à la recherche d'un Bob Dylan français. Ils ont discuté dans le magasin. Antoine a déjà les cheveux longs, son porte-harmonica autour du cou. Tom & Jerry lui disent en chœur : « Y a un mec qui s'appelle Fechner qui t'attend ! Il travaille aux disques Vogue et il te cherche ! » Antoine est persuadé qu'ils se moquent de lui mais ça se passe vraiment comme ça. C'est un flash. Dès que je le rencontre, je sais que je le tiens, que je l'ai trouvé.

GÉRARD FILIPPELLI : Un jour que je sors de chez moi, j'habite rue de Lappe à la Bastille, je rencontre Christian Fechner avec un mec qui a les cheveux longs jusqu'aux épaules, encore plus longs que d'habitude... « Phil ! Phil ! » — comme ça sans même me dire bonjour. — « Je l'ai ! Je l'ai ! » Et il me présente ce type à côté de lui comme si j'étais au courant de toute l'histoire. Fechner me dit : « Viens, viens, il faut que je te fasse écouter. Tu as une guitare chez toi ? » On monte chez moi, sans qu'il me donne plus d'explications que ça et colle la guitare dans les mains de son compagnon. J'étais intrigué car je sentais quand même dans le comportement de Christian qu'il était super-excité, qu'il avait une réelle envie de me faire partager son enthousiasme. Et voilà ce type qui se met à chanter des propos qui aujourd'hui trouveraient très bien leur place dans la bouche d'un amuseur. En plus je trouve qu'il chante mal. Fechner se tourne vers moi et me dit : « Attends, il va te jouer son meilleur morceau. Vas-y, fais-lui "La Guerre" ! » Moi, je trouve que ce grand type n'a que peu d'intérêt. Les textes sont étranges. Et lorsqu'il me demande mon avis, je n'ai aucune envie de le contrarier. Même si je trouve qu'il chante comme une patate, je ne dis rien. J'écoute Fechner me parler de Dylan et de cette culture américaine de la protest-song qui ne va pas tarder à débarquer en France. Il sait déjà qu'il tient son Dylan français et qu'il va cartonner. Moi, ne comprenant rien à l'anglais, je ne m'étais jamais senti touché par sa musique et je n'ai jamais accroché. Je suis passé complètement à côté du phénomène.

L'internationale beatnik

CHRISTIAN NAUWELAERS : Le troubadour du folk anglais, Donovan, précède donc son mentor américain Bob Dylan en France. Cinq chansons sont au menu de son show, dont son énorme succès « Colours », ainsi que « Universal Soldier » (de Buffy Sainte-Marie) et « Turquoise ». Des titres qui ont fait apprécier son sens mélodique à un large public même si une partie ne pouvait toujours savourer la poésie de ses paroles... (*Jukebox Magazine* hors série n° 11.)

ANTOINE : Je n'ai jamais joué avec Donovan, j'ai failli le croiser plusieurs fois, sur la route, mais ça ne s'est pas fait. À Londres, pendant les vacances de Pâques 1965 j'achète son premier 45-tours. C'est un copain de Centrale qui m'a dit : « Achète "Catch The Wind" », et j'adore. C'est certain que, lorsque je pars sur la route, les chansons de Donovan trottent dans ma tête, j'avais même la panoplie complète : casquette et blouson en jean, veste militaire et bottes... Donovan est déjà un artiste distribué par Vogue lorsque Christian Fechner me signe, ce sont eux qui me demandent de l'accueillir pour sa venue à l'Olympia, il est à l'affiche d'un Musicorama avec Tom Jones [*N.d.A.* : le 26 novembre 1965]. Je ne suis pas du tout à la hauteur. Je l'emmène dans un snack-bar, alors que lui est déjà devenu une vedette. Il me regarde bizarrement... Je réserve une chambre dans un petit hôtel de la rue Blanche, et lui me demande : « Il n'y avait pas de place à l'hôtel Saint-Georges ? » Moi, je suis persuadé qu'il me parle de la rue Saint-Georges, alors qu'en fait, il veut me parler du George V. Je ne comprends rien du tout. Je suis encore un routard, surtout comparé à lui... Quelques mois plus tard, Donovan doit revenir à l'Olympia. Entre-temps je suis devenu une vedette à mon tour, et on doit passer au même programme. Il ne viendra pas. Je ne pense pas que cela ait à voir quelque chose avec moi.

PIERRE LAYANI : Antoine est cependant pour le moins étonné du train de vie de star de Donovan (limousine, grands hôtels et restaurants). Il réalisera plus tard que la dureté de la vie de tournée provoque un besoin de luxe... (*Jukebox Magazine* n° 115, avril 1997.)

ANTOINE : Dès le début, il existe une certaine animosité envers les beatniks, quel que soit le pays que l'on traverse. Au cours de l'été 1965, je traverse plusieurs fois l'Europe et le plus difficile est la frontière suisse. Le type avec des cheveux longs et un sac à dos pour tout bagage n'a absolument aucune chance, d'autant plus que les sacs à dos ne sont pas aussi perfectionnés qu'aujourd'hui et qu'ils se salissent vite. En un coup d'œil, le douanier te considère soit comme un touriste soit comme un clodo, les beatniks appartenant définitivement à la seconde catégorie. La combine, c'est de trouver un conducteur sympa, il l'est forcément puisqu'il t'a pris sur le bord de la route, qui te laisse planquer ton sac dans son véhicule et qui n'hésite pas à te prêter 100 francs pour passer la frontière. Cette somme étant le minimum légal pour fouler le sol d'un pays comme la Suisse. Ce principe de refoulement des beatniks à l'entrée de la Suisse n'est en aucun cas écrit, mais entre routards on se passe le mot et on s'échange les meilleures combines pour voyager. Le plus étonnant, c'est que le succès des « Élucubrations » contribuera à l'acceptation de plusieurs lois restrictives. Le principe de ces jeunes aux cheveux longs en quête de liberté et qui sont libres, libres de traverser le pays comme bon leur chante et de glander dans une ville aussi longtemps qu'ils le désirent, scandalise de très nombreuses personnes qui sont obligées de travailler. La question qui revient le plus souvent est : « Pourquoi sont-ils libres et pas moi ? »

Enregistrement du premier disque, le 25 novembre 1965

ANTOINE : La toute première session d'enregistrement, c'est avec les Problèmes. Moi, je ne les connais pas, mais ils ont déjà signé avec Christian Fechner et ils accompagnent certains de ses chanteurs. C'est lui qui me les présente. Il me dit : « On enregistre le 45-tours tel jour avec les Problèmes ! » Il me donne rendez-vous au studio Davout la semaine suivante. Nous avons deux séances de répétitions, la première dans ma petite chambre à Centrale et la seconde chez Luis Rego. C'est assez simple, le batteur doit taper sur ses genoux, et moi je leur chante mes morceaux avec ma guitare sèche. Quelques jours après, nous enregistrerons pour de vrai à Davout... Cela nous prendra à peine une demi-journée à mettre en boîte les quatre chansons du premier 45-tours. Pourtant, je découvre tout, je n'ai évidemment jamais rien enregistré et je ne sais rien du quatre-pistes. Je n'ai que quelques textes. Tout est allé très vite. J'ai commencé à balbutier mes premières chansons sur la route pendant l'été 1965. À la rentrée, je peaufine avec un copain de Centrale, François Renoult, qui partage ma chambre. Ce dernier joue de la guitare un peu mieux que moi, et c'est lui qui compose les mélodies de « La guerre » et « Autoroute européenne n° 4 ». Au début du mois de novembre, lorsque je me retrouve au studio Davout en compagnie des Problèmes pour enregistrer mon premier 45-tours, je n'ai que ces quelques textes. Christian Fechner pense déjà à un album pour la fin de l'année... Tout va très vite, j'écrirai les morceaux qu'il me manque entre le 15 novembre et le 15 décembre.

GÉRARD FILIPPELLI : Même si cela se passe au studio Davout, c'est le son le plus pourri que j'aie jamais entendu. Déjà, nous sommes très fatigués, car nous travaillons énormément, et ensuite, l'arrangeur, Jean-Daniel Mercier, est le plus mauvais ingénieur du son. À l'époque, l'instrument le plus difficile à retranscrire sur une bande magnétique et pourtant l'un des plus importants, c'est la basse électrique, et bien évidemment notre hantise c'est qu'on ne l'entende pas ou mal. Pour cela on a une expression, on dit qu'elle sonne *carton*. Autre détail qui tue, c'est le solo de rien des Élucubrations : au moment du mix, l'ingénieur du son, toujours lui, a carrément oublié de mettre le solo en avant. Heureusement on entend vaguement le piano. Mais un solo de rien, quand même !

JEAN SARRUS : L'album est enregistré tellement vite qu'il y a ce chorus de guitare où tu n'entends rien. L'idée de Christian Fechner, c'est d'avoir un Dylan français, et pourtant, sur le morceau phare, le solo est oublié. C'est quand même très significatif de l'extrême hâte dans laquelle on travaille. Je revois Fechner nous dire : « Il ne faut pas perdre de temps ! » Résultat il y a ce solo de rien.

ANTOINE : Le titre fort du premier 45-tours c'est « La guerre » qui parle du Vietnam mais aussi de l'Inde, de Nikita Krouchtchev qui s'est déchaussé pour frapper sur la table de l'ONU. Ce sont mes préoccupations du moment, certaines, fortement inspirées par le chanteur Barry McGuire qui signe « Eve Of Destruction ». Lui chante : *The eastern world It is exploding* ; moi : *Notre monde entier s'effondre...* Mon regard est souvent dirigé vers l'actualité politique et sociale, vers les États-Unis et j'ai envie de le chanter, d'autant plus que je ne supporte plus du tout la vague yéyé, ce rock aseptisé qui ne parle jamais de sexe et semble vivre sur une autre planète. Quelqu'un a résumé cette vague comme celle de jeunes cons dirigés par des vieux cons, c'est peut-être un peu excessif, mais ça n'est pas loin de la réalité. Une autre chanson, « Autoroute européenne n° 4 », parle de cette autoroute que je fréquente assidûment au cours de l'été 1965. C'est ma première chanson qui prend forme sur la route de Stockholm, alors que je reste près de 8 heures à attendre qu'un automobiliste veuille bien m'emmener un peu plus loin.

Le soir tombe sur cette route, en passant vous souriez
Vous vous étonnez sans doute, de ce que je suis à pied,
Cela vous semble inutile, il doit être simple ou fou
Et vous regagnez vos villes, je suis très bien partout...
Toutes vos automobiles, qui s'arrêteraient pour moi,
M'ont soudain paru futiles, je suis très bien comme ça...

(Extrait de « Autoroute européenne n° 4 ».)

Un mois de décembre 1965 bien rempli

CHRISTIAN FECHNER : On a la chance que le premier passage télévisé d'Antoine se passe la nuit des élections, la télé est encore en noir et blanc, mais surtout il n'y a qu'une seule chaîne. Toute la France regarde ça, et le passage d'Antoine marque. Il chante « Autoroute européenne n° 4 », et les gens le remarquent, il y a quelque chose dans ce personnage vêtu d'un parka de l'armée, d'un jean, d'un harmonica et qui ose des cheveux longs en pleine soirée d'élection. Le programmateur musical a voulu faire acte de rébellion, c'est pour moi la seule explication possible de cette invitation et le signe évident que nous ne sommes pas seuls.

Notre monde entier s'effondre,
Les spectres sortent de l'ombre,
Les Indiens se font la guerre,
Mahatma n'a pas su faire
La bombe est prête à sauter,
Le bouton à s'enfoncer...

(Extrait de « La guerre ».)

ANTOINE : Ma première télé, c'est pendant les élections [*N.d.A.* : le 19 décembre 1965]. Nous sommes au mois de décembre, et on m'envoie chanter « Autoroute européenne n° 4 » alors que la France entière est devant son poste de télé. Christian Fechner aurait rêvé de pouvoir m'accompagner, mais ça n'est pas possible car les passes sont donnés au compte-gouttes. Chez Vogue, ils croient tout de suite à mon disque, pour eux ça ne fait aucun doute que ça va marcher, et je dois dire que moi non plus je ne suis pas vraiment surpris d'être programmé ce soir-là. J'ai l'impression que c'est normal. C'est exactement la même chose pour l'émission radio de José Artur, *Pop Club*, il est tellement séduit par mon discours qu'il me propose de revenir la semaine suivante avec ma propre sélection de disques folk. Je me dis qu'il n'y a rien d'exceptionnel puisqu'il n'a jamais entendu les disques dont je lui parle, j'assimile cela à de la conscience professionnelle. Le tout premier concert, c'est du côté de Mantes-la-Jolie, dans un bar à Fontenay-Saint-Père. Je vais chanter pour un cachet de 100 balles. J'y suis le jour de Noël, donc le 25 décembre, l'ambiance y est très familiale, je mange sur place, et je dois jouer quatre-cinq chansons. La veille au soir, je me produis dans un cabaret rive gauche, mais c'est plus un bœuf qu'autre chose.

JOËL RIVE : Antoine vient faire un bœuf alors que l'on joue avec les Boots Chez Félix à Mouffetard. Il arrive habillé tout en kaki, alors que nous sommes sur scène. Antoine nous demande si on peut l'accompagner sur un morceau ou deux parce que le lendemain il doit jouer pour de vrai. Il se fait jeter par le public tellement il chante mal [*N.d.A.* : Antoine ne se souvient pas de cette rencontre, mais s'est produit dans un cabaret du Marais, Le Petit Marais, le 24 décembre. Il reçoit un cachet de 30 francs.]

Le phénomène Antoine

ANTOINE : Pour le deuxième disque, le titre fort sur le papier c'est « Qu'est-ce qui ne tourne pas rond chez moi ? » mais lorsqu'on l'écoute, c'est évident que c'est un autre morceau, « Les élucubrations... » Dès la première fois que je le chante en public, à la Locomotive le 15 janvier 1966, ça fait un tabac. Je l'enregistrerai en français, en anglais, en italien et allemand. Le début est né un matin, dans mon studio de la rue Pastourelle. J'allume la radio et j'entends « Perle de cristal » d'Yvette Horner. Aussitôt j'éteins et je me dis : « Ton accordéon me fatigue, Yvette, si tu jouais plutôt de la clarinette... » Et voilà. Le reste suit de la manière la plus simple qui soit.

CHRISTIAN FECHNER : Le premier 45-tours avec « La guerre » marche gentiment, pas extraordinairement, mais suffisamment pour en justifier un autre, ça sera « Les élucubrations... ». L'idée d'un album germe déjà dans ma tête, c'est révolutionnaire d'offrir cette opportunité à un artiste qui a quelques jours de carrière, mais j'ai l'impression d'avoir trouvé la perle rare. C'est d'ailleurs la raison pour laquelle ce sont les Problèmes qui jouent sur ce disque, parce que rien n'est prévu et que tout se passe au feeling. Les Problèmes ont à leur actif un 45-tours, et souvent je les fais jouer avec les artistes maison car ils assurent. Avec Antoine, il y a une certaine logique, d'autant plus qu'ils se trouvent au même moment en studio en train de travailler à leurs propres compositions.

HENRI CHAPIER : Si son apparition dans le monde de la chanson française met fin à vingt ans de niaiseries, faut-il croire qu'il doit son succès à la beauté de sa voix, au rythme de ces poèmes en liberté qu'il accompagne un peu à la manière des formations anglaises de rock alangui ?

Le phénomène Antoine ne ressemble en rien à la naissance habituelle d'une de ces vedettes locales du music-hall français : il n'est ni l'aboutissement d'une offensive publicitaire comme Frank Alamo, ni une réplique masculine du cas Mireille Mathieu, dont le triomphe — comme on l'a souvent écrit ici — ne saurait être que commémoratif. Antoine c'est tout simplement autre chose. Mais quoi ? Une sorte de beatnik français, qui jette sur le monde un regard sarcastique et ingénu : sa poésie est implicite, elle tient dans une certaine manière de sentir au plus haut point le pouls de la vie moderne, et de le prendre à rebours... (*Combat*, lundi 14 février 1966.)

JEAN SARRUS : L'accordéoniste Aimable est présent rue d'Hauteville lorsque Antoine enregistre « Les élucubrations... », c'est l'un des artistes maison. Et lorsqu'il entend la première phrase — *Ton accordéon me fatigue, Yvette, si tu jouais plutôt de la clarinette* — son sang ne fait qu'un tour. Il se met à crier : « Il est où Antoine que je lui casse la gueule ! » Et comme il est bien plus baraqué que nous, nous détalons tous ventre à terre.

GERMINAL TENAS : Aimable, c'est une armoire de deux mètres, et lorsqu'il est en colère, il ne l'est plus du tout, aimable. Ce jour-là il se déchaîne, je crois même qu'il met un coup de boule à Christian Fechner. Comme on m'a prévenu par téléphone, je me porte absent, et j'évite le bureau une bonne semaine, au cas où...

Tournée avec Chuck Berry, démarrage le 4 février 1966 à Roubaix

ANTOINE : L'un de mes premiers vrais concerts, c'est à la Locomotive le 15 janvier 1966, boulevard de Clichy. Je ne joue pas avec les Problèmes car il n'est pas question qu'ils soient mes accompagnateurs, ils ont eux leur propre carrière. Ce sont les Sounders qui jouent avec moi. Je n'ai pas encore de chemise à fleurs, juste une espèce de col roulé jaune et un gilet noir. La chemise à fleurs, je l'achète dans un supermarché, un peu par hasard, et c'est Christian Fechner qui fait le rapprochement avec le texte de ma chanson. Pour moi, ce n'est ni un argument commercial ni une partie de mon personnage, juste un tissu qui m'a plu. Lors de la séance de photo du premier album, c'est Christian Fechner qui me glisse : « Tu ne pourrais pas mettre ta chemise à fleurs, n'oublie pas que tu en parles dans ta chanson ? » Quelques jours plus tard, mon impresario me propose une tournée en première partie de Chuck Berry, au même programme il y a Ronnie Bird, les Lionceaux qui parfois m'accompagnent et Memphis Slim. Le premier soir démarre mal. Je suis tout seul et on n'entend que ma voix, pourtant je ne me démonte pas. C'est un bide, mais je m'en fous. Dès le lendemain, j'ai deux galas à deux heures d'intervalle, le premier à Amiens et le second à Paris, à la Mutualité. Ce n'est pas encore le succès, malgré tout l'ambiance est favorable. On m'aime bien : ce dont je ne me doute pas, c'est que cette sympathie va aller grandissant. Au début, mon nom est en tout petit sur l'affiche, à peine deux semaines plus tard, à Strasbourg, je passe après Chuck Berry. Au lieu de jouer devant une salle vide, les gens sont restés pour m'applaudir. C'est à partir de là que les Problèmes deviennent mes accompagnateurs officiels.

GÉRARD FILIPPELLI : Nous arrivons un peu fatigués, mais comme nous passons en dernier, on profite du spectacle. Je suis un peu déçu du son qui n'est pas aussi énorme que ça, mais je reste quand même très impressionné par son professionnalisme, surtout son jeu de scène qui est éblouissant. Sauf que, le lendemain, il fait exactement la même chose. Je réalise soudain que ça n'est que du spectacle !

LUIS REGO : Souvent les concerts sont mal organisés et ça dégénère, celui-ci à Strasbourg ne déroge pas à la règle. C'est le bordel.

Premier Olympia, 17 mars 1966

GUY ABITAN : C'est le 17 mars à 2 heures du matin que, sur la scène de l'Olympia, Paris a découvert Antoine et l'a fait vedette. 22 ans, grand, brun, mince, le cheveu long, un gilet de soie noire sur une chemise fleurie, Antoine apparaissait là pour la première fois sur une scène de music-hall importante. Le rideau, qui s'était levé sur un demi-inconnu, retomba sur un triomphateur, au bout de six chansons ! On peut tout reprocher à ce garçon : ses fausses notes, son déguisement facile, l'absence de musicalité de certaines de ses mélodies, l'inélégance même qu'il y a, pour qui se dit un révolté, à utiliser sans cesse des thèmes un peu trop à la mode (oui à la pilule, non à la bombe, etc.) ; on ne saurait sans mauvaise foi ne pas lui reconnaître une réelle personnalité, un réel talent, un culot sympathique. Le premier, il a utilisé la chanson non pour chanter, mais pour dire aux Français de 1966 ce qu'il pensait d'eux... (*Pariscope* n° 27, 13 avril 1966.)

CHRISTIAN FECHNER : À partir du moment où le 45-tours des « Élucubrations » est commercialisé, les choses ne cessent de s'enchaîner. On signe une tournée avec Chuck Berry en vedette, les Lionceaux en première partie et Antoine. Au même programme il y a Memphis Slim et Ronnie Bird en américaine. On part en tournée, au moment où l'album arrive en radio, et, en quinze jours, Antoine passe du lever de rideau à la place d'américaine. Tout de suite, Antoine est le phénomène, à part Chuck Berry personne ne peut plus passer derrière. On fait dans la foulée deux Musicorama à l'Olympia, ce sont des événements formidables et très importants parce qu'ils sont retransmis sur Europe 1. Tous les grands groupes y passent. Le premier est avec James Brown [*N.d.A.* : le 14 mars 1966], le deuxième avec les Animals [*N.d.A.* : le 15 mars]. Deux Musicorama deux jours de suite, et deux triomphes. À partir de là, je vais me battre pour qu'Antoine passe en vedette. Bruno Coquatrix n'y croit pas du tout et refuse catégoriquement, c'est pour cette raison que je fais courir le bruit qu'Antoine va se produire au Palais des Sports, dans un grand show dont il sera la vedette. La presse relaie l'info et Bruno Coquatrix téléphone au président des disques Vogue Léon Cabat : « Mais attends, cet Antoine, je le veux ! » Je rencontre Coquatrix qui me dit : « Donovan doit venir jouer à l'Olympia, j'aimerais bien qu'Antoine assure sa première partie. » Je suis satisfait, évidemment, mais j'ai envie de plus. Je fais mine de refuser, Coquatrix me propose alors une double affiche Donovan-Antoine. Je refuse encore. Il croit que je suis fou, il se plaint à Léon Cabat qui lui dit : « Démerdez-vous ! » Au dernier rendez-vous, je suis formel : Antoine doit être en vedette, Bruno Coquatrix accepte. Il aurait tout aussi bien pu refuser, avec le recul je me rends compte qu'il a été formidable. Au milieu des années 1960, le Zénith et Bercy n'existent pas encore, le Palais des Congrès non plus, passer à l'Olympia c'est la consécration, le summum. Il n'y a pas mieux. Or je suis persuadé qu'Antoine peut remplir.

ANTOINE : Pour l'Olympia, avec Christian Fechner on va voir Bruno Coquatrix. Ce dernier veut me programmer, mais avec une autre tête d'affiche. Fechner lui répond : « Non, c'est en vedette ou rien ! » Même moi je pense que je ne serai jamais prêt et Bruno me lance : « Si on attendait d'être prêt, on ne ferait jamais rien... »

L'Olympia en vedette, à partir du 22 avril 1966

ANTOINE : Mes copains de Centrale m'écoutent à la radio et me voient à la télé, ça fait drôle tout d'un coup. Il n'y a jamais d'animosité, seulement quelques sourires en coin de la part de certains élèves.

JEAN-GUY BERRE : Pas sectaire l'ami Antoine. Ses pantalons de mataf, son ventre concave, sa voix aux sonorités métalliques forment un tout rudement bien dosé. Pour qui dit haut et souvent « Je m'en fous », voilà des élucubrations fort bien élaborées qui vaudront, c'est déjà sûr, à Centrale de perdre un brillant ingénieur... Si ceux qui ont acheté ses disques viennent, ils découvriront le chanteur d'un « Alphaville » de cauchemar, baigné de tintamarre, mais attachant, troublant cependant... Quand il chante ses pamphlets grinçants, mordant ici, griffant là, Antoine, il se passe quelque chose... (*France-Soir*, 24 avril 1966.)

CLAUDE FLÉOUTER : Toutes les normes habituellement admises ont été bousculées. Ce n'est ni une bête de scène ni une vedette de la télévision ou du disque ; il n'a pas été lancé à la manière d'un produit comme Mireille Mathieu ; il n'a pas le moindre filet de voix ; son physique — cheveux longs ou pas — n'est pas agréable et la recherche dans la qualité des textes n'est pas son souci majeur... Fait unique dans les annales du music-hall : ce sont les jeunes lassés du yéyé et agacés par la gentillesse d'Adamo et de ses disciples qui ont fabriqué hâtivement Antoine. Parce que cet élève de troisième année de l'École Centrale, amoureux de rock'n' roll et de folksong, s'est mis à crier dans un porte-voix contre les parents, les principes et les conventions de toutes sortes, et à prôner une liberté très formelle, les jeunes l'ont plébiscité... Volant ses idées à droite et à gauche, les jetant au public sans la moindre imagination, le moindre humour, la plus petite saveur personnelle, Antoine nous cloue au fauteuil par une médiocrité fièrement proclamée... (*Le Monde*, 24-25 avril 1966.)

CLAUDE BEZIAU : Sur scène Antoine est drôle. Il a même certaines des attitudes qui font la joie, le dimanche, du côté de Vincennes. Le brillant élève de Centrale est loin ! Il ne reste qu'un chanteur (chanteur est beaucoup dire !) qui gesticule son mépris, des principes, des conventions et... du public lui-même. Mais la place d'Antoine est bien davantage au cirque (où il veut envoyer les idoles yéyé) qu'au côté de Bob Dylan. Ses élucubrations sont bien éloignées des revendications politiques et sociales du jeune chanteur américain. Pourtant — c'est cela qui est navrant — il semble bien que ses fans ne sentent pas la différence... (*Le Parisien libéré*, 25 avril 1966.)

L'affaire Hallyday

Tout devrait changer tout l'temps,
Le monde serait bien plus amusant,
On verrait des avions dans les couloirs du métro,
Et Johnny Hallyday en cage à Médrano...

(Extrait des « Élucubrations d'Antoine ».)

ANTOINE : L'idée de taquiner Johnny Hallyday était tentante. D'une part, il était le yéyé en chef, celui que l'on désignait volontiers comme le roi du genre. Et en ce milieu des années 1960, il ne faut pas oublier que, pour nous, c'est la grande découverte du rock authentique, c'est-à-dire des originaux : les Rolling Stones, les Beatles, Bob Dylan, Donovan... Comment alors ne pas se tourner vers les versions originales plutôt que ces adaptations la plupart du temps aseptisées ? Et puis, Johnny Hallyday n'était plus celui des débuts. Des titres que j'avais adorés comme « Laisse les filles » ou « Elle est terrible » avaient laissé la place à « Mon anneau d'or ». Ma phrase — *Et Johnny Hallyday en cage à Médrano* —, je la considérais comme un coup de griffe à cette mode surréaliste envers celui qui ne correspondait plus au chanteur que j'avais aimé plus jeune. Et pour tout dire c'est un démarquage à ma manière d'une chanson de Bob Dylan « Talking World War III Blues » dans laquelle il se moque de chanteurs comme Frankie Avalon. Sa phrase est la suivante : *It was rock-a-day Johnny singing, tell you Ma tell you Pa, our loves are gonna grow, ooh-wah ! ooh-wah !*... J'ai besoin d'une rime avec : *On verrait les avions dans les couloirs du métro*, et ça me vient instinctivement. Il n'y a rien de méchant dans ces quelques mots, le coup de griffe, il est sympathique. Et dans un premier temps, c'est comme cela que c'est interprété. À la fin du mois de février, je rencontre Johnny à Marseille. Je joue dans le même programme que les Rolling Stones, et j'ai une autre date, quelques jours plus tard, dans un cabaret, le Soupirail. Je me souviens très bien de cette soirée, car ce gala était très bien payé, quelque chose comme 2 000 francs, ce qui me paraissait une somme complètement folle. Jamais je n'aurais imaginé que l'on pouvait gagner autant en une seule soirée, et qui plus est, en chantant ! Donc, en rentrant à l'hôtel, le concierge me dit : « Il y a votre copain qui est là. » Je demande qui, il me dit : « Bah, Johnny Hallyday ! » Pour moi il n'y a aucun doute, aucune hésitation, je me dirige vers la discothèque de l'hôtel pour aller discuter avec lui. Après tout je suis devenu chanteur comme lui. J'arrive, il m'invite à sa table et me dit : « J'adore ta chanson, regarde ! » Je n'en crois pas mes yeux, il porte une chemise à fleurs sous sa veste... Cela aurait dû en rester là, Johnny Hallyday a de l'humour et il sait qu'après tout c'est plutôt flatteur d'être cité dans une chanson. Mais ses proches l'ont chauffé : « Quoi, tu laisses un débutant se moquer de toi ! » C'est ainsi qu'il y a une première réponse, puis au bout d'un moment, une sorte de débat public. Je pense que c'est un cas unique dans l'histoire de la chanson.

CARMEN TESSIER : Johnny Hallyday hésitait : fallait-il lui faire le coup du mépris ou bien riposter à Antoine, le chanteur aux cheveux longs qui l'avait attaqué dans ses « Élucubrations »... Johnny a choisi la bagarre... Il lancera sa réponse à Antoine dans une chanson choc au titre condensé, mais révélateur : « Cheveux longs et idées courtes ». (*France-Soir*, 7 mai 1966.)

GÉRARD FILIPPELLI : En tournée, le moment où l'on reprend « Les élucubrations d'Antoine » est un moment important. Dans le public, il y a les pour et les contre, les fans d'Antoine, ceux qui sont de son côté, et les anti qui sont venus manifester. Antoine il le sait très bien, il en joue même. Souvent, au beau milieu du spectacle, il demande : « Quels sont ceux qui sont avec moi ? Quels sont ceux qui sont contre moi ? » Après un petit moment de réflexion, il ne peut s'empêcher d'ajouter : « Non seulement ils sont contre moi, mais en plus ils ont payé pour venir... » Alors ça, ça les rendait complètement fous, les anti. C'est le moment le plus difficile pour nous car dès cette phrase c'est l'avalanche de légumes et de projectiles de toutes sortes.

ANTOINE : Un soir, juste après le concert, Christian Fechner me dit : « Tu sais, la phrase où tu leur as demandé s'ils aimaient Johnny, il faut que tu la fasses tous les jours cette phrase-là. » Pour moi, c'était devenu une sorte de gimmick qui faisait partie intégrante du spectacle, rien d'autre. Je n'ai pas l'intention de déclarer la guerre à quiconque. Il y a une émission de télévision qui est restée célèbre avec Albert Raisner [*N.d.A.* : *Tête de bois et tendres années*]. Je suis invité pour jouer mon nouveau titre, « Contre-élucubrations problématiques », mais dès le début j'apprends que Johnny est au même programme. Je vais voir Albert et je lui dis : « Écoute, Albert, je ne voudrais pas qu'il y ait de méprise, je ne suis pas là pour polémiquer, je suis là pour ma chanson. » Lui me répond : « Ne t'inquiète pas, Johnny est dans son coin, toi, dans le tien. Il ne va rien vous arriver. Vous n'allez même pas vous croiser. » Le soir, l'émission est en direct, et ça part tout de suite en eau de boudin suite à quelques vannes que l'on ne peut s'empêcher de s'envoyer, c'est le parfait exemple d'une guéguerre montée en épingle alors que ça ne sert à rien.

JOHNNY HALLYDAY : Je n'ai rien contre les cheveux longs. La preuve, j'adore Bob Dylan, je regrette qu'Antoine n'ait pas son talent... (*Tête de bois et tendres années*, 25 mai 1966.)

GERMINAL TENAS : Lorsque sort « Les élucubrations d'Antoine » Johnny Hallyday est au creux de la vague, et on peut dire qu'il doit son come-back à son entourage qui a le génie de lui faire enregistrer « Cheveux longs et idées courtes », pour surfer sur la vague. Cette réponse est une chanson géniale, très bien écrite, mais sans « Les élucubrations... » et sans Antoine, il ne serait peut-être plus là aujourd'hui. C'est d'ailleurs à partir de ce moment-là qu'il a le génie de s'adapter à l'air du temps. Au printemps 1966, Johnny profite de celui dont on parle le plus, et c'est

Antoine. Un inconnu qui en trois mois parvient à remplir l'Olympia.

ANTOINE : C'est Jean-Marie Périer qui un soir nous prend tous les deux par la peau du cou et nous dit : « Vous allez finir vos conneries ! » Il nous enferme dans une salle en nous disant : « Maintenant vous vous démerdez, vous discutez et surtout vous vous arrangez ! » Nous sommes sortis parfaitement copains.

JEAN-MARIE PÉRIER : Pour moi cette fâcherie était montée en épingle pour vendre du papier, je savais que s'ils se rencontraient, ils se réconcilieraient car ils avaient beaucoup de choses en commun.

CHRISTIAN FECHNER : Tout le monde se rappelle évidemment de la phrase — *Johnny en cage à Médrano* —, alors que, que ce soit Antoine ou moi, on est des grands fans de Johnny qui est un ami, donc la question n'est pas là. C'est peut-être pour détourner l'attention d'une autre phrase totalement révolutionnaire — *Mettez la pilule en vente dans les Monoprix* — que cette affaire a été montée en épingle par les journalistes.

ANTOINE : Une autre attaque sera plus inattendue, c'est celle de Ronnie Bird dans « Chante ». Je pense que c'est à cause de la tournée Chuck Berry, pendant laquelle mon nom n'a cessé de grossir, alors que le sien diminuait en proportion. À l'époque, on est encore bien loin de la *Star Academy*, passer en vedette à l'Olympia trois mois à peine après avoir enregistré son premier disque, c'était impensable. Surtout que je n'ai pas eu de campagne de presse démesurée, ma médiatisation a suivi le circuit normal des choses.

Une photo légendaire, le 12 avril 1966

ANTOINE : Sur la photo de Jean-Marie Périer je suis le ver dans le fruit, le premier. Je suis le signe avant-coureur de ce qui va balayer la vague yéyé. Ont triomphé les locomotives, tels Johnny Hallyday, Eddy Mitchell, Françoise Hardy, mais déjà, je suis un peu le contraire de chanteurs comme Frank Alamo, Jacky Moulière ou les Surfs. Mes textes n'ont absolument rien à voir avec « Da doo ron ron » [*N.d.A.* : chanson chantée par les Crystals, et reprise en France par Frank Alamo et Johnny Hallyday], même si je dois reconnaître que j'adore cette chanson. Sur cette photo, il y a les anciens de chez Vogue, ceux qui appartiennent à l'écurie Wolfsohn, et les petites jeunes épaulées par Christian Fechner qui annoncent la couleur du nouveau paysage. Jacques Dutronc n'est pas encore présent, par contre il y a Benjamin. Benjamin vient d'enregistrer un 45-tours, mais c'est encore un parfait inconnu puisqu'il n'est pas encore commercialisé. Mais il prouve que Jacques Wolfsohn a du pouvoir : lorsque Jean-Marie Périer lui a demandé l'autorisation pour Françoise Hardy, il lui a annoncé que sa seule condition est la présence de Benjamin. Il obtient gain de cause. Moi, je suis un peu l'anti-yéyé, mais j'ai déjà du succès et un magazine comme *Salut les copains* ne peut pas m'ignorer.

JEAN-MARIE PÉRIER : Le n° 1, c'est Johnny Hallyday, et même si je ne voulais mettre mal à l'aise personne, je me sens obligé de rendre compte sur ma photo de cette position de leader. C'est pour cela que je laisse une échelle contre le mur, comme si le décor n'avait pas été entièrement terminé. Au dernier moment, l'air de rien je lance à Johnny : « Tu ne peux pas monter d'un cran sur l'échelle, je ne te vois pas bien. » Et hop, ce subterfuge me permet de le positionner au-dessus des autres, sans que Claude François ou Richard Anthony n'en prennent ombrage. En fait, dès la parution, tout le monde trouve ça normal.

Génération beatnik

CHRISTIAN FECHNER : Franchement, il faut être clair, il n'y a pas de génération beatnik en France. Il n'y en a pas, il y a Hugues Aufray qui a adapté quelques chansons de Bob Dylan, mais Hugues Aufray n'est pas un contestataire. C'est plutôt un chanteur country à la française. Je crois que les beatniks qui apparaissent en France, c'est parce qu'ils copient les Américains, c'est une envie de s'habiller comme eux.

ANTOINE : À partir du moment où je pars sur la route, je croise d'autres voyageurs. Ce n'est pas une aventure en solo, c'est un sentiment que je retrouverai en bateau plus tard, lorsque je deviendrai une sorte de beatnik de la mer. Beatnik, c'est d'abord un nom de mouvement culturel, qui pour la France devient synonyme de cheveux longs puis un mode de vie, celui des gens qui refusent le modèle que la société leur impose.

CHRISTIAN FECHNER : Je ne m'explique pas pour quelle raison à un moment le terme de beatnik est devenu synonyme de voyou, parce que les beatniks ne sont pas des voyous. Ceux qui se prétendent beatniks ne sont pas violents, ils se font même plutôt casser la gueule par les blousons noirs. Le mouvement beatnik en France est assez éphémère, je pense qu'il ne dure guère plus de quelques mois, entre fin 1965 et 1966, après ça se transforme en mouvement hippie. D'ailleurs, c'est une mode plus belle pour les filles et pour les garçons aussi... Les beatniks ont toujours l'air un peu sales, même s'ils ne le sont pas vraiment, ils ne peuvent donc devenir populaires.

Des parodies

GERMINAL TENAS : Le succès d'Antoine est tel que Léon Cabat veut organiser une chasse gardée. Il nous dit : « Il faut que tous les gens qui ont une guitare et un porte-harmonica signent un contrat d'essai avec nous, il faut que pendant deux ans ils ne chantent pas... » Or, tous les beatniks parisiens se sont donné le mot, ils font la queue rue d'Hauteville pour passer une audition et signer un contrat, je m'en souviens car ça devient invivable, ce sont des vrais beatniks qui font la route et ne se lavent que très rarement. Les morpions infestent les bureaux. Ce qui n'est que justice lorsqu'on y repense : barrer la route à ces artistes est monstrueux.

CHRISTIAN FECHNER : Le phénomène Dutronc, on le prend un peu dans la gueule parce que ça a l'air un peu d'un gag au départ puis ça n'est pas vraiment un gag parce que c'est de grande qualité. Et, d'un seul coup, Jacques Dutronc devient une sorte d'anti-Antoine. C'est-à-dire : musicalement, il est à peu près sur le même terrain (avec des choses de très grandes qualités), à la seule différence qu'il est propre sur lui, en costume cravate, impeccable quoi. Pour moi, c'est le phénomène yéyé qui recommence ! En fait la plupart des jeunes sont habillés comme Jacques Dutronc, c'est-à-dire qu'ils portent plus volontiers un costume cravate qu'une parka et un blue-jean. Je sens que Dutronc va nous porter préjudice, par contre je n'ai pas du tout la même impression avec Michel Polnareff, comme si nous n'étions pas dans la même catégorie. Polnareff s'habille de la même façon qu'Antoine, il s'apparente aux beatniks, mais musicalement on n'est pas du sur tout le même registre.

ANTOINE : Lorsque Édouard arrive, j'ai l'impression que ça devient méchant, mais, d'un autre côté, je me dis que c'est extrêmement flatteur d'être parodié. [*N.d.A.* : Édouard, alias Jean-Michel Rivat, sort trois 45-tours ; sur le premier on trouve « N'aie pas peur Antoinette » et sur le deuxième « Les hallucinations d'Édouard » ainsi que « Qu'est-ce qui tourne en rond chez moi ? ». C'est une parodie d'Antoine poussée à l'extrême, ses cheveux lui arrivant jusqu'aux genoux.] Ce qui n'est pas l'avis des éditions : pour eux, si jamais Édouard parvenait à s'exporter, ça ne pourrait qu'être à mon détriment. Les éditions intentent donc un procès à l'encontre d'Édouard, mais je n'y suis pour rien. Quelques semaines après, c'est au tour du disque de Jean Yanne et de Jacques Martin d'être saisi [*N.d.A.* : ces derniers sortent un super 45-tours en 1966 sur étiquette Barclay dont les titres sont les suivants : « Les émancipations d'Alphonse », « Les pérégrinations d'Anselme », « Les préoccupations d'Antime » et « Les revendications d'Albert »], ça ne me serait jamais venu à l'idée.

JACQUES MARTIN : Pour avoir dit l'autre jour à la radio : Aujourd'hui, je suis sûr qu'il va m'arriver quelque chose d'heureux... Il y a des présages qui ne trompent jamais... Ce matin, j'ai marché du pied gauche sur un disque d'Antoine et on dit que ça porte bonheur, pour avoir dit cela, donc, j'ai vu débouler un agent de la force publique qui m'a dressé contravention. Car Antoine est protégé par la loi. La fameuse loi Grammont... Qui vous ne l'ignorez pas sanctionne ceux qui maltraitent les bêtes.

D'ailleurs, je puis vous affirmer qu'Antoine n'est pas méchant : son impresario me l'a donné à garder deux jours. Il a été très propre. C'est curieux, parfois j'ai l'impression qu'il comprenait ce que je disais. Il me regardait avec ses deux grands yeux, en remuant doucement la tête... Il venait frotter son nez contre mes bottes... (Propos recueillis par Martial Leroy, *Noir et blanc* n° 1110, semaine du 9 au 15 juin 1966.)

ANTOINE : À propos de Jacques Dutronc, l'anecdote de Jacques Wolfsohn qui déclare à Léon Cabat : « Mais un Antoine, je vous en fais un demain ! » est connue. Léon Cabat gère très bien cette crise d'orgueil, il en rajoute lorsqu'il s'adresse à Jacques Wolfsohn : « Vous êtes dépassé ! » Des années plus tard, Jacques Lanzmann me serrera la main en me disant : « Voici l'homme à qui je dois ma fortune. » Très souvent d'ailleurs on me félicitera pour mon histoire de Chinois... Le plus grave dans ces histoires de parodies, c'est qu'il y en a tout de même un qui me traite de petit con, en réponse il y a des rires... [*N.d.A.* : « Faux beatnik » par Régis Barly.]

La fumée dans les yeux

La fumée dans les yeux,
Un éléphant me regarde,
J'ai la tête qui part.
Les fenêtres se tordent,
Les portes vont éclater,
Le plancher vacille,
Les murs vont s'effondrer...

(Extrait de « Un éléphant me regarde ».)

ANTOINE : Quand j'écris la chanson « Les élucubrations... », ce n'est pas la pilule que je veux vendre dans les Monoprix mais du haschich. Je ne suis pas un grand consommateur, mais, comme tout le monde, j'ai fumé quelques joints. Ça fait partie des problèmes que l'on se pose, mais chez Vogue ils sont catégoriques. Parler de haschich est impossible, je m'en rendrai compte à mes dépens lorsque j'enregistre « Un éléphant me regarde ». Par hasard, une phrase qui n'est même pas de moi — *La fumée dans les yeux, un éléphant me regarde, j'ai la tête qui part* — va être classée comme un délire hallucinogène et être censurée. Pour « Les élucubrations... » si j'avais parlé de haschich, ça ne serait jamais passé à la radio. L'idée de cette phrase dans « Un éléphant me regarde », c'est un type qui s'appelle Tcheko qui me lance, juste avant que j'entre en studio d'enregistrement : « *La fumée dans les yeux...* » Pour moi ça fait tilt, je pense à « Smoke Gets In Your Eyes », et absolument pas à un joint. Pourquoi je remplace le haschich par la pilule ? Parce que je veux absolument parler d'un problème qui nous concerne en tant que jeunes, quelque chose de direct et de concret. Or parler de la pilule, c'est presque plus tabou que parler de haschich. L'herbe n'est pas en vente libre, il y en a partout et dans tous les endroits à la mode. Pour les policiers, avoir les cheveux longs est un délit bien plus grave que se rouler un joint... Par contre, la loi de 1920 interdit de parler de la contraception, du moins d'en faire la publicité. La France est encore sous le traumatisme des centaines de milliers de morts de la Seconde Guerre mondiale et il est impossible de parler de quelque chose qui va à l'encontre du repeuplement du pays. Vogue a pourtant le courage d'éditer mon disque, ils tombent malgré tout sous le coup de la loi.

CHRISTIAN FECHNER : Je suis pour la liberté, mais je ne suis pas forcément pour prôner la consommation d'alcool, de haschich ou de quoi que ce soit d'autre. Et de toute façon l'aurait-on fait à l'époque, les chansons ne seraient jamais passées sur les ondes. Donc ça aurait été de la provocation, mais de la provocation qui n'aurait servi à rien parce que personne ne l'aurait entendue. Alors que « Mettez la pilule en vente dans les Monoprix... », c'est une idée importante et à l'époque on fait semblant de ne pas s'en rendre compte. Il n'y a alors pas de LSD à Paris, c'est un pur fantasme. On en parle mais personne ne l'a essayé, ce qui ne nous empêche pas de nous faire des films. On raconte que les Beatles enregistrent avec une gourde pleine de LSD qu'ils boivent directement au goulot... Quand on pense qu'une seule goutte sur un buvard peut faire délirer pendant 48 heures, c'est dire le genre de stupidités que l'on raconte. Nous sommes d'une naïveté totale au sujet du LSD.

Concert à Villejuif, le 19 juin 1966

« 15 h 15

« Arrivée d'un autocar. Entre la grosse caisse, les amplis de sonorisation, les micros, se trouvent les Problèmes, le groupe qui accompagne Antoine, et ses amis Cedric et Cléo, les Brummels, les Sharks et Karine. Ils ont l'œil éteint, les traits tirés, le cheveu qui tombe raide, le blue-jeans qui paraît avoir été porté par trois générations de cantonniers. Ils me fournissent une explication : Actuellement nous dormons trop peu. Nous ne sommes rentrés à Paris qu'à 6 heures ce matin. Nous étions avec Antoine à Auxonne. Hier, c'était Grenoble. Auparavant, la Suisse et Genève. C'est épuisant !...

« 16 h 25

« Les organisateurs poussent un ouf de soulagement. Une immense Buick blanche avec capote noire s'arrête au pied du podium. Serait-ce Antoine ?...

« Des agents de ville qui ont l'air bon enfant (ils n'ont même pas bouclé leur ceinturon) entourent maintenant le podium pour protéger l'idole. Ici, pas de vestiaire. Aussi Antoine s'installe dans un petit coin et gratte quelques accords de guitare...

« 17 heures

« La présentatrice annonce Antoine. La foule se déchaîne, ce sont des ovations, des cris stridents (c'et la nouvelle manière de prouver à quelqu'un son admiration !) Vive Antoine ! Les fans des premiers rangs, pour encore mieux voir leur idole, grimpent sur les chaises, ils trépignent de joie, gesticulent, secouent leur tignasse. Antoine !... Antoine !...

« Première chanson. Trois ou quatre petits pavés atterrissent sur la scène. Intervention de M. Leroux : "Si les quatre ou cinq mécontents ne cessent pas immédiatement de lancer des pierres, nous partons." Le calme revient et Antoine peut continuer. L'ambiance est survoltée. Les jeunes rythment les chansons par des balancements de tête et des mouvements de bras...

« 18 heures

« Le tour de chant d'Antoine est terminé. Applaudissements. Il vient saluer une fois, puis au pas de course, il fonce dans la Buick. Celle-ci aussitôt part à toute allure...

« 19 h 10

« Provins. Pas de carrosse blanc dans les rues. Nous nous rendons au Théâtre des Remparts où doit se dérouler le spectacle.

« 22 h 30

« Les Problèmes viennent d'attaquer "Je dis ce que je pense et je vis comme je veux", et le public réclame Antoine. Un petit sprint jusqu'à la scène. Les fans se précipitent vers Antoine pour le toucher.

« Imperturbable, Antoine continue à chanter. Une tomate vient s'écraser sur la scène. "Quelqu'un serait-il entré sans payer ?" lance-t-il...

« 23 h 30

« C'est fini. Antoine a chanté ses onze chansons. Antoine rechante "Je dis ce que je pense". Rappel. Nouveau salut. Puis c'est le même scénario que l'après-midi. Barrage de police. Antoine fonce vers la voiture. Mais, avant de quitter Provins, il rencontre quelques instants son hôte, Alain Peyrefitte. Poignée de main... » (Édith Pascal, *Télé Actualité Magazine* n° 558, 2 au 8 juillet 1966.)

La guerre en Corse

« Des Corses voulaient tondre Antoine

« Bagarre générale : 10 blessés dont 4 sérieusement

« Antoine ne s'est pas fait couper les cheveux mais il s'en est fallu d'un... poil, hier soir à Anghione (Corse) où il se produisait pourtant en famille. Tous les Muraccioli (c'est ainsi que s'appelle Antoine) de la région étaient en effet descendus de leur village de Vivario, dans la montagne, pour applaudir le plus illustre des leurs. Cinq mille personnes s'entassaient dans la salle. L'orchestre attaqua les premières mesures. Antoine ouvrit la bouche. Du moins est-ce ce que l'on crut voir dans une éclaircie de la perruque, car au même instant un commando de jeunes gens envahit la scène en poussant des hurlements tridents. En une seconde la bagarre fut générale. Antoine, bousculé, frappé, succombant sous le nombre, ne dut son salut qu'à l'intervention d'un petit groupe d'enfants de Vivario, Muraccioli comme lui, qui parvinrent à le faire sortir par une fenêtre et l'enfermèrent, effondré, mais sain et sauf, dans son bungalow... » (*France-Soir*, 3 juillet 1966.)

GÉRARD FILIPPELLI : En Corse, c'était *a priori* un gala comme les autres, sauf que d'entrée de jeu, la disposition de la salle ne nous convient pas du tout. C'est une salle tout en longueur, et les organisateurs du concert ont disposé la scène en plein milieu, ce qui fait qu'il y a très peu de monde en face de nous, mais beaucoup plus sur les côtés. Premier problème, l'acoustique va être horrible. Deuxième problème, c'est une répartition du public idéale pour qu'il y ait division. En plus, les videurs gênent la visibilité en restant carrément devant nous, de nombreux spectateurs ne voient rien. J'entends un type crier : « Pousse-toi le gros ! » Le videur l'envoie chier, et je vois une bouteille arriver dans sa direction. Elle manque sa cible, mais va échouer sur l'autre partie du public, qui immédiatement réplique. En quelques minutes, le concert se transforme en dessin animé à la Tex Avery. Les spectateurs se sont réfugiés derrière les tables et se balancent tout ce qui leur tombe sous la main. Nous on voit des objets qui volent dans tous les sens, mais ça ne nous empêche pas de continuer à jouer, car au départ, ça ne nous est pas destiné. Je crie même à Luis : « T'arrête pas, joue plus fort ! » Et au bout d'un moment, une chaise atterrit sur la scène, dans le coude de Luis. C'est à ce moment-là qu'Antoine se barre par la fenêtre. Coup de bol d'ailleurs qu'il y ait une fenêtre juste derrière nous. Donald prend une bouteille sur la tête, elle explose et il est en sang. Je ne le vois pas vraiment l'impact, j'entends le bruit horrible et je le vois passer devant moi la tête en sang. Je reçois un grand coup dans la jambe... En tout, ça ne dure pas plus de 5 minutes. On apprendra pus tard que dans ce village il y avait deux clans qui s'opposaient depuis très longtemps pour des histoires de famille, et que la venue d'Antoine n'a fait que rajouter de l'huile sur le feu. Comme certains sont de la famille d'Antoine, ils sont tous venus à ce concert dans la ferme intention de se taper dessus à un moment ou à un autre. Le lendemain la gendarmerie vient nous chercher avec une estafette, ils nous disent : « On va vous faire passer par les vignes parce qu'ils ont fait un barrage pour vous attendre avec des fusils de chasse. » Moi je pense : « Merde, ce sont quand même des gendarmes, et ils sont obligés de faire le détour ? » On passe à travers champs et on arrive au pied de l'avion sans problème. On monte dedans, et le lendemain on joue dans un gala au même programme que Mireille Matthieu. Le batteur a la tête bandée, moi je boite, Luis a le coude dans le plâtre et on joue comme ça.

Antoine défenestré dans sa Corse natale !

« Dix blessés parmi ses assaillants

« Quatre mille personnes environ avaient envahi la salle du domaine d'Anghione, près de Bastia, et réclamaient Antoine sur l'air des lampions. Que se passe-t-il alors ? Nul ne le sait avec précision. Toujours est-il qu'un commando d'antis se manifeste avec autorité et réussit à jeter Antoine par une fenêtre. Fort heureusement, celle-ci ne se trouvait qu'à un mètre du sol, de sorte que le chanteur atterrit sans trop de mal, aussitôt récupéré par les membres du clan Muraccioli qui l'enfermèrent dans un bungalow avant de passer à la contre-attaque pour venger l'honneur familial... » (*Le Parisien libéré*, 4 juillet 1966.)

JEAN SARRUS : La scène est très basse, on a cette impression d'être au beau milieu des spectateurs. Dès qu'Antoine fait son apparition, il y a comme un mouvement de foule, les gens se rapprochent, et l'on se rend compte qu'il y a énormément de monde, sans doute beaucoup plus que ça n'est autorisé. Le garde du corps censé protéger Antoine n'est pas un professionnel, il est incapable de garder son sang-froid. Évidemment, ça dégénère aussi sec. Je n'ai jamais rien vu de pareil. Je me revois à quatre pattes en train de me demander si je ne vais pas croiser John Wayne dans ce remake de *Fort Alamo* ! Je me planque derrière l'orgue avec Donald, mais à un moment quelqu'un crève sa grosse caisse, ça le rend fou. Il se lève pour foncer dans le tas, j'essaye de le retenir, mais un type le ceinture alors qu'un autre en profite pour lui casser une bouteille sur la tête. Il s'écroule. Je prends ma respiration, et je vais le chercher. Je prends une bouteille de Perrier, je désinfecte sa blessure, tout ça sous les bouteilles qui volent... Une fois dehors, les policiers nous escortent jusqu'à notre hôtel, le lendemain matin on doit partir très tôt. Ils viennent nous voir et nous disent : « On a reçu des menaces vous concernant, l'aéroport est bouclé, vous embarquerez en bout de piste pour que personne ne vous repère, vous devrez rester cachés jusqu'au moment d'embarquer. » Voilà comment nous nous sommes enfuis. Le soir même, on doit jouer à un gala présenté par Guy Lux du côté de Vierzon. Nous n'avons pas eu le temps de nous changer, Donald a un bandeau sur la tête, Gérard Filippelli boite, Luis un bras dans le plâtre et moi ensanglanté de partout...

ANTOINE : Ce qui se passe à ce gala d'Anghione est largement déformé par la presse. Le gros problème, c'est que la salle d'une capacité de 200 personnes va en accueillir 800, et que la sono qui est prévue est hors d'usage. Tout de suite on se rend compte que ce concert va être impossible à gérer. C'est l'émeute, mais nous n'y sommes pour rien. À aucun moment les Corses ne sont venus pour me tondre !

CHRISTIAN FECHNER : Le phénomène Antoine c'est aussi un formidable sujet de discussion au sein d'une famille, les parents pouvaient dire : « Quelle honte de voir un mec aux cheveux longs comme ça sur les écrans ! » ce à quoi l'enfant pouvait rétorquer : « Oui, mais il est quand même centralien. » Un marginal dans une profession, ça énerve toujours, surtout lorsqu'il passe à l'Olympia trois mois après avoir commencé. C'est un complexe mélange d'amour et de haine. Et dans chaque ville que l'on traverse, il y a toujours un groupe de cinquante mecs, soit l'équipe de foot ou de rugby, qui a décidé de tondre Antoine. La police qui est censée faire respecter l'ordre ne fait rien d'autre que favoriser le bordel, parce qu'à ses yeux porter les cheveux longs c'est pire qu'un crime contre l'État français. Les policiers, lorsqu'ils doivent protéger une entrée, laissent volontairement passer n'importe qui. Lorsque le groupe est sur scène, il s'écarte, ce n'est pas leur problème. Et dès les premières dates, la tournée est très très éprouvante. Particulièrement pour Antoine, qui doit assurer le set tout en évitant le moindre projectile. La presse populaire ne ménage pas non plus Antoine, sa photo fait vendre et on raconte n'importe quoi à son sujet. C'est très stressant.

Au premier Olympia, on a ramassé tous les soirs des petites culottes et des soutiens-gorge jetés du balcon. Il y a le pour et le contre, mais comme souvent on se souvient très fortement du contre, nous sommes très blessés par le contre, heureusement qu'il y a aussi plein de moments magnifiques. Le plus blessant, c'est de se dire qu'on n'a pas le droit d'avoir les cheveux longs si on en a envie, alors que les cheveux longs de l'époque couvrent à peine les oreilles. C'est l'époque où les motards arrêtent régulièrement la bagnole, la première phrase qu'ils disent est : « Bonjour, mademoiselle ! » Et comme ce sont des flics on est obligé de fermer notre gueule. Sur chaque voyage, on entend cette phrase ! C'est dur d'aimer la police quand ses représentants sont comme ça... Sur la tournée, dans chaque ville traversée il y aura toujours les connards d'une équipe locale dont le match devient : « Nous on va tondre Antoine ! » Ça ressemble plus à une ratonnade qu'autre chose, et même s'il y a 2 000 personnes enthousiastes, c'est de ça qu'on se souvient.

Tournée au Canada, septembre 1966

« Attention !... Antoine l'idole de la jeunesse française sera à Montréal du 11 au 18 septembre.

« Antoine s'en vient ! Antoine sur microsillon et Antoine en personne. Celui que l'on qualifie déjà de phénomène, le chansonnier français le plus discuté de l'heure visitera le Québec du 11 au 18 septembre prochain... À Paris, Antoine a lancé la mode des chemises à fleurs et des cravates fleuries. Pour le moment ses élucubrations sur 45-tours font jaser toute la Province. Et ce n'est pas fini... » (*Jeunesse 66*, 31 mai 1966.)

ANTOINE : Au Québec, au mois de juillet 1966, nous sommes obligés de quitter la scène au bout de trois minutes. Dans le public, il y a des types qui ont dessiné des ciseaux en carton et qu'ils brandissent comme une menace. Dès qu'elle a vu ça, la presse a relayé l'information et l'a amplifiée. C'est comme le concert de Narbonne, c'est la tendance de l'époque de se prendre des légumes sur la tronche lorsque tu chantes. Johnny et Sylvie n'y coupent pas. À Narbonne, certains contestataires ont accès aux cuisines, ça leur permet de faire des réserves de légumes. Je réussis à retourner la situation en notre faveur, mais au bout du compte, tu te dis que ça n'est jamais une victoire totale, les types, ils t'en ont quand même balancé plein sur la gueule.

GÉRARD FILIPPELLI : Au Canada, dès le premier jour de la tournée, Gérard Rinaldi fait tomber ses maracas. Je ne sais plus comment, mais il les a éclatées, et toutes les petites billes de plomb qui sont à l'intérieur sont parties. Impossible de les remplacer, avec du riz, du sable ou quoi que ce soit. Il décide donc de faire semblant. Ils jouent des maracas, mais elles sont vides ! Cette tournée nous laisse un souvenir fort, parce que le plus souvent on se produit dans des patinoires spécialement aménagées. La scène est disposée au beau milieu, en hauteur. On y dispose l'orchestre et tout le matériel. Avec les projecteurs, ça dégage une bonne chaleur et immanquablement, au milieu du set, on voit de la brume s'élever horizontalement. Plusieurs fois on termine le concert dans une nappe de brouillard, on ne parvient même pas à se distinguer entre nous, alors les spectateurs, je me demande ce qu'ils voient. Par contre, d'autres fois l'atmosphère est glaciale, le brouillard se stabilise au niveau de notre taille. Quel spectacle ! C'est comme si nous jouions au-dessus des nuages.

LUIS REGO : On ne comprend pas trop ce qui nous arrive. Nous sommes complètement dépassés par l'ampleur des événements. J'ai des souvenirs de foules en délire, et d'un garde du corps qui sélectionne à l'entrée de nos loges les groupies. Incroyable. C'est la totale euphorie, et tant pis pour les balances qui n'en sont pas !

New York avec Andy Warhol, 5 octobre 1966

ANTOINE : À l'automne 1966, je fais ma dernière tournée avec Christian Fechner, au Québec. À la fin, il y a un jour de promotion organisé à New York. La presse y est essentiellement hexagonale, pour raconter la journée à New York d'une vedette française. Je prends l'avion à Montréal et j'arrive à l'aéroport de New York. M'y attendent un grand mec maigre avec des cheveux un peu bizarres, un peu comme de la fourrure, et une jolie blonde qui m'accueillent et me font monter dans un bus parisien, décoré de ballons bleu-blanc-rouge... Ils m'emmènent dans les endroits les plus branchés de New York et ça me fait profondément chier. Je ne savais pas qui ils étaient. Ils devaient penser que j'allais créer un scandale, un peu comme pouvait le faire Dalí, et que ça allait faire du bruit. Moi je rêvais juste d'aller acheter des disques chez Tower Records ou de me trouver une jolie blonde pour aller me promener en calèche dans Central Park. J'ai vu sur scène les Byrds, les Fugs et puis Andy Warhol m'a emmené à la Factory. Et à la fin de la soirée, je me suis barré. J'ai trouvé une petite blonde qui s'appelait Gretschen et on est allés se balader dans New York... (Propos recueillis par Pierre Layani, *Jukebox Magazine* n° 201.)

CHRISTIAN FECHNER : On est reçus par Andy Warhol, c'est une journée qui est organisée par le magazine *Paris-Match*, nous sommes invités par Andy Warhol à passer la journée à New York. Malheureusement c'est un reportage qui ne paraît pas. Pourtant je me souviens très bien d'Andy Warhol nous attendant en bas de la passerelle d'avion, il est accompagné de Nico. Andy nous emmène chez lui, il a peint des bananes un peu partout. Nous allons ensemble à Greenwich Village voir un concert qui réunit les Byrds et les Fugs. Quand on rencontre les Byrds, on s'aperçoit que plusieurs personnes de la bande sont complètement défoncées, pour moi c'est une première... On passe donc une journée en compagnie d'Andy Warhol dans un bus de la RATP à New York. C'est un coup publicitaire que *Paris-Match* a vendu à Andy Warhol, nous, on sait à peine qui est Andy Warhol, ce n'est qu'avec le recul que cette journée prend toute sa saveur. [*N.d.A.* : des images de cette journée historique sont incluses sur le DVD *Antoine élucubre au Petit Journal*, Warner.]

Quelques semaines plus tôt, on a rencontré Salvador Dalí. Antoine joue du côté de Perpignan, Jean-Christophe Averty est en train de réaliser un portrait sur l'artiste espagnol, et une rencontre a lieu chez lui à Cadaquès. Dalí vient même au concert. Là aussi, c'est pour attirer l'attention, car à l'époque il faut être très créatif pour arriver à faire parler d'un artiste. Mais peu de journalistes sont présents, car cette rencontre se boucle au dernier moment. Ça ne m'empêche pas de dépêcher un ami à la mairie pour qu'il ramène trois fauteuils, un pour Dalí, un deuxième pour sa femme Gala, et un dernier pour son impresario, Capitaine More. Ils assistent au concert mais il n'y a pas de happening.

Épilogue

On m'avait conseillé d'écrire, une chanson pour un été,
Une chanson où je pourrais dire, tout ce que j'ai à regretter,
Où je parlerais de mes richesses, et de l'amour que je n'ai pas trouvé,
Et je dirais, je dirais, je dirais : Qu'est-ce que je fous ici ?

(Extrait de « Qu'est-ce que je fous ici ? ».)

ANTOINE : J'écris la chanson « Qu'est-ce que je fous ici ? » au Festival de Cannes, dans cette boîte de nuit, je réalise que je n'ai rien à faire là-bas. Vivre dans la parano, aller dans une station-service et me voir refuser de l'essence parce que je suis Antoine le porte-parole des beatniks, c'est quelque chose que je refuse tout de suite. Dès la fin de l'année 1966, c'est-à-dire à peine quelques mois après la parution des « Élucubrations », je décide clairement de me réconcilier avec tout le monde. J'entreprends de gommer toute agressivité. Je chante « Je l'appelle Canelle » qui contraste complètement avec mon image. C'est cool, gentil, sympathique. Dès le début, je n'ai pas l'attitude d'un chanteur de rock violent, et lorsque l'on me propose un duo avec Georgette Plana ou de présenter une émission télé avec Danièle Gilbert, *Midi Magazine*, je pense que c'est une bonne idée. Mais je comprends que nombre de personnes aient pensé : « C'est pas très rock tout ça ! » Le show-business, j'en avais marre avant même d'y entrer. Mon vrai truc, c'est le voyage, et lorsque je me sépare de Christian Fechner, tout de suite je participe aux festivals internationaux. Je pars en Italie pour le festival de San Remo, au Brésil pour un autre à Rio de Janeiro... C'est ce qui me plaît le plus. En 1969, je monte sur un bateau, et c'est la révélation. Vivre dessus et parcourir le monde, c'est exactement la même logique qui me pousse à partir en juin 1965 en auto-stop. Je pensais faire un tour du monde de cinq-six ans, cela fait presque trente ans aujourd'hui.

CHRISTIAN FECHNER : Antoine, évidemment lui, il est au premier plan de ça. Il va subir tout ça, c'est-à-dire à la fois l'amour des gens et la haine de certains. Il va bien plus le ressentir que moi puisque c'est de lui qu'on parle dans les journaux. C'est lui qu'on attaque ou c'est lui qu'on applaudit. Je crois qu'il y a un moment où il n'en peut tellement plus car il a envie d'être aimé, et c'est là où ça commence à mal se passer avec moi parce que je le sens. Il fait semblant d'être manipulé et commence à déclarer ici et là : « Mais moi je n'ai jamais voulu être ça... », ce qui n'est pas vrai du tout. Il n'en peut plus. Donc, en gros, on se sépare alors que l'on vient d'enregistrer un double album, dont je n'ai hélas pas de copie. Antoine va au studio Vogue, fait sortir les bandes, prend une paire de ciseaux et découpe le master pour que personne ne puisse jamais l'entendre... [*N.d.A.* : Antoine ne se souvient pas avoir pris une paire de ciseaux, juste d'avoir réenregistré une chanson « Juste quelques flocons qui tombent », parce que la première version ne lui plaisait pas.] À partir de ce moment-là, il se coupe les cheveux, il se fait pousser une petite moustache de joueur de maracas et il chante des chansons 1900. Et d'ailleurs il fait une deuxième carrière, il vend beaucoup de disques en Italie, où, d'un seul coup, il ne dérange plus personne, ne suscite plus aucune polémique. Antoine rentre totalement dans le rang.

Antoine est sous contrat avec Vogue, il n'est pas sous contrat avec moi. Moi je suis directeur artistique, et à la fin de toute cette tournée qui inclura le Canada, l'Italie, et aussi la Belgique, on se sépare. On s'engueule car c'est un truc qui couve depuis des mois. Je ne pense pas à l'époque que je suis l'homme le plus sympa du monde, je pense qu'Antoine ne l'est pas non plus. Et tous les deux on est tellement dépassés, sonnés par tout ce qui se passe. On a brûlé trop d'étapes. On a beaucoup pris sur nous, peu dormi. Nous ne sommes pas toujours en sécurité, alors que nous n'avons même pas beaucoup d'argent. Celui-ci est réinvesti en permanence dans le matériel, la sonorisation, on a l'impression de travailler gratuitement. Moi, je ne touche pas de royalties, j'ai un salaire de directeur artistique, je ne suis même pas intéressé sur les disques. En vérité, on brasse beaucoup de choses mais on gagne très peu. Je crois que nous sommes à bout de nerfs.

BRUNO COQUATRIX : Maintenant, pour la scène, nous avons Antoine. Nous l'avons eu tout au moins. Tel que je l'ai vu arriver, c'était peut-être le plus formidable numéro de music-hall auquel il m'ait été donné d'assister depuis des années. Celui-là pouvait faire carrière. Mais trop de conseilleurs l'ont entouré. Son numéro original était insolite et très beau. L'erreur de ceux qui l'ont conseillé par la suite a été de le transformer en canular. Les gens ne paient pas pour aller voir un canular... (Propos rapportés par Robert Collin, *Paris-Match* n° 905, 13 août 1966.)

Le nouveau look d'Antoine, les cheveux courts et la fameuse petite moustache, apparaît sur la pochette de son sixième 45-tours commercialisé au tout début de l'année 1967. Si la face A propose un air que n'auraient pas renié les idoles précédemment huées, « Je l'appelle Canelle », la face B propose également une extraordinaire ballade, « Juste quelques flocons qui tombent ». Une chanson composée au mois d'août précédent : « Je marchais avec Joëlle, ma copine, dans les rues de Paris en plein août et j'ai eu cette vision de Noël », et qui reste fidèle à l'esprit surréaliste qui habite nombre de ses compositions. Sur l'album correspondant, le troisième de sa discographie, l'ex-beatnik regarde la route et a posé à ses pieds sa guitare fétiche. Son titre est on ne peut plus prémonitoire, *Je reprends la route demain*. Il fait suite à l'album enregistré en compagnie des Problèmes (*Antoine rencontre les Problèmes*) et commercialisé au printemps. Par la suite, la discographie d'Antoine sera de moins en moins rock, ce qui ne l'empêche pas de commettre régulièrement quelques incursions dans la pop psychédélique : « Mort de petite Marie l'ensoleillée », « Le dieu auquel je crois »...

10

Beatnik au Sacré-Cœur

Michel Polnareff

De tous les artistes musiciens apparus dans les années 1960, Michel Polnareff est l'un des plus importants. L'un des rares dont la carrière ne se limite pas à quelques titres et dont on perçoit aujourd'hui encore le rayonnement. Cela ne l'empêche pas d'avoir été l'un des plus scandaleux. Un beatnik-né, chevelure blonde décolorée et imposante, qui n'hésite pas à faire la manche sur les marches du Sacré-Cœur après avoir abandonné le giron familial. Un chanteur qui sur son deuxième 45-tours chante haut et fort son envie d'amour physique (« L'amour avec toi ») et se voit interdire d'antenne... Dans ces conditions, Michel Polnareff ne peut passer inaperçu, d'autant plus qu'il se révèle posséder un talent rare, celui de composer des mélodies infiniment belles. Chaque nouveau 45-tours amène son hit, la première année est à elle seule bien remplie : « La poupée qui fait non », « Love Me Please Love Me », « Sous quelle étoile suis-je né ? », « Ta-ta-ta », « Âme câline ». Une fortune immédiate, cinq tubes en douze mois... Une spirale ascensionnelle qui ne connaîtra quasiment aucun frein jusqu'à son départ pour le pays d'Elvis Presley sept ans plus tard. En s'exilant volontairement, Michel Polnareff est fidèle à ses idéaux de jeunesse puisqu'il n'intègre pas le système. Il reste extérieur à ce dernier et se transforme en une sorte de quasar dont les disques sont accueillis par tous comme des moments exceptionnels. Il semble évident que la pression joue un rôle essentiel dans ce refus de la normalité. Être harcelé en continu par des fans qui dorment sur votre palier et par des journalistes qui détaillent le moindre de vos faits et gestes ne peut que rendre paranoïaque. Or, au contraire des groupes qui connaissent le même niveau de notoriété, Michel n'a personne avec qui partager l'angoisse de ne plus pouvoir se fondre incognito dans la foule. Pour quelqu'un qui aspire avant tout à la liberté de vivre c'est un échec. Le succès est parfois un engrenage terrible !

Dans le journal *France-Soir* daté du 22 septembre 1966, Carmen Tessier nous dévoile qu'un an plus tôt le jeune Michel Polnareff cherchait un emploi dans les annonces de son quotidien. Il avait même envoyé une lettre d'intention à Mme Alice Landau, présidente-directrice générale de Bureau Central (personnel temporaire pour secrétariat et emplois de bureau) rédigée comme suit : « J'ai vingt et un ans, suis libéré du service militaire, célibataire ; j'ai mon baccalauréat, parle et écris anglais et espagnol (j'ai passé avec succès un examen d'anglais commercial), je suis resté cinq mois dans une mutuelle d'assurances aériennes et sept mois dans une mutuelle d'assurances pour le commerce extérieur. Enfin, je suis premier prix de solfège du conservatoire de Paris. Me sentant capable de prétendre à l'emploi que vous proposez, j'espère que vous accueillerez favorablement ma demande et je vous prie, Messieurs, de croire à l'assurance de mes meilleurs sentiments... »

Datée du 4 août 1965, cette lettre éclaire sur les aspirations de cet apprenti beatnik qui joue de la six-cordes dans le quartier de Montmartre. Michel a beau avoir quitté le domicile familial, il sait déjà qu'il ne vagabondera pas toute sa vie. Même un emploi dans un bureau ne semble pas lui faire peur. Ce qui ne l'empêche pas de se précipiter dans les bureaux de la maison Vogue au début du mois de septembre lorsqu'il entend dire que Christian Fechner, le découvreur d'Antoine, recherche son Dylan français.

GERMINAL TENAS : En fait c'est Christian Fechner qui un jour me dit : « Mais qu'est-ce que tu penses d'un mec qui se montrerait avec une guitare et un porte-harmonica ? Qui chanterait sur la liberté, qui serait un beatnik ? » Je lui réponds que c'est une tendance et qu'effectivement il n'y a pas encore de Bob Dylan ni de Donovan en France. Que c'est une idée géniale ! On organise donc des auditions. Michel Polnareff est l'un des très nombreux prétendants, mais il ne nous intéresse pas. Sans doute trop propre, trop lisse. Et je pense qu'on a eu raison car Michel Polnareff en premier n'aurait pas eu un tel retentissement. Il arrive aux

1. Les Lionceaux

En concert à l'Olympia en mars 1964

De gauche à droite : Michel Taymont, Alain Hattat et Gérard Fournier dit « Papillon »

© photothèque Jean-Louis Rancurel

© photothèque Jean-Louis Rancurel

2. Hector

En haut : Hector

À droite : Hector et les Médiators

De gauche à droite : Serge Mosiniak, Hector, Marc Schlech, Gilbert Kravetz, Jérôme (le valet)

D.R

3. Stella

4. Ronnie Bird

Dans les locaux de *Disco Revue*, rue Lafayette

Ci-dessous : À la Locomotive, avec les Poppies. De gauche à droite : Alan Bugby (basse), Bobbie Clarke (batterie) et Johnny Taylor (guitare)

5. Pollux

De gauche à droite :

Bernard Ancinon, Christian Riegler, Bernard Kermarrec, Christian Evo

© photothèque Jean-Louis Rancurel

© photothèque Jean-Louis Rancurel

6. Stone & Éric Charden

Collection personnelle de l'artiste

7. Elsa Leroy

Dans le studio de l'avenue Foch pour son unique disque sorti en juin 1966

D.R

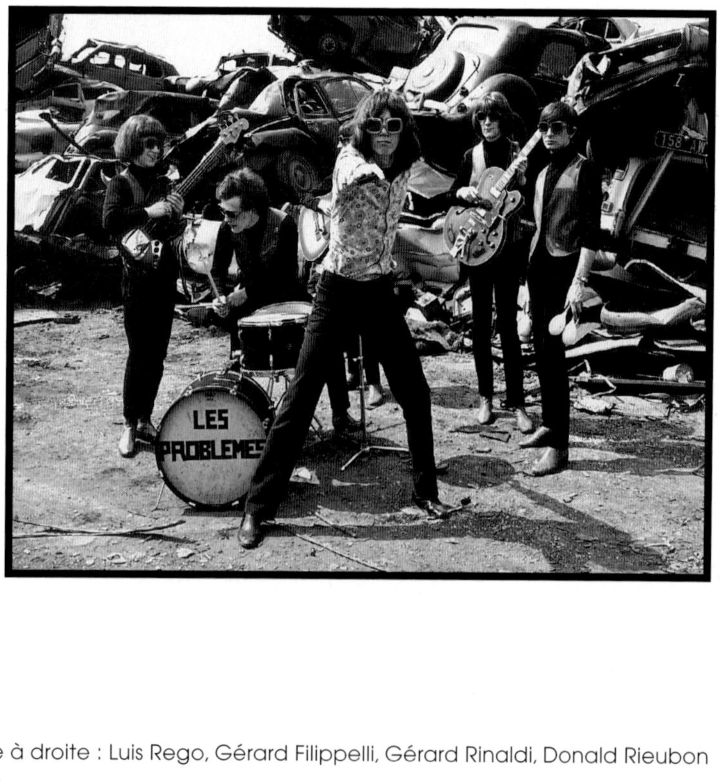

D.R

8. Les Problèmes

(Ci-dessus) De gauche à droite : Luis Rego, Gérard Filippelli, Gérard Rinaldi, Donald Rieubon et Jean Sarrus

(Ci-dessous) Antoine avec les Problèmes lors du tournage du scopitone « Les élucubrations... ».
De gauche à droite : Jean Sarrus, Donald Rieubon, Antoine, Gérard Filippelli et Gérard Rinaldi

D.R

© photothèque Jean-Louis Rancurel

Collection personnelle de Joël Rive

10. Michel Polnareff

(Ci-dessus) Michel Polnareff sur les marches du Sacré-Cœur avec sa guitare à douze cordes

11. Les Boots

(Ci-dessous) Les Boots en répétition. De gauche à droite : Robert Fitoussi, Joël Rive, Farid Khaldi et Jean-Claude Barre

© photothèque Rancurel

Collection personnelle de Jean-Pierre Hipken

12. Les Gypsys

(Ci-dessus) De gauche à droite : Jacky Pujol, Serge Doudou, Jean-Pierre Hipken et Gérad Fettinger
(Ci-dessous) Premier plan : Jacky Pujol, deuxième plan : Jean-Pierre Hipken

13. Zouzou

Zouzou au Golf Drouot d'Henri Leproux

D.R

D.R

D.R

D.R

D.R

16. Jean-Pierre Kalfon

Jean-Pierre Kalfon et Bulle Ogier dans le spectacle *Les Idoles* au théâtre Bobino

D.R

17. Les Something

De gauche à droite : Max Carl Devismes, Guy Demazure, Jean-Pierre Delattre (à la batterie pour ce disque), Gilbert Lefevre et Christian Truffet

(Ci-dessous) Affiche pour le spectacle au Rodéo. De gauche à droite : Gilbert Lefebvre, Patrice Poix, Guy Demazure, Christian Truffet, Max Carl Devismes

oreilles du public chronologiquement après Antoine, comme s'il y avait eu une préparation psychologique au phénomène. On a habitué les gens à découvrir un autre style que celui que l'on entendait à la radio, un style qui va en s'affinant car Antoine ne chante pas très bien mais parle de sujets polémiques. Michel, lui, conjugue les deux. C'est la vitesse supérieure, ce qui fait oublier son look. Un an plus tôt, cela aurait affolé n'importe quel présentateur télé.

Une enfance difficile

Dans son autobiographie (*Polnareff par Polnareff*, Grasset, 2004), Michel Polnareff écrit que dès l'âge de 4 ans on l'assoit devant un piano, son père le forçant à décliner gamme sur gamme... Né le 3 juillet 1944, à Nérac, il est donc, comme Serge Gainsbourg et Jacques Dutronc, fils de musicien. Son père, Léo Poll, est pianiste démonstrateur. Une pratique qui consiste à fournir des accompagnements sur les partitions que les éditeurs proposent à la vente. On appelle cela les petits formats, et ces derniers incluent paroles et musique. Ils fournissent le répertoire des chanteurs de rue ou de music-hall, mais avant de choisir, et comme il vaut mieux ne pas se tromper, l'air est joué aux futurs interprètes, avec un arrangement à la demande, swing, jazzy, traditionnel ou sirupeux. Léo excelle dans cet exercice.

D'origine polonaise — son vrai prénom est Leïb qu'il a francisé en Léo —, le père de Michel apprécie particulièrement la polka ainsi que Frédéric Chopin. Il se produit dans les années 1920 au sein d'un grand orchestre de jazz qui tournera en France, mais également en Belgique et en Allemagne. Le Léo Poll Orchestra, c'est ainsi qu'ils se font appeler, grave même plusieurs 78-tours aux réminiscences de big band. Les années de crise arrivant ainsi que le spectre de la Seconde Guerre mondiale, Léo décide de se réfugier dans le Lot-et-Garonne, à Nérac, c'est là que Michel pousse ses premiers cris. Léo ne reviendra à la capitale qu'une fois l'armistice signé et composera quelques chansons dont « Le galérien » enregistré par Yves Montand et les Compagnons de la Chanson. Édith Piaf aussi grave une chanson de ses chansons, « Un jeune homme chantait », mais cela ne suffit pas à nourrir sa famille. Léo est sans cesse en tournées...

D'origine bretonne, la mère de Michel est née à Paris. Elle est danseuse, de claquettes et de jazz. C'est la douceur du foyer, car Michel ne s'entend pas avec son paternel. Ce dernier qui lui tape sur les doigts à la moindre fausse note... C'est d'ailleurs parce qu'il y a une totale incompréhension des deux hommes du foyer que Michel squattera les marches du Sacré-Cœur.

Entre-temps il y a le long et éprouvant apprentissage de la musique, via la *Méthode rose* de Van de Velde, puis au conservatoire de la rue de Madrid, dans le quartier de la gare Saint-Lazare. À 11 ans, Michel obtient une médaille en solfège. L'année suivante, c'est le premier prix avec « La Marche turque » de Wolfgang Amadeus Mozart. En 1957, premier voyage en Angleterre, à Poole dans le Dorset à côté de Bournemouth. Michel, 13 ans, découvre une nouvelle langue, mais surtout une nouvelle façon de décliner ses accords, le rock and roll. Alors que son enfance a été bercée par le classique, il entend Elvis Presley, Bill Haley, Little Richard et Buddy Holly, Jerry Lee Lewis, Cliff Richards and the Shadows. Il n'est pas difficile d'imaginer le formidable attrait que peut exercer ce rythme endiablé sur un adolescent habitué aux menuets et aux sonates, et par là même l'ire de son père qui ne peut que détester ce vent nouveau. C'est ce que l'on appelle le conflit des générations.

En 1958 Michel poursuit sa scolarité, d'abord au collège de Juilly, un cours privé situé en Seine-et-Marne, pendant deux ans, puis au cours Fidès (avenue Van-Dyck, à deux pas du parc Monceau). Il fait partie de la chorale des Oratoriens, et use ses fonds de culottes avec Gérard Woog.

GÉRARD WOOG : Michel avait l'air solitaire, un peu anachronique dans cette classe, voire même hors du temps. Probablement que ça m'a attiré parce qu'inconsciemment moi-même j'étais ainsi... Il n'avait pas vraiment d'autres copains de classe que moi. Nous avions bien évidemment cette passion en commun pour le rock, et il a même dû contribuer à la développer considérablement. Moi, j'achetais le plus de disques possible, mais c'est par exemple lui qui m'a parlé en premier de la comédie musicale *West Side Story*. Il adorait ce film. Il le trouvait extraordinaire. Nos goûts se sont croisés, et nos affinités antérieures n'ont pu que se renforcer...

Découverte du rock

Au mois de septembre 1960, le jeune homme accompagne ses parents à l'Alhambra. Surprise, en première partie un jeune homme se roule par terre et séduit les moins de 20 ans. Justement, c'est l'âge de Michel qui adhère tout de suite aux exactions de ce Johnny Hallyday pas encore idole des jeunes mais déjà auteur de deux 45-tours. Nouveau sujet de conflit avec son père révolté que l'on puisse se donner ainsi en spectacle...

En 1961, Michel échoue une première fois à son baccalauréat, section littéraire, il l'obtient l'année suivante et part effectuer son service militaire, d'abord à Épinal, puis à Montluçon, chef-lieu de l'Allier. Et puisqu'il est musicien, on lui suggère de taper la mesure sur la grosse caisse de la fanfare. Peu importe qu'il soit trop maigrichon pour réussir à la porter (47 kg selon ses propres aveux), après tout, qu'il se débrouille. C'est un homme, oui ou non ? Il s'effondre un jour en plein défilé à Moulins et le voilà au trou, il n'en ressort que pour jouer du piano au grand mess des officiers. Michel est tout de même réformé au bout de sept mois de service.

« Je plaisais beaucoup à une jolie fille que j'avais charmée par mes exhibitions pianistiques au mess des officiers mais qui, malheureusement, avait aussi les grâces du fils du colonel, je me suis retrouvé dans une sorte de bagne, à Épinal, puis à Saint-Didier, cela avant d'être réformé pour myopie trop prononcée... » (*Salut les copains* n° 55.)

Michel Polnareff va voir Ray Charles au Palais des Sports [*N.d.A.* : le 22 octobre 1961]. C'est le flash ! Ray est venu avec sa troupe au grand complet, ainsi que ses Raelets. À son répertoire, des immortels classiques tels que « Georgia On My Mind », « Hallelujah, I Love Her So », « Hit The Road Jack » ou encore « What'd I Say ». Pianiste noir, aveugle, doté d'un incroyable feeling et d'un fantastique talent, Ray Charles est déjà une légende vivante. Son surnom : The Genius ! Musicien hors pair, c'est assurément l'un des plus talentueux de sa génération. Deux détails sont importants. Il pratique le même instrument, le piano. C'est sans aucun doute le plus dur à maîtriser mais aussi celui qui assure les meilleures bases. Ensuite Ray Charles ne s'est pas contenté d'un seul univers, son style, le rhythm and blues, est déjà le résultat d'un mélange, celui du blues et de la musique soul (issue du gospel). Michel pressent l'énorme importance d'une culture classique lorsque l'on désire composer, même du rock.

Par contre, Michel ne parvient pas à dénicher un travail satisfaisant. Pour le moment il est guichetier dans une banque, puis pointe au sein d'une compagnie d'assurances dans laquelle il est chargé de passer les écritures. Mais en fait il passe le plus clair de son temps à se consacrer à un autre genre d'écrits : des poèmes. Et lorsque son chef de service le réprimande, il lui adresse ces quelques mots : « Écoutez, de toute façon je ne compte pas moisir ici, un jour je serai une grande vedette ! » Pour l'anecdote, son endroit de prédilection et d'inspiration pour son stylo se trouvait au fond du couloir à gauche, dans les toilettes, à l'abri des regards indiscrets.

Une rencontre importante

Le 23 septembre 1963, le groupe Peter, Paul & Mary se produit à l'Olympia dans le cadre des soirées Musicorama. Ces derniers ont popularisé le répertoire de Bob Dylan en reprenant deux de ses succès « Blowin'In The Wind » et « Don't Think Twice It's Alright ». Ils chantent également le hit de Pete Seeger, « If I Had A Hammer », et le traditionnel « Oh, Rock My Soul ». Pionniers de la musique folk aux États-Unis, lorsqu'ils jouent boulevard des Capucines ils sont au sommet de leur gloire.

Dans la salle, un spectateur est encore plus attentif que les autres. Son nom ? Michel Polnareff. C'est un fan du groupe. Pour l'instant, cette carrière de musicien n'est qu'un vague projet. Il a bien écrit quelques textes, qu'il accompagne au piano mais, excepté quelques amis, personne ne les a jamais vraiment entendus. Il est bien trop timide. Or ce soir, avec de tels artistes en ville c'est sans doute une occasion unique de tenter sa chance... Après avoir essayé de se faufiler dans les coulisses de l'Olympia, à force de persévérance, il arrive à se glisser à l'intérieur, et tombe nez à nez avec Paul Stookey. Une chance, c'est le seul qui pratique notre langue. Michel lui parle de son envie de chanter, et dans la foulée lui fredonne quelques paroles du titre qu'il vient de terminer « I'm So Sad ». Verdict : « Tu devrais acheter une guitare et les interpréter toi-même. Tu possèdes une belle voix ! » Michel à vrai dire ne s'attendait pas trop à cette réaction, il pensait établir un contact, au lieu de cela il se retrouve avec un conseil de grand frère. Comment y résister ?

« Après cette entrevue, c'était décidé : je voulais être chanteur... » (*Polnareflexion*, Dire-Stock 2, 1974.)

Les jours passent avec cette idée obsédante. Un matin derrière son guichet, il discute avec l'un de ses collègues, l'un des rares à partager des goûts musicaux avec Michel. Celui-ci lui conseille de suivre son instinct, et d'investir dans une guitare. Dans la foulée, il lui parle des premiers beatniks qui poussent sur les marches du Sacré-Cœur en vivant de leur art et de la générosité des chalands. Michel se rend chez Paul Beuscher, boulevard Beaumarchais près de la Bastille, pour commettre l'irréparable. Il s'offre une magnifique guitare folk, ainsi qu'une méthode pour apprendre à en jouer dans la série Marabout, *Comment apprendre à jouer de la guitare*. Le voici en train de répéter inlassablement ses trois premiers accords : *mi*, *la*, *ré*.

Le grand saut

Désormais Michel se veut nomade. Il a fait siennes les marches du Sacré-Cœur, la place du Tertre et il dort où il peut, sur des bancs publics, dans des jardins, chez des camarades, au commissariat... Et même si ses parents y sont opposés, Michel Polnareff est décidé à ne pas revenir en arrière. De plus, comme l'entente avec le père n'est pas au beau fixe, au tout début de l'année 1965 il déserte définitivement la maison familiale pour partir à l'aventure et ne revient que vraiment lorsque la faim le tenaille... Car, dans la foulée, il a également abandonné les assurances. Il essaye bien de trouver un job pour survivre (vendeur de cartes postales), mais c'est plus par acquit de conscience que par véritable vocation. Sa nouvelle vie se révèle tout autre de celle qu'il connaissait avant. Il est libre d'agir, de penser et de le crier sur tous les toits aussi sur tous les tons si bon lui chante.

Les représentants de l'ordre ne mettent pas bien longtemps à le repérer et n'hésitent pas à l'arrêter pour « vagabondage et mendicité ayant entraîné un attroupement sur la voie publique ». C'est un test pour l'apprenti beatnik... Lorsqu'il y a un rassemblement, il se dit qu'il a peut-être une carte à jouer. Accessoirement les quelques pièces qu'il récolte l'aident à se payer un sandwich et un café pour tenir jusqu'au lendemain. Mais Michel racontera par la suite qu'étant trop timide, il était lui-même incapable de faire la manche. Ses compagnons d'infortune l'aident dans cette entreprise, alors que les recettes journalières tournent régulièrement autour des 30 000-40 000 anciens francs (50-60 euros). Une somme non négligeable, que Michel partage avec ses amis du moment. À l'instar d'un Antoine, c'est l'un des premiers beatniks à la française. Aucun souci du lendemain.

« Je vivais de musique, d'amour et d'eau fraîche. Je jouais du piano dans un petit bar et chantais aussi sur les marches en espérant intéresser les touristes venus contempler les beautés du site. » (*Salut les copains* n° 69.)

GÉRARD WOOG : Il s'entendait très mal avec son père. Début 1965, il s'enfuit de chez lui et atterrit sur les marches du Sacré-Cœur. Il y rencontre des gens qui l'hébergent... Moi, de mon côté, je n'ai pas poursuivi mes études après le bac, car j'ai préféré rentrer tout de suite dans le monde du travail. Je sors beaucoup et je vais le voir presque tous les soirs. Il joue dans un club assez sordide qui s'appelle le Clan d'Estaing. L'ambiance à l'intérieur est chaleureuse, même si la clientèle est plutôt composée de travestis. Il y joue du piano. Sa vie est pénible, car il n'a pas du tout d'argent, et les quelques subsides que lui donne sa mère en cachette de son père ne suffisent pas... Je me souviens qu'il a acheté sa guitare peu de temps avant d'avoir décidé de traîner sur les marches...

Simon Dray, surnommé Rocky

SIMON DRAY : J'arrive à Paris en 1962, de Bordeaux avec mon banjo six cordes, un Parker sous le bras et en uniforme car je suis marin. Ma mère tient le stock américain d'Arcachon, le seul endroit où l'on peut alors se procurer des jeans Levi's et Wrangler.

J'ai découvert très tôt les auteurs beat tels que Jack Kerouac qui me donnent le goût pour les voyages. Dans l'imaginaire populaire, le mot beatnik ne correspond pas à cette fascination pour la route, un beatnik c'est juste un jeune qui a des cheveux longs... Je quitte la maison et donc l'école à l'âge de 13 ans. Après ma bar-mitsvah [*N.d.A.* : communion judaïque], je me retrouve à Bordeaux. Avec quelques potes, nous commençons à jouer de la guitare aux terrasses des bistrots, à écrire des poèmes supposés changer le monde, et à faire la manche... Mais un jour je craque et je devance l'appel, je m'inscris dans la marine, j'ai dans l'idée de me débarrasser le plus vite possible de cette corvée.

Je suis affecté à Paris, à la Pépinière, c'est ainsi que je me retrouve à Montmartre, où assis sur les marches je fais la connaissance d'un type fabuleux qui devient mon ami et mon prof de guitare : Jean-Louis Verdier... Pourquoi Montmartre ? Par instinct, et parce que, fan de Claude Nougaro et de Jacques Brel, je sais que la place du Tertre est un rendez-vous d'artistes... Jean-Louis aime mes chansons et de suite me propose des arrangements que nous essayons en direct sur les marches. Nous ne sommes pas les seuls, d'autres font comme nous, Michael Seigneur (il aura plus tard un restaurant, Steak Poubelle, dans le quartier de Mouffetard), Alain Feral (futur Enfants terribles), on est plusieurs.

Michel Polnareff fait ses premières apparitions durant l'hiver 1964-1965. Nous l'accueillons à bras ouverts, avec un voisin nommé Michael qui habite rue du Chevalier-de-la-Barre. Dès la première fois, nous tapons le bœuf. Avec Jean-Louis, nous nous rendons tout de suite compte que nous nous complétons bien tous les trois, Michel ne joue pas très bien de la guitare, mais il a une très belle voix. Il passe de plus en plus souvent ses journées avec nous, et, le soir, nous allons tous ensemble rue de la Vieuville, Au Clan d'Estaing, un piano-bar tenu par un couple d'homosexuels d'un âge bien avancé. Ils sont super-sympas et nous laissent jouer chez eux, Michel s'avère plutôt doué au piano, avec Jean-Louis à la guitare et moi au banjo c'est un beau trio... L'un de nos morceaux fétiches avec Jean-Louis est « Washington Square » (« Le joueur de banjo » en français par Sacha Distel), Michel l'adore et improvise immédiatement dessus, ça devient même l'un de ses titres fétiches. Une chanson, « J'ai tant de chagrin, Marie », naîtra de cette inspiration... Dans les endroits que nous fréquentons, il y a aussi la Crémaillère, le patron, le Père Antoine, est adorable. C'est dans ce genre de lieux que l'on retrouve les figures de l'époque comme ce type qui s'appelle La Rochelle et qui ressemble à Buffalo Bill. Un peintre prenant pour modèle le Sacré-Cœur et peignant des bateaux illuminés de nuit sur l'océan de son imagination... Il y a aussi le Picotin, rue Lepic, où je suis engagé à la condition qu'à 23 heures j'accompagne le patron qui fait son habituelle série de chansons paillardes, aussi Chez Max rue du Mont-Cenis à deux pas de Chez Patachou...

Nous faisons la manche ensemble, c'est comme cela que l'on se débrouille. Michel fait comme nous. Il a tout de suite remarqué que les touristes sont généreux, et nos potes, ceux qui ne chantent pas, passent le chapeau pour nous. C'est la tradition puisque nous sommes plusieurs à faire le spectacle... Personne ne tire la couverture à lui, il n'y a pas de compétition entre nous, nous partageons tout. Et lorsque les flics nous ramassent, ce n'est qu'un mauvais moment à passer, 10 heures au poste avant la relâche... Mais en général les gens nous aiment bien, la preuve, même le cinéaste François Reichenbach nous filme, à la demande du pianiste Artur Rubinstein, sur lequel il est en train de réaliser un documentaire...

La vie est dure, mais heureusement nous ne dormons pas dehors tous les soirs. J'ai deux potes de la marine, Jean-Claude Lair et Michel Zucko qui nous hébergent souvent. Ce dernier a hérité d'un appartement rue Lepic, c'est un refuge idéal puisqu'il se situe à deux pas des marches. Nous y allons très souvent, avec Michel mais aussi Cyril Azzam, un très bon chanteur, fils de Bob, l'auteur de « Mustapha », mais finalement moins connu que Michel. Jean-Louis Verdier habite au 10, de la rue Cavalotti, c'est également l'une de nos adresses.

Je n'ai jamais mes papiers sur moi, sauf en ce jour de novembre 1965, quelques heures avant le concours de la Locomotive. Je me fais embarquer avec Michel et un black au commissariat. Eux s'en sortent au bout des rituelles dix heures, moi je suis remis aux flics militaires pour être envoyé au centre disciplinaire de Cherbourg, à l'arsenal de Brest puis au quartier général de la marine à Bordeaux... Je ne suis pas complètement libéré de mes obligations militaires, je suis un déserteur comme dans la chanson de Boris Vian... Cela prend plusieurs jours et il m'est impossible d'assister à la prestation de mon ami Michel à la Locomotive. Tout est d'ailleurs allé si vite qu'entre mes divers transferts, et le temps que je reprenne mes esprits, ce dernier a sorti son premier 45-tours.

Après plusieurs jours passés sous le soleil de la perfide Albion, à l'automne, c'est le retour à Paris. Michel Polnareff traîne dans les lieux branchés du moment dont le Golf Drouot. C'est un endroit magique tenu par Henri Leproux où ont débuté la plupart des rockers français.

HENRI LEPROUX : Michel s'est produit plusieurs fois sur les planches du Golf Drouot, à la fin de l'année 1965 et au tout début de l'année 1966. Quand je lui ai demandé son nom, il m'a répondu « Polnareff » et je lui ai dit : « Avec un nom comme ça, ça ne marchera jamais ! » En fait la seule chose importante, c'était le talent. Par la suite les occasions de le prouver n'ont pas manqué. C'est au Golf Drouot que Rolph Marbot a découvert Michel Polnareff. Lorsqu'il l'a vu le premier soir, il a aussitôt déclaré : « Je vais en faire une vedette. » Il lui a signé un contrat le soir même et ne s'est pas beaucoup trompé...

Tout s'enchaîne alors très très vite.

Premier concert, premier succès

La Locomotive, boulevard de Clichy juste à côté du Moulin-Rouge, plus tournée vers le rock anglais, est devenu le rendez-vous du journal fétiche des amateurs de rock and roll : *Disco Revue*. Créé par Jean-Claude Berthon, le journal est le lien international des rockers, encensant les pionniers du rock and roll, tels Elvis Presley, Gene Vincent, Eddie Cochran et les nouveaux venus comme les Kinks, les Beatles, les Rolling Stones, les Pretty Things... Il organise d'ailleurs une soirée 100 % rock réservée aux amateurs. Son édition du mois de décembre 1965 nous réserve une petite surprise :

« Depuis le 13 novembre 1965, une soirée 100 % rock n'en serait plus une si elle ne se terminait pas par le crochet des amateurs. Ces épreuves hebdomadaires déclenchent de véritables passions dans le public et il est bien souvent difficile de départager deux concurrents de valeur égale. Plus de 20 concurrents y ont participé entre le 13 novembre et le 11 décembre. Michel Polnareff, Alain Texier et Alain Bredel sont les trois premiers vainqueurs du crochet des amateurs.

« La finale aura lieu le 12 février 1966 en soirée lors de la venue des Them à la Locomotive. Les concurrents gagnants y chanteront deux chansons et devront se disputer le premier prix qui consiste en : un contrat dans une importante firme de disques, un prix en espèces de 1 000 francs et de nombreux cadeaux offerts par des firmes publicitaires. Trois finalistes pour l'instant : Michel Polnareff vainqueur le 12 novembre avec son interprétation magistrale de "Great Balls Of Fire" emprunté à Jerry Lee Lewis ; Alain Texier le 20 novembre avec "All Day And All Of The Night" des Kinks et Alain Bredel qui remporta le concours le 27 novembre, le 4 décembre et le 11 avec "Great Balls Of Fire", "Sweet Little Sixteen" de Chuck Berry et "Shakin'All Over" de Johnny Kid. »

Ce sont les premières lignes jamais suscitées par Michel Polnareff dans la presse musicale. Et s'il n'a pas choisi l'une de ses compositions pour ce radio-crochet, c'est qu'il est tenu par le règlement du concours qui impose une reprise. Or son choix s'est porté sur Jerry Lee Lewis, un rocker blanc, pianiste comme lui et tout aussi iconoclaste. Sans doute pas un hasard...

Jacques Barsamian, secrétaire de rédaction au sein de *Disco Revue*, a pour dure tâche l'organisation de ce radio-crochet.

JACQUES BARSAMIAN : Ça se déroule le jeudi après-midi dans une Locomotive entièrement vide. Tous les gens que je fréquente alors, que ce soit au journal ou au café dans lequel nous allons, le Record, n'arrêtent pas de me parler d'un certain Michel Polnareff. Toutes les filles de la bande sont même très amoureuses de lui et tiennent absolument à ce qu'il participe à ce concours. Donc je l'inscris. Il emporte le premier tour haut la main et ensuite la finale... Le premier prix est un contrat pour enregistrer au moins un disque sur la marque des Rockers distribuée par Eddie Barclay. Mais entre-temps il a signé avec Lucien Morisse et il décline l'offre. À cette époque il traîne avec Gérard Woog. Je me souviens aussi qu'il était très myope mais que comme moi il ne porte jamais de lunettes. Et lorsque par hasard nous nous croisons à la Locomotive ou ailleurs, on se salue toujours in extremis avant de se cogner l'un à l'autre... Michel a énormément de talent, il chante en anglais avec un bon accent ce qui n'est pas si courant à l'époque. Je lui propose même un plan que j'ai pour tourner dans les bases américaines mais il me fait comprendre qu'il a d'autres projets. Il a du talent et le sait. C'est un gros fan de rock, il adore reprendre des classiques du genre. À l'époque, il traîne avec la bande de *Disco Revue*, entre le métro Cadet et la place du Sacré-Cœur. Je me souviens d'un troquet où il y a un piano, nous y allons tous en pousser une petite, et je dois reconnaître que l'on est tous un peu jaloux de son savoir-faire !

Le groupe qui accompagne les artistes s'appelle les Rockers. Au sein de ce combo, on trouve Richard Dewitte à la batterie, Didier Alexandre à la basse, Jacques Guerrica au piano [*N.d.A.* : aujourd'hui avocat spécialisé dans le show-business] et Jacques Mercier à la guitare rythmique.

JACQUES MERCIER : Les amateurs viennent répéter le jeudi après-midi pour se produire le samedi suivant, mais pour Michel Polnareff nous n'avons pas eu grand-chose à faire. Il a commencé par un morceau chanté seul à la guitare : « Hey Gip » de Donovan. Ensuite il nous a demandé de l'accompagner sur « Great Balls Of Fire » de Jerry Lee Lewis, ce qui nous convenait parfaitement. Il allait enregistrer en parallèle son premier disque et nous ne le savions pas... Il était très confiant, très sûr de lui. Le 12 février, il laisse son premier prix au second du concours, un Noir du nom d'Alan Shelley.

RICHARD DEWITTE : Nous jouons plusieurs soirs par semaine à la Locomotive sous le Moulin-Rouge. Cela se passe le vendredi, le samedi et le lundi, jour des coiffeurs et des shampouineuses. Nous sommes le groupe qui accompagne systématiquement le crochet. Un jour, Polnareff vient et remporte le concours. Depuis ce jour-là nous avons sympathisé et sommes restés en contact...

Les autres chanteurs qui ont participé à cette finale — Dane Davis, Johnny Starr, Patrick Cani — n'ont jamais fait carrière. Michel Polnareff la remporte donc. Entre-temps, il a fait la connaissance de Lucien Morisse, le directeur des programmes d'Europe 1 et de Disc'AZ, via Gérard Woog qui deviendra par ce biais le plus jeune directeur artistique de France. Lucien demande à Michel de changer de nom, ou au moins d'américaniser ce Polnareff aux consonances russes. Il n'en est absolument pas question ! Sa seule concession sera alors de chanter en français. Le premier disque 45-tours quatre titres est en cours de préparation.

GÉRARD WOOG : Je suis devenu talent-scout pour Rolph Marbot, et mon job consistait à dénicher de nouveaux chanteurs. J'ai tout de suite pensé à Michel. Lui n'en avait pas vraiment envie, mais j'ai réussi à le convaincre de signer un contrat. Grâce à ça il a pu emménager rue des Boulangers, dans le Ve arrondissement... Je suis resté directeur artistique uniquement sur le premier 45-tours. J'ai eu ensuite une proposition de Lucien Morisse qui m'a proposé de m'occuper de la distribution Disc'AZ...

Premières mélodies

Les premières mélodies prennent rapidement forme sur la guitare de Michel Polnareff. Doté d'une bonne oreille, il ne tarde pas à reproduire quelques morceaux qu'il affectionne ainsi que ses propres compositions. « La poupée qui fait non » a par exemple pour base les trois accords de base du « Gloria » des Them, un succès du moment... Ses premières chansons sont la plupart du temps, autobiographiques. Dans « L'amour avec toi », Michel décrit l'hypocrisie de la société qui l'entoure et s'affirme comme marginal. « Moi je me fous de la société ; Et de sa prétendue moralité... D'aucuns diront : On ne peut pas parler à une jeune fille comme ça ; Ceux-là le font mais ne le disent pas... » « Beatnik » respire la même expérience, c'est quasiment un manifeste du parfait bohémien. « C'est la guitare à douze cordes, qui est son passeport, du sud au nord... Ce vagabond aux cheveux longs, le ciel lui appartient... » Dans « Ne me marchez pas sur les pieds » Michel chante cette phrase très significative : « Écoutez-moi bien, ma douce amie. C'est de cette façon que je vis... C'est bien mon droit... Je suis comme ça. » On peut d'ailleurs se demander si la supplique de « La poupée qui fait non » : « Je donnerais ma vie, pour qu'elle dise oui... » ne serait pas à double sens car Michel n'a alors qu'un seul désir : vivre de son art.

La particularité de ce répertoire naissant est la suivante, Michel compose en yaourt. Trouvant un thème pour chaque morceau, il préfère chanter des suites de mots anglais et français sans véritable signification. La mélodie prime ! C'est elle qui doit accrocher l'auditeur et se retenir facilement. Le fond viendra après la forme. Michel étant musicien, il a le sens des rimes et du nombre de pieds nécessaires. Piochant à droite et à gauche des expressions anglo-saxonnes, il les assemble. Une fois satisfait de la trame, il sera bien temps de faire appel à un parolier.

GÉRARD WOOG : Michel me faisait découvrir ses chansons bien avant le public, mais c'était plus de l'amitié car je n'étais pas vraiment impliqué dans la réalisation... Il était très conscient de son talent, et il organisait souvent une mise en scène autour de ses titres les plus forts. Je me souviens par exemple très bien du « Bal des Laze » qu'il nous a fait écouter lorsqu'il habitait à Neuilly. Toutes les lumières étaient éteintes et tu ne percevais que cette mélodie. Il savait que c'était un morceau exceptionnel... Toutes les chansons du début étaient écrites dans une sorte de charabia pseudo-yaourt-anglais. Pour « La poupée qui fait non », il n'avait trouvé que le « No-no-no-no », c'est Frank Gérald qui a écrit le texte... Excepté « L'amour avec toi » qu'il avait écrit pour une fille dont il était amoureux et avec laquelle il ne s'était rien passé. Je ne me souviens pas vraiment qu'il m'ait évoqué un texte précis en me disant : « Voilà pourquoi j'ai écrit cette chanson. » D'autant plus que la plupart du temps, il ne composait que la musique. Par contre il est sûr que tous les thèmes sont récurrents...

L'histoire d'une poupée qui fait non...

Michel Polnareff part pour Londres au début du mois de mars 1966, pour travailler avec Jean Bouchety. Violoncelliste de formation, ce dernier a continué sa carrière de musicien comme contrebassiste au sein des big-bands de jazz qui écument les quatre coins de l'hexagone à la fin des années 1940. La décennie suivante, il a accompagné Gilbert Bécaud sur scène, et commencé à produire les pionniers du rock hexagonal comme Danyel Gérard et Stephen Bruce. Au début des années 1960, il devient l'arrangeur-producteur attitré des idoles en travaillant successivement avec : les Chaussettes noires, Vince Taylor, Claude François, Dany Logan et Michel Fugain.

JEAN BOUCHETY : J'étais arrangeur chez Barclay, et je travaillais beaucoup avec Eddy Mitchell depuis sa période Chaussettes noires. J'ai rencontré Michel Polnareff par l'intermédiaire d'Huguette Ferly qui était directrice artistique des éditions SEMI de Rolph Marbot. À cette époque les éditeurs commencent à faire de la production eux-mêmes car ainsi ils peuvent exploiter les œuvres et gagner beaucoup plus d'argent. Ils ont donc déniché Michel, comme le veut la légende, sur les marches du Sacré-Cœur mais je ne puis le confirmer car je n'y étais pas... Ils m'ont demandé si je voulais m'en occuper, comme c'était mon métier, je n'avais aucune raison de refuser. J'avais l'habitude d'aller enregistrer à Londres, j'y suis donc allé avec Michel. Enfin, nous nous sommes retrouvés là-bas car je me souviens très bien qu'il ne supportait pas l'avion, et que pour le premier voyage il y est allé seul en bateau... Le tout premier disque n'a pas été enregistré au studio Pye, mais dans les caves des éditions Southern Music, le correspondant local des éditions Marbot. Michel était venu chez moi trois-quatre fois auparavant, c'était l'une des premières fois que j'enregistrais une maquette. Or si elles n'ont rien à voir avec ce que l'on fait aujourd'hui, c'était tout de même une base de travail pour l'arrangeur qui pouvait écrire la mélodie et coucher les notes sur une portée de musique. Ça n'était peut-être pas aussi fignolé que ce que l'on a l'habitude de préparer aujourd'hui, mais c'était néanmoins bien utile.

Il avait le sens de la mélodie, mais sur ce premier 45-tours il ne joue d'aucun instrument. En studio nous avions besoin d'être efficaces et rapides, et comme il n'était pas habitué à être entouré d'autres musiciens, ce n'était pas la solution idéale. Et si paradoxal que cela puisse paraître, je ne me suis pas rendu compte qu'il était premier prix de conservatoire de solfège puisque nos méthodes de travail n'y ont pas fait appel. J'ai écrit les scores des chansons, car c'était une habitude, ensuite le copiste en a fait une partition pour chaque musicien. Mon travail d'arrangeur est d'être toujours en accord avec l'artiste, mais cette préparation sur papier est très importante car on n'improvise jamais en studio, tout au plus une dernière fioriture peut embellir la musique ! C'est à peu près la même équipe de musiciens que l'on retrouve sur les disques d'Eddy Mitchell de la même époque à savoir : Big Jim Sullivan à la guitare rythmique [*N.d.A.* : futur guitariste de

Tom Jones], Jimmy Page à la guitare solo, Reg Guest au piano [*N.d.A.* : qui produira par la suite quelques plages de Johnny Hallyday] et Bobby Grahaam à la batterie. Il y avait peut-être une autre personne mais je n'arrive pas à m'en souvenir précisément, de toutes les façons nous n'étions pas très nombreux. L'enregistrement n'a pas duré longtemps, tout au plus une petite semaine, nous faisions quatre titres en une séance, ensuite une autre séance pour la voix et une dernière pour le mix. Tout est allé très vite, c'est d'ailleurs une manière d'y gagner en feeling! Par contre j'ai été surpris par le succès de la poupée, car contrairement à aujourd'hui c'était alors très rare qu'un artiste marche dès le premier disque.

Jimmy Page qui n'est alors qu'un anonyme musicien de studio [*N.d.A.* : à partir du mois de mai 1966 il jouera au sein des Yardbirds, puis de Led Zeppelin] apparaît donc aux côtés de Michel Polnareff par hasard, enfin pas tout à fait, il est le spécialiste de la douze-cordes, et sur des chansons telles « La poupée qui fait non », « Chère Véronique », « Beatnik » elle constitue l'ossature.

JIMMY PAGE : J'ai joué avec beaucoup de Français : Petula Clark, Johnny Hallyday, Michel Polnareff, Françoise Hardy, Eddy Mitchell, Dick Rivers... La plupart du temps dans les studios Pye à Londres sous la direction de Big Jim Sullivan. C'est lui qui écoute la maquette et qui organise la chose. Il m'appelle et me dit : « Rendez-vous demain à telle heure. » Et j'y vais, en découvrant sur place la chanson. C'est aussi simple que ça. Mais je ne rencontre pas forcément l'artiste, car celui-ci vient seulement pour enregistrer la voix. Je n'ai pas non plus entendu le résultat final à chaque fois. J'étais un vrai musicien de studio, qui venait faire sa séance et qui recevait son cachet, peu importe le style que l'on me demandait. Par contre, je me souviens de Michel Polnareff car on me le présente comme suit : « Ce type connaît Bob Dylan! » Je suis super-impressionné, car nous sommes au début de l'année 1966 et je n'en reviens pas que ce type connaisse Dylan, un Français en plus! Je n'ai aucun moyen de vérifier cette information, mais quarante ans plus tard, c'est resté comme tel dans ma mémoire.

De retour à Paris une touche finale est organisée par Jean-Michel Poudubois au studio Europa Sonor, rue de la Gaîté.

JEAN-MICHEL POUDUBOIS : La base orchestrale a été enregistrée à Londres sur l'insistance expresse de Michel, mais la voix a été réalisée à Paris. Je me souviens d'une bande quatre-pistes demi-pouce, qui était le standard de l'époque, que j'ai dû transférer en huit pouces pour coucher la voix et le mixage. Michel avait déjà son hamster, Véronique, que l'on peut découvrir sur la pochette du disque. Il l'emmenait partout avec lui. Et bien évidemment, cette petite bestiole ne pouvait pas tenir en place. Il est parti sous les toits, et on a dû lui courir après pendant plusieurs heures, avant de commencer à travailler...

Si quatre chansons sortent au début du mois de mai 1966 chez AZ, c'est la première qui retient l'attention du public, « La poupée qui fait non » dont les paroles sont signées Frank Gérald.

FRANK GÉRALD : J'ai commencé dans le métier avec mon beau-frère en écrivant des musiques sur des paroles de Pierre Delanoë. Au début, nos premières chansons étaient plutôt d'un intérêt familial. Ensuite, mon premier truc qui a marché c'est « Quand tu danses » de Gilbert Bécaud... À l'époque du premier 45-tours de Michel, je travaille pour les éditions de Rolph Marbot. Il avait pris sous contrat un jeune garçon qui chantait un peu par onomatopées anglaises. Je crois qu'au départ il n'avait pas vraiment l'intention de les interpréter lui-même, mais on l'en a persuadé... Ce dont il avait surtout besoin c'est que les paroles françaises aient le même son que ses maquettes. Là où il y avait un « i », un « ou », un « u » ou un « a », il fallait que je trouve une correspondance en français. Et lorsque l'on y regarde bien « La poupée qui fait non », ce ne sont que des sons très simples comme cela. Le « you yeah » s'est transformé en « poupée » et le « no-no-no-no » est devenu « qui fait non ». Michel avait quasiment tout écrit, ne lui manquait plus qu'une petite touche finale. Par contre je suis incapable de me rappeler d'où m'est venue cette idée de poupée... Ma façon de travailler est la suivante : j'inscris des données sur une feuille et j'en ressors quelque chose. J'ai donc imaginé qu'une poupée correspondrait bien à son personnage...

Un scandale comme on n'en avait jamais vu

Sur sa deuxième télé, *Tête de bois et tendres années* d'Albert Raisner en date du 25 mai 1966, on peut découvrir le jeune chanteur tel que l'on pourrait le croiser dans la rue. Guitare en bandoulière, habillé comme tous les jours, il n'a même pas pris la peine de se faire couper les cheveux ni même de se coiffer pour l'occasion. On le croirait venu en métro. La scène a lieu en faux duplex dans un club branché de la capitale, le Top Ten sur les Champs-Élysées (ex-Mimi Pinson) et, détail d'importance, tous les spectateurs présents sont sous le charme, n'hésitant pas à reprendre le refrain en chœur. D'ailleurs il leur ressemble vraiment beaucoup, il a le même âge et n'a après tout pour seul signe distinctif que cette caméra tournée en sa direction.

« La poupée qui fait non » selon les journaux de l'époque atteint rapidement les 200 000 exemplaires vendus.

CLAUDE FLEOUTER : Michel Polnareff, 22 ans, 200 000 disques vendus. Signe particulier : écrit ses chansons d'abord en anglais. Il a les cheveux longs, mais pas comme Antoine. Plutôt comme Liszt, et un petit visage pâle de beatnik romantique. Avant d'être repéré il y a six mois par l'éditeur Rolph Marbot sur les marches du Sacré-Cœur, où il vivait, il avait essayé honnêtement de faire honneur à ses origines bourgeoises : deux bachots, un premier prix de solfège au conservatoire à 12 ans, un emploi dans une compagnie d'assurances... En vain. Sans argent pour voyager loin, il décide de voyager près et appareille pour Montmartre. Tous les procès-verbaux qu'on lui dresse pour avoir chanté sur la voie publique portent cette formule : Bruit causé sans nécessité. Une belle définition de la chanson... (*L'Express* n° 784, 27 juin-3 juillet 1966.)

Sur le deuxième 45-tours, ce n'est pas la géniale ballade de la face A « Love Me, Please Love Me » qui va faire couler le plus d'encre mais plutôt cette déclaration glissée en face B, « L'amour avec toi ». À tel point qu'un dimanche après-midi une réunion avec toutes les personnes concernées prend place chez l'éditeur, dont Jean Bouchety qui s'est occupé de la direction musicale de ce morceau scandaleux.

JEAN BOUCHETY : Rolph était l'un des plus grands éditeurs de la chanson française, il avait su découvrir des gens comme Gilbert Bécaud, Charles Trenet, Jean-Jacques Debout... Il avait les idées larges, mais il avait tout de même beaucoup de mal à accepter que l'on puisse chanter cette phrase « faire l'amour avec toi ». Il disait que dans aucune langue du monde, dans aucun pays, on n'avait osé de telles paroles. Il avait donc réuni dans son bureau toutes les personnes concernées par cette chanson, et on se serait cru dans une véritable cellule de crise ! Motif : comment changer les textes ? Mais finalement, après que l'on en eut longtemps discuté, il a donné son accord pour que l'on sorte « L'amour avec toi » sans aucune modification, et je pense qu'il a eu raison car ç'a très bien marché ! Michel avait envie de provoquer, cela collait bien à son personnage et à l'époque. Antoine voulait la pilule en vente libre dans les supermarchés, il fallait donc bien des raisons de s'en servir... Par contre ce n'est pas moi qui ai produit « Love Me, Please Love Me » mais Charles Blackwell, un Anglais qui à la même époque travaillait avec Françoise Hardy. Je me souviens d'avoir assisté à la séance d'enregistrement, et c'est l'une des rares plages sur laquelle on peut entendre Michel jouer du piano. Son style très intuitif collait parfaitement à l'ambiance. Il fait partie de ces chanteurs qui savent planter un décor adéquat et que l'on identifie immédiatement...

Malgré ce titre censuré, la face A « Love Me, Please Love Me » est sacrée slow de l'été. Il s'en vendra 300 000 exemplaires.

FRANK GÉRALD : Pour le deuxième 45-tours de Michel, nous avons écrit les paroles de « Love Me, Please Love Me » ensemble. Il avait trouvé le titre mais le reste du texte n'était composé que de sons : des « ou », des « é » et des « i ». J'ai donc gardé « Love Me, Please Love Me » qui me semblait un très bon titre et j'ai conservé les sons, comme dans « Je suis fou de vous ». À cette époque on disait toujours toi dans les chansons, et le vous était jugé comme ringard. Mais lui avait enregistré le son « ou » sur sa maquette et j'ai voulu garder cette tonalité. C'est sans doute un petit détail mais je suis persuadé que c'est le genre de signes qui façonnent une image... Cette façon de procéder en essayant d'être le plus proche possible de la consonance anglaise était quasi unique. Michel avait la sonorité et le charme des Rolling Stones, en opposition avec une bonne partie de la production française encore très franchouillarde. Le public lui était acquis d'avance... À cette époque, nous sommes allés à Antibes pour la Rose d'Or. Il s'est fait jeter au premier tour. Mais, grâce à son image, et surtout à son look particulier — il avait des énormes lunettes de soleil —, eh bien, dès le deuxième jour, il avait conquis presque toute la ville. C'est quelqu'un qui a toujours su se vendre !

CHRISTOPHE IZARD : Vêtu d'un pantalon violet, d'un maillot rayé rouge et blanc, accompagné d'un gigantesque gorille au visage poupin, il a l'air d'un prince débile entouré d'une véritable cour qui le surveille autant qu'elle le jalouse. On ne lui refuse rien et pourtant, avec lui, il faut s'attendre à tout. Hier après-midi il est resté trois quarts d'heure sur la plage à jouer de la guitare entouré de promeneurs et d'enfants curieux. Et puis tout à coup, il a lancé :

— Je veux un ballon jaune assorti à mes lunettes.

C'est aussitôt la débandade. On trouve le ballon. Vingt minutes plus tard, il l'a perdu... (*France-Soir*, 25 mai 1966.)

Premières scènes

Après une tournée de l'été en américaine de Claude François avortée car Michel ne supporte pas le rythme infernal, il est parti se reposer au Liban avec Cyril Azzam... Le 25 octobre 1966 le voit affronter pour la première fois la salle de l'Olympia. Au même programme, l'amuseur Bobby Lapointe y côtoie les Beach Boys.

JEAN TRONCHOT : Du monde, beaucoup de monde, trop même, à l'Olympia le 25 octobre pour rendre hommage aux champions de la pop music. La salle surexcitée (particulièrement au balcon) prit plaisir à voir des artistes qu'elle n'entendit point à cause de ses cris d'admiration... Troubadour moderne, Michel Polnareff étrenna à Paris son fantastique matériel de sonorisation. Avec deux chansons nouvelles seulement et trois succès, il a conquis le public. Les filles reprenaient en chœur avec lui « L'amour avec toi » : malgré le son de chorale de patronage de leurs voix mêlées, elles s'y croyaient, évasion d'un instant de bonheur. Une fan en mini-mini robe, presque un short, jaillit sur scène et embrassa Michel, sublime ! (*Rock & Folk* n° 2.)

Troisième 45-tours et troisième succès

Le troisième 45-tours, commercialisé fin octobre 66, a été enregistré au studio Pye de Londres toujours sous l'œil avisé de Jean Bouchety.

JEAN BOUCHETY : Avec ce disque, c'était presque devenu une routine, nous nous entendions très bien. Michel ne faisait aucun caprice de vedette en privé, par contre il en rajoutait pour épater la galerie... Je me souviens de son orgue Hammond blanc que Rolph Marbot lui avait offert, il voulait absolument enregistrer avec et donc il a fallu l'emmener à Londres. Ce qui nous a fait perdre pas mal de temps et causé bien du souci. Par contre, à ce moment-là, Michel a commencé à voyager en avion avec nous, il voulait dominer sa peur. Et bien évidemment à la douane, vu son allure, nous en avions pour des heures... Les douaniers étaient persuadés que Michel cachait quelque chose d'illicite sur lui, alors qu'il n'avait rien. Nous, on aurait pu passer tout ce que l'on voulait quand on voyageait en sa compagnie, car nous n'étions jamais fouillés... La plupart du temps lorsque moi je travaillais sur la mélodie je n'avais pas le titre ni les paroles, ça venait après. Nous faisions juste une version lavabo, pour donner une idée du phrasé. Michel tenait absolument à écrire les textes lui-même, alors nous l'accompagnions chez Harrod's pour acheter vingt rames de papier et vingt-cinq marqueurs. Il nous annonçait qu'il allait y passer la nuit... Mais bien sûr, le lendemain, au moment d'enregistrer, rien n'était prêt... Nous téléphonions alors à Paris à Frank Gérald en catastrophe et ce dernier sautait dans le premier avion et écrivait les paroles pendant le voyage. On lui donnait une petite indication du thème du morceau et lui pondait tout cela au tout dernier moment... La voix de Michel était facile, comme il est créateur de mélodies et qu'il fait ses phrasés en fonction de sa musique, c'était beaucoup plus simple que pour quelqu'un qui ne joue pas du tout d'un instrument. Il n'y avait aucune difficulté en studio. Nous commencions toujours par la base rythmique, les solistes par-dessus, après nous mettions les cuivres, les chœurs et pour terminer les fioritures. La colonne vertébrale, c'est toujours la section rythmique : piano, synthé, orgue, guitare ou basse. Nous travaillions encore sur un quatre-pistes, ce n'est qu'avec « Âme câline » que nous sommes passés au 8.

Le 8 novembre, sort le premier album. Sur la pochette, il n'y a pas de titre ni de nom de l'artiste, juste une photo de Michel au pied d'un mur avec une vieille guitare sèche. L'imagerie beatnik est encore exploitée à fond, ce sera la dernière fois, mais elle fera le tour du monde puisque cet album sort dans une vingtaine de pays, dont les États-Unis, le Brésil en passant par la Grande-Bretagne, la Grèce, le Japon, les Pays-Bas et le Chili.

Nouvelle année et nouveau look

Qui dit nouvelle année, dit nouvelles tendances. Au début de l'année 1967, Michel opte pour un titre fait d'onomatopées, « Ta-ta-ta-ta », une répétition de l'expression tata diminutif de tantouze, et dans le jargon populaire, de beatnik. Chanter *Femme que j'aime c'est ta-ta-ta-ta, Femme que j'aime mais ce n'est pas toi* est évidemment une provocation, sauf que cela n'a semble-t-il pas été voulu. L'arrangement louche beaucoup vers le folk-rock alors en pleine exposition.

FRANK GÉRALD : Ce disque est particulier, et je m'en souviens très bien car on m'a appelé en catastrophe de Londres. Michel avait son idée en tête mais n'arrivait pas à la coucher sur papier. C'était de faire une chanson à rebondissements, les phrases s'enchaînant les unes aux autres. J'ai donc cherché à faire ce qu'il voulait et je suis arrivé à ce résultat, où une phrase empiète sur la suivante. Le truc c'est : *Femme que j'aime c'est ta-ta-ta-ta; Femme que j'aime mais ce n'est pas toi.* Autrement dit : c'est ta femme que j'aime, mais tu ne le sais pas... L'interprétation de ta-ta n'a pas du tout été voulue au départ. Ce sont les gens qui l'ont apportée.

Le 21 février, Michel Polnareff est présent sur les planches de l'Olympia, mais caché derrière le rideau. Il accompagne son ami Cyril Azzam. Pour l'occasion, il arbore un nouveau look : les cheveux courts et de couleur naturelle (châtain foncé). En parallèle, « Ta-ta-ta-ta » rentre dans le hit-parade mais pour la première fois ne culminera pas en tête. C'est vrai qu'il est un peu moins présent dans les médias puisque l'étranger le réclame, à commencer par les pays limitrophes comme l'Allemagne, la Suisse et l'Italie.

Bye Bye amis beatnik

« Il en est à son troisième disque, et il est déjà considéré comme une des plus grandes vedettes de la chanson... Michel Polnareff a beaucoup choqué, à cause de ses cheveux, de son habillement, de la crudité de son langage, et pourtant il s'est petit à petit imposé à un très large public grâce à son talent d'auteur compositeur. L'ancien beatnik a réussi. Il est riche, connu, mais a-t-il vraiment changé ? » (*Moins 20* n° 20, janvier 1967.)

Michel Polnareff raconte cette anecdote qu'une fois célèbre, il retourne sur les marches du Sacré-Cœur pour y tourner un reportage télé. Moins d'un an après avoir fait la manche et partagé ses maigres recettes avec ses compagnons d'infortune. Il est mal reçu, très mal même puisque ces derniers l'accusent d'avoir trahi la cause, pire même, de s'être vendu à l'ennemi. Incompréhension totale de la part du principal intéressé, flip total pourrait-on même traduire.

Coup de chance, cela tombe bien car sa nouvelle chanson, « Âme câline », est parfaite, tout en tristesse transcendée et trémolo romantique. Un style de slow qui deviendra sa marque de fabrique. C'est encore une fois Jean Bouchety qui a signé la production.

JEAN BOUCHETY : Pour « Âme câline » que l'on a enregistrée au studio Pye, je me souviens qu'il y avait énormément de monde, une section de cuivres, une section de cordes, des percussionnistes... D'ailleurs à ce sujet, l'un d'entre eux était chargé de taper sur quatre timbales, Michel s'est tourné vers moi et m'a demandé pourquoi je n'avais pas engagé quatre percussionnistes pour taper chacun sur une timbale. Ça aurait fait plus de bruit ! C'est le deuxième morceau sur lequel Michel a joué lui-même la partie de piano. Je le lui avais demandé car je trouvais que son feeling très personnel sonnait parfaitement avec ces notes détachées.

SIMON DRAY : Michel enregistre des disques et on ne le voit plus du tout sur la Butte. Moi je continue à faire la route et la manche au grand dam de ma mère. Un jour, je vais voir Michel. Après tout, nous avons partagé plusieurs moments de galère ensemble et je me dis que peut-être il pourrait me filer un coup de main, mais je n'ai pas envie de lui demander quoi que ce soit non plus... Je me rends donc rue Pauline-Borghèse dans le XVIe, à pied de Montmartre car je n'ai pas assez d'argent pour me payer un ticket de métro... J'attends un moment devant la porte car si j'ai la bonne adresse je n'ai pas le code. On se voit. Il me parle, me montre ses nouvelles guitares, évoque la messe qu'il veut écrire et, comme il doit se rendre sur les Champs-Élysées, me propose de me déposer en voiture. Il roule en Mercedes 600, ce sont les Allemands qui la lui ont donnée suite à la reprise de « Âme câline » par Peggy March. Il me dépose et je rentre à pied sur la Butte, je n'ai pas osé lui demander 2 francs pour un ticket, je pensais qu'il allait deviner... Les ponts sont définitivement coupés depuis ce jour-là.

La suite de sa carrière sera constituée de nombreux tubes (« Le roi des fourmis », « Tous les bateaux tous les oiseaux », « Je suis un homme », « On ira tous au paradis », « Holidays ») même si depuis une quinzaine d'années et son second exil sous le soleil californien il n'a rien enregistré de concret malgré de nombreuses promesses. [*N.d.A.* : Michel Polnareff embarque sur le paquebot *France* à la fin du mois d'août 1973, direction New York puis Los Angeles. Il revient en France le mercredi 4 octobre 1978 presque devant les caméras de TF1, et habitera au cours des années 1980 dans la capitale puis dans la banlieue parisienne jusqu'à sa résidence au Royal-Monceau, où il restera 800 jours, de septembre 1989 à janvier 1991. Entre-temps, il sort son huitième et dernier album studio, *Kâma-Sûtra*, en février 1990. À la fin de l'année 1995, il s'exile à nouveau sous le soleil californien où il réside toujours.] Malgré tout, l'homme reste une star de la chanson. Sans album à la clé, avec rien d'autre qu'une photo de ses fesses, et celles de son nouvel amour Daniella, il est en couverture de *Paris-Match* (n° 2887, semaine du 16 au 22 septembre 2004). Pas mal pour un homme de plus de 60 ans !

11

Des bottes faites pour marcher

Les Boots

ROBERT FITOUSSI : Je n'ai jamais accordé trop d'importance à ce qui s'est passé, je n'ai jamais voulu garder de souvenir car je pense que ça me filerait le blues...

Sur le papier, les Boots ont tout pour réussir. Des compositions mélangeant le rock anglais des Rolling Stones au folk américain des Byrds avec un zeste de préciosité que n'aurait pas renié Brian Wilson, conjugués à des textes originaux parfaitement ancrés dans leur époque : la contestation est un moteur, celle de cette fameuse guerre du Vietnam notamment... Le look aussi est parfait : la preuve, ces bottines que les Beatles viennent de populariser, ils les portent tous, conjuguées à une élégance dandy. Des vraies gravures de mode, façon Carnaby Street/Bande du drugstore. Pourtant, leurs deux 45-tours vont passer complètement inaperçus. Les Boots ont beau profiter d'une structure établie, le label Polydor, leurs efforts demeureront vains pour accéder à la popularité. Comme s'il n'y avait décidément pas de place pour tout le monde. Leur premier effort intervient alors qu'un certain Antoine vient d'exploser. Impossible pour eux de rivaliser. Ils sont moins extraordinaires, surtout pour les journalistes, principaux vecteurs de cette nouvelle sensation. De plus les groupes français ne sont plus à la mode, cela ramène trop à la vague twist. Désormais le public veut des personnalités : Antoine, Jacques Dutronc, Michel Polnareff, Christophe seront celles de cette année 1966. C'est une explication, ce n'est sans doute pas la seule. Les Boots tournent peu, il n'y a pas vraiment de structure prévue pour, et, dans ces conditions, impossible de convaincre instruments en main. D'autre part il n'est pas toujours facile de reproduire le son des 45-tours avec une sono qui n'a de digne que le nom. Les Boots sont confrontés à la dure réalité de la vie d'un groupe de rock français, mais c'est encore pire qu'aujourd'hui, l'action se situe au milieu des années 1960. Enfin les premières places des classements sont encore trustées par les idoles imposées par les maisons de disque. Si jamais le label ne cherche pas à imposer son jeune poulain, il y a peu de chance que ce dernier parvienne à se faire entendre, encore moins à se faire une place au soleil. Polydor n'est pas réputé pour ses formations dans le vent, l'heure est encore à une chanson traditionnelle telle celle des Compagnons de la Chanson. Ce sont tous ces facteurs qui feront des Boots un groupe légendaire pour les amateurs de perles sixties, mais totalement ignoré du grand public. Il faudra attendre plusieurs années pour que ces musiciens réussissent à se faire reconnaître. Farid Khaldi sous le nom de Denis Pépin en enregistrant de nombreux disques dans les années 1970, et Robert Fitoussi en tant que F.R. David avec « Words », un succès international. Ceci confirme tout de même que le talent finit toujours par exploser un jour ou l'autre. Et tant pis si les Boots n'ont pas marqué leur époque, leur répertoire reste immaculé. C'est l'une des plus brillantes illustrations du folk-rock made in France.

Les Boots sont constitués de Robert Fitoussi alias F (pour Fitoussi), R (pour Robert), David (bassiste-chanteur), Farid Khaldi alias Denis Pépin (guitariste-chanteur), Jean-Claude Barre (batterie) et Joël Rive (guitariste soliste).

ROBERT FITOUSSI : Je suis né en Afrique, mes parents reviennent à Paris après l'indépendance de la Tunisie [*N.d.A.* : le 20 mars 1956]. Les gens qui sont là-bas commencent à nous faire chier et il faut que l'on se casse. J'arrive en France à l'âge de 9 ans — je suis né le 1er janvier 1947 —, par le bateau à Marseille, puis je prends le train à destination de la capitale... Mon premier choc, c'est lorsque je découvre mon premier poste de télé. Je me souviens très bien avoir attendu du soir jusqu'au matin, devant, en attendant qu'il apparaisse une image dessus, comme si elle allait s'allumer toute seule... C'est en tout cas ce que je pensais. Cette télé, pour moi, symbolise mon arrivée à Paris.

JOËL RIVE : Je suis né à Saint-Maur-des-Fossés le 9 août 1944, mais lorsque j'ai 4 ans mes parents déménagent à Joinville-le-

Pont. J'ai un frère qui suit des études aux Beaux-Arts, pendant six mois il n'y va plus, et mon père qui est peintre en bâtiments le prend en barbouille. Ma sœur suit des cours dans une école de danse. Mon père chante très bien, et ma mère ne cesse de chantonner. Mon rêve de gosse, c'est d'être jockey, car mon oncle (le mari de la sœur de ma mère) travaille dans les chevaux, il est écuyer. Il habite à Nogent-sur-Marne, et moi à partir de 4 ans je vais monter à cheval tous les dimanches avec mes deux cousines. Ma première passion, ce sont les chevaux. Mon oncle organise des stages hippiques, il loue les dépendances du château de Breteuil à Choisel dans la vallée de Chevreuse, un endroit fréquenté par une certaine clientèle : Roger Pierre et Jean-Marc Thibault, Pierre Dudan, Pierre Vassiliu... Il y a une bonne ambiance, les types chantent et jouent de la guitare, forcément ça me donne envie. J'ai 11-12 ans. En 1958, je pars à Bordeaux comme élève jockey car la discipline de mon oncle est trop dure, je fais même deux-trois fugues car je n'en peux plus. C'est lui qui décide pour moi, je sais qu'il y a une grosse écurie à Chantilly mais je me retrouve à Bordeaux, sans doute parce qu'il connaît la direction. Étant plutôt doué, au bout d'un an, je monte en course, normalement trois années d'apprentissage sont nécessaires. Je suis vraiment en avance, enfin c'est ce que mes professeurs me disent... Peu de temps après, c'est la mode des Chaussettes Noires. Ma mère m'achète une guitare, et je commence à jouer avec des petites formations qui se font et se défont aussitôt. Je ne sais pas pourquoi j'opte pour la basse, sans doute que tout le monde veut être chanteur ou guitariste. À l'âge de 14 ans et demi, je suis apprenti jockey, je n'habite pas chez mes parents, mais chez un entraîneur. Je passe le certificat avec mention, ce qui me laisse peinard quelques années.

Apprentissage de la guitare

ROBERT FITOUSSI : J'ai un grand frère et une grande sœur, je suis donc le plus jeune de la famille, et c'est bien connu, au petit dernier, on accorde tout... C'est comme ça que je peux faire de la musique. Un jour, ma sœur Danièle m'offre une guitare, elle a commencé à travailler comme secrétaire mais rêve de devenir chanteuse, et elle voudrait que je l'aide à travailler ses morceaux.

Son désir de chanter est conforté par sa rencontre avec un Suisse, Ken Lean. C'est un beau gosse qui ressemble un peu à James Dean. Il est ingénieur du son et a travaillé avec les Vautours. Je crois qu'il en pince pour ma sœur, et se sent un peu obligé de m'inviter à quelques séances d'enregistrement. Je me revois perché sur une poutre en train d'assister à une des séances avec les Vautours, dans un hangar... Et donc ça me donne le goût de la musique. Mais aussi je me rends compte que je dois sacrément travailler. Peu de temps après, ma sœur fait la connaissance d'un autre type qui joue avec les Champions, Alain Santamaria. Lui aussi doit en pincer pour ma sœur et il me dit : « Je vais te donner quelques cours de guitare. » Il m'apprend mes premiers accords. On est en 1961-1962. Danièle enregistrera trois 45-tours au sein des Mitoufle pour la firme Bel-Air entre 1963 et 1964. Dans le groupe il y a une brune et une blonde, et ma sœur, c'est la brune. Elles sont pressenties pour une belle carrière, Bel Air y croit, Léo Missir également, mais mes parents, révoltés contre cette idée, se démerdent pour faire casser le contrat. Mon oncle, un type qui aurait pu tourner dans *Le Parrain*, va voir M. Barclay pour récupérer le contrat, à l'intimidation. Son majordome tente de lui barrer le passage, mais ça n'a pas loupé, il se prend une droite, comme dans les films... La carrière de ma sœur s'arrête net.

JOËL RIVE : À l'âge de 15 ans je commence à monter en course, j'en gagne certaines, mais ça ne m'empêche pas d'apprendre la guitare. Même si ça n'est pas facile, je ne conçois pas d'abandonner. Je demande à mes parents de m'acheter une basse pour rentrer dans un groupe, nous reprenons « What I'd Say » de Ray Charles. La discipline est dure pour les apprentis jockeys, et un jour — je dois avoir 18 ans et demi —, parce que je n'ai pas voulu faire une corvée et que l'on m'a dit : « Tu ne monteras pas dimanche ! », je pars. Je quitte tout, sur un simple coup de tête... Je me réfugie chez le chanteur du groupe, ça doit se passer au mois d'avril ou de mai 1963 car nous partons quelques semaines plus tard pour une tournée sur la côte d'Azur, à Saint-Raphaël, au camp du Dramont. Nous participons à un concours organisé par RMC et de là je dis aux autres : « Il faut qu'on aille chez mes parents à Joinville-le-Pont. » Je téléphone à mes parents : « Nous venons de remporter un concours, preuve que notre musique n'est pas si mauvaise, on va tenter de s'installer chez vous quelque temps pour courir notre chance... » Le groupe reste chez mes parents un mois, mais ça ne débouche sur rien. Tous rentrent découragés sur Bordeaux, sauf le chanteur qui devient acteur de théâtre et moi-même.

Épisode des Ken Jones

ROBERT FITOUSSI : Avant de toucher une guitare, je suis déjà fan d'Elvis Presley et de Ray Charles. Le premier concert que l'on m'offre un soir, c'est Ray Charles au Palais des Sports [*N.d.A.* : le 22 octobre 1961]. Là, je craque complètement sur sa musique, c'est un vrai flash. Je dois avoir 14 ans et je me rends compte que je n'ai qu'une seule envie, devenir musicien. Je vais à l'école, au lycée Rodin, mais je ne suis pas très bon. Je suis un peu révolutionnaire, je n'ai aucune envie de me plier à cette discipline que l'on m'impose. C'est au bahut que je rencontre d'autres types qui aiment la même musique que moi, c'est le temps des premiers groupes amateurs, tous aussi éphémères les uns que les autres. Le plus dur à l'époque, c'est le matériel, on a des guitares de merde et des amplis de merde. Je ne sais pas comment on peut faire de la musique avec ça, mais on y arrive quand même... Quand je quitte l'école, mes parents ne veulent absolument pas m'entendre dire que je vais devenir musicien. « Tu fais quoi ? De la musique ? C'est quoi de la musique ? » Ça ne m'empêche pas de jouer dans certains groupes pour commencer à me faire la main. Nous n'avons pas vraiment de nom, ou plutôt nous en changeons tous les mois car à nos yeux ça n'a aucune importance. On s'appellera ainsi successivement les Pyjamas, les Dalmatiens, les Ken Jones...

JEAN-LOUIS BENTOLILA : Les Ken Jones naissent de la rencontre avec Robert Fitoussi, sur une plage de Juan-les-Pins pendant l'été 1962. Je joue de la guitare et lui vient me voir, pour engager la discussion, peut-être parce que quelques jours plus tôt, il m'a vu jouer au sein des Baby Rock, mon tout premier groupe, sur les planches du Vieux-Colombier aux côtés des Chaussettes Noires et de Vince Taylor. Quoi qu'il en soit, nous sympathisons, et promettons de nous revoir à Paris, nous y habitons tous les deux. C'est au mois d'octobre suivant que prennent place les premières répétitions des Ken Jones, je suis encore lycéen à Janson-de-Sailly, en classe de troisième. Au début, un curé de l'église

Jeanne-d'Arc nous prête une salle de patronage dans le XIIe arrondissement, parfois nous jouons dans ma chambre, mais les voisins préfèrent la première solution.

ROBERT FITOUSSI : Les curés de l'église Jeanne-d'Arc sont jeunes et super sympas avec nous, ils ont investi l'argent du patronage dans des petits amplis. La salle est ouverte à qui veut répéter et c'est notre rendez-vous. On répète le jeudi après-midi jusqu'au jour où l'on entend parler d'un concours boulevard Auguste-Blanqui dans l'ancienne maison Philips [*N.d.A.* : au Salon de la Radio et de la Télévision, le 15 septembre 1963]. Il y a un prix à gagner, sans doute de l'argent.

Je viens à ce concours avec mon groupe, les Ken Jones, que je trouve alors très très bon. On a répété comme des fous, j'ai une guitare mais je ne sais pas vraiment en jouer ni quoi en faire sur scène. Seulement, il y a un prix à gagner, et on apprend qu'à la fin des éliminatoires nous sommes dans les premiers... Nous pensons vraiment que nous allons remporter le premier prix, jusqu'au dernier moment, lorsque arrive un autre groupe qui s'appelle les Mediators. Les types qui accompagnaient Hector. Ils viennent, mettent très peu de temps à s'installer, et dès les premières notes, on se rend compte qu'ils sont un cran au-dessus de nous. On se prend une bonne raclée, et nous on reste comme des cons. Ils remportent le premier prix bien évidemment et nous, on est furieux. Mais ce soir-là je remarque le batteur, qui tape d'une manière très sèche. Et peu de temps après, je le recroise lors d'un concert que l'on donne dans une boîte près de la rue Montmartre, un dimanche après-midi. Le type vient me voir et me dit : « J'aimerais bien qu'on se retrouve. Mais pas avec ton groupe, je ne veux pas entendre parler de ton groupe. Toi, juste toi. » Il s'agit de Farid Khaldi.

JEAN-LOUIS BENTOLILA : Dans la toute première formation des Ken Jones il y a Jean-François Gautier à la basse, Patrick Gourot au chant et un batteur. Nous craquons tous sur les Shadows et reprenons plusieurs de leurs morceaux, que l'on agrémentera rapidement de reprises des Beatles et des Rolling Stones, il y a même un clone de Mick Jagger qui se produit avec nous, Mario Meoni. Nous reprenons « The Last Time » et « I Need You » et jouons souvent au Golf Drouot aussi à l'Écu Club de Ris-Orangis. Le Golf est ouvert tous les jours mais c'est surtout le vendredi soir qu'il y a foule pour le fameux Tremplin. Forcément, quand je joue, je rameute tous les copains de Janson, et chaque musicien fait de même. Ça fait pas mal de monde. Au lycée, même si le proviseur n'aime pas trop mes cheveux longs, auprès des copains, je suis le roi. Je fais partie d'un groupe de rock, les filles aussi apprécient beaucoup...

Premières armes avec Ronnie Bird

JOËL RIVE : L'une des premières personnes du métier que je rencontre, c'est Louis Locatelli, le chanteur des Pingouins qui habite dans le coin de Joinville-le-Pont. Peu de temps après, je fais la connaissance de Pierrot Fanen qui est guitariste, avec lequel je commence à jouer. D'abord dans ma chambre, puis un peu au hasard de nos rencontres, notamment avec Mick Harvey. Il vient d'enregistrer deux 45-tours sous son nom, a viré tous les musiciens qui l'accompagnaient et nous propose de l'accompagner. Pierrot reste à la guitare, alors que moi je passe à la basse. Nous restons avec lui environ un an, de l'automne 1963 à l'automne 1964. Il ne cesse de donner des galas à gauche et à droite, ce qui fait que l'on rencontre énormément de monde. Il se trouve que j'ai une cousine coiffeuse chez Carita sur les Champs-Élysées, elle sort beaucoup au Bilboquet, chez Castel. C'est elle qui un jour me dit : « Tiens il y a un mec qui s'appelle Ronnie Bird qui cherche un guitariste rythmique. » Elle prend rendez-vous pour moi, je vais auditionner au Bilboquet. À l'époque, il y a de très bons musiciens qui l'accompagnent, dont Bobbie Clarke à la batterie, pour moi c'est impeccable car j'apprends vraiment à jouer. Ralph Danks est à la guitare solo, Alan Bugby à la basse et moi à la rythmique, le plus mauvais du groupe... Ronnie n'est d'ailleurs pas très chaud pour me prendre dans le groupe, mais les autres décident à sa place et finalement Ronnie acquiesce. C'est le groupe que l'on appelle les Poppies. Je reste deux années avec Ronnie, car un jour j'entends parler des Trèfles. Ils cherchent un soliste, et comme j'ai pas mal progressé, je me présente. Je suis pris.

Épisode des Trèfles

JEAN-LOUIS BENTOLILA : Mes parents ne s'opposent pas à mon aventure musicale. J'habite en Algérie jusqu'en 1962 et là-bas je me suis découvert une passion pour Elvis Presley, il ne faut pas oublier que les Américains y ont débarqué en 1944, et tout ce qui vient du continent de l'oncle Sam semble magique. Mon père est assez libéral et ma mère professeur de piano, je peux donc écouter Elvis, les Platters ou Pat Boone sans trop créer d'histoire. Ce sont même eux qui vont m'acheter mes premières guitares, une Eko, suivie d'une Lucky 7 puis une Favino, une imitation Gibson construite par un luthier italien. Je reste trois années avec les Ken Jones, qui deviennent les Trèfles au cours de l'année 1965. Au cours de cet été-là nous nous produisons pendant deux mois dans un club en Corse, pour moi c'est la fin, car au mois de septembre je rentre en terminale et il faut absolument que je me mette à travailler si je veux pérenniser la tradition familiale qui est de devenir médecin ou dentiste. Jusque-là je n'ai pas fait grand-chose, mais c'est terminé. J'abandonne au moment où les trois autres enregistrent un premier 45-tours sous le nom des Trèfles, j'assure quelques parties de piano. Ils changent de nom sans doute pour bien marquer mon départ, et aussi celui de Michel Assa, le bassiste remplaçant de Jean-François Gautier qui part accompagner Christophe.

ROBERT FITOUSSI : Farid me donne rendez-vous rue de Chalon près de la gare de Lyon dans un hôtel pourrave, qui en fait appartenait à son père. Mais dans cet hôtel il y avait une cave. On s'est retrouvé là, et ce mec-là, c'est le fameux Farid Khaldi, alias Denis Pépin, qui a joué avec les Mediators. Il est un cran au-dessus de nous parce qu'il sait déjà ce qu'est le professionnalisme et a un pied dans le monde du travail. Moi, je joue de la guitare rythmique et quelques soli de temps en temps. Farid me dit : « Si tu veux on peut monter un groupe, maintenant. » Je suis OK et je lui dis : « Que veux-tu que l'on monte comme groupe ? » On va d'abord commencer à travailler à trois, avec le bassiste Michel Assa. Michel a une tronche caractéristique, ce n'est pas le plus grand, mais il sait amener son trip et son ambiance. Et donc Michel à la basse, moi à la guitare et au chant, Pépin à la batterie et à la voix. À nous trois, avec de bonnes répétitions, on commence à faire quelques clubs dont La Bohème à Montparnasse, juste à côté du Top Ten. On commence à jouer là-dedans, et là le mec nous dit quelque chose que je n'avais jamais encore entendu : « Les mecs, vous avez vachement de succès, tout le monde vous apprécie, revenez la semaine prochaine ! » Donc je comprends qu'on a marqué un point et que Farid avait raison, il faut aller dans ce sens-là, virer l'ancien groupe et continuer sous cette forme. Si au début nous ne faisons que des reprises, on intègre tout de même dans le répertoire une ou deux créations de Farid et moi. On se rend compte également qu'au milieu des autres morceaux, ces titres-là sont tout aussi appréciés. Ça nous donne une putain d'énergie. On fait un ou deux morceaux en français, le reste en anglais. Essentiellement du Stones et du Beatles : « We Can Work It Out », « Satisfaction », « The Last Time », et aussi du Who, « I Can't Explain »... Le début du professionnalisme, c'est là. Là ce sont les Trèfles, la seule différence, c'est qu'à un moment, l'on ne garde plus Michel Assa et Farid ne veut plus jouer de batterie, il veut passer à la guitare. On ne peut pas être deux guitaristes avec une batterie. Donc Farid prend la guitare, moi la basse, j'ai une aptitude pour jouer la basse et Jean-Claude Barre devient notre batteur. Augmentés de Joël Rives, les Trèfles deviendront les Boots. Lui aussi a une bonne dose de professionnalisme, il se maquille déjà et fait très attention à notre look. Quelque chose qui ne nous serait jamais venu à l'esprit avant, car on s'en foutait complètement. Mais là, grâce à Joël, on a été obligé de devenir un peu plus regardant sur notre look, nos coiffures, le maquillage que l'on se faisait avant de passer sur scène.

JACQUES LEBLANC : Les Boots, avant de choisir ce nom, se sont d'abord appelés les Trèfles, le temps d'enregistrer un super 45-tours dans la veine folk-rock, à grands coups de riffs rageurs d'harmonica... À l'écoute, l'empreinte de Bob Dylan est indéniable et le disque s'inscrit dans le courant Antoine... (*Jukebox Magazine* n° 117.)

ROBERT FITOUSSI : Le trèfle, c'est parce que nous sommes trois et que nous cherchons un mot qui exprime cette idée de trio. Le trèfle est supposé avoir trois feuilles, mais le nom n'a pas autant d'importance que ça, rien à voir avec aujourd'hui.

La photo du 45-tours des Trèfles est prise à Ménilmontant, tout se passe si vite à cette époque... On a rencontré un type en Corse qui nous a dit : « J'aimerais bien faire un disque avec vous. » Il nous donne son numéro de téléphone, et un jour je l'appelle. Je lui dis : « On a un groupe un petit peu différent, mais je pense que c'est aussi bien. » Il nous dit que ça n'est pas un problème. Le studio est retenu, on a une séance de trois heures dans laquelle on doit enregistrer quatre titres tout compris... Nous n'avons le temps de rien faire. Ceux qui nous complexent beaucoup à l'époque, ce sont les Anglais. Les Kinks ou les Who, quand on entendait le son sur les disques, et que l'on comparait avec ce que l'on pouvait faire avec les Trèfles, on était à des années-lumière... L'une des raisons principales c'est que les gens qui sont dans les studios à l'époque n'ont pas du tout l'habitude de travailler le rock. Ils ne savent pas ce que c'est qu'une prise de son d'un ampli. Sérieusement, les Anglais ont une avance monstrueuse. Même sur scène leurs amplis ont un meilleur son que le nôtre. Ils débarquent et ont déjà un super son. Nous, sur scène, on a des petits amplis et c'est limite ridicule quand on compare. Il y a pas mal de mecs à Paris du côté de Pigalle qui vendent leur petite production artisanale, Le Prêtre, c'est hors de prix et en plus ça ne sonne pas. Tu vois un Anglais arriver avec son Bassman tout simple, légèrement trafiqué par ses soins, et le son te décoiffe d'entrée de jeu ! Le décalage est énorme.

Arrivée d'un quatrième homme

JOËL RIVE : Ils sont déjà très forts, mais je me rends compte aussi qu'il y a tout un travail d'arrangement à faire. J'interviens juste après leur premier 45-tours qu'ils ont enregistré parce qu'un copain à eux avait un peu de fric. Mais c'est très amateur. Et justement comme j'insuffle un vent nouveau, on décide de changer de nom. Les Trèfles deviennent officiellement les Boots. Pour fêter l'événement, je me rends à Londres pour acheter deux amplis Vox AC 30 treble boost. À l'époque c'est important d'avoir le son, je venais de passer deux ans avec des Anglais [*N.d.A.* : les musiciens de Ronnie Bird], et je sais exactement ce que cela signifie. Farid et Robert ont tous les deux une Vox à la Beatles, ils sont vraiment excellents. Je pense qu'ils avaient juste besoin qu'on les guide un peu, c'est ce que j'essaye de faire.

ROBERT FITOUSSI : Lorsque l'on joue avec les Trèfles, on a une période où l'on est dégoûté de la façon dont le disque a été fait. Nous sommes un peu désillusionnés par le résultat de ce 45-tours-là. On a l'intention de changer de formule à un moment, et on travaille avec Gérard Filippelli des Problèmes. On le connaît. Il arrive avec son ampli bizarre. Lui au moins il a le son. On discute la coupe du Gold en sa compagnie, la coupe du parfum Goti. Il y a 500 balles à la clé, ce qui est une belle somme. À La Bohème, le patron doit nous filer quelque chose comme 10 balles chacun... Pour parvenir à payer le taxi on met souvent de notre poche. On travaille avec Phil, on monte un petit répertoire et on gagne. Woaw! On se rend compte que l'on peut remporter un concours et que l'on peut arriver à faire quelque chose. Un jour, on se réunit et on se rend compte qu'il nous faut un élément de plus. On fait la connaissance de Joël Rive. Lui est tous les soirs chez Castel et a plein de plans, juste avant il jouait avec le groupe de Ronnie Bird, les Poppies, mais a dû arrêter parce que le producteur a été condamné pour deal d'héro. Dans la foulée, il nous parle d'un plan pour l'été, à la Chouraskaïa, une boîte de nuit à Aigues-Mortes en Camargue. Il y a un type qui est propriétaire terrien, il est bien branché avec Castel et ce dernier lui envoie des groupes... On passe un excellent moment là-bas. Avec Joël, je me souviens d'épisodes un peu sauvages, il y a souvent des bagarres dans les groupes, et un jour j'en vois une qui est très grosse. C'est au studio de répétition, au moment où les Trèfles deviennent Boots. Farid est contacté par le chanteur des Murators, Nicolas Nils, un type qui a une tête de mods mais un type violent. Moi, je l'ai vu taper un de ses musiciens, uniquement parce que ce dernier lui avait annoncé qu'il ne pourrait pas venir le lendemain. Notre rendez-vous est dans cette cave de l'hôtel. Un bassiste d'origine asiatique dit à Nicolas Nils : « Demain je ne pourrais peut-être pas venir à la répèt. » J'ai vu le chanteur des Murators : « Tu ne peux pas venir à la répèt ? » Il l'a détruit. Dans le couloir, c'était d'une violence inouïe. Il l'a massacré, laissé en sang, et moi ça m'a rappelé les histoires sur les Who qu'on disait qu'ils se massacraient. Je me suis dit : « Merde ça existe vraiment ! » Après on décide de travailler, et on travaillera très très dur. Dans cette ambiance un peu, on dirait *garage* aujourd'hui, moi je dirais cave car à l'époque c'est l'un des rares endroits où l'on est tranquille et où l'on peut faire le bruit que l'on peut, on commence à monter un répertoire original, celui des Boots. C'est pour moi complètement évident que ce groupe s'appelle les Boots, car mon père est alors chausseur. Il y a aussi la chanson « These Boots Are Made For Walking ».

JOËL RIVE : Le nom des Boots, c'est à cause des boots que je me suis achetées à Londres, des vraies Anello & Davide comme les Beatles, et aussi parce que l'on entend partout une chanson de Nancy Sinatra, « The Boots Are Made For Walking ».

Naissance des Boots

JOËL RIVE : Dès qu'il apprend que ses protégés ont des projets d'avenir, l'ancien mentor des Trèfles les menace, mais à partir du moment où ces derniers changent de nom, il n'y a plus aucun souci. D'autant plus qu'aucun Trèfles n'a signé de contrat, c'est encore très artisanal, personne ne pense à demain. Nous répétons dans la cave de l'hôtel des parents de Farid dans le quartier de la gare de Lyon ; c'est un hôtel sans prétention, mais nous nous y sentons comme chez nous.

ROBERT FITOUSSI : Je suis obligé de travailler dans le téléphone à un moment, mon frère est dans une compagnie de téléphones privée, et moi je suis bien obligé par rapport à ma famille de faire quelque chose. Je ne peux pas simplement dire : « Je fais de la musique. » On m'aurait irrémédiablement rétorqué : « Oui, mais qu'est-ce que tu fais la semaine ? » Il faut donc que je trouve un job pour satisfaire mes parents. J'accepte de prendre un boulot de câbleur, et je passe des câbles de téléphone. Je me débrouille pour faire mon boulot le plus vite possible le matin, et comme ça j'ai l'après-midi de libre, je peux aller répéter. Je ne me pose pas trop de questions, car je suis persuadé que ça va perdurer ainsi un long moment. Jusqu'au jour où, au bout de quelques mois de travail assidu, nous en sommes au point de nous frapper sur la gueule si un type du groupe ne vient pas répéter, c'était aussi violent que ça. Nous ne sommes pas tenus par un contrat, mais par la baston. C'est bien que l'on ait cette discipline, sinon cela aurait été bordélique, et donc on répétait de telle heure à telle heure, et sans s'arrêter, toujours dans la cave de l'hôtel, dans des conditions épouvantables. Un froid glacial, on se chauffe à notre sueur. Mais c'est une très très bonne école, et surtout à la dure, comme ça, on apprend vachement à travailler. On fait des plans où le guitariste commence à jouer avec un archet pour sortir certains sons. Nous avons des percussions bizarres. Tout ceci n'a pas grand-chose à voir avec le rock mais ça peut nous permettre de nous faire évoluer. Jusqu'au jour où on appelle, c'est Farid qui nous dit : « Je pense que l'on est prêt, on peut appeler un mec que je connais, Robert Ismir, il fait tourner des groupes. » On l'appelle et on lui dit : « Je crois qu'on est prêt, tu peux nous entendre ? » Lui nous répond : « Vous pouvez venir maintenant ? — Comment ? — Avec tout votre matos. D'accord ! » On range les amplis, on va au Top Ten où Robert Ismir nous attend. Il organise un show pour le soir avec Chuck Berry. Il nous dit : « Ne faites pas attention aux câbles, tout le monde est en train de se préparer pour ce soir, branchez-vous là et montrez-moi ce que vous savez faire... » On se branche, vite fait, on commence à jouer un morceau. Il nous dit : « OK, vous êtes engagés. — Engagés de quoi ? — Vous passez ici ce soir en ouverture pour Chuck Berry. » Le soir, on joue, premier concert, premier succès. Et à partir de là, il ne nous lâche plus, on a quasiment un concert tous les soirs. À Paris, à Mantes-la-Jolie, en grande banlieue, même en Moselle... Un jour, il nous fait passer au Bus Palladium car Vigon ne peut pas venir, c'est d'ailleurs Michel Jonasz qui l'accompagne à cette époque, on joue souvent au Bus Palladium. Le propriétaire nous aime bien. À partir de ce moment-là, on devient résidents, une semaine Vigon, une semaine nous. On restera à l'affiche du Bus pendant des mois. Ça nous forme, à raison de cinq passages d'une demi-heure dans la vapeur des gens qui dansent, et du plafond qui nous dégouline sur la gueule car la salle était légèrement inclinée et lorsque les murs gouttaient, c'était sur nous. La condensation sur les micros, ça nous filait des coups de jus. C'est vraiment à la dure, mais on apprend notre boulot. Nous sommes payés, à raison de 50 francs chacun par soir, ce qui pour l'époque n'est pas mal du tout. On est en 1965-1966. Ceci en plus des galas qu'on fait derrière.

Une fois en Moselle, c'est tellement phénoménal qu'il y a une file de fans d'au moins 200 mètres qui attend qu'on leur signe des autographes. On nous présente même des passeports pour que l'on signe dessus. C'est quelque chose ! Nous, on ne comprend même pas ce qui se passe, sauf que le public semble adorer. Un autre soir, nous jouons à la Locomotive avec Eddy, et ce dernier me prend à partie dans les coulisses : « Tu es bien dans ton groupe ? » Je lui réponds que oui, que je suis vachement bien. Il me rétorque : « Profites-en car tu ne vas pas tarder à te retrouver seul, tu verras. Les bons chanteurs à un moment donné entament toujours une carrière solo... » Il a raison. Et je me souviens très bien du traumatisme que m'a causé le départ d'Eddy des

Chaussettes, ce soir-là je me dis qu'il ne peut avoir que raison ; au moins, il m'aura prévenu...

Antoine et les beatniks

ROBERT FITOUSSI : Dans une chanson comme « Laissez briller le soleil » nous faisons allusion à la bombe atomique car Farid est très branché là-dessus. Nous on veut chanter des paroles qui ont un sens mais sans trop s'impliquer, car sinon nous avons l'impression de rentrer dans la polémique et nous sentions que nous serions déçus un jour ou l'autre.

Croyez-moi c'est vrai la terre va exploser,
Grâce à tous ces hommes braves à ces vaillants guerriers,
Ils finiront bien par nous mettre en l'air,
Avec toutes leurs machines et leur drôle de guerre,
Il faut arrêter tout ça
La vie, ce n'est pas ça...

(Extrait de « Laissez briller le soleil ».)

JOËL RIVE : À l'automne 1965, nous rencontrons Antoine. Les Boots donnent un concert dans un café du quartier de Mouffetard, Chez Félix. Je rencontre Antoine plusieurs fois avant qu'il n'enregistre, je lui vends même une guitare. Ce soir-là, Antoine veut faire le bœuf avec nous, dans cette cave où nous avons nos habitudes. Il est habillé comme un beatnik avec sa parka kaki, mais ça ne suffit pas, il se fait jeter comme un malpropre... Quelques mois après, je le croise chez Castel, j'ai l'habitude d'y aller parce que le patron Marc Donitz me file souvent des petits boulots. Antoine me dit : « Bonjour, tu te souviens de moi ? » Je lui réponds que oui et je ne peux m'empêcher d'ironiser sur ses prétentions artistiques, lui glissant une phrase du genre : « Alors toujours chanteur ? » Et c'est là qu'il m'apprend que « Les élucubrations... » que l'on entend partout, ce sont les siennes. Je n'en reviens pas... Je m'étais vraiment gouré sur ce type-là. Je n'aime pas du tout sa chanson, pour moi c'est vraiment de la merde, les paroles sont nulles. Presque quarante ans plus tard, je la chante car je sais que cette chanson a vraiment marqué les esprits. Mais au moment de sa sortie, tous les musicos avec lesquels je traîne détestent ce morceau et se demandent qui est ce type que personne ne connaît, par contre j'apprécie le fait qu'il ait les cheveux vraiment très longs et qu'il soit anti-société. Mais des paroles comme *Ma mère m'a dit Antoine fais-toi couper les cheveux...* ne passent pas du tout.

ROBERT FITOUSSI : On se rend compte qu'il y a des mecs qui font mieux que nous. Le problème que l'on a avec les Boots, c'est qu'on veut rester en marge, on ne veut pas rentrer dans le système. On nous propose plusieurs fois d'être sponsorisés par une boîte, ce qui nous aurait amené confort et tournées, mais c'est quelque chose que nous refusons. Nous voulons rester des purs et durs, nous refusons ce jeu. On ne veut pas rentrer dans le commerce, pourtant nos chansons pouvaient être commerciales. On ne veut pas se vendre. Si on nous dit : « Il y a untel qui voudrait faire quelque chose avec vous, on s'enfuit en courant, ça ne nous intéresse pas... » Notre maison de disques va être très ennuyée car c'est toujours la même réponse, quoi qu'ils nous proposent, c'est : « Non ! » Je n'ai jamais été matérialiste. Le pognon ne nous fait pas courir. Ce qui nous fait courir, c'est jouer. Nous n'avons pas pour but de devenir des millionnaires de la musique. Je n'ai pas de problème financier, j'habite toujours chez mes parents.

Premier disque chez Polydor

ROBERT FITOUSSI : Nous signons avec la firme Polydor mais nous n'avons toujours pas d'argent, le contrat nous est donné, et nous l'acceptons sans vraiment le regarder. C'est important pour nous d'enregistrer un disque, c'est comme une estampille — pro — et donc nous ne faisons pas attention aux conditions. C'est André Djento qui nous signe, il travaille alors avec Jean-Pierre Orfino. Tous deux cherchent des nouveaux talents partout. André vient un soir au Bus Palladium, c'est là qu'il dénichera Stone d'ailleurs, André voit les Boots et nous donne rendez-vous à la maison Polydor.

ANDRÉ DJENTO : Polydor m'engage avec un type qui s'appelle Jean-Pierre Orfino, ex-musicien des Pirates. En fait, il n'y a qu'un seul poste à pourvoir mais nous sommes deux à être sur le coup, on nous engage donc tous les deux. Nous nous entendons à merveille, nous habitons même ensemble. Nous sommes très potes, il n'y a aucune concurrence entre nous. Nous sommes vêtus d'un costard avec une mallette dans laquelle il n'y a rien, mais personne d'autre que nous ne le sait. C'est au Bus Palladium de James Arch que l'on rencontre les Boots, aussi Stone. Orfino s'occupe de Stone et moi des Boots. Nous ne savons pas du tout comment nous y prendre pour les aborder, moi je ne suis pas directeur artistique, auparavant j'ai été vendeur de disques. Mais bon je me force, c'est du genre : « Bonjour, voici ma carte, j'aimerais prendre rendez-vous à mon bureau. » Je me rends vite compte que c'est assez simple en fait.

JOËL RIVE : Les types qui s'occupent de nous sont vachement sympas, mais je m'aperçois rapidement qu'ils n'y connaissent rien, ils débutent et obtiennent peu de passages radio, encore moins d'articles. Je suis même obligé de me déplacer plusieurs fois pour que l'on programme notre disque en radio...

CHOUCHOU : Il y a eu les groupes anglais, il y a les groupes américains et il y aura bientôt un ou plusieurs groupes français capables de rivaliser avec eux sur le plan de la qualité. C'est du moins l'ambition des Boots, quatre Parisiens très in qui ont signé un contrat d'enregistrement chez Polydor. Joël, Farid, Jean-Claude et Robert ne sont d'ailleurs pas des inconnus : ils ont déjà accompagné séparément plusieurs grands artistes et participé à un certain nombre de séances d'enregistrement. Ils sonnent comme des Anglais et ils font partie du nouveau mouvement français qui a Antoine, Polnareff et Dutronc pour chefs de file... (*Salut les copains* n° 55, février 67.)

ROBERT FITOUSSI : Nous enregistrons dans la foulée d'un concert. C'est quelque chose dont je ne me remets pas... Nous enregistrons notre premier disque au Studio des Dames, alors que nous venons de passer la nuit au Bus Palladium. Nous avons terminé à 5 heures du matin, et au lieu d'aller nous coucher, nous allons manger une saucisse-frites, place Clichy. Nous sommes à l'heure au studio, avec notre break devant la porte, prêts à décharger notre matos. Nous enregistrons dans les conditions du live, sans avoir dormi. Comment a-t-on pu faire cela ? Quand t'as vingt piges, t'as une sacrée énergie ; aujourd'hui, même en rêve je pourrais pas faire la même chose.

« Robert, Joël, Jean-Claude et Farid viennent de former le premier groupe français qui peut rivaliser avec les plus célèbres groupes anglais : Quatre jeunes dans le vent qui composent eux-mêmes les paroles et la musique de leurs chansons. Un bon premier disque de qualité... » (Notes de pochette du premier 45-tours.)

ANDRÉ DJENTO : Chez Polydor, j'ai carte blanche au niveau budget, ce qui ne signifie pas grand-chose car nous enregistrons au Studio des Dames qui leur appartient. Polydor, en ce milieu des années 1960, c'est la maison de disques des Compagnons de la Chanson et de Colette Deréal, et avec Jean-Pierre Orfino, on se rend bien compte que personne ne nous prend au sérieux. C'est très : « Va t'amuser avec les Boots si tu veux, pendant ce temps-là nous on travaille. » Un travail qui n'est d'ailleurs pas très compliqué, la promo se résumant à *Disco Revue* de Jean-Claude Berthon et *Salut les copains*. *Rock & Folk* n'existe pas encore. Aussi quelques radios comme Europe 1, RTL. Nous aurons de la presse, mais ça ne fait pas vendre du tout.

JOËL RIVE : On joue à gauche à droite, au Bus Palladium par exemple, à la salle Wagram aussi. Au Bus on doit gagner dans les 50 balles chacun, lorsqu'il y a plusieurs groupes à l'affiche c'est le double. Parfois aussi on fait des galas en province et là, c'est carrément deux ou trois fois plus. J'habite chez mes parents, mon père gagne sa vie, celui de Farid et de Robert également, nous ne sommes pas vraiment à la rue et l'argent que nous gagnons n'est absolument pas mis de côté. On le dépense.

Un deuxième disque et puis s'en va

ANDRÉ DJENTO : J'ai des regrets en ce qui concerne les Boots, je veux les faire bosser mais eux ne veulent pas. Nous sommes alors trop jeunes pour envisager de construire quoi que ce soit. Le groupe connaît beaucoup de hauts et de bas, c'est très difficile à gérer. Je me rends très vite compte que Robert n'est pas satisfait de cette situation, qu'il veut mener sa propre carrière, qu'il va rejoindre la bande des variéteux. C'est le moins rebelle de la bande. On s'amuse beaucoup mais ça n'a qu'un temps. Et comme les deux 45-tours ne se vendent pas, Polydor arrête. De toute façon, ils n'ont que des vieux au catalogue et se moquent complètement des Boots. Un beau jour, on me demande de m'occuper d'Yves Roze, alias Jean-François Michael, et j'abandonne les Boots.

JOËL RIVE : Le second 45-tours a un bien meilleur son car nous avons plus de matos, il n'y a par exemple pas d'ampli basse sur le premier... Il me semble qu'il n'y a que Farid qui possède déjà une guitare Epiphone.

Je n'aime pas les gens, car ils sont méchants,
Je n'aime pas la vie, car la vie m'ennuie,
Je n'aime pas l'amour, car il finit toujours,
Je n'aime pas la nuit, et souvent je me dis...

(Extrait de « Les gens sont méchants ».)

ROBERT FITOUSSI : Oui, mais le premier morceau qui sonne le glas du groupe, c'est la chanson « Je n'aime pas les gens ». C'est un tournant qui ne correspond plus du tout à ce que l'on fait avant, autant au niveau des textes qu'au niveau des arrangements. Ce n'est plus très rock anglais.

Sexe, drogues et rock and roll

ROBERT FITOUSSI : On voit des mecs fumer du haschich mais nous, ça ne nous dit rien. Ce n'est pas dans notre trip, on préfère boire deux whiskeys avant de monter sur scène. On est plutôt alcool. Le hasch, on est pas du tout là-dedans. Lorsque l'on fréquente Antoine et les Problèmes, à la Chouraskaïa, ils doivent fumer un peu mais sur le coup je ne m'y intéresse pas, je suis plus branché par les gonzesses. On le découvrira après, c'est à cause des Beatles que l'on essayera, ils en parlent tellement que ça nous donne envie d'essayer. Je fume mon premier pétard à l'été 1967, à Saint-Tropez, sous un chapiteau, il y a un Américain complètement fou qui a fait un spectacle qui s'appelait *Le Désir attrapé par la queue de Picasso* et qui se tient à La Foux, là où il y a un casino actuellement. C'est une pièce écrite par Picasso dans laquelle il y a des acteurs fous qui jouent des rôles de fous... Il y a aussi les Soft Machine qui y participent. Moi j'ai un groupe, sans nom, que j'ai monté juste pour jouer cet été-là. Je me suis demandé pourquoi j'avais autant attendu pour œuvrer en solo...

La pilule vient tout juste de se démocratiser, et avec les gonzesses qui la prennent c'est le délire. Ça commence à forniquer à tour de bras... Avant, au Bus Palladium notamment, il y avait des filles qui étaient partantes mais c'étaient surtout des micheton-neuses. Elles étaient très jeunes et avaient besoin d'un soutien, d'un appui... C'était quelque chose que je n'imaginais absolument pas. Il y avait même des filles qui me le proposaient, elles voulaient bien travailler pour moi si je les soutenais... Le propriétaire du Bus Palladium n'est pas très regardant et la police organise des descentes une fois par an, pour la presse. La majorité est à 21 ans, mais moi, par exemple, ça ne m'empêche pas de boire de l'alcool, pourvu que je ne fasse chier personne. Tout le monde s'en fout, en fait.

Le Bus Palladium

ROBERT FITOUSSI : Le public du Bus Palladium est affolé. Il y a pas mal de gens qui viennent tous les soirs, et le gros avantage c'est que tous les groupes qui jouent à Paris finissent leur nuit au Bus Palladium, dont Eric Clapton, Arthur Brown, Jimmy Page... Tout ce que l'Angleterre compte de musiciens anglais importants finit au Bus Palladium. Ils font le bœuf et nous, on est souvent là... Tous les soirs, on voit ces mecs jouer, on voit comment ils se branchent, on discute avec eux. Ce sont eux qui nous disent : Vos amplis ne valent rien, il faut aller en Angleterre acheter des AC 30 treble boost, il y a de la ronronnette mais le son est bien plus crisp... Nous y allons acheter des amplis comme eux, et des guitares aussi. Ce sont un peu nos maîtres à penser, c'est grâce à eux que l'on peut évoluer.

Quand je prends le métro à 5 heures du matin pour rentrer chez moi, je vois les gens aller au travail. Je revois mes parents me hurler après, les choses habituelles : « Tu ressembles à une fille ! » Les gens dans le métro ne cessent de nous envoyer des vannes, et c'est souvent limite que l'on se tape avec les ouvriers qui vont travailler le matin. Pour eux nous sommes des martiens. On va se coucher alors qu'eux vont travailler, et en plus on a les cheveux super-longs. C'est le moment le plus dur de la journée, mais si nous voulons tenir, il faut supporter et défendre ça, surtout si nous voulons rester ce que nous sommes... En Corse, une fois, ils viennent avec des fusils et des ciseaux pour nous couper les cheveux. C'est grave quand même... Ils entrebâillent leur fenêtre pour nous regarder passer dans la rue, pour se foutre de nous et nous envoyer des cailloux. Nous sommes les premiers à avoir les cheveux longs, mais lorsque cela rentrera dans les mœurs, mon père sera fier et dira à ses amis : « Mon fils a été l'un des premiers à porter les cheveux longs. » Il a une certaine fierté... On n'est pas équipés, et en France il n'y a rien pour nous aider, encore moins pour nous habiller. Il n'y a que dans les boutiques de femmes que l'on peut trouver des trucs intéressants. Dans les boutiques d'hommes, c'est du noir et blanc, il n'y a ni relief ni couleur. C'est le désert, et pour avoir un look, il faut absolument aller au Marché aux Puces. On va donc s'y équiper. C'est pas facile. Aujourd'hui on peut voir des types avec le crâne rasé et des boucles d'oreilles, tout le monde s'en fout. Dans les sixties, c'est complètement différent. Les cheveux longs pour les garçons, c'est une atteinte à la pudeur. Quarante ans après, je pense qu'on a bien fait.

Les filles nous aident vachement, à un moment les types deviennent un peu excentriques avec leurs cheveux longs, mais les filles se rattrapent pas mal avec leurs minijupes. Quand elles commencent à porter des minis ras-le-bonbon, les types aux cheveux courts ne se sont plus préoccupés des cheveux longs des mecs. Ils sont trop obsédés par l'idée d'apercevoir la culotte de la fille qui passe à côté avec la minijupe... Les filles nous donnent un coup de main en attirant l'attention sur elles, et du coup, nous, on se retrouve un peu plus peinards. On peut développer ce que nous voulons développer, et puis, surtout, les filles commencent à tomber amoureuses des mecs qui ont un look. Ceux qui sont encore en costume cravate, tendance blaireau, ça ne les intéresse plus. Quand les mecs se rendent compte que les filles vont plutôt vers les mecs excentriques aux cheveux longs et avec des chemises bizarres, on assiste à un grand changement. Les anciens straights veulent devenir cool pour essayer de plaire aux filles, c'est grâce à la séduction que certaines idées s'imposent.

Gilbert Safrani

ROBERT FITOUSSI : Un jour, le père de Gilbert Safrani vient nous voir à la maison de disques Polydor, il est très influent, il nous dit : « Voilà mon fils voudrait faire un disque, il lui faudrait une bonne équipe derrière. » Polydor le branche sur nous, mais dès qu'ils nous en parlent nous on refuse catégoriquement. On ne veut pas faire autre chose que ce que l'on fait. Il y a eu une telle pression, le type était tellement charmant et adorable, que finalement, ne serait-ce que pour ça, on s'est laissé convaincre. Il menait sa propre carrière, et à un moment donné on a joué pour lui. C'est un épisode, juste comme ça, l'occasion d'enregistrer un autre 45-tours.

La fin du groupe

Lorsque je suis heureux, l'amour n'est pas bien loin
Elle a de jolis yeux, elle a vingt ans demain
My little baby'll be twenty, I want to give my life for her beautiful eyes,
She's twenty tomorrow, yeah, she's twenty tomorrow...

(Extrait de « Vingt ans ».)

ROBERT FITOUSSI : L'aventure des Boots se termine à cause de la maison de disques, c'est elle qui nous oblige à enregistrer une chanson, « Vingt ans », le deuxième refrain est chanté en anglais et le titre se traduit par « Twenty », or il existe une marque de produits de beauté qui s'appelle ainsi... Dans le groupe, il y a une grande dispute. Farid veut nous quitter parce que la chanson ne l'intéresse pas, c'est un pur et dur. Pour ma part, je trouve que la chanson n'est pas mal du tout, surtout il y a une tournée à la clé. Les types du parfum Twenty nous proposent un soutien financier, mais comme d'habitude, ça nous fait fuir. Ça suffit pour éclater le groupe. Nous enregistrons le deuxième disque et, à peine celui-ci sorti, le groupe éclate. Au même moment, Éric Charden me tombe dessus en me disant : « Tu es un vrai chanteur, on pourrait pas faire un truc ensemble ? » Comme je viens d'enregistrer une chanson qui flirte beaucoup avec les variétés, « Je n'aime pas les gens », je tire un trait sur ma période british.

OLIVIER WALLACE : Deuxième disque de ce groupe sympathique et dans le coup. Mais à part « Les gens sont méchants » de Bryan Mu et Monty, le répertoire est un peu faiblard. Les Boots seraient mieux chaussés s'ils s'adressaient à des auteurs professionnels. (*Rock & Folk* n° 3, janvier 1967.)

JOËL RIVE : La fin du groupe, c'est parce que Éric Charden s'occupe de Robert, mais aussi à cause d'un petit conflit entre Farid et Robert. Tous les quinze jours, ils se disputent, se rabibochent et se disputent de nouveau... Un jour à Limoges, Farid se casse, nous sommes obligés de jouer sans lui. Moi, je dois chanter plusieurs chansons, c'est une vraie galère pour moi. On en vient aux mains aussi parfois, et avec Robert on ne s'entend plus avec Farid. Il y a une séparation au sein des Boots, car moi je décide de suivre Robert dans sa carrière solo, je participe à ses premiers 45-tours. Je trouve que c'est normal car Robert est celui d'entre nous qui chante le mieux, Farid n'assure souvent qu'une seconde voix, ce qui n'enlève rien à son talent de compositeur.

FR David solo

CHOUCHOU : FR David est un habitué des noms farfelus. Avant de chanter seul, il a fait partie de plusieurs groupes tels que les Pyjamas, les Dalmatiens, les Ken Jones et les Boots. C'est sur les conseils de ses amis Monty et Éric Charden que David a enregistré un disque chez Polydor, comme soliste. Son premier titre « Symphonie » a été un succès honorable et il est sur le point de publier son second 45-tours, dont le titre principal est une adaptation des Bee Gees. Le gros problème de David : les initiales F.R. qui précèdent son nom et dont il n'a jamais très bien su la signification... (*Salut les copains* n° 63, octobre 1967.)

ROBERT FITOUSSI : Je prends le nom de FR David, FR pour mes deux initiales inversées, et David à cause du Spencer Davis Group, ç'aurait pu être FR Davis... Tout à coup, je me retrouve seul, le premier EP je l'enregistre en Angleterre dans le studio des Cream. Là-bas j'enregistre avec Big Jim Sullivan à la guitare et Michel Colombier comme chef d'orchestre, c'est ce dernier qui signe les arrangements d'ailleurs. J'avais toujours rêvé d'enregistrer en Angleterre, et j'y suis. Les Anglais ont le son, je n'en reviens pas, j'ai même une réaction de fan, je prends une grande feuille et je demande à tous les musiciens présents de me faire une dédicace... J'enregistre deux super 45-tours puis un simple avec un morceau qui s'appelle « Bal joli bal » que je n'aime pas beaucoup et, comme par hasard, c'est celui qui se vend le plus. Je commence à vouloir renoncer à cette carrière de chanteur, et je me dis qu'il faut que je refasse des groupes. Je rentre avec les Hot Beat, une formation qui ne fait que du Beatles, l'une des meilleures en France, ensuite je rejoins les Jets. Un groupe très sérieux, avec un super-chanteur et des instrumentistes de folie. Il y a un élément fabuleux, Henri, mais il a un problème d'alcool et ça nous met dedans.

ÉRIC CHARDEN : Je suis chez Polydor, c'est l'époque des premiers 45-tours de Stone. Je connais bien Robert et lorsqu'il veut enregistrer un 45-tours solo je l'aide. Je suis fanatique de sa chanson « Comme une symphonie », dans mon esprit c'est très rock and roll. Pour cet enregistrement, j'ai remplacé la section de cuivre par des cordes. Je me trouve à Londres avec Robert et en fait, la personne qui s'occupe de planifier les séances, Terry Kennedy s'est gouré de feuille, ou de jour... Aucun cuivre n'est présent, par contre, la section de cordes est disponible. Nous venons de Paris, on a dû prendre l'avion à 6 heures du matin, et moi j'ai écrit les arrangements pour des cuivres, alors que je me retrouve avec une section de cordes sur les bras... J'adapte tout en quelques minutes, et au final la couleur est géniale, ce ne sont que des cordes que l'on entend. Au retour c'est un carton, la radio Europe 1 adore ce disque et le programme souvent. Si l'on tend l'oreille il y a même quelques mesures de « Satisfaction »... Je me resservirai de ce gimmick pour une chanson de Stone, « L'Antiquité ». Ce ne sont que des cordes qui jouent.

ROBERT FITOUSSI : « Comme une symphonie », marche bien en radio, mais mon disque n'est pas dans les bacs. Le label met un long moment à réagir, et lorsqu'il est enfin disponible c'est trop tard... À l'époque c'est Deutsch Grammophone qui compte chez Polydor, et le reste ils s'en moquent. Mon premier disque passe inaperçu, je me suis vraiment demandé si on n'a pas essayé de m'étouffer comme si je faisais de l'ombre à quelqu'un. J'aime vraiment ce premier disque, j'en suis vraiment fier.

Mai 68, c'est un an après le spectacle en compagnie de Soft Machine. Un moment donné on se mélange et l'on joue ensemble, les deux groupes dans le chapiteau. Il y a deux scènes qui au départ sont éloignées mais qui se rejoignent. Eux jouent, et nous, on leur répond. En mai 1968, en fait j'ai monté un groupe avec un mec qui s'appelait Patrick Beauvarlet, aux claviers il y a Alain Legovic [*N.d.A.* : futur Alain Chamfort] et à la guitare le cousin de France Gall, Denis Lable. On joue des trucs à la Barkeys, le groupe qui accompagne Otis Redding. C'est en 1968. On travaille dans la maison d'Éric Charden à Saint-Cloud, c'est devenu une vedette grâce à son titre « Le Monde est gris, le monde est bleu ». Nous, on fait quelques concerts en l'accompagnant pour vivre. Éric a une grosse Camaro et surtout il se débrouille toujours pour avoir de l'essence quand personne n'en a. Moi je viens avec ma petite Cooper, je rentre ma Cooper dans le garage et je lui siphonne de l'essence. Je me souviens de ça; mai 68 c'est la panne d'essence. Je ne suis pas dans les manifs, je ne me sens pas concerné par ça. Ce qui se passe dans la rue me branche moins que la musique. Moi ce qui me passionne c'est la musique. Je sais qu'il y a du grabuge, mais par exemple je ne regarde jamais les infos. Je passe je me fais arrêter par les flics, parfois ils veulent me tabasser parce que j'ai les cheveux longs, mais j'arrive quand même toujours à m'en sortir. Et puis surtout moi j'en ai rien à foutre. J'en ai vu d'autres, j'ai quitté un pays gamin petit, c'est déjà un traumatisme. Donc là, ça ne me fait ni chaud ni froid.

Épilogue

ROBERT FITOUSSI : Dès le début je perds les autres de vue, sauf Farid qui n'est pas très loin. J'ai toujours des relations avec lui. On compose à deux, c'est une sorte de tandem à la Lennon-McCartney. Par contre, Farid va tout laisser tomber quelques années plus tard. Mai 68 c'est ma rencontre avec Vangelis, dans les bureaux de la société Butterly, compagnie dirigée par Norbert Saada. Là Vangelis a installé son matériel dans une pièce que lui a accordée Norbert. C'est Norbert qui lui dit : « Fais un essai avec FR. » Les autres Aphrodite's Child ont disparu. Lui me dit : « C'est super, il faut qu'on bosse ensemble. » Cela va durer deux ans, et l'on donnera un concert au Queen Elizabeth Hall de Londres et à l'Olympia de Paris. Succès monstrueux. En 1980 je connaîtrai un gros succès international avec le single « Words », je suis le seul à avoir continué le métier.

12

Je ne suis qu'un prolétaire...

Les Gypsys

La cote actuelle de certaines formations peut être inversement proportionnelle à leurs succès, c'est le cas des Gypsys. Un quatuor qui n'a sorti qu'un seul 45-tours au printemps 67, et qui depuis déchaîne la passion des amateurs de rock français. Leur unique disque s'échange entre 120 et 150 euros, car, non content d'être extrêmement rare, il est excellent. Au même titre que la production de ces groupes américains à l'existence éphémère que l'on retrouve sur des compilations telles que *Nuggets*, *Pebbles*, *Back from The Grave*... Or si l'héritage des Gypsys fut longtemps invisible, cela ne l'empêche pas d'être exemplaire. Ils ont même joui à leur époque d'une certaine notoriété évoluant en seconde division car jamais les médias de l'époque (*Salut les copains*, *Âge tendre et tête de bois*, *Disco Revue*...) ne se sont intéressés à leur cas. Ce qui ne les empêchait nullement de tourner régulièrement et de ravir les nombreux spectateurs qui se déplaçaient à la seule évocation de leur nom. Originaires de la région parisienne, la banlieue sud est leur fief, et leur origine plus que modeste une raison solide d'avoir la rage et de travailler dur pour exister. Leur rock s'inscrit dans la droite lignée de celui des meilleurs combos dit *garage*, avec ce petit plus, une conscience politique déclamée haut et fort comme le résume le titre de la face A : « Prolétaire ». Malheureusement, cela ne suffira pas et leur renommée ne dépassera jamais le premier cercle des initiés. Leur histoire retrace toute la complexité du système, car, même au beau milieu des années 1960, il ne suffit pas d'avoir de bonnes compositions, ni une hargne à toute épreuve. Sans investissement, dans la promotion par exemple, et sans aucun coup de pouce du destin, les chances de réussite sont infimes. Le rêve de passer sur les postes familiaux et de poser pour la postérité, est alors quasi nul. À moins de faire des concessions, ce qu'aucun d'entre eux n'acceptera jamais.

Les Gypsys sont composés de : Serge Doudou né le 21 mai 1945 (guitare + chœurs), Jacky Pujol (guitare rythmique + chant) né 1er juin 1948, Gérard *Tony* Fettinger né le 9 juin 1943 (batterie), Gérard Voisenet (bassiste) remplacé par Jean-Pierre Hipken né le 25 décembre 1947 (basse + chant).

SERGE DOUDOU : Je suis né à Saint-Maurice dans le 94, le deuxième d'une famille de neuf enfants. Ma mère se verra même décerner une médaille pour cela, d'abord de bronze puis d'argent. La Régie Renault où travaille mon père décide de nous trouver un appartement pour la récompenser. Nous habitons boulevard Gouvion-Saint-Cyr, dans le XVIIe arrondissement de Paris, à l'endroit où s'érige aujourd'hui l'hôtel Méridien. Avec mon frère, nous allons à l'école rue Saint-Ferdinand, nous y croisons François Jouffa... C'est l'époque des patronages, des cœurs vaillants, des scouts et de toutes ces associations qui n'ont d'autre but que de nous trouver une occupation le jeudi après-midi. L'école met une salle à la disposition des jeunes, c'est là que se rencontrent les futurs Pingouins [*N.d.A.* : formation réunissant Thierry Vincent et Dominique Blanc-Francard]. J'y vais souvent, même après l'obtention de mon certificat d'études. C'est le bon plan si l'on veut faire de la musique. Je viens d'avoir une guitare, grâce à mon Certif', lorsque ma mère m'a demandé ce qui me ferait plaisir, j'ai repensé à cette guitare que je voyais tous les jours en vitrine d'un magasin sur le chemin de l'école. Ça m'intriguait vach'ment. J'avais vraiment envie d'apprendre à en jouer. Je m'inscris même au conservatoire pour apprendre et j'y reste près de deux ans, avant de me rendre compte que je me débrouillerai mieux par moi-même. Je prendrai encore quelques cours particuliers et me voilà guitariste. Le plus grand choc, c'est d'avoir vu Johnny Hallyday à la télévision, lorsqu'il s'est roulé par terre, ma mère s'est pris la tête dans les bras, mais moi je savais très bien que ma vie ne serait plus la même. Et s'il n'est pas encore question pour moi d'en faire un métier, je sais que je jouerai du rock.

GÉRARD FETTINGER : Je suis né à Paris dans le XIVe, j'habite un moment à Saint-Denis avant de m'installer à Vanves, je dois avoir 12 ans. Mon père est employé de banque, et ma mère s'occupe de ses cinq enfants, deux garçons et trois filles. La musique démarre avec une caisse claire que j'achète comme ça, d'occasion, je dois avoir 13-14 ans. Au début des années 1960, je commence à jouer avec le frère de Serge Doudou, Claude. Tous les deux, on va dans une salle où les jeunes ont l'habitude de se réunir pour jouer, l'école Saint-Ferdinand. Nous sommes nombreux à nous y rendre dans l'espoir de monter un groupe, nous sommes en pleine explosion twist. Il y a quelques bons, mais la plupart sont mauvais, peu d'entre nous parviendront à leurs fins. Avec Claude, on s'est croisés sur le chemin, dans le métro, et on a sympathisé lorsque l'on a appris que l'on habitait dans le même coin. On a dû penser que ça serait plus facile pour répéter ensemble... Je ne me considère pas comme musicien, mais j'ai très envie de faire de la musique, j'ai 18 ans et ne vais déjà plus à l'école. À la place je fais des petits boulots, tout ce qui se présente en fait. Ça n'a aucune importance, je ne vis déjà que pour la musique.

Minou et les Dalmatiens

GÉRARD FETTINGER : Un jour, Claude m'annonce que son frère, Serge grattouille aussi. Et lorsque j'arrête avec Claude je continue avec Serge. Denise, l'une de mes trois sœurs chante, un peu, c'est avec elle que l'on fonde notre premier groupe, Minou et les Dalmatiens. Minou, c'est le surnom de Denise. Serge est à la guitare, moi à la batterie et Gérard Voisenet à la basse, ce dernier se mariera d'ailleurs quelques années plus tard avec une autre de mes sœurs, Jacqueline... Nous répétons chez moi car mes parents nous encouragent. On trouve très rapidement des engagements, on s'y rend en métro, avec notre matériel sous le bras. Ma batterie se réduit à une caisse claire et une cymbale, ce qui n'est pas trop lourd à porter. Notre ampli, c'est un haut-parleur d'électrophone trafiqué, tout le monde se branche dessus, et tant pis si l'on capte en fond sonore la radio. Dès cette époque, on me surnomme Tony, parce que nous sommes deux à nous prénommer Gérard et ça n'est pas très pratique. Ce surnom me vient d'une fiancée anglaise, pour elle j'avais une tête de Tony.

SERGE DOUDOU : La première apparition de Minou et les Dalmatiens a lieu le 14 juillet 1961 lors d'un bal populaire, juste avant j'ai participé à plusieurs aventures, les Reeders, et une autre avec les deux frères Labacci qui deviendront par la suite Tom & Jerry. Daniel Bragard est dans le même lycée technique que moi, il se joint à notre aventure en tenant la guitare, alors qu'un certain Jacques Bardin joue de la basse. Avec Gérard Fettinger et moi, ça fait cinq. Les parents de Minou nous encouragent vivement à appréhender ce groupe sérieusement. Ce sont eux qui nous aident financièrement pour l'acquisition du matériel. Avant d'investir dans une six-cordes à moi, j'emprunte la Lucky 7 de mon frère Claude qui de son côté a fondé un autre groupe, Dan Devils et les Centaures.

GÉRARD FETTINGER : Nous ne jouons aucune composition car nous ne nous considérons pas encore assez musiciens pour oser s'aventurer dans ces eaux-là...

SERGE DOUDOU : La mère de Minou est très motivée, elle nous trouve de nombreux engagements, dont un au club François-Deguelt situé au métro Anvers. Je me souviens de celui-ci en particulier car il est significatif du fossé entre la culture de nos parents et la nôtre. François Deguelt, c'est la variété française dans toute sa splendeur alors que nous, on joue du rock. Mais comme on aime se produire en public, on ne se pose pas encore trop de questions... En fait, il y aura beaucoup de changements de personnels, et de nombreuses prises de bec entre nous. À l'automne 1962, tout s'accélère, car nous jouons coup sur coup au Salon de l'Enfance en première partie de Juliette Greco et à la salle Wagram en compagnie de Jacques Hélian. Ce dernier propose à Minou d'intégrer sa formation. De mon côté, puisque les Dalmatiens n'existent plus, avec Gérard Voisenet on rejoint les Centaures, le groupe de mon frangin et de Jean-Claude Coulonge.

GÉRARD FETTINGER : Ma mère encourage Minou à accepter cette proposition qui ne se présentera pas deux fois, et comme je pars à l'armée en Allemagne, à Trèves, le 2 novembre 1962, pour une durée de dix-huit mois, il semble évident que cette première expérience est terminée pour moi. J'oublie la musique car je pense alors que j'ai beaucoup de chance de partir après que la guerre d'Algérie est terminée, les accords d'Évian ont été signés le 18 mars 1962, et j'avais très peur d'y aller, mais là, comme il n'y a plus de guerre, ça me semble moins grave. Peu importe si je laisse tomber le groupe, je n'ai alors aucune intention de devenir professionnel.

Le service militaire

GÉRARD FETTINGER : À l'armée, je fais la connaissance de Jacques Pasut, le guitariste rythmique des Fantômes, car j'ai réussi à me faire passer pour un musicien. J'ai même amené ma batterie et j'assure le bal des officiers. C'est là que la musique devient plus sérieuse car j'y croise des professionnels. Les Fantômes ont à leur actif plusieurs 45-tours, et ça me donne en fait très envie de devenir musicien. Lorsque je suis libéré au mois de mai 1964, c'est au tour de Serge Doudou d'être appelé sous les drapeaux, ce qui ne m'empêche pas de faire la connaissance de Jacky Pujol. Il habite Vitry et cherche un bassiste. Mon beau-frère Gérard Voisenet postule et je décide de l'accompagner. Nous allons à une répétition, et comme leur batteur s'en va, je me joins à leur groupe. Dans un premier temps, on accompagne un certain François Laplaud avec lequel on tourne pas mal. Je crois que l'on s'arrête à cause de son père qui a un magasin de lunettes et qui n'aime pas trop cette vie de bohème. Je me retrouve donc avec Jacky Pujol et Gérard Voisenet. On fait la rencontre de Daniel Darras. C'est un très bon musicien qui joue de l'orgue et de l'accordéon, on répète dans un petit local rue Audigeois à Vitry-sur-Seine, on n'a pas encore de nom.

JACKY PUJOL : J'habite à Vitry et je joue dans un groupe qui répète du côté d'Orly. Notre batteur est très très bon, sauf qu'il est rarement avec nous, il joue également au sein d'une formation de jazz et je crois bien qu'il préfère ce style. Ce groupe-là s'appelle « François Laplaud Groupe ». Le père du chanteur possède un grand magasin d'optique à Paris, c'est aussi un ami d'Henri Leproux le patron du Golf Drouot, ce qui nous permet de nous y produire plusieurs fois. Mais on se rend vite compte que notre niveau est catastrophique, surtout comparé aux autres. De nombreux groupes sont pratiquement professionnels alors que nous, on débute. Ces premières apparitions au Golf ne sont pas des bons souvenirs... J'ai commencé très jeune à apprendre la guitare, mais en autodidacte, car en parallèle je suis inscrit dans un collège d'enseignement technique, à Vitry-sur-Seine, où j'apprends la soudure. C'est au sein du François Laplaud Groupe que je fais la connaissance de Gérard Voisenet, lorsqu'on s'est mis à rechercher un batteur plus régulier. Je m'entends bien avec lui et c'est là qu'il me parle de Serge Doudou, sauf que ce dernier est à l'armée. Le groupe de François Laplaud ne va pas tarder à se dissoudre, et avec Tony on décide d'attendre que Serge revienne à la vie civile.

SERGE DOUDOU : Je suis incorporé au mois de juillet 1964 et libéré en octobre 1965, et la première chose que je fais en sortant, c'est reprendre contact avec les potes. C'est Gérard qui m'annonce qu'il joue dans un groupe basé du côté d'Orly, avec Daniel Darras qui plus tard jouera au sein des Hippies, Frogeaters et Présence. Jacky Pujol tient la guitare et c'est comme cela que l'on se retrouve dans une première formation des Gypsys. On répète dans la cave de la maison de Daniel Darras.

La naissance des Gypsys

JACKY PUJOL : Quand Serge revient de l'armée, il n'a ni argent ni aucun matériel, c'est nous qui lui trouvons une 6 cordes. Et juste avant l'hiver 65 on monte une première formation avec Serge à la guitare, Gérard à la batterie, moi à la guitare, et un organiste, Daniel Darras. C'est le tout début des Gypsys, on s'appelle d'ailleurs déjà comme ça... Sauf qu'entre Daniel et Serge, ça ne colle pas trop, ils n'ont pas du tout le même caractère et ça ne tarde pas à exploser. Nous revoilà à trois en train de chercher un bassiste. Entre-temps grâce à mon père qui est cheminot, on a hérité d'un petit local à Vitry-sur-Seine, ça nous permet de répéter régulièrement et de passer une annonce.

SERGE DOUDOU : On donne des concerts très rapidement, dès le mois de mars 1966, avec Gérard Fettinger. Nous évoluons dans le Val-de-Marne, entre Vitry-sur-Seine, Choisy-le-Roi et Clamart, cette année-là la Jeunesse communiste de Châtillon nous prête un local gratuitement, en échange de la carte des Jeunesses communistes on leur assure quelques concerts. C'est grâce au père de Jacky qui a un sacré passé de résistant, que la mairie de Vitry nous passe un immeuble désaffecté. Pendant longtemps ce lieu deviendra le rendez-vous de tous les apprentis musiciens du coin, dont le futur Laurent Voulzy.

JACKY PUJOL : Laurent vient souvent à la Cité des Combattants où j'habite, nous avons un ami commun qui depuis travaille à Alstom Atlantique, Patrice Lescale. Il passe nous voir plusieurs fois parce qu'il aime bien notre musique. Il est beaucoup plus jeune que nous, mais présente déjà de sacrées dispositions pour la guitare. Il se promène toujours seul, et je crois qu'il est épaté de voir un groupe en vrai. C'est quand même assez exceptionnel à l'époque.

JEAN-PIERRE HIPKEN : Je suis né à Dreux dans l'Eure-et-Loir, d'origine hollandaise. J'arrive à Paris à l'âge de 9 ans et j'habite dans une cité de banlieue, à Châtillon-sous-Bagneux, dans le coin de Malakoff pas très loin de chez Gérard Fettinger. J'ai deux sœurs et un frère. Je commence la musique à 7 ans, j'hérite d'un harmonica au Salon de l'Enfance, et je m'aperçois que je sais en jouer alors que je n'ai jamais appris. Comment? Je n'en ai aucune idée. C'est à partir de ce moment-là que je me dis que je suis musicien. Ensuite, j'apprends la guitare vers l'âge de 13-14 ans, avant de me mettre à la basse. Dans ma famille, personne ne fait de la musique, je suis le premier. Je commence sérieusement à l'âge de 15 ans, dans un petit groupe qui s'appelle les Croquemitaine. Nous faisons du bal et donc beaucoup de reprises. Je chante déjà, mais je ne compose pas encore, ou plutôt je n'ai pas osé présenter mes morceaux aux autres membres du groupe. J'ai investi dans une belle basse, une Hofner, la même que Paul McCartney, mais je n'ai pas acheté l'ampli qui va avec, faute de moyens. C'est d'ailleurs pour cette raison que je me fais virer de ce groupe parce que j'ai une belle basse mais pas assez de fric pour m'acheter un ampli... Ils me remercient et continuent sans moi. Mon remplaçant s'appelle Gérard Mondon, il jouera au sein des Lemons le groupe qui accompagne Vigon puis avec Johnny Hallyday. De mon côté, j'ai la chance d'avoir une basse demi-caisse, c'est-à-dire que je peux jouer seul dans ma chambre, sans ampli et sans trop énerver les voisins. Je travaille mon instrument comme un fou. J'ai la rage de m'être fait jeter, et je n'ai qu'une seule idée en tête, avoir le niveau! C'est-à-dire jouer avec tous les doigts et avec une rapidité d'exécution que ne renieraient pas mes idoles d'alors : Elvis Presley, Eddie Cochran, Gene Vincent, Buddy Holly... Les pionniers du rock, les vrais, les purs et durs. À cette époque-là, moi je suis blond avec les cheveux très longs, mince. Je ne vais plus à l'école, je travaille déjà dans une imprimerie. Je ne fais que six heures car je travaille en équipe. Mes parents sont communistes. Ils ont des idées très ouvertes, mais n'ont pas d'argent et malgré le fait que je sois premier de la classe, ils m'annoncent rapidement qu'ils ne pourront pas me payer d'études. Je fais un an d'école électromécanique, mais au bout de ces douze mois ils me disent que je dois aller à l'usine car ils n'ont plus du tout les moyens. Je pense que ça explique le texte d'une chanson comme « Prolétaire ». Du fait que mes parents ne peuvent pas me payer des études, ils me laissent poursuivre ma musique et me donnent même un coup de main.

J'ai un copain, André Lucas, qui de son côté joue de la guitare. Il sort du conservatoire, et on répète comme ça tous les deux, sans faire de scène. Je rencontre les Gypsys complètement par hasard. Je suis au café le plus connu de Malakoff, Le Cosmos, avec André, on boit un pot. À côté j'entends des jeunes qui parlent de musique, il y a Gérard Fettinger et Serge Doudou. Je les branche : « Vous jouez dans un groupe ? — Oui ! — Comment il s'appelle ? — Les Gypsys ! » Je leur dis que je joue de la basse. Ce sont eux qui me proposent : « Bah justement on cherche un bassiste, tu chantes en anglais aussi ? Oui. » Ils me filent leur contact et me disent : « Viens nous voir répéter, comme ça pour le plaisir. » Et comme leur bassiste partait peu de temps après, j'ai pris sa place. Les Gypsys existent déjà, mais ils ne sont pas connus du tout. Nous sommes au mois de mars 1966. Je me rends à leur salle de répétition et là j'ai comme une grande surprise. Leur niveau est nettement supérieur à la moyenne. Cela sonne rock, net, sauvage. Ils me demandent si je veux taper le bœuf avec eux, on me prête une basse, une Gretsch bricolée à partir d'une Jaccobaci. Cet instrument avait appartenu au bassiste des Fantômes, Dany Marrane, le fils du maire d'Ivry. On s'essaye sur « Long Tall Sally » de Little Richard, et pour me montrer à la hauteur, j'en rajoute pas mal. Immédiatement je prends mon pied. Je ferme les yeux, et c'est comme si j'étais sur scène avec les Rolling Stones... Tony le batteur a déjà du métier, et ça se sent. Son jeu est très fourni, avec beaucoup de reprises et du rythme. Un vrai esprit rock and roll. De l'enthousiasme aussi, et une faim de jouer, par contre c'est le seul qui ne chante pas. Quant à Jacky, le guitariste rythmique, grâce à lui cet adjectif prend tout son sens. Il a une main droite extraordinaire, doublée d'un métronome. Jacky est un expert. Avec le temps, je m'apercevrai que c'est lui qui donne la vraie couleur aux Gypsys, le vrai fond de feu, la résonance, la vraie couleur musicale. Surtout lorsqu'il a sa Telecaster, dans ses mains, cette guitare devient presque un instrument de percussion. Sa voix est éraillée, capable de monter haut tout en conservant sa puissance. Et puis Serge. La première chose que je remarque chez lui, c'est la rapidité de son jeu. D'ailleurs, c'est la première chose que tous les musiciens remarquent chez Serge, sa rapidité et sa dextérité. Il est l'un des rares à nous assener des chorus impeccables, rapides et sans aucune fausse note ! Un guitariste solo dans l'âme. Au bout de quelques morceaux, les trois autres me demandent si je veux me joindre à eux. Ce que j'accepte sans aucune hésitation. J'ai le niveau, mon année de travail seul dans ma chambre n'a pas été inutile, elle m'a permis d'acquérir les quelques automatismes nécessaires pour m'intégrer à cette machine bien rodée.

Tout de suite il y a des concerts, en fait je crois même qu'ils viennent me chercher parce qu'ils ont des dates à assurer. Pour ne pas annuler et gagner l'argent ils ont besoin d'un bassiste, Gérard Voisenet ayant décroché. Nous avons à peine le temps de répéter une fois que Tony et Serge me demandent si je suis libre le samedi suivant. Ils doivent assurer une date prévue, dans le hall d'une grande surface à Ivry. Il y a une estrade et plusieurs groupes qui sont prévus. Il faut tout brancher en vitesse. On ne fait que des standards du rock and roll. Tout ceci manque de répétition mais on sent déjà que ça tourne, ou plutôt que ça va tourner... On joue tous dans le même esprit. On est branché sur la même longueur d'onde. Au programme il y a des reprises : « Rip It Up », « Long Tall Sally », pas mal de Little Richard, « Johnny B. Goode ». C'est un répertoire de pur rock and roll pur, pas celui des Beatles.

Bugue, en Dordogne

JEAN-PIERRE HIPKEN : Le vrai travail des Gypsys commence au mois de juillet 1966, au Bugue en Dordogne. Les parents de Jacky nous invitent dans une maison qu'ils louent depuis des années. C'est une ancienne ferme avec des pièces partout et un grand hangar ou plutôt une grange, qui va nous servir de local de répétition. Le seul inconvénient est qu'à ce hangar, il n'y a pas de porte, et lorsque nous répétons, tout le village en profite ! Nous nous retrouvons dans une chambrée avec quatre lits alignés en rang d'oignons, ce qui nous apprend aussi à vivre ensemble. Nous travaillons dur car nous nous entendons bien. Et surtout, nous nous construisons un répertoire. Par le plus grand des hasards, une classe d'étudiantes américaines est venue passer quelques semaines à quelques kilomètres du Bugue. Pour nous, c'est l'occasion idéale de travailler les textes de nos morceaux. Elles deviennent nos groupies et nous apprennent le texte de l'un de nos morceaux fétiches du moment « Wild Thing » emprunté aux Troggs. Dans le village, nos cheveux longs ne sont pas du goût de tout le monde, et l'on se fait traiter plusieurs fois de pédés, jusqu'au jour où l'on tape l'un des plus gros. Plus personne ne nous insultera. Nous avons besoin d'argent et nous n'avons aucune peine à trouver des engagements dans la région (Montignac, Bergerac, Périgueux...) d'autant que nos fans américaines nous suivent partout. Elles sont les premières à danser, au premier rang, et même sur les tables. Le spectacle est sur la scène, mais aussi dans la salle. Les propositions affluent.

GÉRARD FETTINGER : C'est au Bugue que pour l'une des premières fois, nos cheveux longs vont faire sensation, les rugbymen nous poursuivent avec de grands ciseaux pour nous les couper. Béziers n'est pas très loin, et à leurs yeux nous sommes des homosexuels venus piquer leur gonzesse. Difficile à comprendre comme logique !

SERGE DOUDOU : Au Bugue, par le plus grand des hasards géographiques il y a de très nombreuses collégiennes en provenance de Boston, c'est là que l'on connaîtra nos premiers succès. Elles n'hésitent pas à avaler les kilomètres pour aller nous voir au Moulin de Montignac ou au Roxanne de Bergerac. Et on se dit que si des Américaines nous apprécient, ça ne peut être qu'un signe d'encouragement. Leur pays est quand même celui du rock and roll.

Jacky Pujol : Mes parents louent une maison au Bugue depuis toujours, c'est une ferme avec une énorme grange, et c'est un bon plan pour aller passer les vacances. Je n'ai pas trop de mal à décider les autres, surtout lorsque je leur dis que là-bas je connais des boîtes qui nous programmeront à coup sûr... On descend à deux voitures, une vieille Juva 4 et une 403, c'est un peu galère mais on arrive à bon port. Et aussitôt on prospecte pour trouver des engagements. Le tout premier club à nous donner une chance, c'est le Rock Fan Club à Bergerac. C'est une boîte un peu particulière car la grande salle est en sous-sol, et plusieurs fenêtres s'ouvrent sur les égouts... On peut même voir des rats monter et descendre le long des murs, les filles hurlent de peur, et bien évidemment nous, on est là pour les rassurer... L'ambiance est surréaliste, même complètement dingue. Dès notre première apparition, notre succès est phénoménal. Nous allons y jouer régulièrement pendant les deux mois d'été.

Professionnels ?

JACKY PUJOL : Ces vacances au Bugue font office de détonateur, avant de partir en vacances on jouait un peu, mais là on décide de passer professionnels, enfin quand je dis « On décide », c'est surtout nos parents, car la majorité étant à 21 ans je dois obtenir leur accord. Quand j'annonce à mon père que je veux arrêter de bosser — je suis chaudronnier-soudeur — pour me lancer dans le groupe, c'est un non catégorique. Mais peu à peu il revient sur sa décision, car il a trop peur que les autres réussissent sans moi et que je lui en veuille toute ma vie. Il me donne deux ans.

JEAN-PIERRE HIPKEN : Nous décidons de devenir professionnels. Non pas pour obtenir un statut social ou une quelconque reconnaissance, mais surtout pour pouvoir nous consacrer à la musique 24 heures sur 24. Cette décision est d'une extrême importance car Jacky et moi sommes encore mineurs et nous avons besoin de l'aval de nos parents. Nos familles se rencontrent et décident de nous soutenir. Jacky s'achète une Telecaster, et moi un Fender bassman. Nous devons faire mieux que les autres, car en ce mois de septembre 1966 de nombreux groupes se forment. Et puisque nous avons décidé de nous y consacrer pleinement, il va falloir répéter quotidiennement. Heureusement, dans notre local, nous n'avons aucune limitation d'horaire. Nous prenons la décision de travailler huit heures par jour, du lundi au vendredi. Ce local devient un lieu sacré, aucun copain n'y est admis, encore moins les petites amies... Personne n'a le droit d'assister à une répétition, lorsque nous présentons un nouveau titre, il a été décortiqué, répété et appris sur le bout des doigts. Il est hors de question de laisser la place à une quelconque improvisation. Nous progressons tous les quatre ensemble. Chaque chanson a son signal de départ, surtout ne pas faire comme les amateurs qui se regardent pour savoir quel morceau suit et qui doit commencer. Sur scène, on doit pouvoir jouer, même dans le noir. La musique doit partir comme un coup de feu ! Cette préparation minutieuse, nous sommes l'un des rares groupes à l'avoir, et pourtant, on se rend vite compte que le public n'est pas venu que pour cela. Il veut également un spectacle. C'est pour cette raison que sur scène nous sommes toujours en train de provoquer, de haranguer le public. Lorsque dans la salle il y a des petits malins qui nous lancent : « À poil ! » Nous, on leur répond du tac au tac : « Nous avons la chance d'avoir ce soir un ami homosexuel qui s'est trompé de spectacle ! » C'est le genre de petites anecdotes qui nous font apprécier.

SERGE DOUDOU : Je travaille chez Renault, à l'usine de Boulogne-Billancourt. Jean-Pierre et Jacky sont beaucoup plus jeunes que Gérard et moi qui sommes déjà dans la vie active. J'arrête de travailler lorsque l'on décide de devenir professionnels, ça tombe au moment même où je me fais virer pour une dispute idiote qui se termine en bagarre... Je suis libre. Mon père ne m'encourage ni ne me décourage, il me dit simplement que puisque j'ai décidé de devenir musicien professionnel, je dois désormais me prendre en main. Je ne sais pas trop où dormir, heureusement le père de Gérard m'accueille chez lui. J'y resterai plusieurs mois. Cette décision de devenir pro s'accompagne de deux événements majeurs, nous achetons du matériel neuf et nous enregistrons un flexi pour démarcher les maisons de disques. Jusqu'à présent je joue avec une guitare sans marque que j'ai tout de même mis neuf mois à payer, pour les Gypsys j'ai la chance de pouvoir racheter celle de Pierrot Klein des Vautours. Le flexi que nous enregistrons est très caractéristique de nos débuts, lorsque nous n'avons que des reprises à notre répertoire. Un ami disc-jockey nous fait écouter plein de nouveautés et surtout des disques non importés en France, c'est ainsi que l'on se forge un répertoire plus original que des reprises des Rolling Stones ou des Beatles. Par contre, nous avons beau aller démarcher avec notre flexi, personne ne semble intéressé. Aucun label ne veut nous signer. On se fait jeter de partout.

GÉRARD FETTINGER : Nous avons un copain disc-jockey, Michel Thusot, il nous fait écouter tous les disques qu'il va directement acheter en Angleterre. C'est la raison pour laquelle nous sommes aussi au fait du son anglais.

GÉRARD FETTINGER : On ne s'en rend pas compte, mais dès le début on fait une grave erreur, celle de ne pas faire confiance à une cinquième personne pour s'occuper du groupe. Serge et moi sommes les plus vieux, nous sommes majeurs et nous prenons en charge tout le côté administratif des Gypsys. Mais très rapidement nous n'avons plus de vie à côté car démarcher pour trouver des concerts va nous prendre un temps énorme. Nous qui pensions que c'était facile... Au début on pensait même que cette cinquième personne serait payée à rien foutre, c'est pour cela qu'il était hors de question d'engager quelqu'un. Mais à bien y réfléchir c'est l'une des pièces maîtresses, une personne qui ne joue pas mais qui s'occupe du reste, des engagements et de la logistique. De nombreuses tensions avec Jacky et Jean-Pierre viendront de cette situation. Nous refusons que les frères Marouani s'occupent de nous, pourtant, ils sont très influents dans le métier. [*N.d.A.* : Jean-Pierre Hipken se souvient au contraire que les Gypsys collaborent avec les frères Marouani]. Encore une fois, pour nous il n'est pas question de payer quelqu'un à rien foutre, or un type qui ne joue de rien n'apporte rien aux Gypsys. C'est ainsi que l'on voit les choses et pas autrement. Mais à bien y réfléchir, un musicien qui présente son disque, c'est stupide.

Tremplin du Golf Drouot, 30 septembre 1966

JEAN-PIERRE HIPKEN : Le Golf Drouot, c'est d'abord un premier étage au-dessus du Café d'Angleterre, une grande salle pour les groupes avec un podium en arc de cercle au fond à droite de la salle, une salle avec le bar, puis une autre petite salle au fond à gauche en entrant, plus réservée aux amoureux, à l'écart des décibels et des danseurs. Le Golf Drouot est alors incontournable, c'est là que la sanction tombe. Quand le groupe est mauvais, le public se dirige vers le bar ou vers la petite salle, et quand il est exécrable, on lui jette des pièces de 1 centime. Parfois les filles se mettent à hurler comme si elles adoraient le groupe, car ils sont tellement mauvais que personne ne veut qu'il s'arrête. C'est trop bidonnant pour tous les musiciens présents ! Le Golf Drouot n'est pas une boîte comme les autres, c'est le temple du rock and roll, presque notre église.

Ce dernier vendredi du mois de septembre 1966 nous nous sommes inscrits au Tremplin du Golf. Pour moi le trac est à son comble car j'ai toujours rêvé de jouer sur cette scène mythique. Il y a d'autres groupes au même programme, mais je suis tellement ému, que je ne retiens aucun nom, je me souviens seulement que nous sommes les troisièmes à passer. Nous savons qu'il nous faut frapper un grand coup. Que la concurrence est tellement forte que le public commence déjà à être blasé. Une fois sur scène tout devient limpide. Nous appliquons nos propres règles, et cela fonctionne comme une mécanique bien huilée. Dès les premières mesures, nous voyons le public rappliquer du fond de la salle. Au deuxième morceau, il applaudit, et au troisième, il scande notre nom. Au moment du vote règne une certaine confusion, et devant notre nom scandé par la foule, Henri Leproux nous déclare vainqueurs. Nous avons gagné ! Je n'en reviens pas.

SERGE DOUDOU : Il s'agit du fameux trophée Dynacord dont les organisateurs sont les frères Morali [*N.d.A.* : Serge et Jacques, ce dernier deviendra par la suite le producteur de Village People] dépositaires de la marque.

GÉRARD FETTINGER : Au moment où l'on décide de devenir professionnels on fait la connaissance d'un Hollandais qui veut s'occuper de nous. Il roule en Rolls-Royce et nous déclare qu'il possède un château là-bas. Il tient absolument à nous emmener avec lui. Est-ce du pipeau ? Nous ne le saurons jamais. Son idée, c'est de faire de nous des stars, il est persuadé que nous faire profiter de sa Rolls quelques jours nous aidera à trouver un label, on pourrait la jouer : « Vous avez vu ce sont des rockers très connus à Paris, ils sont venus avec chauffeur et voiture ! » Les parents de Jean-Pierre et Jacky sont complètement opposés à ce coup de poker. Ils pensent que c'est trop dangereux pour nous, et qu'importe si nous sommes deux majeurs et quatre garçons. On ne peut rien faire, car la majorité étant encore à 21 ans, Jacky et Jean-Pierre sont obligés d'obéir à leurs parents. [*N.d.A.* : L'oncle de Jean-Pierre Hipken est gendarme au PC de Rosny-sous-Bois et apprend qu'il existe un dossier Interpol sur ce fameux Hollandais pour agissements douteux, d'où la décision du groupe de ne pas donner suite à cette proposition ; Jean-Pierre Hipken ne se souvient pas d'une pression particulière exercée par ses parents.]

SERGE DOUDOU : Le Hollandais veut surtout nous faire tourner à l'étranger et notamment aux États-Unis. Il retape un château sur la route de Périgueux dans le but de créer un parc d'attractions qui s'appellerait le Gypsy Club.

Inauguration du Ranch de Johnny Hallyday au Plessis-Robinson, le 7 octobre 1966

SERGE DOUDOU : Le Ranch du Plessis-Robinson est un lieu qui ressemble à l'Amérique des cow-boys, il y a une espèce de ranch et un petit fort, un saloon... Un vrai décor de cinéma, d'ailleurs c'est là que sera tourné le scopitone de Joe Dassin, « Les Dalton ». Il y a surtout deux boîtes, la première s'appelle le Tchoo-Tchoo qui s'adresse plus aux jeunes et qui dispose d'une surface et d'une clientèle très proche de la Locomotive, la seconde c'est le Old Sam. Elle est située en sous-sol et est plus petite, ce sont des gens plus âgés qui la fréquentent. Nous participons à la soirée d'inauguration. C'est une chance car après le Golf Drouot ce sera l'un des endroits de prédilection des Gypsys nous y jouons régulièrement, passant du Tchoo-Tchoo au Old Sam. À ce moment-là au niveau du matériel, on n'a pas grand-chose. On joue à deux sur le même ampli, celui de Jacky Pujol. Ses parents l'ont aidé, et c'est celui qui le plus de matériel.

JACKY PUJOL : C'est vraiment comme un ranch, tout en rondins de bois, ça ressemble à Fort-Alamo, et à l'intérieur il y a un restaurant, une salle de jeu et deux clubs. Nous, on passe au Tchoo-Tchoo, en face, il y a un autre club où l'on joue également, le Teenager. Rien qu'au Plessis il y a deux boîtes, avec une rue qui les sépare mais un parking en commun. On s'y produit de nombreuses fois au Ranch, une fois, en première partie de Johnny Hallyday.

GÉRARD FETTINGER : Il y a déjà un fossé énorme entre une vedette comme Johnny Hallyday et nous, car nous avons beau être l'un des groupes phares, nous n'avons pas le droit de profiter de la sonorisation de Johnny.

JEAN-PIERRE HIPKEN : Puisque nous avons inauguré le Ranch avec succès, le Teenager nous demande de faire de même, le 2 décembre 1966.

SERGE DOUDOU : Dès l'hiver 1966-1967, le Ranch commence à s'essouffler. Une nouvelle scène va s'imposer durant quelques mois, le Grand Arbre, à proximité de Robinson. Le gérant, M. Failloux, transforme son sous-sol en club, il s'appellera le Teenager. Notre répertoire est très axé sur celui des Sorrows, Easybeats et autres Pretty Things. C'est sans doute dans cette salle que l'on fait la connaissance de notre futur directeur artistique, Yves Claoué. Je me couvre de dettes en achetant une guitare Fender Stratocaster série L et un ampli Ampeg, le must à cette époque.

Bases américaines d'Orléans

JEAN-PIERRE HIPKEN : Au mois de janvier 1967, nous sommes à résidence dans une base américaine d'Orléans. L'ambiance y est amère, car le général de Gaulle vient de décider le renvoi des troupes alliées chez eux, et tous les militaires sont plus préoccupés par leurs bagages que par notre musique. Ils sont tout de même très sympas avec nous, et on se fait quelques potes. Edward viendra à Châtillon-sous-Bagneux dans son immense Cadillac me passer un petit bonjour lors d'une perm'.

JACKY PUJOL : On a un contrat via Robert Ismir notre manager avec une base américaine en France, à Orléans. On se produit là-bas pendant un mois. En fait on anime le restaurant. Pendant qu'ils se restaurent, nous, on joue. Si c'est trop fort, on se fait engueuler par le gérant, et si c'est trop mou, les GI's nous sifflent et nous jettent des pièces... C'est un peu le jeu du chat et de la souris avec le patron du restau, mais au moins on gagne un peu d'argent car on se produit tous les soirs.

Galas galères...

SERGE DOUDOU : On a pour habitude lorsque l'on joue en province de passer plusieurs jours sur place, car comme on ne gagne pas beaucoup d'argent cela nous fait toujours économiser sur notre budget nourriture, et en général le type qui nous reçoit accepte, d'autant plus qu'à la campagne on se nourrit encore pour pas cher. Certains soirs on apparaît successivement au Week-End Club rue de la Gaîté (22 heures-23 heures), à la Locomotive aux alentours de minuit pour terminer au Bus Palladium à 2 heures du matin... Mais au bout du compte, il nous reste à peine 150 francs pour trois concerts.

JACKY PUJOL : On gagne de l'argent, mais on dépense tout, et surtout on achète une sono, une Dynacord très performante. On l'achète en commun, et sur tous les concerts, est prélevée une somme fixe pour rembourser cette sono... On manque cruellement de moyens en fait.

Jimi Hendrix

SERGE DOUDOU : On voit ce gars qui n'est pas du tout connu jouer de la guitare comme un dieu. J'ai le souvenir qu'il n'y a que nous dans la salle, et que surtout le balayeur de l'endroit est lui aussi de couleur. Ce dernier assure son travail alors que Jimi règle les sons de sa guitare. Le patron du Twenty One de Loison-sur-Lens nous emmène l'après-midi dans une autre boîte à lui, le Twenty One de Mouscron, assister à la balance de Jimi qui joue le soir même [*N.d.A.* : le 5 mars 1967] avant de revenir à Loison-sur-Lens. Jean-Pierre et Jacky sont restés au Twenty One pour travailler leurs voix.

GÉRARD FETTINGER : On doit échanger quelques mots, mais notre anglais est très approximatif, par contre je me souviens très bien de ma réaction lorsqu'il commence à jouer. Je regarde les autres et je me mets à penser : « Si c'est ça la musique, il va falloir que j'arrête, que je trouve autre chose... »

Les Pretty Things, mars 1967

JEAN-PIERRE HIPKEN : Ce soir-là, la salle de l'Omnibus est pleine à craquer, à la limite de l'insécurité totale. Un public debout, entassé, enfumé, grondant... Parfois le public peut ressembler à une bête féroce, et ce soir-là, c'est à cela qu'il ressemblait. Je peux dire qu'ils ne sont pas du tout venus pour les

Gypsys, mais bel et bien pour les Pretty Things dont nous assurons la première partie. Ce groupe est à l'époque aussi connu que les Beatles, les Rolling Stones ou les Who. C'est un groupe très visuel, du hard rock sauvage pour initiés. Pas du rock pour les minets. Nous devons passer juste avant eux, et nous faisons plutôt office de gêneurs qu'autre chose. Contrairement à ce que l'on pense, ce n'est pas aussi facile de se produire en première partie, le public a payé sa place et n'a pas vraiment envie d'amuse-gueule, il préfère attaquer directement par le plat de résistance ! Dès le lever de rideau et la présentation de notre groupe, les sifflets fusent. Nous assurons le show, comme d'habitude. En provoquant le public et en le bousculant. Au bout du cinquième morceau, nous obtenons quelques applaudissements, pour nous, c'est une véritable victoire. Quant aux Pretty Things, ils arriveront avec presque trois heures de retard, complètement défoncés.

SERGE DOUDOU : On joue à l'Omnibus avec les Pretty Things, le contact avec eux est bon car on les croise souvent. On les adore et on n'a alors pas du tout conscience de ces histoires de dope qui les entourent, nous, on n'y touche pas. On préfère boire un petit coup de pinard. Notre dope, c'est le rock and roll, même le haschich, on n'y goûte pas. J'ai l'impression que la dope est réservée à une certaine élite, à la bourgeoisie. C'est un plaisir qui coûte alors très cher. On préfère donc écouter du rock à longueur de journée.

GÉRARD FETTINGER : Lors des répétitions, on remarque surtout que le batteur n'est pas franchement extraordinaire. Skip Alan [*N.d.A.* : batteur des Pretty Things] est même plutôt moyen, et je suis un peu étonné par rapport à leur réputation... Surtout qu'après avoir absorbé du LSD, il devient complètement dingue. Les autres membres du groupe sont même obligés de l'attacher, tellement il court partout ! Moi, je n'ai jamais fumé que du haschich, du hasch amené par les Anglais. Ce sont eux qui nous font découvrir ce genre de choses.

PHIL MAY [*N.d.A.* : chanteur des Pretty Things] : Au concert de la Locomotive, Skip Alan se suspend au rideau. L'année suivante, au Palais des Sports il s'empare de sa caisse claire et descend dans la foule en nous gratifiant d'un solo complètement incroyable. Mais il n'était pas le seul à se défoncer. En fait nous ne venons jamais seuls en France. Nous sommes toujours avec de nombreux amis, et surtout, pas mal de drogue... C'était pour nous le prétexte de gigantesques parties, avec un concert au milieu.

Première partie de Michel Polnareff

SERGE DOUDOU : On joue en première partie de Michel Polnareff. Au programme, il y a Orlando, le frère de Dalida, et le groupe les Sunlights qui cartonnent avec une reprise, « Les roses blanches ». Michel Polnareff a déjà aligné de nombreux succès et bénéficie d'un matériel qui nous fait envie. Mais pour pas que les autres utilisent sa sono, il la ferme à clé avec un couvercle, et bien évidemment il la garde avec lui... En fait les groupes ont le droit de chanter sur sa sono mais pas de faire de balance. Je le revois à la fin du concert jeter sa guitare par terre en disant : « Ce n'est pas la peine que je donne des concerts dans ces conditions, on n'a qu'à passer mes disques et mettre mes affiches ! » Cette phrase me marque profondément car c'est tout le contraire de ce que je pense.

GÉRARD FETTINGER : Lorsque l'on ouvre pour Michel Polnareff, il ne veut absolument pas nous prêter son matériel et il envoie même ses gars pour enlever nos instruments qui le gênent. Ça chauffe et on est à deux doigts d'en venir aux mains avec lui.

JACKY PUJOL : Le concert avec Michel Polnareff prend place à Saint-Mandé, dans un hôpital spécialisé dans le suivi des malvoyants. Il n'a pas encore de groupe attitré, plutôt des musiciens de studio, et ce soir-là, le bassiste ne cesse de jouer à contretemps. Même nous, ça nous paraît bizarre, alors le Michel, il fait un scandale...

1967, le label Iramac Relax

JACKY PUJOL : C'est suite à un concert à Supelec qu'Yves Claoué décide de nous signer. À la même affiche, il y a les Dauphins et Mungo Jerry, je crois qu'il est venu pour eux, mais il change d'avis dès l'instant où il nous voit instruments en main.

GÉRARD FETTINGER : Les parents ont vu un contrat. C'est donc un peu forcés que l'on s'est retrouvés sur ce label complètement indépendant. Notre directeur artistique, Yves Claoué nous propose de nous emmener chez Philips, mais il veut que l'un d'entre nous se dévoue car je crois qu'il apprécie les jeunes... Pour nous c'est hors de question.

« Article 2 : Le présent contrat prendra effet au jour de la signature des présentes pour une durée de sept années à compter de la sortie du 1er disque. Il est renouvelable par tacite reconduction par période de trois années, à moins d'avoir été formellement dénoncé par l'une des deux parties un an au moins avant l'expiration de chaque période. Cependant, l'artiste ne pourra s'opposer à ladite reconduction si, pendant la durée du présent contrat et de ses suites, les ventes totales réalisées en France n'ont pas atteint en moyenne par numéro et par année, le minimum de 10 000 disques... » (Contrat d'exclusivité fait à Paris le 1er avril 1967.)

SERGE DOUDOU : Ce contrat ne nous ramène aucun argent. On signe pour sortir un disque, en se disant que peut-être ça va fonctionner. Nous avons besoin de ce 45-tours car nous faisons énormément de prestations scéniques et il nous faut quelque chose pour nous représenter. Aujourd'hui n'importe quel petit groupe enregistre un CD pour trouver des engagements, c'est exactement la même logique.

GÉRARD FETTINGER : Pourquoi ce disque et surtout pourquoi ce label complètement indépendant que personne ne connaît Iramac Relax ? Parce que nous avons la pression des parents de Jean-Pierre et de Jacky. Ils veulent absolument que nous gagnions de l'argent, que nous signions un contrat et que nous enregistrions pour passer à la vitesse supérieure. On signe donc avec les premiers qui se présentent. Serge et moi sommes persuadés qu'il faut attendre pour essayer de décrocher le gros lot car l'on parle de plus en plus de nous, mais ça n'est plus possible... Relax sera la solution de facilité, et surtout comme Serge et moi sommes les deux plus âgés, ça nous permet de ne plus avoir à nous expliquer devant les parents de Jean-Pierre et Jacky pendant quelque temps... Moi, mon père ne dit rien, Serge habite même chez nous, car ses parents l'ont viré de chez eux.

JEAN-PIERRE HIPKEN : Tous les quatre, nous sautons de joie en apprenant qu'une firme de disques s'intéresse à nous. Ce contrat, nous l'aurions signé avec les pieds s'il avait fallu, c'est un moment où les labels ne signent plus de groupes français, et Iramac Relax nous apparaît comme un sauveur ! Je ne crois pas que mes parents interfèrent de quelque manière que ce soit, j'ai l'impression qu'ils se moquent complètement des Gypsys.

Enregistrement chez Loulou Gasté

JEAN-PIERRE HIPKEN : L'enregistrement se fait dans les studios de Loulou Gasté, en un après-midi, pour des raisons de budget. Ma première réaction est que ça me fait drôle de chanter sur la musique que l'on vient d'enregistrer tant je suis habitué à la scène ! Sur « Prolétaire » nous sommes deux à chanter, Jacky assurant la tierce. Pour « Je ne te pardonnerai pas », c'est Serge qui a un éclair de génie avec ce chorus à l'orientale. Une façon de nous démarquer complètement de la concurrence.

SERGE DOUDOU : Yves Claoué nous explique comment combler nos lacunes, tout particulièrement en ce qui concerne l'ajustement de nos parties vocales sur la bande enregistrée du magnétophone, ce que nous n'avons jamais fait auparavant.

JEAN-PIERRE HIPKEN : À la fin de la séance d'enregistrement, Loulou Gasté vient nous voir et nous dit qu'il aime bien nos deux compositions. Il nous prend même à part et nous propose d'assurer la production de notre disque. Il nous assure des passages radio, télé... C'est sans doute un tournant dans la carrière du groupe, mais nous ne le savons pas. Nous refusons cette offre, et au vu de ce que Relax investira dans notre promotion, c'est une formidable erreur. Nous passons à côté d'une chance qui ne se représentera pas.

GÉRARD FETTINGER : Le disque, on l'enregistre chez Loulou Gasté, à Paris dans le XVIe arrondissement, à deux pas de la porte Dauphine, sur un quatre-pistes. On joue dans les conditions d'un direct, tous ensemble. Il n'y a que les voix qui seront enregistrées séparément. Pour la batterie, je n'ai par exemple pas de micro séparé... Nous reproduisons les exactes conditions d'un live. C'est le directeur artistique délégué par notre label qui nous fait répéter chez lui, il s'appelle Yves, Yves Claoué. Il se rend tout de suite compte que notre grosse lacune c'est le chant et tentera d'y remédier en nous faisant venir plusieurs fois. Le jour J, Loulou Gasté est présent. Il vient nous voir : « J'aime bien ce que vous faites, ça me plaît. Sur quel label êtes-vous ? » On lui parle de Relax, il ne connaît pas, et lorsqu'il apprend que nous n'avons signé qu'un contrat d'artiste et non d'édition il nous propose ses services. On en parle aussitôt avec notre maison de disques, ils posent un veto absolu. Ils nous font même du chantage, du genre : « Si c'est comme ça, on ne fait plus de disque du tout ! » On prend peur. On ne signe pas avec Loulou. La pression des parents est trop importante, on ne peut pas se permettre de retourner à la case départ.

Le disque

Si je marche à pied,
Vous me regardez
Je n'ai pas une voiture de 3 millions,
Et vous me prenez pour un vagabond.
Si mes souliers sont usés,
C'est qu'ils ont beaucoup marché,
Et dans vos palaces vous me critiquez
En me traitant de va-nu-pieds...

(Extrait de « Prolétaire ».)

SERGE DOUDOU : Le premier tirage du disque est de 500 exemplaires, il s'en vend à peine la moitié. Iramax Relax fait faillite très rapidement. À son catalogue il y a tout de même Danny Boy, Davy Jones, et des groupes hollandais comme les Outsiders et les Zeep.

GÉRARD FETTINGER : Les paroles c'est Jean-Pierre Hypken, c'est lui qui est communiste. On s'est partagé les rôles, mais quand on l'écoute, on sent bien que c'est la même personne qui a écrit les deux textes.

« D'abord ils ont chanté les succès des autres, et puis leurs chansons sont nées. C'est un travail d'équipe, chacun y met sa note ou sa phrase, on se dispute longtemps et quand on ne se dispute plus, c'est bon signe, c'est que la chanson commence à prendre corps, alors on la travaille pendant des semaines et après, c'est aux copains de juger... » (Notes de pochette du 45-tours.)

JEAN-PIERRE HIPKEN : Le but de « Prolétaire » est de choquer. Nous sommes des punks avant l'heure, on cherche à provoquer, c'est notre fonds de commerce. On choque beaucoup plus que toutes les autres formations. Les autres musiciens savent que je suis communiste, eux ne le sont pas, mais mes textes ne leur posent aucun problème. Très tôt j'adhère au Parti communiste. Du fait que je sois sorti de l'école uniquement parce que mes parents ne peuvent pas me payer d'études, je trouve cela complètement injuste d'être premier de la classe et de ne pouvoir poursuivre alors qu'il y a un tas de cancres que papa et maman continuent à aider. C'est ma plus grosse révolte. Ce qui colle bien au rock car c'est une musique rebelle.

SERGE DOUDOU : Les compositions nous viennent naturellement, en essayant un truc qui sonne pas mal et puis voilà. Les paroles de « Prolétaire », elles sonnent bien. En toute sincérité, sur le moment, nous ne faisons pas vraiment attention au mot *prolétaire* lui-même. Bien évidemment nous en connaissons le sens puisque n'ayant jamais gagné beaucoup d'argent, nous sommes nous-mêmes des prolétaires, mais ce morceau n'a dans mon esprit rien d'une protest-song à la Bob Dylan.

GÉRARD FETTINGER : La photo de pochette est prise dans le quartier de la Défense alors en pleine construction. Nous n'avons pas beaucoup d'argent mais on décide quand même d'investir dans quatre pulls rose clair identiques, d'ailleurs pour avoir un prix on prend tous la même taille et le mien est un peu trop court aux manches.

JACQUES BARSAMIAN : Un groupe français tout neuf, mais qui semble avoir trouvé le truc. S'il n'y avait pas les paroles, d'ailleurs fort bonnes, j'aurais l'impression d'entendre un groupe anglais. Bravo à la firme Relax qui a compris que, même dans notre pays, il y a des éléments valables. Ce disque pourrait permettre à cette maison de s'imposer sur notre marché. (*Rock & Folk* n° 8, juin 1967.)

JEAN MARCOU : D'entrée le son est énorme, la Fender claque, la basse monte et descend en arpèges ronflants, la batterie est presque militaire, sauvage, à la Keith Moon, et Jacky assène de grands coups d'accords rythmiques. L'influence des Pretty Things et des Who est évidente. Les harmonies vocales sont parfaitement au point pour chanter des paroles très sérieuses pour l'époque, beaucoup plus concernées que les protest-songs habituelles. Mais la réussite éclatante, le monstre d'inventivité, se trouve sur l'autre face. « Je ne te pardonnerai pas » débute par les roulements de batterie géants, ponctués par des effets de basse ; dominés par les breaks de guitare échangés avec la voix hargneuse du chanteur. Le solo du milieu, dans le style indien est une véritable trouvaille. Pendant ce temps le travail sans merci de la rythmique se poursuit dans une sauvagerie jamais égalée par un autre groupe français. Pour moi « Je ne te pardonnerai pas » est le meilleur titre original jamais créé dans le genre british-beat à la française, aussi bien du niveau composition, qu'interprétation et production... (*Jukebox Magazine* n° 41.)

GÉRARD FETTINGER : « Je ne te pardonnerai pas » c'est venu par moi, c'est un break à la batterie que je faisais souvent et on a brodé autour... Ça ne se danse pas mais c'est un bon morceau. Le disque est une réussite, mais ça ne nous apporte rien. Ce n'est pas du tout dansant et on ne peut pratiquement pas le passer en discothèque. Par contre, dans le coin de Clamart, presque tous les cafés qui ont un juke-box possèdent notre disque. Relax est une boîte trop petite pour nous imposer. Les programmateurs radio ne sont pas franchement prêts à prendre notre disque, car dans l'enveloppe il n'y a rien pour eux... De plus, comme notre maison de disques n'a rien à leur offrir en échange, ils auraient tout à y perdre que de nous programmer. Sans appui, ça ne peut qu'être un fiasco. À l'exemple de cet échange avec Daniel Filipacchi : « C'est bien, mais c'est en français ! Et puis c'est quoi cette firme, Relax ? C'est une maison de disques ? » Il conclura par : « Bah les p'tits gars puisque vous êtes sympathiques, on passera votre 45-tours cette nuit... »

Tournée d'été

JEAN-PIERRE HIPKEN : Nous écumons toute la côte, dans des conditions souvent difficiles. Il n'est pas rare que faute de gala, nous ne mangions pas. Nous passons tout de même le mois d'août à Valras-Plage au Copacabana, une grande discothèque sise à côté du casino. Nous sommes engagés car nous devons remplacer un groupe qui deviendra légendaire, les Storms [*N.d.A.* : ce sont eux qui périront dans l'incendie de la discothèque, le 5-7 à Saint-Laurent-du-Pont au mois de novembre 1970]. Après notre prestation, vers 2-3 heures du matin, nous avons pour habitude de squatter la plage. Nous faisons un grand feu de camp et nous dormons sur place, de nombreux admirateurs nous ayant rejoints.

Première partie de Johnny Hallyday, 3 septembre 1967

JEAN-PIERRE HIPKEN : Début septembre, nous rentrons à Paris. Danny Boy, qui vient lui aussi de signer avec la firme Relax, n'a plus de groupe et nous appelle à la rescousse. Il doit honorer plusieurs contrats dont une première partie de Johnny Hallyday à Cahors sous un chapiteau de 3 000 places. La proposition est la suivante : nous pouvons jouer en tant que Gypsys si ensuite, nous devenons les nouveaux Pénitents [*N.d.A.* : Nom du groupe qui accompagne Danny Boy]. Pour moi qui ai toujours été fan de sa musique, c'est presque un rêve. De plus, nous récolterons deux cachets.

JACKY PUJOL : Ça me fait drôle d'accompagner Danny Boy, car quelques années plus tôt [*N.d.A.* : le 7 mars 1962], je suis devant mon écran de télé lorsqu'il participe à *La Piste aux étoiles*. Ce sont des images qui marquent un môme et je suis impressionné de remplacer un Pénitent à ses côtés.

JEAN-PIERRE HIPKEN : Musicalement, avec Danny, il n'y a aucun problème. Il chante du rock, et le rock c'est notre spécialité. Le moment venu, la salle est remplie de fans de Johnny, mais aussi de journalistes, de photographes. Heureusement, nous sommes très en forme, à tel point que lorsque nous entamons « Friday On My Mind » des Easybeats, les spectateurs croient qu'ils ont affaire aux auteurs de ce classique. Nous devons jouer en tout cinq ou six morceaux dont « Mystic Eyes » des Them. Nous sommes même rappelés, alors que le public est venu pour Johnny, quel honneur ! Notre prestation avec Danny est claire et nette, c'est du travail propre. Jacky et moi assurons les chœurs derrière Danny. Durant le show, il nous envoie de nombreux regards complices, il est heureux de jouer avec nous, et ça se voit. Arrive l'idole, accompagnée du futur Triangle Papillon à la basse, de Micky Jones à la guitare (qui jouera par la suite dans Foreigner) et de Tommy Brown aux percussions. Après le concert nous nous retrouvons tous, et Johnny nous félicite d'avoir chauffé la salle. Je me souviens que je suis encore plus intimidé devant Johnny que devant les 3 000 spectateurs, c'est l'une de mes idoles de jeunesse, et je me sens gauche. En remerciement, il tient à nous vendre sa sono à un prix d'ami, une Semprini, car il doit en changer. Mais nous n'en avons pas les moyens.

SERGE DOUDOU : Le corbillard, c'est lorsque l'on rejoint la tournée de l'épopée du rock, on part, on casse la voiture que l'on a, une Domaine, à Cahors. Il nous faut absolument un véhicule, et on tombe sur ce corbillard que l'on adopte immédiatement. De plus, comme personne n'en veut, on le récupère pour pas cher. Il est spacieux et va parfaitement remplacer notre break Renault.

À la même affiche que Vince Taylor, 8 septembre 1967

JEAN-PIERRE HIPKEN : La semaine suivante, nous continuons cette tournée entamée à Cahors avec Danny Boy, et nous jouons à la même affiche que Vince Taylor à Valence-d'Agen. L'ange noir arrive avec plus d'une heure de retard, lui aussi est en pleine période dope. De plus, ni lui ni ses musiciens n'ont le moindre matériel. Pas de sono. Pas d'ampli. Pas d'instrument. Nous détestons cela, mais nous sommes un peu obligés de le laisser jouer sur notre matériel. Cela ne manque pas : au bout du deuxième titre, Vince Taylor prend notre fil de micro pour un lasso et l'explose. Cela coûte une fortune, et il ne nous appartient pas, c'est Yves Claoué qui nous l'a prêté. La voix ne passe plus, et les spectateurs commencent à balancer divers projectiles sur scène à l'attention de Vince. Nous sommes obligés d'aller protéger notre matériel sinon nous ne pourrons plus nous produire... C'est aussi l'époque des premières soirées privées, dans lesquelles le majordome nous annonce et qui nous permettent de voir venir, financièrement parlant, car le cachet est toujours plus important que dans les discothèques habituelles. Cela nous permet aussi de jouer quelques standards du moment, que cela soit Jacques Dutronc (« Et moi, et moi, et moi ») ou bien « Take Five » de Dave Brubeck. Deux autres groupes profitent aussi de ce circuit privilégié des soirées privées, les Jets et les Murators. Quelle ironie pour un groupe qui chante « Prolétaire » !

GÉRARD FETTINGER : Un jour l'imprésario Deluze nous dit : « J'ai trouvé un concert pour Vince Taylor mais je n'ai personne pour l'accompagner. » Il nous propose le job. L'avantage pour nous étant de jouer également sous le nom des Gypsys, on recevra deux cachets. Quand on accompagne Vince, c'est une vraie épave. On voit les gars du public arriver avec d'énormes cageots, mais à cause des projecteurs, on ne discerne pas grand-chose. Ce n'est que lorsque les premiers fruits et légumes se mettent à pleuvoir en notre direction que l'on réalise que l'on va s'en prendre plein la tronche. Je rapproche mes cymbales devant moi pour faire écran, et au bout de quelques minutes ça n'arrête pas de pleuvoir. Et à un moment je me prends une énorme pomme de terre dans la face, je me retrouve assommé. On a été obligé d'arrêter le concert. Et Vince de conclure : « Quel mauwais public... » Vince devait passer à l'église avant de chanter, il n'imaginait pas rentrer sur scène avant d'être allé prier. Un soir on ne sait pas où il est passé car, cinq minutes avant de jouer, il s'est rendu compte qu'il n'avait pas encore prié. Nous, on décide quand même de jouer l'intro de « Brand New Cadillac », mais on est obligé de la répéter en boucle jusqu'au moment où le public commence à s'énerver. Vince nous fait signe des loges : « J'ai pas encow prié... » Je ne l'ai pas vu prendre de la drogue mais vu sa tronche, je ne pense pas qu'il carburait qu'au petit-lait.

SERGE DOUDOU : *L'Épopée du rock*, c'est avec Vince Taylor. C'est la première fois que l'on joue avec lui, nous l'avions vu sur scène avant, mais c'est tout. On lui prête notre matos et on l'accompagne avec le Bobby Clarke Noise qui avait souvent des problèmes de transport et nous, on dépanne tout le monde. Une fois le gala de Cahors signé par les producteurs, Jean-Louis Rancurel et Jacques Barsamian, il fallait absolument assurer la date. Ne serait-ce que pour récupérer le cachet. C'est une période où Vince n'est pas très très bien. C'est sa période mystique. Très souvent dans les loges, et ne se montrant pas. Plus du tout habillé en cuir, mais plutôt en beatnik/freak avec des franges partout et les cheveux très longs. Nous n'avons jamais réussi à le faire monter dans le camion par exemple, alors un corbillard, fallait même pas y penser ! Il était beaucoup trop superstitieux. Au départ c'est toujours nous qui le suivons. C'est à nous de nous adapter à lui. Vers Valence-d'Agen, on commence par « Memphis Tennessee » il doit monter sur scène, nous sommes obligés de faire dix fois l'intro du morceau. Les tomates ne tardent pas à pleuvoir... C'est un grand truc de l'époque, en province, avant les concerts, les types prévoient leurs cageots. L'organisateur est déjà rentré chez lui, et c'est un coup de chance si nous sommes payés ce soir-là.

JACKY PUJOL : Vince Taylor est en pleine période came, c'est à la même époque qu'il passe du costume en cuir noir à celui de velours et cheveux longs... À chaque fois qu'il commence à jouer, il oublie quel morceau il chante et c'est un enfer pour retomber sur nos pieds. Il reçoit systématiquement des tomates, et nous aussi. Sans compter le nombre de fois où l'organisateur refuse de nous payer... D'ailleurs ce soir-là, il y a Moustique à la même affiche, et lorsqu'il annonce qu'on ne va pas jouer car nous ne sommes pas sûrs d'être payés, c'est l'émeute, un vrai massacre.

JEAN-PIERRE HIPKEN : En cette fin d'année 1967, nous sommes pris dans un tourbillon, celui des concerts et des répétitions qui s'enchaînent sans cesse. Nous sommes à la hauteur de notre réputation. Serge n'hésite pas à jouer avec les dents comme Jimi Hendrix, alors que moi, j'ai ajouté une rallonge à mon jack et je descends régulièrement dans la fosse pour me joindre au public.

JACKY PUJOL : On tourne énormément, beaucoup trop pour que je me souvienne de toutes les villes visitées. Par contre, une date importante est celle où nos deux voitures nous lâchent en même temps, comme par hasard c'est lors de cette tournée qui passe par Cahors. On dépêche Gérard pour remonter à Paris et tenter de nous dégotter un véhicule de remplacement, et on le voit revenir avec un corbillard, un vieux Renault. Pour transporter le matériel, il n'y a pas mieux, par contre quand les gens nous voient arriver ils font toujours un signe de croix. Le corbillard fera des centaines de kilomètres, nous emmenant aux quatre coins de la France.

Le début de la fin

SERGE DOUDOU : Les Gypsys tombent très vite en désuétude parce que l'on arrive à un moment où l'on va écouter beaucoup de rhythm and blues et de musique soul, avec des cuivres. Nous, nous sommes définitivement un groupe à guitares.

JACKY PUJOL : C'est après cette tournée *L'Épopée du rock* que l'on se rend compte que la mode est en train de changer, de nombreux patrons de boîtes nous demandent si nous avons des cuivres car on est en pleine période rhythm and blues. Et dès lors qu'on leur dit non, ils nous répondent qu'ils ne sont pas intéressés.

Nouveau départ?

JEAN-PIERRE HIPKEN : Les premiers signes de lassitude interviennent au mois de novembre 1967, Jacky commence à ne plus trop avoir la foi. Un beau jour, il nous annonce qu'il a décidé de quitter le groupe, comme s'il avait fait le tour de la question et qu'il n'avait plus l'impression de progresser. Nous décidons de passer une annonce au Golf pour lui trouver un remplaçant, nous en profitons pour rechercher un organiste plutôt qu'un autre guitariste. C'est un certain Lionel Elfassi qui se joint à nous. Ex-guitariste, il s'est mis aux claviers pour étoffer son jeu, c'est aussi un excellent chanteur. Sous son influence, nous orientons notre jeu vers un répertoire plus jazzy, vers une recherche de la musicalité et de la mélodie plus que de l'efficacité.

GÉRARD FETTINGER : Jacky Pujol tombe sur une nana que je n'apprécie pas beaucoup qui l'embringue. Il n'a pas d'argent et ne s'entend plus avec ses parents qui ne lui ont donné que deux ans. Il doit se mettre à travailler et est le premier à partir. Il se retrouve radiologue en Algérie grâce à son frère. Je le rejoindrai plus tard, au début de l'année 1969. On fait rentrer un organiste, et on se met à avoir envie de faire du Beatles. Erreur monumentale car personne d'entre nous ne sait chanter. Musicalement on sait le faire, mais aucun d'entre nous n'a une voix qui accroche. En plus les Beatles ne correspondent pas du tout à l'esprit du groupe. On travaille à Megève, au Chatam-Glamour, chez Jean Bezard, on y reste un mois. On fait de la musique et du spiritisme. L'organiste, Lionel Elfassi, est branché sur la musique pop. Il a un copain batteur à placer, et je sens la fin arriver... Je les lâche avant qu'ils ne me le proposent. Serge continue avec eux quelques semaines.

JACKY PUJOL : Le groupe se termine un peu en queue-de-poisson. J'en ai marre, de plus, on arrive au bout des deux ans que m'a fixés mon père, et je dois reconnaître qu'il n'y a pas beaucoup de changement. On tourne mais nous n'avons pas un sou de côté et les années qui arrivent s'annoncent difficiles, car le rock semble être passé de mode. Je ne suis toujours pas majeur, mon père me prévient qu'il ne peut m'entretenir plus longtemps, et donc je reprends le boulot. Du jour au lendemain je me déconnecte complètement.

JEAN-PIERRE HIPKEN : Les concerts se suivent et se ressemblent, Jean-Loup Besson, un batteur, se joint à nous. Dès les premières mesures nous sommes époustouflés par sa dynamique. Il est allé au conservatoire et sait lire la musique sur partition. De plus, depuis le temps qu'il assiste à nos répétitions, il connaît notre répertoire par cœur.

SERGE DOUDOU : Nous enregistrons deux titres au studio Marcadet sur un huit-pistes, « Pour que tu t'en ailles » et « Tout recommencer ». Jean-Louis Detry rencontré au gala Supelec est présent car il nous aide pour les paroles et les harmonies vocales. Pour le premier morceau, nous avons cherché des rimes en aille pour sonner le plus anglais possible, car Jean-Louis est pratiquement bilingue. Notre firme Iramac-Relax compte bien sortir un deuxième disque des Gypsys, hélas, ils déposeront le bilan au même moment. Je joue le solo de la face A au pipeau, mais l'enregistrement n'est pas finalisé.

JEAN-PIERRE HIPKEN : Le 3 décembre 1967, nous sommes sur les planches du Golf Drouot, histoire de présenter les deux nouveaux venus à nos fans et d'entériner notre choix. Sur scène, ils font preuve d'un très grand charisme, ce qui laisse présager d'un bon avenir.

Noël 1967

JEAN-PIERRE HIPKEN : Pour les fêtes de fin d'année, nous sommes à Megève au Glamour, le club le plus huppé de la station. Le club est tenu par un ancien cascadeur, on dit qu'il a doublé John Wayne, et n'est fréquenté que par du beau linge, des gens qui ont les moyens, ainsi que de nombreux mannequins... Pour nous, c'est un très bon contrat car nous sommes logés dans un magnifique chalet. Par contre, niveau bouffe, le chef cuisinier n'aime pas les rockers aux cheveux longs. Les premiers jours, il ne nous sert que des sandwichs. Nous nous plaignons au directeur et il se prend l'une des plus belles engueulades de sa vie. Pour la suite de notre séjour, ça ne sera que foie gras et caviar, mets fins et raffinés... Nous assurons deux sets journaliers, le soir aux alentours de 18 heures un premier show ambiance feutrée, suivi d'un second de minuit jusqu'à l'aube beaucoup plus déluré. Nous ne donnons plus trop dans le hard-rock de nos débuts, grâce à Lionel qui nous propose des mélodies beaucoup plus complexes et élaborées que ces trois accords de base. L'influence des Beatles y est aussi sans doute pour beaucoup. La musique connaît alors une progression perpétuelle, et nous sentons que sans contretemps ni double-caisse nous nous ringardiserions.

Mai 68

JEAN-PIERRE HIPKEN : Les événements de Mai 68 marqueront la fin de nombreux groupes, car, faute de carburant, nous ne pouvons nous déplacer et donc assurer les concerts. Cela signifie que nous n'avons plus aucun revenu, et chacun doit subvenir à ses besoins de façon individuelle. Notre dernier concert prend place au Golf Drouot, là où tout a commencé. Lionel et Jean-Louis partent au Club Med', et moi je rentre dans l'imprimerie avant de participer au groupe amateur Three, avec Christian Schassi et Michel Sebaoun.

SERGE DOUDOU : Le dernier concert des Gypsys prend place au Golf Drouot au mois de Mai 68, pendant que les CRS chargent boulevard des Italiens. Les gens se réfugient dans le Golf pour échapper à la bastonnade et Henri Leproux doit même fermer les grilles d'entrée pour éviter que les CRS ne rentrent. Nous n'assurons pas un set classique mais avons opté pour du blues et des histoires drôles, pour calmer les esprits. Le groupe se termine parce que l'on ne tourne plus, que les boîtes ne veulent plus que des groupes avec des claviers et des cuivres, et nous, on a du mal à tourner avec seulement des guitares... Les événements de Mai 68 ne font qu'accélérer le processus. Les Gypsys s'arrêtent car ils ne tournent plus, plus personne ne veut d'eux. Il y a aussi quelques histoires de gonzesses qui font que ça se termine mal... De plus, l'unité des débuts est terminée. Plus personne n'est d'accord sur la direction à prendre. Chacun d'entre nous désire jouer dans un style différent, heureusement que nous ne sommes que quatre ! Mai 68, ça bloque pendant un mois ou deux les activités. Moi, je suis vraiment dans la musique, et les réclamations des gens de ma génération passent après. Je me suis marié en 1967 et ma fille naît au mois de février 1968. Je suis plus préoccupé de savoir comment lui donner à manger que d'aller faire le con sur les barricades...

GÉRARD FETTINGER : Nous vivons pleinement notre révolte depuis quelques années déjà, mais à aucun moment nous n'avons envie de prendre part à cette révolution.

SERGE DOUDOU : Je prends ma voiture, je vais voir ma grand-mère en Normandie et j'essaye de ramener 50 kg de patates. Nous ne sommes plus du tout dans le système en Mai 68, et je ne me sens pas du tout concerné par ces événements. Tout le monde réclame un changement, une révolution, moi ma seule préoccupation c'est la musique. Qu'est-ce qu'on aurait pu faire changer dans la musique ?

Épilogue

SERGE DOUDOU : Juste après les Gypsys je monte une boîte, le Gypsy Club, en Normandie à Barneville-Carteret en juillet-août 1968, là où habite ma grand-mère. Je vais voir le maire, et je lui dis qu'il faut ouvrir un club car il n'y a rien pour les jeunes. Selon moi cela éviterait quelques bagarres du samedi soir. Le maire m'aide, il me trouve une salle. On monte un club de jeunes, mais malheureusement Gérard et moi on a un accident de voiture, ou je me fracture sérieusement la jambe, et je reste seize mois immobilisé. On est en août 1968. Les années 1960 se terminent sur un lit d'hôpital.

GÉRARD FETTINGER : La boîte marche bien, mais les gens du coin sont devenus jaloux et ils vont se plaindre à la gendarmerie. Nous devenons les Parisiens venus s'engraisser sur le dos des locaux. On a des contrôles presque tous les soirs dans la boîte. Un jour on va faire de l'affichage à Port-Bail, et je confonds le virage avec la vue sur la mer. On finit dans le port. Serge depuis a une broche dans la jambe.

Que sont-ils devenus ?

Serge Doudou continue l'aventure au sein de Quo Vadis (trois 45-tours) puis de Rock And Roller (quatre 45-tours, deux 33-tours) qui tourne toujours ; il donne aujourd'hui des cours de guitares et de basse et se produit sous diverses identités, dont celle de Doudou (premier chanteur français à avoir enregistré du reggae), d'Hôtel Du Rock (deux CD + un DVD), Sixties Memories (un DVD) et Claudia Colonna (un CD).

Gérard Fettinger travaille à l'ORTF sur des repérages photo, devient photographe industriel pendant vingt ans, puis maître d'hôtel, il est en retraite depuis le mois de janvier 2003.

Jean-Pierre Hipken monte le groupe de hard rock Three juste après Mai 68 puis participe à l'aventure Quo Vadis jusqu'au 14 août 1971, travaille dans des Villages Vacances puis devient imprimeur. Aujourd'hui il compose toujours, mais c'est sa fille qui a repris le flambeau.

Jacky Pujol travaille comme maintenancier pour les centrales nucléaires nationales et internationales.

13

La swinging mademoiselle

Zouzou

Zouzou est un sacré personnage. Rescapée d'un Paris révolu, celui de Doisneau et de Prévert, elle n'a jamais pu se résoudre à quitter la Bastille, l'un des derniers quartiers populaires même si désormais envahi par les bobos de toutes sortes. Zouzou donc, à la classe folle et le parler des vrais titis. Une Parigote comme on n'en rencontre plus (et qui n'existe que dans les livres). Le grand public a peut-être oublié son nom, pourtant certains se souviennent d'une créature incontournable du Paris des sixties. Mannequin, danseuse infatigable, chanteuse, actrice, Zouzou a été de toutes les fêtes et s'est façonné un CV qui en ferait rougir plus d'un. Impeccable car sans faux pas ni retournement de veste. Dans le swinging de Paname, elle est de toutes les fêtes et croise les stars du show-business. Elle pose pour de nombreux magazines de mode car son look androgyne façonné par Jean-Paul Goude devient un modèle, et enregistre pour Vogue, deux 45-tours orchestrés par Jacques Dutronc qui détonnent par leur nonchalance désabusée. Normal, Zouzou enregistre par hasard, plus pour le fun que pour s'installer dans la durée, même si cela sonne comme du Marianne Faithfull. Elle réfute déjà toute idée de carrière et toute obéissance à une norme édictée par des façonneurs d'idoles. Elle préfère vagabonder, physiquement, c'est l'une des premières à tracer jusqu'en Inde en 1959, ou mentalement, via quelques drogues hallucinogènes offertes par son compagnon de route, Brian Jones. Anti BB, nuitarde invétérée, elle sortira des années 1960 sur un tapis rouge qui conduit directement au septième art. Elle obtient un premier rôle dans un long-métrage d'Éric Rohmer, *L'Amour l'après-midi.* Elle reste surtout la plus digne représentante de ces jeunes femmes qui auront su pleinement profiter de leur liberté et de leurs jeunes années. L'insouciance incarnée.

Zouzou s'appelle en réalité Danièle Ciarlet.

Naissance

ZOUZOU : Je suis née à Blida en Algérie le 29 novembre 1943, mais j'arrive à Paris, j'ai 18 mois. Mon père a beau être officier de carrière, pendant la seconde guerre, ça n'est pas très facile de s'installer, j'arrive directement boulevard Beaumarchais où je suis toujours. Enfin, je n'ai pas toujours habité là, mais aujourd'hui je suis revenue dans le quartier de mon enfance... Je vais à l'école rue de Sévigné, puis place des Vosges avant d'atterrir porte de Vincennes. Je me fais virer de toutes les boîtes, j'ai beau être une élève brillante, je suis intenable. Gamine, après l'école, je fonce au gymnase et je m'entraîne 4-5 heures par jour, j'adore ça. Je participe même à des championnats de France, je dois avoir 12 ans... Alors, le jour où le docteur dit à ma mère que je dois mettre un frein à mes activités sportives, car cela nuit à ma croissance, je me prends une grande claque. Je pense que j'ai besoin de me dépenser et que puisque je ne peux plus me défouler sur un tapis, je vais profiter de la classe. C'est pour moi une véritable compensation. Je suis déjà impertinente et comme je n'arrête pas de me marrer, les professeurs pensent que je me moque d'eux, ce qui n'est absolument pas le cas... Je passe mon bac à 15 ans sans aucune idée de ce que je vais faire plus tard. À 15 ans, comment peut-on imaginer le boulot que l'on va faire à 25 ou 30 ? Je n'ai envie que d'une chose, déconner. Je fais de tout, du droit criminel, de la sociologie, même de la philosophie, jusqu'au jour où je me découvre une passion pour la décoration. C'est décidé c'est du dessin que je veux faire ! Je m'inscris donc à l'Académie Charpentier et c'est là que je fais la connaissance de Jean-Paul Goude.

Jean-Paul Goude et la bande de la Bastille

ZOUZOU : Jean-Paul me relooke complètement de la petite fille avec une queue-de-cheval, il me redessine une tronche que tout le monde va regarder. C'est lui qui m'habille en garçon. Moi je suis horriblement complexée. Je trouve ma bouche trop grande, j'aurais dû avoir un nez retroussé, des yeux bleus, j'aurais dû être blonde, et en fait c'est exactement tout le contraire de ce que je suis. Mais Jean-Paul n'arrête pas de me dire que je suis sublime, que je suis belle, que je suis ceci cela... Le soir je rentre chez mes parents et je pleure, persuadée qu'il se fout de ma gueule. « Ce n'est pas possible qu'il me trouve belle ! » je me dis, jusqu'au jour où il m'emmène chez lui et où il me montre ses cartons à dessin. J'y découvre des portraits conformes de moi. Je correspondais à une sorte d'idéal féminin qu'il dessine depuis toujours. Le problème, c'est que ça ne m'a pas du tout rassurée, je pense qu'il est bizarre. Tous ses copains aussi me trouvent belle, aujourd'hui mes copines me disent que, comme je n'en ai jamais pris conscience, je ne les ai jamais fait chier avec ça, et c'est tant mieux !

À l'époque, je fugue déjà régulièrement. Ce qui est étonnant c'est qu'avant, lorsque je faisais encore de la gym, ça ne me serait jamais venu à l'esprit. Mais la faculté ça me fait chier. Et puis j'habite à deux pas de la Bastille, je préfère aller zoner à la fête. Je deviens copine avec tous les voyous du coin, ils me protègent car ils me connaissent bien, j'y vais depuis que j'ai 14 ans, d'ailleurs, j'en fais à peine 12. Ils sont très protecteurs avec moi, ils me ramènent à la maison aux alentours de 17-18 heures pour que ma mère ait l'impression que je revienne de l'école... J'ai un jean dans mon sac et je me change dans un café. Je roule les mécaniques avec les autres nanas de la Bastille. Je suis amoureuse d'un voyou alors que je suis exactement le contraire de ce que lui peut aimer, je suis plate comme une limande, un vrai petit garçon. Même pas les cheveux crêpés, plutôt raides. Lui est entouré de pin-up blondes dotées de gros obus. Mais au moins je deviens une sorte de mascotte, c'est moi qui suis chargée de provoquer les bagarres. Heureusement je parviens toujours à partir avant que ça ne dégénère... Moustique est déjà connu au sein de cette bande, c'est à cette époque que je le croise, au tout début des années 1960.

Jean-Paul Goude, c'est ma première histoire d'amour. Il trouve que je suis sacrément gonflée. C'est lui qui me raconte qu'un jour, alors que je viens de le quitter en descendant dans le métro, il me voit remonter par une autre sortie, comme si de rien n'était... Jean-Paul travaille déjà beaucoup il ne sort pas le soir. Moi je vais déjà à Saint-Germain, où je fais la connaissance de Natasha. Elle a le même âge que moi mais ressemble déjà à une femme. Elle prend soin de moi comme d'une petite fille et me protège, ensemble on commence à traîner chez Régine.

C'est l'époque de la bande du Drugstore, du Relais de Chaillot et de la rue du Four. C'est Jean-Paul qui m'habille et du coup je ne peux vraiment pas passer inaperçue. On est en pleine période du twist et moi je danse comme une folle. Un jour je fais la connaissance de Mme Lazzarus qui sera directrice du journal *Marie-Claire* quelques années après, à ce moment-là elle travaille au *Jardin des modes*. Elle me branche chez Régine et me demande si je suis libre le week-end suivant pour aller faire des photos de mode à Londres. Elle n'aura pas à me le répéter deux fois. Et ça commence comme ça, bêtement, simplement.

La bande du Drugstore

ANDRÉ DJENTO : L'un des premiers lieux de rendez-vous est le Café Français... Ensuite lorsque le Drugstore ouvre ses portes, les types commencent à y traîner. C'est pour cela qu'on l'appelle la bande du Drugstore, mais ils ne font rien, rien d'autre que de se donner rendez-vous, rester au chaud sans payer, et se refiler les adresses des soirées pour débarquer le soir... Au bout d'un moment les propriétaires de l'endroit en ont marre, et ils les empêcheront de rentrer à l'intérieur. Tout le monde se dirige alors vers la rue Saint-Benoît. Il y a Jean-Bernard Hebey, François Jouffa, Didier Léon...

ZOUZOU : On va souvent passer les week-ends chez les Taittinger, ils ont un 600 mètres carrés place de la République-dominicaine. Ça durera quelques années... C'est la bande du Drugstore que l'on y retrouve avec Dani, Michel Taittinger, Benoît Jacquot, les Lavigne, Babeth, Jean-Pierre Léaud, Gérard Manset... On a tous de 14 à 20 ans. On va danser l'après-midi au Relais de Chaillot rebaptisé pour l'occasion le relais des Charlots, une boîte sur les Champs. C'est tous des bourges, mais c'est plus central d'aller au Drugstore pour eux que d'aller à Saint-Germain-des-Prés. On est là du soir au matin et du matin au soir... Je dois voir 250 fois *West Side Story* qui joue au cinéma en face, on va foutre le bordel lors des séances, c'est devenu une sorte de rituel mais ça ne va pas bien loin... Il y a trois petits Russes qui nous font mourir de rire, leur grand truc c'est de suivre des types en costard sur les Champs et de leur pisser dessus en marchant. Et le mec quand il commence à sentir du chaud sur ses jambes, les autres se barrent en courant. Un autre jeu consiste à aller au restaurant et à partir en courant, le dernier qui se fait attraper paye l'addition. On l'a fait à peu près partout. Souvent on arrive tous à se barrer d'ailleurs. Il y a aussi les surprises-parties, nous sommes invités dans des appartements du XVIe, et là on se comporte vraiment comme des goujats. Il n'est pas rare de voir un réfrigérateur passer par la fenêtre, de retrouver toute la porcelaine sous un tapis, que le type écrase lui-même lorsqu'il revient chez lui, des jaunes d'œufs sur des tableaux de maître. Ça n'est pas très brillant, mais ça nous fait bien rire sur le moment. Il n'y a aucun acte politique là-dedans, c'est seulement pour s'amuser, pour déconner. Les mecs de la bande du Drugstore sont tous des bourges, donc le jeu consiste à faire chier les bourges en évitant que ça soit ses propres parents. Il y a Jacques Laffite qui pique des bagnoles et qui les laisse dans le bois de Boulogne. Dès qu'on est invités quelque part, ça ressemble à un tremblement de terre. On ne tue personne, on ne vole rien non plus, et souvent la réaction des gens c'est : « Je n'aurais jamais dû laisser mon appartement à mes deux cons d'enfants qui ont fait une surboum ! » Il n'y a jamais de poursuite. Dans la bande, il y a un dénommé Marcel qui vole tout et n'importe où. Il nous habille de pied en cap en faisant les magasins. Il prend toujours les vêtements à la bonne taille. Je me souviens que je suis fascinée par son art. Des gens qui ne sont pas très beaux, assez brimés, et pas du tout charitables.

FRANÇOIS JOUFFA & JACQUES BARSAMIAN : Les cheveux courts, en jupe-culotte, cette fille de concierge débuta en se faisant connaître dans les surprises-parties organisées par les bandes des Champs-Élysées, celles du Café français (devenu ensuite un Wimpy, près du passage du Lido), puis du snack Mamy's (devenu un restaurant chinois, rue de Washington).... (*Vinyle fraise.*)

Twisteuse infatigable

ZOUZOU : Zouzou, c'est mon surnom depuis toute petite, tout ça parce que je zozote. Je me suis donc toujours fait appeler Zouzou. Et quand les mecs de *Paris Match* ont vent de l'histoire avec *Le Jardin des modes*, comme ils m'adorent ils ont envie de parler de moi. J'impressionne les gens parce que je suis en roue libre en permanence, prête à tous les délires, sans aucune arrière-pensée. Je n'ai jamais fait de plan sur la comète. Je deviens mannequin complètement par hasard. Mais ça aussi c'est typique des années 1960. Personne ne prévoit l'avenir, personne n'imagine profiter du moment présent pour s'installer dans la durée. Il y a une complète insouciance.

J.-P. DE LUCOVICH : La folie du twist gagne Paris. En 1919, c'était le rag-time, en 1925 le charleston, en 1939, le swing. Quant au cha-cha-cha, il a vécu. Tout Paris apprend aujourd'hui à se déhancher avec le twist. Il a sa prêtresse : c'est Régine, qui va prochainement enseigner cet art suprême et délicat à la télévision. À Paris, maintenant il y a des twisteurs. Ils sont l'avant-garde des danseurs. Comment danser le twist ? Voici l'A.B.C. proposé au débutant : 1° Pédaler comme un coureur cycliste qui monte sa petite côte à 40 % (en danseuse) ; 2° Agiter les bras comme un skieur qui amorce un slalom géant ; 3° Figures libres... (*Paris-Match* n° 655, 28 octobre 1961.)

ZOUZOU : Après l'article paru dans *Paris-Match* je vais chez Catherine Harlé, c'est la seule et unique agence de mannequins. Elle est très sympa et s'occupe très bien de sa quarantaine de nanas qui bossent essentiellement sur Paris. Elle me trouve des sessions, mais moi dès que j'ai trois sous, je me barre. Je n'ai jamais d'argent sur mon compte, je passe mon temps à aller à Londres ou à New York, et quand je suis fauchée, je reviens.

Je vais souvent à Londres, j'adore cette ville, et ça bouge déjà bien plus que Paris. Je rencontre Pattie Boyd, qui deviendra la femme de George Harrison, parce qu'elle aussi est mannequin. On ne travaille pas ensemble, mais on se croise souvent. Je pars de chez ma mère très tôt, vers l'âge de 18 ans, je gagne beaucoup de fric. Même lorsque j'emménage, je reviens souvent chez ma mère pour me reposer quelques jours... J'habite chez Catherine

Harlé, chez Jean Babilé, l'un des plus grands danseurs du siècle et aussi chez Gabriel Pommerand le pape du dadaïsme. Il a une fille, et quand elle n'est pas là, je prends sa chambre. J'ai plusieurs points de chute, je rencontre plein de gens formidables en fait. Je vais aussi à l'hôtel, au Bonaparte situé en face des Beaux-Arts, avec Berthe on se dit que c'est plus pratique pour traîner rue Saint-Benoît et aller chez Régine danser. On passe des heures à la fenêtre à déconner. La rue Saint-Benoît est extraordinaire, il y a tellement de gens le week-end que les voitures ne peuvent plus circuler. Le Bilboquet par exemple, on est toujours sûr d'y rencontrer une connaissance.

Dani

ZOUZOU : Je suis la première personne que Dani rencontre, elle arrive à Paris l'année où je suis la petite amie de Jean-Paul Goude. Jean-Jacques Debout, l'un de nos proches revient de Perpignan en nous annonçant : « J'ai rencontré une fille à Perpignan qui te ressemble. » Il me montre un photomaton, et moi je ne vois pas du tout de quoi il parle... Sur ce il me dit : « Elle va bientôt monter à Paris, tu serais gentille Zouzou si tu pouvais t'en occuper car elle ne connaît personne... » C'était un peu le bébé que l'on me donnait, avec l'eau du bain.

DANI : Je pense que c'est parce que j'ai des superbes bottes que Zouzou vient me brancher. Elle adore les fringues. Grâce à mon père, j'ai un modèle de cuissardes qui ne se fait pas encore, même à Paris. On parle, et elle me dit : « Viens me rejoindre chez Castel ce soir. » C'est marrant le décalage qu'il y a entre une Parisienne comme elle et moi qui viens de débarquer de ma province natale. Je ne me sens pas du tout perdue. Ça ne fait que quelques jours que je suis là, je suis arrivée le 11 novembre 1963 à la gare d'Austerlitz à 8 h 30, et quelques jours plus tard, je suis invitée dans l'une des boîtes les plus branchées de la capitale. Je ne suis pas du tout intimidée, je n'ai aucune idée que l'on se bat pour y entrer.

ZOUZOU : Dani arrive à Paris, elle est très mignonne, elle a aussi un côté petite provinciale qui essaye d'être dans le coup. Mais je ne suis pas son chaperon. Elle fait absolument tout ce qu'elle veut. Par contre je lui présente tous mes copains, tous mes potes de la bande du Drugstore, et tous ceux de la rue Saint-Benoît...

DANI : J'arrive chez Castel, Jean-Marie Rivière est à la porte et fait la sélection comme ça lui arrive parfois, et je lui dis : « Bonjour, j'ai rendez-vous avec Zouzou ! » Il se marre et me demande : « Comment tu t'appelles ? Danièle Graule. — Ton père vend des chaussures ? » Il est tellement surpris que je lui dise oui qu'il me laisse entrer... Ensuite j'ai porte ouverte chez Castel. Avec Zouzou, nous ne payons jamais, les gens sont trop heureux que nous soyons là et nous invitent.

ZOUZOU : Je crois qu'elle a une aventure avec Benoît Jacquot qui à son tour lui présente Pierre-Richard Bré. C'est ainsi qu'elle apparaît dans un court-métrage, *Pour mon anniversaire* dont le chef-opérateur n'est autre que Nestor Almendros qui travaillera après avec François Truffaut.

DANI : Il n'y a qu'un seul après-midi de tournage pour ce court-métrage. Je suis habillée d'une jupe et d'un haut Sonia Rykiel en tissu écossais, l'action se situe autour d'une piscine, avec une rivalité entre plusieurs jeunes autour d'une fille qui fête son anniversaire.

ZOUZOU : On se perd rapidement de vue, sauf le week-end où l'on se croise. Quand je la revois, elle est avec Benjamin Auger le photographe attitré de *Salut les copains*, moi avec Michel Taittinger, le rédacteur en chef.

Hitler, connais pas (1963)

ZOUZOU : Je rencontre plein de gens formidables et l'une de mes grandes amies, c'est Berthe Granval. Elle est actrice [*N.d.A.* : *Les Parisiennes*, *Les Sept Péchés capitaux*, *Cherchez l'idole*...], et elle s'est mis dans la tête de me brancher dès qu'il y a un rôle pour moi. C'est ainsi que je me retrouve embarquée dans l'aventure de ce film de Marc Allégret *Les Démons de minuit*. Avec Berthe, on habite ensemble dans un hôtel en face des Beaux-Arts, elle est très belle, et ressemble un peu à Marina Vlady, mais avec beaucoup plus de caractère. Elle a deux grandes nattes et fait très jeune. Ensuite il y a *Comme un poisson dans l'eau* d'André Michel avec Philippe Noiret mais c'est encore une apparition.

Un jour, Bertrand Blier me demande si je veux tourner dans son film *Hitler, connais pas*, ça va se révéler une arnaque de première, mais je ne le sais pas encore... Bertrand Blier déclarera bien plus tard qu'il a tourné ce film dans le seul but de me filmer. J'y apparais comme une espèce de déjantée la plus superficielle qui soit. Ce que je ne sais pas, c'est que l'interview qui a duré plusieurs heures est coupée au montage. Je parle de ma profession de mannequin, je dis que c'est comme aller à l'usine, et hop on découvre des images d'ouvriers à l'usine... Il y a aussi une scène où l'on découvre une fille mère en train de pleurer, et moi qui annonce froidement gagner entre 8 000 et 10 000 francs par jour. Quand le film sort à l'écran, j'enrage complètement... Le décor est très astucieux, nous sommes tous autour d'une grande table, on a vraiment l'impression que nous sommes dans la même pièce au même moment, mais bien évidemment, ça ne s'est pas du tout passé comme ça.

« Ce n'est pas une histoire. Simplement la rencontre d'une caméra et de onze visages inconnus, qu'un cinéaste a voulu filmer pour en découvrir les secrets. Chacune de ces onze têtes est celle d'un moins de vingt ans qui, par bribes, confesse sa vie, ses espoirs, son indifférence parfois, ses pensées. Aux questions que nous n'entendons pas, viennent les réponses les plus diverses de chacun de ces jeunes de toute condition, sur quelques-uns des problèmes qui, pour tous, se posent avec acuité : politique, vie sociale, amour, famille, argent, plaisir sont évoqués avec une franchise que rend plus acide notre sentiment d'être un peu concernés... » (*Salut les copains* n° 15.)

KOALA : Zouzou, connais pas ! C'est ce qu'elle a dit de Hitler quand le fils de Bernard Blier lui a posé la question. Et Zouzou-la-twisteuse a tourné son propre rôle dans le film : *Hitler, connais pas !* Charlot, qui caricatura Hitler dans *Le Dictateur*, a dit à sa fille Géraldine : « Ton amie Zouzou ressemble à Marlon Brando ! »... Du Grand Siècle au Modern Style la ligne la plus courte, c'est Zouzou. Un soir, elle reçoit Géraldine en manchettes de broderie anglaise et bas de dentelle. Le lendemain elle l'accueille en pantalon souple à jambes larges, inspiré de la tenue des Marines. Mais, petit marquis ou garçonne, c'est toujours avec la même classe que la belle Zouzou reçoit ses amies dans son petit appartement rempli de souvenirs de Saint-Germain-des-Prés, son village natal... (*Twenty* n° 8, novembre 1964.)

Les Rolling Stones à l'Olympia, le 20 octobre 1964

CHRISTIAN NAUWELAERS : Le 20 octobre voit débarquer une délégation d'un tout autre genre avec les Rolling Stones, pour leur première visite en France. Ce concert unique à l'Olympia est bourré à craquer (avec un courageux Claude François venu en spectateur hué). Mick Jagger (chant, harmonica), Brian Jones (guitare), Keith Richards (lead guitare), Bill Wyman (basse) et Charlie Watts (batterie) jouent sur un rythme d'enfer leurs hits « Carol », « It's All Over Now », « Not Fade Away », « Bye Bye Johnny », « Around And Around », etc., faisant hurler filles et garçons. 300 fauteuils sont cassés et 40 jeunes arrêtés. Des commerçants révoltés parlent au micro d'Europe 1... Les Stones passent comme un éclair et tombent comme la foudre, embrasant tout. Un nouveau fanatisme, bien plus fort que celui entourant les Beatles en France, en tout cas plus extrême, plus jusqu'au-boutiste vient de se créer... (*Jukebox Magazine*, hors-série n° 11.)

ZOUZOU : Je dîne avec Michel Taittinger et deux autres personnes dont Étienne Roblot. En face du Théâtre Saint-Benoît, au coin de la rue Saint-Benoît et Bonaparte, il y a un restau, le Bilboquet. Nous sommes attablés tous les trois. Je suis la petite amie de Michel Taittinger, nous ne vivons pas ensemble mais nous sommes ensemble... L'un de nos sujets de discussion favoris, c'est : Les Rolling Stones sont-ils meilleurs que les Beatles ? Michel est un fan des Rolling Stones, mais moi je préfère les Beatles. Je suis déjà amie avec George Harrison et Patti Boyd, ce qui a d'ailleurs bien servi à Michel car il a pu faire nombre de reportages sur eux... L'après-midi, ils donnent une conférence de presse à la Locomotive, un événement que Michel n'a pas manqué. On en parle, jusqu'à ce que je me rende compte qu'il vient de se passer un truc. Étienne et Michel sont comme tétanisés, ils me disent : « Les Rolling Stones viennent de rentrer ! », comme si c'était la chose la plus extraordinaire qui puisse arriver en ce bas monde. Or, moi, je m'en fous complètement... Les Stones se placent de telle façon qu'ils peuvent me voir, et à un moment,

Dominique, un autre ami, vient me dire : « Brian Jones ne te quitte pas des yeux. » Je lui réponds : « Brian, mais c'est lequel ? »

À un moment je vais aux toilettes, et là, Brian me rejoint. Il me dit : « Est-ce que vous pouvez me donner votre pull-over, je le trouve super ? » Je lui réponds : « Et moi je sors comment, à poil ? » Il me dit : « Non, je vous donne mon col roulé blanc en échange... » Le sien est en plastique et le mien en cachemire, ça m'emmerde un peu... Je lui demande de m'envoyer le sien et, dès lors, il ne va pas cesser de me coller. Il vient à notre table, les autres sont comme des fous. Taittinger remarque le coup du pull-over, je lui réponds que je suis déjà assez emmerdée comme ça et que ce n'est pas la peine d'en rajouter. Tous sont super-contents, parce que Brian Jones est à notre table. À un moment il nous dit : « Je ne connais pas Paris, est-ce que ça vous ennuie si Zouzou me fait faire la tournée des clubs ? » Michel, ça le gonfle, il est crevé, mais il nous accompagne quand même au début du périple. On commence le circuit par Castel, mais Brian ne trouve pas ça très drôle. On continue, on va au Week-End Club, au Tour Club, à la Locomotive... On sympathise rapidement, et à un moment il me donne des pilules à avaler. Moi, j'avale n'importe quoi et je n'hésite pas une seconde. C'est du speed. Michel nous lâche et nous, on décide de continuer. À 8 heures du matin, nous sommes toujours dehors. Brian a une journée de libre avant le concert de l'Olympia, et on ne se quitte pas.

Le jour du concert, Michel Taittinger qui me cherche depuis deux jours me voit backstage. Je lui explique qu'il n'y a rien, que je ne fais que traîner la bête. Après le concert, on continue la virée... Le matin, Brian n'a même pas fait ses valises. Il demande que je l'aide. Qu'est-ce qu'on se marre avec ces valises, elles sont tellement bourrées de fringues qu'on n'arrive pas à les fermer. C'est cette nuit-là que je rencontre Anita pour la première fois. Elle essaye de nous coincer dans une espèce de partouze avec le dénommé Donald Camel qui réalisera le film *Performance*, mais avec Brian nous partons en courant. « Qu'est-ce qu'ils veulent ? » qu'il me demande. Je l'accompagne à l'aéroport, sur la route, il me dit : « Tu veux mon téléphone ? » Il me donne son numéro, son adresse, mais moi je ne lui donne pas le mien. Après, ils partent pour leur première tournée américaine.

La semaine suivante, une Anglaise me branche à la Locomotive : « Tu es Zouzou ? » Je lui réponds que oui. « Je viens d'avoir Brian Jones au téléphone, il veut ton numéro car il faut qu'il te parle. » Et voilà que Brian commence à m'appeler toutes les nuits... Les Rolling Stones sont en tournée aux États-Unis, ils apparaissent au Ed Sullivan Show, et Brian Jones n'a qu'une obsession, me poser des questions : « Comment tu dors ? Sur le dos ? Sur le ventre ? » Et un jour, au bout de quelques mois : « Tu veux venir pour le 31 décembre à Londres ? Il va y avoir une grande fête... » Il me réserve une chambre au Dorchester. Je me retrouve dans ce grand hôtel, mais comme je ne porte que des pantalons, on ne me laisse pas aller au bar. Lorsque Brian est au courant, il tape le scandale, et je me fais virer sur-le-champ. Il prend mes valises et m'emmène chez lui. Au bout de plusieurs semaines de conversations téléphoniques, Brian a décidé que ça y était, que je ne pouvais être que folle amoureuse de lui... Je le suis, et là je tombe nez à nez avec sa nana et un bébé en pleurs. L'horreur. Je lui dis : « Ça n'est pas possible. » Lui s'adresse à Linda Lawrence : « Qu'est-ce que tu fais là ? » Moi je ne voulais pas rester, Linda me dit qu'elle a un appartement à côté, elle me rassure : « De toute façon, Brian et moi ne sommes plus ensemble. » Brian est détestable avec elle. Il lui a même acheté une boutique, du genre : Elle n'aura jamais de problème financier puisqu'elle a une boutique ! Entre lui et moi, il ne se passe toujours rien. Je fais même la gueule. Le soir, c'est la diffusion de l'émission Ready Steady Go, une nuit super-sauvage, et là, il se passe ce qui devait arriver. Je reste basée à Londres à partir de ce moment-là, au tout début de l'année 1965.

Premier disque

ZOUZOU : Dans mes virées nocturnes, je rencontre Pierre Bénichou tout le temps. On déconne et on chante ensemble : *Quand j'touche ton pompon, touche pas mon corsage... T'es joli garçon mais moi je suis sage...* C'est lui qui me dit : « Ha ça serait génial, il faut que tu chantes, tu pourrais être la nouvelle Fréhel. J'ai un ami, il faut que je te le présente ! » Il m'amène chez Jacques Wolfsohn. Avec lui ça colle tout de suite, car c'est un fou et il me fait hurler de rire. À l'époque Jacques Dutronc est son assistant et en deux temps trois mouvements, tout est bouclé. Il me dit : « J'ai une chanson pour toi. » Benjamin, un chanteur de l'écurie Vogue, aussi a une chanson « Il est parti comme il était venu ». Ne manquent que les paroles, je m'y mets moi-même, comme ça, sans me poser de questions. La séance est extrêmement rapide, en une journée tout est bouclé. Je m'amuse comme une folle. Jacques Dutronc a déjà composé quelques musiques qu'il n'y a plus qu'à habiller. J'écris les textes en quelques heures, et l'enregistrement dure à peine plus. Les musiciens sont prêts, et moi je n'ai plus qu'à rentrer dans ma case.

Je fais de tout sans savoir ce que je fais. Les gens me considèrent comme un personnage, il y en a qui veulent me faire faire des photos, d'autres un film, et lorsque l'on me propose de chanter, je réponds : « Pourquoi pas ? » Je pense que si j'avais pu courir le cent mètres je l'aurais fait... J'ai une tronche qui ne ressemble à aucune autre. Je ne suis d'ailleurs pas un bon mannequin étant donné que je suis incapable de tenir en place plus de deux minutes, incapable de tenir dans une position et de sourire bêtement... Mais j'ai une clientèle de gens qui m'adorent car justement je suis comme ça, donc je travaille et je gagne bien ma vie. La nuit je vais chez Régine, Saint Laurent veut que je sois son mannequin, mais Pierre Berger, le directeur de collection, me vire quinze jours avant le défilé, parce que je viens dormir chez Saint Laurent, et il a subitement découvert que je ne foutais rien... Yves Saint Laurent est toujours très gentil avec moi, du genre : « Non ne la réveillez pas, vous voyez bien qu'elle dort ! » Pendant ce temps, la collection forcément n'avance pas beaucoup. Paris-Match essaye de faire un reportage sur le défilé avec ma tronche en couverture, et ils doivent tout recommencer car mon nom est rayé de la liste finale. Ils sont furieux.

« Le premier 45-tours est mis en boîte le 10 mars 1966 dans les studios Vogue de la rue d'Hauteville. Chaque titre est répété pendant une demi-heure avant d'être définitivement couché sur bande. Jacques Dutronc dirige la séance, il joue de la guitare, est accompagné d'Hadi Kalafate à la basse, de Michel Pelay à la batterie et de Peter Flam au tambourin [*N.d.A.* : pseudonyme de Claude Puterflam]. Quatre morceaux sont ainsi mis en boîte : “Il est parti comme il était venu”/“J'avais rêvé”/“Ne cherche pas”/ “Puisque tu es revenu.” Ballades chargées d'une saveur infinie, il s'en dégage un sentiment de mélancolie comme seules les années soixante savent nous en offrir. Car si la rencontre amoureuse est bien au centre des thèmes abordés, elle est marquée de ce sceau de l'éphémère et de l'indépendance féminine. Une première.

« Le visage de Zouzou (22 ans) ne vous est pas inconnu : c'est celui de l'une des cover-girls les plus photographiées de Paris. Ce visage vous allez bientôt le retrouver sur des pochettes de disques : Zouzou se lance dans la chanson.

« Il y a trois ans, elle avait fait ses débuts au cinéma dans *Hitler, connais pas* de Bertrand Blier (fils de Bernard Blier) où elle était une affreuse petite snobinarde.

"En réalité dit-elle, j'étais beaucoup moins snob que le film le laissait croire. Mais de toute manière, j'ai beaucoup changé. Je ne fréquente plus les boîtes de nuit. Mon but maintenant dans la vie est de gagner suffisamment d'argent pour faire vivre ma mère qui a beaucoup travaillé pour que je ne manque de rien." » (*France-Soir*, 4 mai 1966.)

Bob Dylan à l'Olympia, le 24 mai 1966

BERNARD GICQUEL : Bob Dylan, vingt-quatre ans, l'idole de la jeunesse américaine, vend aujourd'hui en Angleterre plus de disques que les Beatles. Pourquoi ? « Ce révolté qui parle ouvertement dans ses chansons de son mépris pour la guerre du Vietnam, explique son manager, a su mettre le doigt sur le pouls de sa génération... » Au printemps prochain il donnera un concert à Paris. Et ensuite en Angleterre, Irlande, Scandinavie... C'est la première fois qu'il accepte de voyager en avion, en première classe : extraordinairement célèbre aux USA, il ne voulait pas quitter Greenwich Village, le Saint-Germain-des-Prés new-yorkais. (*Paris-Match* n° 881, 26 février 1966.)

ZOUZOU : De Bob Dylan, il y a une photo magnifique dans *Les Lettres françaises* de l'époque, une photo où nous sommes tous les deux. Dylan ne veut qu'une seule personne à côté de lui, moi. Brian Jones lui a parlé de moi, et évidemment tout le monde va ensuite raconter que j'ai une histoire avec lui. Il est vrai que je passe la nuit seule à ses côtés, mais vu l'état dans lequel il est je me demande qui aurait pu avoir une histoire avec lui... Il tient à peine debout... Pendant ces trois jours, je suis obligé de rester jour et nuit à ses côtés. Le premier soir, je suis comme à mon habitude chez Castel, assise dans les escaliers parce que j'aime bien m'asseoir là. Je vois tout c'qui s'passe sans que personne ne me voie vraiment. Puis tout à coup, je vois une boule de cheveux descendre l'escalier, et je me dis, tiens ça doit être Dylan. Je sais qu'il débarque l'après-midi même à l'aéroport du Bourget... Il passe devant moi une première fois, et puis immédiatement après, il repasse. Il s'arrête devant moi et me dit : « *Who are you?* » Je lui dis : « *Well what you mean? — Your name? — Zouzou! — What are you doing for living? — Well I'm trying to sing and I'm doing diff'rent things. — I have to talk to you!* »

MARC-ALBERT LEVIN : Ce n'est plus qu'un joli petit pantin dont on voit la tête et la guitare blanche dans la lumière. Il accorde sa guitare après la première chanson, il boit un verre d'eau : « Grande eau par ici, la meilleure du monde à ce qu'on dit. » Et en français, avec un épouvantable accent : « Avez-vous du bœuf ? », et en anglais : « C'est à ça que je pensais. » Un peu plus tard, comme pris d'un doute : « Est-ce que quelqu'un comprend l'anglais par ici, c'est qu'on se sent si seul quelquefois... » Quelques voix ont répondu oui, quelques voix rient. Il accorde sa guitare encore : « Ma guitare électrique ne fait jamais ça, vous voyez. » Après cinq minutes de ce petit jeu, parce que certains Français à l'esprit exagérément critique poussent des Hou ! avec un peu d'humeur, il dit : « Oh, moi, je m'en fous, c'est pour vous, vous savez, si vous voulez que je joue comme ça, je peux... » Et après deux longues nouvelles minutes : « Vous n'avez qu'à écouter ce que je fais, c'est joli non, vous êtes pressés, vous devez travailler à dix heures du matin demain, peut-être ? » (*Les Lettres françaises* n° 1134, du 2 au 8 juin 1966.)

ZOUZOU : Le lendemain à l'Olympia, on fête son anniversaire, il vole une part du gâteau pour emmener à l'hôtel. Il y a toute une bande qui le suit, Hugues Aufray, Johnny Hallyday, Françoise Hardy. Bob a une sorte de fascination pour Françoise, il a lu ses textes et aime bien le son de sa voix en français, surtout le romantisme qui s'en dégage. Donc je pars avec tous ces gens au George V. Il y a à peu près vingt-cinq personnes. Et le cirque commence vite, Bob s'assied au milieu, il commence à parler tout seul. J'écoute ce qu'il dit, je ne trouve pas ça très extraordinaire en fait, il parle et j'écoute ce qu'il dit, c'est quand même Bob Dylan. Quand il lance des vannes, je me marre, je suis un peu la seule. Il le remarque vite, et je sens rapidement qu'il ne le supporte plus. Sa jambe s'agite de plus en plus. Personne n'a l'air d'écouter ce qu'il dit. Les gens commandent du champagne, des cigarettes, des gâteaux, ils ont faim, et ils trouvent ça normal de profiter de son statut de star. Et à un moment je l'entends dire : « Je ne vais pas payer pour tous ces crétins, maintenant tout le monde dégage. » Personne ne se lève, personne ne l'écoute, sauf moi... Il me dit : *« No no no, remember I want to talk to you ! »* Et personne ne bouge. Il redit : *« Now the party is over, I want to talk to one person »*, il répète cette phrase plusieurs fois. C'est moi qui fais le relais, je glisse à une personne que je connais : « Je crois qu'il veut que tout le monde parte, tu ferais mieux de faire passer le message car il commence à s'énerver... » Et moi je me lève pour tenter de créer le mouvement, mais comme je suis la seule à rester, le lendemain soir tout le monde me demande : « Alors c'était un bon coup ? » Je leur réponds de me lâcher les baskets. Il n'y a vraiment pas grand-chose à raconter de ce côté-là et ce n'était pas le but de l'affaire. « Qu'est-ce que t'as fait ? — On a écouté des disques. » Bob Dylan est resté sidéré que je comprenne aussi bien ses textes et que je puisse en discuter avec lui. On passe le temps à écouter l'album *Blonde On Blonde*, il n'est pas encore sorti dans le commerce mais il en possède une copie. On n'écoute que ça, il en parle à tout le monde. À un moment une chose extraordinaire se passe, il me dit : « Viens, allonge-toi », mais comme il sent que je suis choquée, il rajoute : « Relax. » Il se lève même pour me laisser le lit. Il rajoute : « Je suis très amoureux de ma femme Sarah, le but n'est pas ce genre de choses, donc n'aie pas peur. Simplement je voudrais que tu te reposes deux trois heures avant que tu ailles faire ta télé. Je vais faire monter du jus d'orange, des croissants, et repose-toi... » Je trouve ça tellement formidable cette délicatesse... Bob me dit : « De toute façon si ça doit arriver ça arrivera, je ne vais pas te sauter dessus. Je n'ai pas beaucoup de temps, quand je choisis quelqu'un j'ai envie de tout partager avec cette personne donc j'ai envie que l'on ne se mente pas, car après je vais partir en Angleterre puis aux États-Unis, on ne se reverra pas de sitôt, il faut que l'on ne se mente pas. » Il me demande aussi si j'ai le téléphone de George Harrison. Je lui dis quc oui. Il est assez étonné et me demande : « Tu es sûre tu ne me mens pas ? » Je lui réponds : « Vérifie tout de suite. » Il n'ose pas. Du coup je deviens un peu parano car je me demande toutes les 5 minutes si ce que je lui dis c'est vraiment ce que je voulais lui dire, je parle bien anglais, mais je ne suis pas non plus totalement bilingue et j'ai peur d'un contresens, surtout avec la fatigue.

Bob Dylan s'aperçoit que je commence à être fatiguée, à un moment il me dit : « *I'm gonna fix you up !* » Et moi je me demande ce que ça signifie réellement, avec quoi il va me fixer up... Il m'offre alors trois pilules, son explication est la suivante : « *You take three pills, one to go up, one to go down and the last one to cool up...* » Il précise que je ne dois pas m'inquiéter car il a le même médecin que les Kennedy. En fait je ne suis pas inquiète par les pilules, je suis déjà avec Brian Jones et on va dire que j'ai l'habitude, mais le lendemain j'enregistre une télé avec Marianne Faithfull, Françoise Hardy et Tom Jones [*N.d.A.* : le Show Tom Jones sera diffusé le 30 juillet 1966], et il est hors de question que j'y apparaisse avec une tête de déterrée. C'est le chauffeur de Bob qui m'y accompagne, il m'emmène et me ramène au George V.

Il reste trois jours en tout, et je passe donc les dernières quarante-huit heures avec lui, quasiment sans dormir. Et quand il part, je rentre chez ma mère pour me coucher car je suis totalement exténuée. Je m'endors à peine que Don Alan Pennebaker m'appelle chez ma mère pour me dire que Bob veut absolument que je vienne à Londres. Le lendemain matin je débarque, pour cinq jours supplémentaires de délire... Il me refile ses fameuses pilules pour tenir le coup...

Deuxième 45-tours

Il faut savoir profiter de l'instant,
Ne jamais attendre trop longtemps,
Lorsque l'on te prend la main,
Ne pas te demander ce que sera demain.
Car demain...
Oui demain...
Tout peut être changé par ta faute,
N'être qu'un regret si tu n'as pas su en profiter

(Extrait de « Demain ».)

ZOUZOU : Chez Vogue on m'adore, car je suis la seule fille dans la bande Dutronc, et on se marre comme des fous. Je participe à l'enregistrement de l'une de ses chansons « La Compapade », c'est un grand délire dans les studios qui dure toute la nuit.

Un an plus tard, Zouzou retourne en studio. Cette fois sous la direction de Jacques Denjean et non plus de Jacques Dutronc qui entre-temps est devenu un chanteur à succès (cf. « Et moi, et moi, et moi », « Les Play-Boys »). Aux claviers il y a un certain Alain Legovic qui ne va pas tarder à devenir célèbre sous le nom d'Alain Chamfort. Quatre titres sont mis en boîte : « Petit garçon »/«Tu fais partie du passé »/«Ce samedi soir »/«Demain ». Comme pour le précédent (à l'exception de « Il est parti comme il était venu ») ils sont tous cosignées Zouzou qui désormais ne prend plus la peine de se cacher sous sa vraie identité, Danièle Ciarlet.

ZOUZOU : Donovan m'offre une chanson que je n'ai plus qu'à traduire, « Ce samedi soir ». Je le rencontre au MIDEM au début de l'année 1967, et comme on s'est déjà croisé lors de son anniversaire en septembre [*N.d.A.* : Il est né le 29 septembre 1943] on discute pas mal. C'est lui qui me dit : « J'ai un cadeau pour toi. » Il m'offre la chanson « Young Girl Blues » qui à ce moment-là n'est pas encore sortie. Quelques mois plus tard je lui donne le manteau de fourrure blanc que je porte dans le film *Marie pour mémoire*. Mais malgré cela ce disque ne marche pas du tout, sans doute car j'habite plus ou moins à Londres, avec Brian.

Zouzou et Brian en Angleterre

ZOUZOU : Le deuxième disque est publié alors que je suis à Londres, au tout début de l'année 1967, et évidemment je suis furieuse car je ne peux le défendre et je me doute qu'il va passer inaperçu. C'est aussi un peu de ma faute, car ça fait plusieurs mois que Jacques Wolfsohn me demande la suite, et moi je m'en fous un peu. Je préfère suivre Brian Jones en Angleterre. Je vais les voir en concert à l'Olympia [*N.d.A.* : le 29 mars 1966], puis en Suède et au Danemark la semaine suivante [*N.d.A.* : le 3 et 5 avril] ou au Royal Albert Hall de Londres [*N.d.A.* : le 23 septembre 1966] mais ce n'est pas quelque chose que j'apprécie... Je préfère les Byrds et leur côté mélodique que les guitares désaccordées de Keith Richards et Brian. Aux yeux de ses fans, je passe pour la salope de Française qui leur a piqué Brian, et il m'arrive souvent de me prendre des coups de parapluie. En plus les hystériques qui se jettent du balcon pour se faire remarquer, très peu pour moi... Dès le moment où je suis avec Brian, je décide que personne ne nous photographierait ensemble. Brian n'y est pas franchement opposé, mais moi je ne veux pas que l'on pense que je suis avec lui pour me faire de la publicité. Il existe une seule photo de nous deux, un paparazzi nous a planqués et a fini par nous avoir, dans un escalier en bas de chez lui. J'ai pourtant des tas de Polaroïds avec lui, George, Patti, même John Lennon, mais il est hors de question que je me serve d'eux pour que l'on parle de moi. C'est typique du genre d'attitude que je trouve lamentable [*N.d.A.* : Brian Jones a alors trois fiancées déclarées, Zouzou, Anita Pallenberg et Linda Lawrence]. John est totalement miro, et son grand jeu, c'est d'enlever ses lunettes pour être tranquille et avoir une bonne excuse au cas où il ne dirait pas bonjour. Mais en même temps il ne peut pas s'empêcher de me demander : « Zouzou, dis-moi qui c'est là-bas, je ne le reconnais pas... » On essaye plusieurs codes à base de tapes sur l'épaule, mais entre ceux à qui il ne veut pas parler, ceux que je ne reconnais pas et ceux qu'il fuit, je me trompe souvent. L'une des terreurs de John c'est Nico, un peu comme à tout le monde d'ailleurs. Elle vit à Londres et n'a pas encore rejoint la Factory à New York. Elle est très grande, et assez costaude en fait, John est terrorisé à l'idée qu'elle peut l'attraper. On croise souvent Amanda Lear et Keith Moon aussi, le batteur des Who, chez qui je vais habiter lorsque les Rolling Stones sont en tournée. Brian marche aux acides et est la plupart du temps complètement raide.

Dans la bande du Drugstore, il y a un peu de fumette, dans les soirées souvent des joints tournent. Tout le monde pense que c'est une énorme bêtise, mais en réalité c'est plutôt le champagne qui nous branche vraiment. Je suis très surprise lorsque je découvre qu'autour de nous il y a des toxicomanes. La première fois que je fume, on me précise : « C'est de l'herbe ! », et dans mon esprit, l'herbe, il n'y a pas plus naturel, donc je n'imagine pas un seul instant que cela puisse être nocif. Je ne comprends même pas que cela puisse être interdit. Et même si je rigole bien après avoir fumé, pour moi, en aucun cas cela ne peut être assimilé à de la drogue. Souvent des gens me dévisagent, et je ne comprends pas pourquoi... Une autre fois, en 1963, nous sommes sept ou huit à fumer dans une voiture, et forcément l'odeur de pétard est plus que saisissante. Les flics nous demandent les papiers, et comme le propriétaire a bien évidemment oublié la carte grise chez lui, nous finissons au poste. Là-bas, Ahmed roule un joint, et les flics qui sont en train de jouer à la belote nous demandent ce que l'on fume parce que ça sent bon. On lui répond de l'eucalyptus, et ça s'arrête là. Personne ne sait ce que c'est... À Londres, la grande spécialité de George Harrison, c'est de préparer des joints. Il les dissimule dans des boîtes de tampax. Avec Pattie nous sommes un jour arrêtées par des flics, qui nous demandent ce que nous fumons, on se sent obligées de leur en donner. Lorsque nous repasserons une heure plus tard au même endroit, ils seront complètement défoncés. Le lendemain, ils nous cherchent partout dans la ville pour nous en acheter, je leur avais dit que c'était des cigarettes turques !

Au mois de mars 1967, Brian Jones part pour le Maroc, et j'ai l'intuition que plus rien ne sera jamais comme avant. En fait, les jours qui précèdent, on ne cesse de s'engueuler. Je le retrouve presque quotidiennement affalé dans les poubelles complètement défait, des poches sous les yeux énormes qu'il faudra maquiller pendant des heures... Je pars avant de devenir complètement cinglée. Il tient à m'emmener au Maroc, mais moi je refuse. Il revient au bout de quinze jours, entre-temps, j'habite chez Pattie et George, et il vient donc nous rejoindre pour le dîner. Au moment où il passe la porte, on éclate de rire... Il est tout poudré, mais en dessous il est rouge comme une écrevisse. C'est un vrai désastre, et il a l'air complètement crevé, comme s'il n'avait pas dormi depuis quinze jours. C'est George qui me conseille de partir, je m'en vais d'abord me reposer dans leur maison d'Esher. Brian appelle, il débarque, mais s'ennuie au bout de quelques heures. « Viens à Londres ! » Je refuse car je sens que c'est ma santé mentale qui en dépend, notre histoire se termine de cette façon. Je rentre à Paris où je fais la connaissance de Stéphane Vilar, c'est avec lui que je compose de nouvelles chansons que nous n'enregistrerons que bien plus tard. Je mettrai un an à récupérer de tous les speeds absorbés avec Brian, c'est à peu près le temps qu'il lui faudra pour me pardonner. Je le revois trois ou quatre semaines avant qu'il ne meure, il m'appelle et s'est décidé à venir à Paris, pour me voir et me parler : « Je t'aime toujours... » Mais d'amitié, nous discutons longuement, et je me rends tout de suite compte qu'il va très mal. Ce qu'il ne sait pas c'est que Keith Richards aussi m'a téléphoné entre-temps pour me demander de reprendre Brian, l'influence d'Anita Pallenberg qui a alors mis le grappin dessus est selon lui très néfaste. Brian a demandé de l'aide aux autres, mais ils l'ont envoyé promener. Il se noie peu de temps après...

Philippe Garrel et Calcium

Au cours de l'année 67 le cinéma happe Zouzou, en la personne de Philippe Garrel, avec lui elle tournera cinq films : *Marie pour mémoire* (1967), *La Concentration* (1968), *Le Lit de la Vierge* (1969), *Le Bleu des origines* (1978) et *La Naissance*, puis Éric Rohmer qui en 1972 lui offre un rôle dont le succès franchira l'océan Atlantique : *L'Amour l'après-midi*. La musique ne tient désormais plus qu'un rôle secondaire, mais Zouzou n'a pas dit son dernier mot pour autant, elle devient la chanteuse du groupe Calcium.

« Déjà dans *Marie pour mémoire*, Garrel a eu recours à une dénomination chrétienne et, dans *Le Lit de la Vierge*, il s'appuie encore sur un christianisme métaphorique. Pierre Clémenti incarne un Christ tourmenté, perdu dans le monde qu'il est censé sauver. À ses côtés, Zouzou joue trois rôles : la mère du Christ déjà habillée en noir préfigurant son deuil, la Vierge Marie enceinte et, affublée d'une minijupe, la prostituée Marie-Madeleine, par qui le Christ est très attiré... » (Programme du Centre national d'art et de culture Georges-Pompidou, février-juin 2004.)

ZOUZOU : Je rencontre Stéphane Vilar par Denis Berry un vieux copain à moi, époque rue Saint-Benoît. Il s'est mis en tête que Stéphane et moi, ça ne peut être qu'un couple de rêve. Stéphane Vilar, je le croise forcément au moment des *Idoles* de Marc'O. Je ne vois pas la pièce de théâtre, mais le film, oui. Stéphane participe également à quelques happenings avec Jean-

Jacques Lebel, mais le problème c'est que je ne suis pas cliente. Dans ma tête, je ne peux m'empêcher de penser qu'ils doivent avoir un sacré grain pour se donner ainsi en spectacle...

La première rencontre avec Stéphane, ça n'est pas un coup de foudre, on se connaît en mai 67 et on doit commencer à sortir ensemble au mois d'août. C'est longuement réfléchi, mais c'est la première personne qui me fait comprendre de façon claire et nette que si un jour je claque la porte, ça n'est pas la peine de revenir deux heures plus tard comme si de rien n'était.

STÉPHANE VILAR : Je fais la connaissance de Zouzou pendant le tournage du film *Les Idoles*. Nous avons des amis communs, moi j'ai envie de faire un groupe, au départ ce sont les musiciens qui jouent dans la pièce de théâtre et le film des *Idoles*, mais comme ça n'intéresse personne, je suis un peu obligé de trouver une nouvelle formule. C'est une période très difficile pour monter un groupe de rock, aucune maison de disques ne semble intéressée, et surtout il n'y a guère de clubs où l'on peut se produire. À part le Golf Drouot, la Locomotive et le Bus Palladium il n'y a rien. Surtout, il n'y a pas de possibilité de se produire en province. Et du coup le groupe n'existe jamais réellement. Zouzou est devenue notre chanteuse très naturellement. Mon frère Christophe est à la guitare et Jacques Zins à la basse. Nous ne sortirons un disque qu'avec l'aide matérielle de Sylvina Boissonas qui finance les pièces de Jean-Pierre Kalfon mais aussi les premiers films de Philippe Garrel.

HENRI LEPROUX : Zouzou, cover-girl de son état très remarquée dans une combinaison à impressions cachemire, chanta accompagnée de son groupe Jardin, auteur de la comédie musicale *Les Idoles*. Parmi eux, il y avait le fils de Jean Vilar, et dans le public on voyait Valérie Lagrange, Jean-Pierre Kalfon, qui passèrent un vendredi avec les Crouille Marteau. (*Le Temple du rock*.)

STÉPHANE VILAR : Calcium et le Jardin c'est la même chose, sauf qu'il y a eu quelques changements de personnels mais en réalité c'est la même chose. Ça s'appelle le Jardin à cause de Michel Taittinger qui s'occupe vaguement de nous, nous n'avons pas de nom et lui nous en donne un. Tout le monde l'oubliera dans les cinq minutes, sauf que comme c'est écrit quelque part, c'est resté... La première année on se débrouille pour répéter et fidéliser les musiciens, on donne quelques concerts au moment de

Mai 68, au Golf Drouot, chez Castel parce qu'ils adorent Zouzou et aussi dans une fête privée du côté de Boulogne. Les événements mettent fin à nos efforts pour quelques mois, et Sylvina me donne de l'argent au mois de février 69. On achète des instruments et on maquette plusieurs titres, qui aboutissent sur un simple deux titres. Ce dernier est enregistré au studio Davout au mois de juin 1969, sous l'œil froid de Claude-Michel Schoenberg, mais il sort dans l'indifférence la plus complète. L'histoire se termine en eau de boudin, je ne sais pas pourquoi, peut-être parce que chacun est happé par d'autres préoccupations.

« Je reprends "Somebody To Love" de Grace Slick qui fait chaque fois un tabac. Nos propres morceaux fonctionnent sur scène à merveille. Je me délecte de l'effet de synergie du groupe, c'est parfait, je ne suis de toute façon pas assez confiante en moi pour envisager de chanter seule. De plus, Didier Léon a une voix formidable, et Stéphane aussi, donc pour les titres chantés à plusieurs c'est magnifique... » (*Zouzou jusqu'à l'aube*, Flammarion.)

Calcium sort un unique 45-tours chez Pathé Marconi au mois de novembre 1969, il présente de délicieuses harmonies pop. Le groupe donne quelques concerts, mais personne ne s'y retrouve vraiment, la personnalité de Zouzou phagocyte sans doute la chose. Cette dernière est encore en contrat avec la firme Vogue, elle n'est absolument pas libre de ses mouvements.

« Ils n'ont jamais chanté sur scène, leur 45-tours vient juste de sortir et un 33-tours tout entier est déjà mis en boîte... Dans ce groupe, ils chantent tous, aucun morceau n'a été enregistré par un soliste. La chanson est pour eux une façon de s'exprimer, de faire ce qu'ils aiment. Ils y croient beaucoup mais ne se prennent absolument pas au sérieux. Ils sont sympathiques et pleins d'humour : le nom chimique qu'ils ont donné à leur groupe n'en témoigne-t-il pas ? » (*Salut les copains* n° 87, novembre 1969.)

Épilogue

« Dans les studios de photographie, les cover-girls ont pris l'habitude de poser... en musique. À force de twister sur les airs des autres, Zouzou, un beau jour, a décidé de chanter les siens. Les cover-girls ont parfois de ces caprices... Ainsi est né “Il est parti comme il était venu”, chanson de Jacques Dutronc, interprétée par Zouzou la twisteuse, qui suivit un second 45-tours, “Ce samedi soir”, une chanson de Donovan. Mais Zouzou, qui n’attache pas une importance démesurée à sa carrière de chanteuse, est maintenant en train de disparaître... Comme elle était venue. » (*Spécial Pop 1*, octobre 1967.)

ZOUZOU : Jusqu’en 1972 j’accepte tout et n’importe quoi mais la proposition d’Éric Rohmer de tenir le premier rôle dans *L’Amour l’après-midi* est un vrai vent de liberté. C’est la première fois que je suis payée pour tenir un rôle, ce dernier m’emmène autour du monde.

JEAN DE BARONCELLI : Interprété par une comédienne peu connue, Zouzou, naguère adoptée par Philippe Garrel, le rôle de la fille « paumée », tentatrice désinvolte et possessive, acquiert un étonnant relief... (*Le Monde*, 8 septembre 1972.)

« Un personnage nouveau apparaît dans l’univers de Rohmer : la “paumée” de Saint-Germain-des-Prés, toujours disponible, vivant d’expédients, et qu’interprète avec beaucoup de vérité Zouzou... » (*Les Échos*, 9 septembre 1972.)

ZOUZOU : Il y aura une dizaine d’autres films, et puis les fruits défendus avant l’exil aux Antilles et les années de galère... Dans les sixties, tout était plus simple, c’est à partir de 1972-1973 que c’est devenu plus sérieux, plus difficile. Mais avant que je réalise à quel point c’était bizarre, j’étais déjà dans les années 80. Entre-temps il m’est arrivé pas mal de choses...

14

Un air de famille

Violaine et Christine Pilzer

Rien ne prédestinait les sœurs Pilzer à devenir chanteuses. Hasard de l'histoire, opportunités saisies en plein vol, Violaine et Christine enregistreront chacune deux 45-tours. Deux disques qui illustrent parfaitement bien cette extraordinaire révolution des mentalités et aussi du business. Ces deux jeunes filles au caractère bien différent, à l'époque personne ne sait qu'elles sont de la même famille, se retrouvent en studio d'enregistrement à quelques semaines d'intervalle, presque par hasard. La première parce qu'une multinationale a besoin d'un porte-parole, la seconde parce que cela l'amuse. Toutes deux se retrouvent donc du jour au lendemain propulsées au-devant de l'actualité sans qu'elles l'aient vraiment voulu, mais surtout, sans qu'elles puissent contrôler quoi que ce soit. Les deux politiques des labels ont beau être complètement contraires, une volonté d'imposer en force pour la première (le matraquage radio du premier 45-tours est étourdissant), une opportune assimilation avec le chanteur dont tout le monde parle, Antoine, pour la seconde, le résultat reviendra au même. Après quelques passages radio, silence... Dans les deux cas, l'industrie phonographique a essayé de capitaliser sur un phénomène, celui des idoles yéyé. Premier échec. Comme si elle ne s'était pas rendu compte que derrière chaque artiste il y a une aventure humaine, et que peu sont prêts pour passer de l'anonymat à la lumière en quelques secondes. Que l'histoire ne se répète que très rarement, et que le public n'est pas toujours prêt à s'abreuver de nouveauté. Il est devenu légèrement plus méfiant. Impression de gâchis, surtout que le répertoire de Violaine et Christine Pilzer a depuis été redécouvert et plébiscité par des chercheurs de pépites. Il illustre parfaitement cette innocence propre aux années 1960, aussi son côté rebelle. Il est la preuve évidente que l'industrie du disque est elle aussi en pleine mutation. N'hésitant pas à propulser un inconnu sur le devant de la scène, et à le lâcher si rien ne se passe, se moquant complètement des conséquences. La chanson serait donc une grande loterie ? Cela semble évident à la lecture de l'histoire des sœurs Pilzer, et l'est bien évidemment encore plus, quarante ans plus tard, lorsque le paysage musical ne semble marqué que par des ex-vainqueurs ou participant à des jeux télé. Le travail de fond et d'investissement à long terme est désormais une notion désuète. Violaine et Christine Pilzer pourraient bien être les deux premières victimes d'un secteur où la recherche du profit l'a définitivement remporté sur l'amour et la passion.

CHRISTINE PILZER : Maman, d'origine niçoise, perd ses parents à 18 ans. Elle a beaucoup d'argent, ravissante. Elle nous donnera une éducation très saine et sera une mère très attentive avec de bons principes. Elle rencontre mon papa à Valberg, dans la région de Nice, il est guide et prof de ski. Je suis la deuxième enfant née de leur union, mon frère aîné, Alain, a 4 ans de plus et nous rejoint à Paris plus tard. Je grandis dans une région montagneuse et j'ai de grands souvenirs assise sur les cimes, la vallée loin au-dessous entourée de boutons-d'or, de crocus, de bouses de vaches et des cloches des troupeaux... Au bout de quelques années, maman rencontre un autre homme qui sera mon Papa Roger. Grand coup de foudre et divorce. Maman se remarie et donne naissance à Violaine. Papa Roger a déjà un fils, Patrick, né d'un premier mariage qui sera comme mon frère. J'ai 4 ans et nous déménageons à Neuilly-sur-Seine, rue Ernest-Deloison.

Changement complet de décor, le quartier est très bourgeois style Art déco et j'adore. Je me revois traverser, adolescente, le pont de Puteaux, et me rendre compte que de l'autre côté ça ne sent pas la même odeur, mais que les deux me plaisent... Dans les années 1950 Neuilly est encore très chic, les femmes sortent rarement sans chapeau dans la rue, le dimanche matin, les messieurs vont acheter leur journal en robe de chambre de soie et en foulard. Papa Roger ne déroge pas à la règle. Il possède une chemiserie de luxe très connue, Doucet, rue de la Paix. Son arrière-grand-père a quitté la Hongrie à 14 ans, il est venu à pied jusqu'en France. Il est rentré chez Doucet en tant que groom, puis a gravi tous les échelons jusqu'à racheter l'affaire et à en devenir propriétaire, il rebaptise le magasin « Doucet Pilzer et Fils ». C'est une chemiserie de luxe qui ne fait que du sur-mesure.

Enfant, je vais au cours Charles-de-Foucault, ma cour de récré c'est le bois de Boulogne. Plus tard, je continue ma scolarité au cours secondaire de Neuilly boulevard d'Inkerman. Côté loisirs, le week-end au bowling du Jardin d'acclimatation ou à la patinoire Molitor qui se transforme en piscine l'été, j'y rencontre d'ailleurs des futurs de la bande du Drugstore.

VIOLAINE : Moi aussi, je suis inscrite au cours Charles-de-Foucault, je suis une élève tout à fait convenable à la scolarité banale. D'origine slave par mon père, je suis une passionnée qui vit intensément, une jusqu'au-boutiste pour laquelle les choses doivent être entières. Mes parents ont une âme artistique, papa est un homme d'affaires qui consacre son temps libre à sculpter, maman écrit de la poésie, elle n'a pas publié mais c'était une vraie passion. Grand-mère, d'origine ukrainienne, était passionnée de théâtre, c'est sans doute pour cela que je demande une guitare à mes parents vers l'âge de 14 ans. Je commence immédiatement à écrire des chansons. Je veux être auteur-compositeur-interprète, ce qui n'a rien à voir avec les idoles. Je suis complètement en dehors de cette logique. Plus proche d'une Françoise Hardy que d'une France Gall, j'ai envie de mettre en musique des textes qui racontent ma vie. Je me nourris de la musique d'Henri Tachan et de Georges Chelon, on est donc très loin des yéyés. J'écoute aussi beaucoup Jacques Brel, Barbara, Gilbert Bécaud, Charles Aznavour, Georges Brassens et Édith Piaf, ce qui ne m'empêche pas de me plonger également dans le classique en particulier Wagner.

CHRISTINE PILZER : À l'âge de 15-16 ans, je suis très romantique, très timide, ce qui me complique vachement la vie. Je fais beaucoup plus jeune que mon âge. J'ai une amie, Florence, qui au contraire fait beaucoup plus vieille. Elle est tout le temps draguée, où qu'on aille, ce qui ne nous empêche pas d'être inséparables. Elle deviendra mannequin et exercera une grande influence sur moi... C'est son père qui va souvent aux États-Unis qui nous fait découvrir Frank Sinatra, George Gershwin, Audrey Hepburn, Marlon Brando et James Dean. Ce dernier devient mon idole. Florence dessine magiquement et encourage mon désir artistique, ma créativité et mon imagination. Dans nos chambres d'adolescente, on rêve beaucoup... Mes parents écoutent passionnément Richard Wagner et Édith Piaf... Dès qu'il le peut, Papa Roger sculpte et transforme notre appartement en espace créatif et ludique. La musique, la sculpture, le grand aquarium, les copains, et toujours une ébauche en plein milieu du salon. Il aime travailler de ses mains, c'est ainsi que notre maison de campagne, à Montigny-sur-Loing, va s'agrandir, il va tout construire lui-même. C'est un endroit où nous passons la plus grande partie de nos vacances, j'y fais la connaissance d'une voisine de mon âge, Mary Cerenza qui est américaine. Son père travaille au Shape, la base américaine de Fontainebleau. J'ai une dizaine d'années et je suis éblouie, par leur immense réfrigérateur, le Coca-Cola, les chewing-gums Dentyne que l'on ne trouve nulle part ailleurs et aussi par ses robes assorties au parapluie et à la doublure du manteau. C'est l'époque des grands jupons. Elle me fait également découvrir Elvis Presley — le choc ! — et m'initie aux joies du base-ball. Ce pays me fascine et je collectionnerai longtemps des photos, des images, des objets qui évoquent les États-Unis. Bien évidemment je vais voir le film *West Side Story* en famille sur les Champs-Élysées, en sortant on danse sur le trottoir. Waow, la danse, ça libère de la vieille Europe !

Bande du Drugstore et Maison de la Radio

CHRISTINE PILZER : Après mon bac, je décide de poursuivre des études artistiques aux Arts déco. Je suis très bonne en dessin, maman n'a pas osé m'inscrire aux Beaux-Arts, mais comme je suis très attirée par le monde de la mode, je suis bien décidée à évoluer dans ce secteur d'activité. Nous sommes au début des années 1960 et je fréquente la bande du Drugstore, dans laquelle il y a Jean-Bernard Hebey, Jacques Laffite, Zouzou... Cette dernière est déjà dans la mode, elle est très belle et porte souvent un petit ciré noir que j'aime beaucoup. Lorsque nous ne sommes pas sur les Champs, nous traînons entre le Scossa, un café sur la place Victor-Hugo et le Victor-Hugo, sur l'avenue du même nom. Mon éducation est mi-bourgeoise, mi-bohème et athée. Je n'ai par exemple jamais été obligée de suivre les cours de catéchisme, ce qui est un peu bizarre dans un cours privé catholique. Mes parents sont très ouverts et tous les copains adorent la maison Pilzer. Lors des premières boums, Papa Roger et maman viennent me chercher à minuit. J'aime sortir avec la bande du drugstore parce que j'aime danser. Je n'ai aucune difficulté à me faire accepter, car nombre d'entre eux sont des copains de classe de Neuilly.

À l'école de dessin, j'ai un copain, Frédéric Chapus, qui un jour me dit : « Demain ils organisent une audition à la Maison de la Radio, ils cherchent des présentateurs. Tu m'accompagnes ? » Lui, je sais que c'est son rêve car il m'en a souvent parlé, moi je n'y ai jamais pensé, mais j'accepte. Le lendemain je sèche un après-midi de cours pour me rendre à cette fameuse audition qui ressemble plus à un concours qu'à autre chose. Le jury est composé de José Artur, Claude Dupont et Michel Godard. José Artur nous dit : « Vous allez présenter une séquence dont voici le scénario, une fois par semaine, vous devrez appeler notre correspondant à Londres pour connaître le nom de la dernière sensation... » Nous le faisons vraiment en nous amusant, rien à voir avec les apprentis acteurs qui considèrent ce concours comme une audition sérieuse. Au bout de trente secondes le couperet tombe : « Stop ! Vous êtes engagés ! Vous commencez demain ! »

Avec Frédéric nous présentons donc l'émission *Les Ardugos* tous les soirs, en direct de 21 heures à 22 heures. Nous sommes en 1963 et l'émission durera deux saisons. Après, je resterai encore un an comme assistante de José Artur, avant d'arrêter. Je cesse tout du jour au lendemain, car je suis vexée par une réflexion que j'entends complètement par hasard dans un couloir, le bruit court que je suis là uniquement parce que je suis la maîtresse de José Artur. Ce qui est absolument faux. Je pars sur-le-champ. Je n'ai aucun plan de reconversion, sauf qu'entre-temps ma sœur vient de sortir un premier 45-tours. Ça me donne envie de l'imiter.

Ma sœur est très rebelle vis-à-vis des parents. Nous sommes très différentes : par exemple, elle joue de la guitare depuis plusieurs années, moi pas du tout. Elle est plus jeune que moi mais elle sort son premier 45-tours avant moi, et c'est grâce à elle que je rencontre Michel Delancray qui me fera signer chez Vogue. Lorsque je vois son 45-tours, avec cette chanson « J'ai des problèmes décidément », je trouve ça génial. J'ai vraiment envie de faire pareil.

J'ai des problèmes décidément

J'ai été surprise par mon père,
Avec le garçon que je préfère
Cela n'a pas eu l'air de lui plaire,
Maintenant entre nous deux c'est la guerre.
Papa tu as un sale caractère,
C'est embêtant,
J'ai des problèmes décidément.

(Extrait de « J'ai des problèmes décidément »
chanté par Violaine.)

VIOLAINE : Vers l'âge de 16-17 ans, j'organise des petits spectacles, dans notre maison de campagne, même une fois ou deux à la salle des fêtes de Montigny-sur-Loing. On me propose aussi d'aller jouer au Golf Drouot, et j'y vais, pour voir, mais je sens que ce n'est pas pour moi. Je n'ai pas du tout les mêmes aspirations que les jeunes de mon âge, aucune envie de devenir une idole qui aurait sa photo dans *Salut les copains*. Je ne demande rien à personne, j'ai juste envie d'être dans mon coin et de composer mes chansons. Ça, c'est la version officielle, ce que je me dis et répète à mon entourage. Mais comme toutes les jeunes filles, lorsqu'on me propose de signer un contrat, de poser pour des séances photo et de jouer le jeu de la future vedette, je me laisse prendre... C'est Eddy Barclay qui a décrété qu'il fallait me lancer comme une star. Je me souviens très bien d'une discussion, la première fois qu'il m'annonce cela, je ne peux m'empêcher de lui répondre : « Une star ? Mais je ne sais pas chanter. Faites-moi prendre des cours d'abord ! » Et lui ne m'entend pas. Il continue en me disant qu'il me verrait bien à l'Olympia... Un détail attire mon attention, et me paraît bizarre, Nicoletta attend d'enregistrer son premier 45-tours. Elle a également signé avec Riviera, la filiale de Barclay qui me propose un contrat, et elle a une voix incroyable. Capable de chanter le blues, après être sortie toute la nuit, bu quelques verres de whisky... Je ne comprends pas du tout à ce moment précis, pourquoi on privilégie ma carrière à la sienne, à tel point que j'en parle à mes parents. Pourquoi veulent-ils tellement me lancer alors qu'ils ont une chanteuse fabuleuse, c'est elle qu'il faut lancer pas moi, ou plus tard ! Oui j'étais belle, oui j'avais une personnalité, mon physique ne ressemblant en rien à celui des autres « jeunes filles », moi à l'époque je n'étais ni blonde, ni mignonnette, simplement belle, mais je ne savais toujours pas très bien chanter, ce qui est quand même indispensable pour une chanteuse.

Les voitures Ford cherchent à sponsoriser une chanteuse, Eddy Barclay leur fait écouter mes maquettes et ils jettent leur dévolu sur moi. Dès le premier disque, je pose devant une Ford Taunus modèle 1967, censée être la voiture du moment. Henry Chemin est le représentant de la firme Ford en France, il a un gros cigare, Barclay aussi et après s'être regardés dans les yeux, ils disent : « Banco ! » Au milieu, je me sens un peu esseulée. À partir de ce moment-là, je n'ai plus mon mot à dire, je deviens comme un produit, le problème étant que je n'ai encore rien sorti. Eux ont conclu leur accord de leur côté, et c'est tombé sur moi... Heureusement j'ai quelques chansons de prêtes. Je suis encore mineure, ce sont mes parents qui doivent signer. Ils sont complètement affolés, mais ils cèdent devant mon insistance. Juste avant Eddy Barclay j'ai rencontré Gérard Tournier, c'est ce dernier qui m'a découverte et qui m'a donné cette impulsion pour me sortir de mon cocon protecteur. Il avait très envie d'attendre que je sois prête, mais je ne sais pas pourquoi je lui fais faux bond pour rejoindre l'écurie Barclay. C'est une grave erreur, mais je ne peux pas encore le savoir. Ce qui me décide c'est l'opportunité de sortir un disque rapidement, même si je ne l'admets qu'à demi-mot. Je dis à qui veut l'entendre que je ne suis pas prête, mais j'ai bien envie de surprendre, de prouver le contraire, et je fonce sur l'occasion. Je vais enfin concrétiser sur disques ces quelques morceaux que je chante pour mes proches. Gérard Tournier a très bien compris que j'avais un potentiel, mais j'avais besoin de travailler. Je ne l'ai pas écouté. Qui a envie de perdre du temps à 20 ans ?

« Je m'appelle Violaine, je suis auteur-compositeur et chanteuse. Les chansons que je chante sont fidèles à mon personnage : elles sont moi ! Je veux sortir des sentiers battus, chanter autre chose que les amours malheureuses ou les coups de foudre d'adolescent. Je veux chanter l'amitié, l'ennui de vivre, les vrais problèmes des jeunes. Il faut que l'on dise bien haut que nous vivons avec autour de nous des gens hypocrites qui tergiversent. J'aspire dans mes chansons à la liberté et à la franchise... Finalement, mes chansons sont assez sérieuses, alors que mon aspect fait penser à une fille cool, relax très actuelle. Mais je suis plus ambitieuse. Si la chanson ne marchait pas, j'écrirais (et il m'arrive déjà de le faire) des poèmes ou des scénarios... » (*Moins 20* n° 20, janvier 1967.)

Allons soyez de beaux joueurs, messieurs,
Puisque vous faites le même métier,
Vous êtes tous les deux chanteurs, messieurs,
Votre rôle est de nous charmer.
Cessez la guerre s'il vous plaît (× 2),
Contentez-vous de chanter, messieurs,
Contentez-vous de chanter.

(Extrait de « Cessez la guerre »,
chanté par Violaine.)

VIOLAINE : « Cessez la guerre » est une chanson sur la guerre entre Johnny et Antoine qui fait rage au printemps 66, je trouve cela drôle mais un peu stupide. « Ma casquette », c'est l'attribut vestimentaire désiré par Barclay pour que cela corresponde au look beatnik du moment, mais je ne crois pas en porter en dehors des séances photo. « Il n'a que des chansons » est un hommage au chanteur anglais Donovan que j'aime beaucoup. Enfin « J'ai des problèmes décidément » est un petit clin d'œil à mes parents. Je fais tout de même partie de la catégorie de celles qui ruent dans les brancards, ma famille est très libérale, mais elle ne dit pas oui à tout. J'ai toujours eu envie de devenir artiste, ce n'est peut-être pas ce que mes parents attendaient, mais ils n'ont jamais empêché quoi que ce soit, souhaitant mon bonheur et ma réalisation. Bien que ne connaissant pas du tout le métier, ils sont tout à fait d'accord pour m'aider et essayer de comprendre ce milieu qui leur est totalement incertain.

Très rapidement des photographes aussi célèbres que Sam Levin veulent faire des photos de moi. Je me retrouve « fiancée » avec le fils Ford, et je suis invitée partout. Lors de soirées chez Barclay où il m'invite, il veille sur moi. Lorsqu'il devine que la soirée va prendre une tournure que je n'apprécierai pas, il vient me voir et me dit : « Violaine, je pense que la soirée va évoluer d'une manière qui ne va pas vous convenir, mon chauffeur est en bas, il vous raccompagne... » Sa Cadillac blanche m'attend. Il me protège beaucoup, je suis encore très jeune, une vingtaine d'années à peine.

Dracula

Derrière la maison hantée,
Une ombre vient de passer,
C'est une petite fille,
Tu la vois et tes yeux brillent,
Oh pitié Dracula épargne-la,
Pitié épargne-la, Dracula.

(Extrait de « Dracula »
chanté par Christine.)

CHRISTINE PILZER : Le disque de Violaine précipite les choses. Moi aussi, je vais enregistrer un disque, pourquoi pas, après tout j'ai toujours aimé chanter. J'ai un copain Bernard Jamet qui a sorti deux 45-tours, il me compose des super-musiques. C'est lui qui me donne envie d'écrire mes premiers textes, et dès que nous avons quelques maquettes présentables, je les fais écouter à une personne qui habite à côté de chez mes parents, Michel Delancray. Il travaille dans le métier en tant que directeur artistique et producteur. Un jour je vais le voir, il me connaît de vue, en lui annonçant : « J'aimerais bien chanter ! » Il ne peut réprimer une grimace, mais me reçoit tout de même avec beaucoup de gentillesse et écoute la maquette que j'ai enregistrée au studio de la Maison de la Radio grâce à José Arthur. Il doit être étonné car m'annonce : « J'ai un ami chez Vogue, Michel Guillaneuf, je vais lui demander si ça l'intéresse. »

Mon premier disque est enregistré rue d'Hauteville dans les studios Vogue où je côtoie toutes les vedettes maison : Jacques Dutronc, Cédric et Cléo, Karine, Bernard Laféraud et bien évidemment Antoine. La chanson « Dracula » est un clin d'œil à l'un de mes jeux préférés que j'ai appelé *Les Assassins* et qui consiste à se faire peur dans le jardin de mes parents, ça se passe la nuit avec mon frère Patrick et nos amis. En fond sonore, on entend un disque qui reprend les cris et les hurlements de films d'horreur... « L'Horloge de grand-père » est un souvenir de vacances passées en Angleterre vers l'âge de 14 ans, nous sommes allés chez des cousins et une fille ne cessait de jouer sur le piano une vieille chanson des années folles, « My Grand Father O'clock ». Une dizaine d'années plus tard je veux absolument la reprendre, comme elle a plus de cinquante ans, j'apprends qu'elle est tombée dans le domaine public et que je peux sans problème l'enregistrer, voire adapter des paroles en français. Ce que je m'empresse de faire.

L'horloge de-de mon grand père-père,
Débarqua d'Angleterre,
Un jour en-ensoleillé-llé de juillet...

(Extrait de « L'Horloge de grand-père »
chanté par Christine.)

VIOLAINE : Contrairement à ma sœur qui est bien identifiée en tant que Christine Pilzer, je choisis de ne garder que mon prénom sur la pochette. À cela plusieurs raisons, la mode est au prénom, Antoine ou Christophe n'ont pas eu besoin de noms de famille pour réussir, ensuite Eddy Barclay préfère le seul prénom. Mais aussi je pense immédiatement à ma famille, je préfère surtout si j'échoue dans ce métier qu'ils ne soient pas directement associés à cette aventure. De cette manière, il n'y aura aucune répercussion négative sur le nom Pilzer.

CHRISTINE PILZER : Quelques jours après la sortie du disque, j'assure la tournée d'été d'Antoine en lever de rideau, avec Georges Leroux comme impresario. Ce sont les Sharks qui m'accompagnent. Bernard Laféraud également présent a un trac fou, mais surtout les Problèmes n'arrêtent pas de déconner. Chaque hôtel qu'ils visitent est retourné sens dessus dessous... Je dois avouer que dès que j'arrive sur scène je me fais huer. Je n'ai pas eu le temps d'apprendre le métier devant cinquante, puis cent personnes, c'est d'entrée de jeu devant des milliers de spectateurs et c'est une catastrophe. Je dois me battre pour que le public écoute au moins ma troisième et dernière chanson « Dracula » qui est le titre phare. Au début, comme je ne suis même pas sur l'affiche, les gens pensent que je suis Karine, et dès que j'apparais, je les entends hurler : « Karine ! Karine ! Karine ! » Il y a cette histoire avec Antoine, on les dit fiancés, et moi qui chante des morceaux qui n'ont pas eu le temps de passer en radio, je crois qu'il n'y a pas meilleure recette pour se faire jeter. J'interprète trois titres, heureusement j'ai des jupes bien courtes et j'attendris quelques pères de famille passé les premières minutes de surprise. Comme je termine sur « Dracula », qui a une touche plutôt comique, ils rigolent. Je me dis qu'au moins j'aurai servi à quelque chose, les faire rire, surtout que dans le refrain je crie : « Pitié Dracula ! », et bien évidemment ça ne loupe pas, ceux qui ont entendu ne peuvent s'empêcher de reprendre ce mot à l'envi. J'entends alors : « Pitié ! Pitié ! Pitié ! » Un soir, je suis encore plus terrorisée que d'habitude, et je ne sais pas ce qui me prend, après le deuxième morceau, je me retourne et je m'apprête à m'en aller. Georges Leroux me rattrape, il me force à continuer et me sermonne : « Mais tu es grotesque, jamais une chanteuse ne doit faire ça. De toute façon je n'ai pas connu un artiste qui ne se soit fait virer... » Il me cite Annie Cordy et me raconte qu'à ses débuts elle se recevait des œufs sur la tête. « Tu n'as jamais reçu d'œuf sur la tête toi ! Quand tu entends que ça commence à gronder, tu leur fais du charme... » Le batteur des Sharks, Koko Ameziane, me fait également une autre réflexion qui m'aide beaucoup : « Tu ne te comportes pas comme une star c'est parce qu'ils le sentent qu'ils se comportent ainsi. Ne les regarde pas, ne t'intéresse pas à eux, c'est toi qui dois attirer leur attention et non le contraire. »

Des 4 par 3 sur les Champs-Élysées

« Violaine une toute jeune chanteuse d'avant-garde était passée inaperçue, il y a quelques mois à la télévision. Mais entretemps l'homme fort de l'automobile Henri Ford en personne, l'a entendue chanter. Il a été conquis. Et en accord avec un des principaux éditeurs de disques français, il a décidé d'en faire la vedette n° 1 de la chanson. Bientôt grâce aux millions d'Henri Ford, vous verrez sur tous les murs de France son portrait. Un véritable bolide cette Violaine ! » (Dépêche Agence Dalmas.)

VIOLAINE : Ford investit beaucoup d'argent sur mon deuxième 45-tours, sans doute parce que le premier a dû passer plusieurs fois en radio et qu'ils se disent qu'ils tiennent là un bon filon. Ils me forcent à sortir un second 45-tours. C'est une obligation contractuelle avec Ford dont je ne suis pas au courant, c'est la raison pour laquelle ce disque va être extrêmement bâclé, ce que je ne comprends pas sur le moment. J'enregistre quatre chansons en cinq heures, avec la moitié des musiciens prévus, et en devant finaliser une ébauche de texte dans le studio... Le deuxième 45-tours sort, et c'est une catastrophe. Je veux interdire sa diffusion, mais ma maison de disques, Riviera, me répond qu'elle portera plainte. Je ne peux donc rien faire, je suis complètement bloquée et surtout effondrée. Le plus gros coup du tandem Ford-Barclay, à ce moment-là, est cette incroyable campagne d'affichage de 4 par 3 sur les Champs-Élysées, mais aussi du côté de la Madeleine, sur les grands boulevards... Mon prénom est renseigné en gros et je pose devant une voiture Ford. Je ne suis pas du tout prête à assumer cela. C'est à ce moment-là que je refuse l'Olympia, je sais que si j'accepte, cela va être l'abattoir. Par contre j'accepte de représenter la France à la Rose d'or d'Antibes. J'ai vraiment l'impression que pour Ford et Barclay je suis un produit qu'ils lancent, si ça marche tant mieux, sinon tant pis. Ce qui est le cas. Ils se moquent complètement de ce qui peut m'arriver. Quelques semaines après ils me laissent tomber. Je n'existe plus. Heureusement que j'ai autour de moi une famille solide, car c'est très très dur à encaisser !

CHRISTINE PILZER : Dès le premier 45-tours, même avant puisque celui-ci n'était pas encore sorti commercialement, c'est le déferlement des photographes à la maison. La marque automobile Ford cherche à lancer une chanteuse, ils écoutent le premier disque et adhèrent complètement. Ce sera Violaine leur découverte... Mais pour le second, qui ne sort que quelques mois après le premier, Violaine joue vraiment de malchance, c'est la grève des musiciens, et les arrangements prévus ne peuvent être concrétisés. Ils le bâclent un peu, pressés à cause de la campagne d'affichage qui ne peut être retardée. Les chansons sont écrites au dernier moment comme « Cousin Kneypper » qu'à l'origine on avait chantée pour l'anniversaire d'un copain. Ça ne tient pas trop la route, on s'en aperçoit tout de suite mais on ne peut rien faire. Ça a été vachement dur pour elle, car c'est un échec cuisant, et du jour au lendemain, son label la lâche complètement. Alors que quelques semaines plus tôt les journalistes venaient à la maison pour illustrer des moments aussi importants que son réveil, son petit-déjeuner, ses exercices de guitare dans sa chambre, Riviera ne la prend même plus au téléphone... Par contre, il n'y a aucun article sur nous deux, déjà parce que bien qu'étant sœurs, nous n'avons pas les mêmes amis, peut-être à cause des quelques années qui nous séparent. On s'est toujours bien entendu, mais ni l'une ni l'autre n'avions envie de nous servir de notre lien de famille pour obtenir un article en plus. Aussi il y avait une rivalité évidente entre nous, à cause de ces disques, mais aussi au sein de notre famille reconstituée, pas toujours facile de trouver sa place...

VIOLAINE : Je n'ai pas l'impression qu'il existe à quelque moment que ce soit une rivalité entre Christine et moi, déjà, parce que cela est bien trop court. À peine avons-nous eu le temps de nous réjouir de nos succès, sortir un puis deux 45-tours, que cela est déjà terminé. Si cela avait duré plusieurs années, peut-être qu'une rivalité se serait installée, mais là non. On n'a pas eu le temps. Mon premier disque sort au printemps 1966, le second pour les fêtes de fin d'année, et après il n'y a plus rien.

Un deuxième 45-tours et puis...

CHRISTINE PILZER : Le premier disque se vend un peu et Vogue en programme un second. Entre-temps je participe à un concert pour le réveillon de Noël 1966 en Algérie à Béni-Abbès avec Antoine. On s'entend bien et c'est au pied du désert qu'il écrit l'une de ses plus belles chansons : « Juste quelques flocons qui tombent ». J'aime penser que j'y suis pour quelque chose... Pour ce second 45-tours, ça se passe mieux. Bernard Jamet me compose encore des musiques, sauf celle de « Champs-Élysées » signée Hervé Roy dont le texte me ressemble bien.

Ma minijupe et mes chaussettes,
Mon panty jaune à pois, mes badges mes lunettes,
Mon rose à joues sur mes pommettes,
Mon noir autour des yeux et voilà je suis prête.

(Extrait de « Champs-Élysées »
chanté par Christine.)

JEAN-BAPTISTE GUILLOT : À vouloir se faire attendre pour se faire désirer, vous risquez de rater l'homme de votre vie. Tel est le message de « Champs-Élysées » que la malicieuse Christine Pilzer semble vouloir faire passer à ces dames qui pensent pouvoir nous laisser poireauter en toute impunité... (Notes de pochette de la compilation Wizzz !)

CHRISTINE PILZER : Il y a quelques dates comme à l'Ancienne Belgique au printemps 1967 [*N.d.A.* : à la même affiche qu'Antoine et les Charlots] où ça se passe bien. En fait j'ai envie de laisser passer quelques semaines et de renouer avec ma carrière de chanteuse plus sérieusement, sans imaginer un seul instant que ce scénario est impossible. Une fois partie, je ne pourrais plus revenir, d'autant plus que je me lance dans l'illustration et que je parviens rapidement à travailler pour *Mademoiselle Âge tendre*. J'écris aussi quelques nouvelles pour le magazine *20 Ans*, dont une qui s'appelle « Moi moi moi » [*N.d.A.* : sous le nom de Chris Vanden] et qui raconte un rêve que j'ai fait lorsque j'avais 15 ans. Je croyais vraiment que j'étais le centre de l'univers, que mes parents étaient importants parce qu'ils étaient mes parents, pareil pour mes copains. À la fin, je rencontre un garçon qui voit l'univers de la même manière que moi, c'est pour cela que nous sommes faits l'un pour l'autre.

Le métier d'illustratrice marche bien, je prends mon annuaire et j'appelle les rédactions pour placer mes dessins. Je travaillerai pour la laine Woolmark et Carita. J'aime toujours autant la mode et en parallèle je me confectionne mes propres habits avec une vieille Singer. On est en plein délire pop et je ne passe pas inaperçue car j'adore les fleurs et les shorts, donc je teste sur moi des tenues assez spatiales [*N.d.A.* : clin d'œil à l'une de ses chansons « Mon p'tit home spatial »]. Au fil des ans, je deviendrai styliste. J'ai ma propre marque, Christine Van Den Haute, et une clientèle privée.

VIOLAINE : Je n'ai rien vu venir, j'étais trop jeune pour réaliser complètement le tourbillon dans lequel je me suis retrouvée. J'ai été prise dans un engrenage, il n'y avait aucune raison pour que l'on m'expose de cette façon, encore moins pour que l'on me laisse tomber. En tout cela ne dure que douze mois, ensuite, pour ne pas sombrer complètement je pars sur la route, pendant quatorze ans... Je ne me vois pas rester à Paris. Juste avant de partir, je travaille dans une agence de presse pour gagner de l'argent et financer mon départ. Je fais du relationnel, il est hors de question que je demande quoi que ce soit à mes parents, et bien entendu je n'ai pas touché un centime par rapport à mes deux disques. Je vais d'abord en Espagne, aux Antilles où j'ai un frère, puis à Porto Rico, Cuba, aux Bahamas, dans le désert touareg, en Afrique... Juste avant le grand saut, il y a une autre expérience qui me dégoûte encore plus. Je suis devenue amie avec William Sheller. Ce dernier m'appelle un jour pour me demander si j'accepte de prêter ma voix à une bande originale sur laquelle il travaille. Le film s'appelle *Erotissimo*, il est réalisé par Gérard Pirès. J'accepte. J'ai vraiment l'intention de m'amuser, et non pas de renouer avec un métier qui m'a déçue. Pendant les séances, c'est effectivement comme cela que je perçois la chose. Je réclame tout de même un contrat, pour régulariser ma situation, que je n'obtiendrais jamais. Je suis mise devant le fait accompli. Les musiciens sont présents, le studio est réservé, et si je n'enregistre pas là, cela va être un gouffre financier... Pour William, j'accepte. Le 45-tours est commercialisé, mon nom n'est pas renseigné sur la pochette. Le film suit, même chose. Pire, au générique, mon nom ne figure toujours pas et je crois même me souvenir qu'il y est annoncé : *Chanson interprétée par Annie Girardot...* Je découvre alors que le milieu est vraiment plus pourri que ce que je pensais et je n'ai plus qu'une hâte, économiser le plus possible pour m'en aller. William Sheller aura tout de même l'amitié, la délicatesse et la gentillesse de m'offrir deux guitares sèches, une six et une douze-cordes, il est extrêmement gêné. J'ai toujours la six-cordes avec moi.

Mai 68

CHRISTINE PILZER : Je ne participe pas du tout aux événements de Mai 68, parce que les gens qui parlent, pour moi, ils ont une culture de gauche que je ne partage pas du tout. Je déteste la politique, l'histoire et je ne comprends pas grand-chose aux discours. En plus, je suis réellement persuadée que l'on habite un pays génial, la preuve on ne manque de rien. Alors je ne comprends pas du tout pourquoi toutes ces manifestations et toutes ces revendications. Je suis aussi profondément individualiste et je n'ai aucune envie de m'engager dans une logique collective. Enfin, la pensée de gauche me ramène forcément à des pays comme la Russie ou la Chine où il ne fait pas bon vivre à cause du communisme.

15

Au Pays des Merveilles

Sullivan

Les beatniks fuient la réalité et en profitent pour visiter du pays en se disant qu'ailleurs c'est forcément mieux. Les hippies, eux, préfèrent tenter une grande mutation en adoptant de nouvelles règles de vie. C'est d'ailleurs l'une des grandes révolutions sociales des années 1960, répondre au totalitarisme par des slogans qui conjuguent à l'infini amour et paix. Or le personnage de Sullivan est définitivement attaché à cette vague où tout n'est qu'affection. Son unique album s'appelle *Le Pays des Merveilles*, car il est vrai qu'en ce début de l'année 1967 il n'y a pas de raison de ne pas y croire. Qu'un pont puisse s'ériger entre la douceur orientale et le stress occidental. Qu'une révolution en douceur puisse aboutir à une meilleure compréhension de l'autre. Que le monde s'harmonise en oubliant ses velléités de guerre. L'une de ses chansons pose même la question suivante : « Est-il besoin d'être méchant ? ». Sullivan a beau prôner une pop mélodieuse et douce à l'image de ses sentiments, le retour à la réalité sera extrêmement raide. Mai 68 rend son discours et son côté fleur bleue totalement obsolètes. En moins d'un an, celui qui chante la bohème et l'amabilité et qui représente les espoirs d'une existence nouvelle va se rendre compte que le métier de chanteur ne peut se conjuguer avec les aspirations d'un jeune rêveur. La réalité est tout autre, et la compétition du hit-parade bien trop intense. Ses quelques chansons sont des étoiles filantes dans le ciel des années soixante, mais l'important est qu'elles ont brillé l'espace d'un instant, et aussi que leur rayonnement reste perceptible par certains.

Sullivan s'appelle en fait Jacques Dautriche dit Jacky, il est né le 20 septembre 1942 à Gonesse (Val-d'Oise).

SULLIVAN : Très jeune, je suis attiré par la musique. Le premier instrument que j'ai entre les mains c'est une boîte de cigares avec un manche à balai et un câble de frein de vélo, c'est mon père qui me l'a fabriqué. Il travaille à la manufacture du tabac de Châteauroux, lui-même est musicien, il joue du banjo. C'est mon premier instrument, je dois avoir 5-6 ans. À la même époque, mon père me positionne sur le comptoir du bar où j'y exécute ma petite chansonnette. En général ça se termine par une tournée gratuite pour lui, il est super-content.

Petit à petit, dès que je trouve une boîte de conserve, un piano, un machin, je fais des notes, je ne peux m'empêcher de taper sur tout ce qui ressemble de près ou de loin à un tambour. Après je joue un petit peu d'harmonica. À l'âge de 13-14 ans, mon père m'offre une guitare, et je fais comme tout le monde, je prends des partitions sur lesquelles je repère des accords. C'est la première chose que je fais. L'une des premières chansons que je joue est « L'eau vive » de Guy Béart, suivi de « Jeux interdits » puis du répertoire de Georges Brassens. Peu de rockers l'avoueront par la suite, mais je sais que l'on a tous le même cheminement. Je ne connais aucune note de musique, je m'y retrouve plus ou moins sur la portée à l'oreille.

À l'âge de 18 ans je tombe malade. Nous sommes en 1960-1961 et je vais au sanatorium de Neufmoutiers-en-Brie. J'y vais avec ma guitare, je joue déjà quelques trucs, des reprises mais aussi quelques mélodies que je compose. Et là-bas je fais la connaissance d'un type qui s'appelle Jeannot Lamagnère. Il est très branché sur Johnny Hallyday et les Chaussettes Noires. J'ai déjà entendu ce type de musique, mais au début c'est trop différent de ce que j'ai l'habitude d'écouter et je n'apprécie pas du tout. C'est le Jeannot qui va me pousser vers ce style.

Dès qu'il arrive au sanatorium, il commence par se raser la boule à zéro. Il hurle : « Font tous chier là-dedans ! » Moi aussi, je le prends pour un fou, mais c'est lui qui me branche : « Tu ne sais pas en ce moment que la musique est en train de changer ? Tu es doué tu devrais jouer des trucs plus modernes, laisse tomber Jacques Douai... » C'est grâce à lui que je commence à jouer du rock, et on commence même un petit groupe avec plusieurs guitares et une section rythmique, basse-batterie. On s'appelle les Disciples.

Je reste un an et demi dans ce sanatorium, ça correspond au moment où j'investis dans une guitare électrique. Je fais la connaissance d'un type qui s'appelle Daems, on fonde un groupe qui devient un peu plus professionnel, les Daems. Il y aura même un disque, en fait c'est un type qui joue de l'accordéon, et il a besoin de mettre notre photo sur la pochette pour faire plus jeune.

Premier gala

SULLIVAN : Notre premier gala prend place rue des Petites-Écuries, au Mayol. Nous arrivons avec un tourne-disque car c'est ce qui nous fait office d'ampli. Nous reprenons du Shadows, et aussi un morceau de Django Reinhardt. Jeannot est toujours de la partie, il nous décroche même un gala du côté de Versailles. C'est encore lui qui me dit : « Tu as écouté les Beatles ? » Et moi je lui réponds : « Mais tu as vu leurs tronches ? Ça a l'air minable avec leurs cheveux longs. » Il me fait écouter « She Loves You » que j'apprécie, mais c'est surtout lorsque j'entends « Twist And Shout » que j'accroche vraiment. On l'inscrit de suite à notre répertoire sans savoir parler anglais, mais nous ne sommes pas les seuls à chanter en yaourt ! [*N.d.A.* : pseudo-anglais chanté phonétiquement.]

La Guitare d'or, du 1er au 3 juin 1963 à l'Olympia

SULLIVAN : Le groupe change encore de nom et devient les Cobras. Le vrai départ des Cobras, c'est le concours de la Guitare d'or. On se présente, et moi quelques minutes avant de monter sur scène, je pète une corde. Je suis obligé de piquer un câble de frein de vélo pour assurer le concert... Nous arrivons dans les premiers, derrière Moustique. Son succès nous éclabousse, Moustique parvient à enregistrer un disque, pas nous.

PAUL CARRIÈRE : Le deuxième prix est allé à Moustique, dernière vedette à la mode au Golf Drouot : un minuscule chanteur à cheveux de prophète dont l'un des musiciens saute à la manière d'un kangourou... (*Le Figaro.*)

SULLIVAN : On entend alors parler du Golf Drouot, c'est la première fois, on apprend qu'il est tenu par un certain Henri

Leproux, pas loin des grands boulevards. On s'y produit plusieurs fois, le public nous aime bien, à tel point que l'on joue également sur la scène de la Locomotive. Ça correspond à l'émergence du phénomène Rolling Stones en France, et eux encore je ne peux les supporter car je les trouve dégueulasses, honteux et affreux... Je suis quelqu'un de foncièrement doux et gentil, et les Rolling Stones m'effraient. Pour moi ils représentent la parfaite antithèse des Beatles, qui eux sont propres et bien habillés. Les Cobras sont programmés au Golf Drouot le mois de la sortie de « Satisfaction » [*N.d.A.* : août 1965], et c'est en écoutant cette chanson que je me rends compte que leur musique correspond exactement à ce que l'on essaye de faire. C'est un moment où j'en ai vraiment assez de ce conformisme ambiant et ma réaction est complète, presque violente. C'est comme un déclic, je m'aperçois que je suis complètement à côté de la plaque à propos des Rolling Stones et que l'arnaque justement, ce sont ces idoles yéyé. Je décide de me prendre en main et d'opter pour un rock dur. Je me laisse pousser les cheveux et le groupe se branche à fond sur le gros son anglais. Nous nous produisons souvent à la Locomotive.

Les Cobras sont formés de Jeannot Lamagnère à la basse, Chérif Amara à la batterie, Yvan Ganoski à la guitare solo et un autre qui s'appelle Reinardt, un Allemand. Parfois, Yvan et Reinardt tout en étant sur scène ont mis au point une partie de belote, ils posent leurs cartes sur l'ampli et jouent comme si de rien n'était... Les musiciens changent souvent, à un moment le guitariste des Rebelles, Bernard Photzer se joint à nous. Tout comme quelques semaines plus tard, je deviens un des Rebelles le temps d'un concert, dans un cirque... Un soir, il y a un type dans la salle qui aime beaucoup ce que l'on fait. Il vient me voir, c'est Jean Sarrus. À partir de ce moment-là, il joue avec nous. C'est l'une des formations des Tarés qui s'entremêlent avec les Problèmes. Les Problèmes qui ont déjà enregistré un 45-tours pour le label Vogue.

BERNARD PHOTZER : Les Tarés, c'est une nouvelle appellation des Rebelles, il y a Jean Sarrus (basse), Yvan Ganowski (guitare rythmique) et Chérif Amara (batterie). Moi je tiens la guitare. On joue au Golf avec Jacky Dautriche comme chanteur, jusqu'au jour où Ronnie Bird nous branche. Un soir il est dans la salle, il doit apprécier puisqu'il vient nous dire : « J'ai aimé votre prestation, justement je cherche un groupe, ça vous branche ? » On y croit vach'ment, pour nous c'est une chance qu'un type comme Ronnie s'intéresse à nous, et on laisse tomber Sullivan sur-le-champ. Il n'y a pas de place pour lui. On le laisse sur le carreau, mais ce n'est pas contre lui, pour nous c'est naturel, on ne se pose même pas la question.

Des Cobras aux Tarés

« Faites connaissance avec les Tarés.

« Jacky a les cheveux châtains et les yeux verts... Il aime particulièrement son métier, les filles, la musique classique romantique, la littérature, l'astronomie et sa famille. Il a une sainte horreur de tout ce qui est faux camouflé, en un mot, il n'aime pas l'hypocrisie... » (*Disco Revue* n° 4, 8 décembre 1964.)

SULLIVAN : Après l'épisode Ronnie Bird, Jean Sarrus me propose de me joindre aux Problèmes. C'est au moment où Luis Rego est fait prisonnier politique au Portugal au tout début du mois de février 1966. Ils veulent marquer le coup car Luis Rego est resté là-bas. Je le remplace donc au pied levé, en participant à l'enregistrement du deuxième 45-tours et aussi du 33-tours avec Antoine : *Antoine rencontre les Problèmes*. Le 45-tours est enregistré, le morceau Phare s'appelle « Ballade à Luis Rego », et puis après on part en tournée avec Antoine mais finalement je joue très peu de temps avec les Problèmes, car Luis Rego est libéré, et dès le mois d'avril 66, je me retrouve vite côté coulisses où je m'occupe de la sono, du matériel... Je porte les valises, je fais attention aux éclairages...

Lorsqu'ici je me suis présenté,
Tous les hôtels affichaient complet,
J'ai gardé l'espoir et j'ai cherché,
Mais les portes sont restées fermées,
Les amis se sont détournés,
Et dans la rue j'ai dû coucher,
Depuis ce jour, je ne pense pas,
Pour les autres mais pour moi...

(Extrait de « Je chante pour moi ».)

SULLIVAN : Du point de vue psychologique, Antoine, c'est très fort, sa révolte est très profonde car c'est un sentiment que l'on partage tous. Nous n'agressons personne, mais on a vraiment envie de crier : « On vous emmerde ! » Gentiment, mais on les emmerde bien quand même, les Aznavour, les Piaf, les Ferrat de cette époque-là. On n'en a rien à foutre ! Nous voulons créer notre propre identité, et comme ça n'est pas si facile de l'avoir dans la vie, peu d'entre nous gagnent vraiment leur vie, on la transpose sur scène. Et là c'est vrai qu'il y a souvent des débordements. Un jour je vois Ronnie Bird arriver avec un tambourin, et sur le tambourin il y a une paire de couilles dessinées et tout... C'est aussi une époque où, pour la première fois, les groupes qui se produisent sur scène ne portent pas de costumes comme ceux de la génération précédente, celle des Chaussettes Noires, des Chats Sauvages et des Pirates. Eux portaient un costume identique, toujours impeccable, nous on arrive en pull, en jean dégueulasse exprès, pour se démarquer de la première époque des disques de papa et de la deuxième époque des groupes yéyé. On veut être autre chose car il est évident que ce qu'ont accompli les Chaussettes Noires et Chats Sauvages n'a pas suffi. Nous, on veut foncer dans le tas, et c'est ce qu'on a fait d'ailleurs.

Arrête mon gars faut pas tricher,
À ton âge on n'va pas pleurer,
Il ne faut pas te retenir,
Si tu es triste il te faut partir,
Viens avec moi sur les chemins,
On aura du soleil demain...

(Extrait de « Sur les chemins ».)

SULLIVAN : Je n'ai rien d'autre que la musique à cette époque-là, je ne suis pas le seul, c'est vrai pour la plupart d'entre nous. Et on se fout de savoir ce qui va nous arriver dans cinq ans. Il y en a qui continuent d'aller à l'école, à apprendre un métier, d'autres travaillent, personne ne pense à l'avenir. Le plus dur c'est de se faire accepter, car nous avons tous les cheveux longs, enfin le plus long possible car fin 1965-début 66 ça ne fait que quelques mois qu'on les laisse pousser. Mais c'est une décision irrémédiable, à partir du moment où tu te laisses pousser les cheveux, tu ne peux plus trouver d'employeur ni continuer ton boulot. Mais on préfère se faire virer que les couper. On a vraiment la hargne, il est hors de question de lâcher le truc, même si avoir les cheveux longs n'est pas une finalité en soi. Il faut que l'on se fasse remarquer, que nos proches sachent que l'on a quelque chose à dire, à faire.

Des Tarés aux Problèmes

SULLIVAN : Je n'aime pas trop « Les Élucubrations d'Antoine », j'ai toujours préféré les chansons tendres comme « J'ai oublié la nuit », « Une autre autoroute » ou alors carrément le versant dur « La Guerre ». Mais Antoine parvient à résumer tout ce que l'on avait envie de dire le temps d'une chanson. Il ne cesse de se faire siffler à l'Olympia, mais comme ça ne l'empêche pas de continuer, il a percé. En comparaison, Ronnie Bird n'est pas aussi impliqué socialement. Sur leur tournée commune, on assiste presque à un passage de témoin entre les deux. Ronnie est la vedette, mais au bout de quelques jours Antoine trouve un écho bien plus important auprès des spectateurs. Et c'est de lui que tout le monde parle.

Quand je pars avec les Problèmes, je reste deux mois sans donner de nouvelles à mes parents. Dès qu'ils entendent à la radio ou par le journal qu'un cadavre vient d'être retrouvé dans le canal Saint-Martin, ils sont persuadés que c'est moi. Il y a une vraie coupure, car le « Vous faites chier ! » s'adresse bien évidemment aussi à eux. Je revois encore Gérard Filippelli jouer de l'accordéon devant les bureaux Vogue du 54 de la rue d'Hauteville, à un moment une bonne femme excédée ouvre sa fenêtre et nous hurle dessus : « Vous avez beau jouer de l'accordéon, ça ne m'impressionne pas, surtout avec vos cheveux longs ! » Jean Sarrus lui répond sans hésiter : « Hé, dans deux ans on achète toute la rue ! » C'est ça l'ambiance, une totale incompréhension entre les différentes générations. Par contre il y a très peu de violence, peu de drogues aussi.

« Il n'est pas pour autant le garçon bien gentil qui apporte toute satisfaction à ses parents. Loin de là. Après son BEPC et le décrochage d'un brevet de dessinateur industriel, commence une vie errante faite de mille et un boulots qu'il serait fastidieux d'énumérer et dont le manque de fantaisie le rebute rapidement. Il dort ici et là et mange un peu au hasard des possibilités. Surtout, il ne faut pas parler de beatnik. Pas d'argent, pas d'argent, mais sans ostentation et par nécessité, non par goût. Nuance ! » (*15 à 20*, du 15 mars au 15 avril 1967.)

SULLIVAN : Peu de temps après, Antoine va jouer à Pau, le fief des parachutistes. Ces derniers ne cessent de nous courser dans la ville, à tel point qu'à un moment nous sommes obligés de nous retrancher dans une école, Christian Fechner, Antoine, les Problèmes, Karine, moi-même, une bonne partie de l'équipe Vogue... Nous devons même nous mettre à plat ventre car les paras nous balancent des pierres ! Le soir, dans les arènes, ça fuse vraiment dans tous les sens. Les tomates et les bouteilles ne cessent de pleuvoir sur scène... Antoine les évite au fur et à mesure, et Luis Rego a opté pour un saladier qu'il s'est mis sur la tête. Il assurera le concert comme ça, il a raison c'est une protection comme une autre. À Marseille, en première partie des Rolling Stones, au moment de commencer Phil a une galère de jack, il l'a découpé et soudé avec son fer en moins de trois minutes, juste avant de monter sur les planches. Très décontracté... Il affiche une complète désinvolture alors que le public est survolté.

Premier gala

SULLIVAN : Même si je ne suis plus sur scène je reste dans le coup. On ne m'évince pas vraiment, je fais partie de l'équipe. Mais comme je ne gagne pas beaucoup d'argent, je vis dans l'estafette du père de Gérard Rinaldi, le chanteur des Problèmes. J'en profite pour continuer à écrire des chansons de mon côté.

CHRISTIAN FECHNER : Sullivan, c'est une histoire un peu particulière, il faisait partie à l'époque d'un groupe qui s'appelait les Tarés, ensuite les Problèmes se forment avec une équipe un tout petit peu différente dont il ne fait pas partie, mais il se trouve qu'au moment où Antoine va passer avec les Problèmes à l'Olympia, Luis Rego est en taule au Portugal, prisonnier politique, et donc Sullivan va le remplacer et devenir un des Problèmes. C'est un copain à nous, donc ça se fait très naturellement, mais quand Luis revient, il reprend sa place. Sullivan suit alors la tournée d'Antoine, il n'est pas vraiment musicien, il n'a pas d'emploi, il est plus ou moins road-manager. En parallèle il fait des chansons dans son coin.

SULLIVAN : Lors d'un gala à Fréjus, Antoine qui a rendez-vous avec Salvador Dalí est en retard. Le public attend et s'impatiente, du coup l'organisateur vient nous voir : « Putain c'est pas vrai, il y en a un qui sait chanter ici ? » Ça ne rate pas, Rinaldi me montre du doigt : « Oui, lui ! » J'ai bien écrit quelques chansons, mais jusque-là personne ne les a encore entendues. Mais je ne me dégonfle pas, je pars seul avec ma guitare et j'attaque. Ça a l'air de les calmer, et d'un coup j'entends une basse. Jean Sarrus est venu m'épauler. Il improvise car il ne connaît pas mes chansons, les autres le suivent. Ça dure assez longtemps, et enfin Antoine arrive. Christian Fechner est impressionné de trouver des arènes calmes, lorsqu'il en apprend la raison, ça le décide de me donner ma chance. Il m'offre la possibilité d'enregistrer un album.

C'est toujours pareil, en bande, avec les copains, je suis un rebelle, mais dès que je me retrouve seul sur scène ce n'est plus du tout la même chose. Je redeviens celui que j'ai toujours été, quelqu'un de sensible et qui n'est pas du tout fonceur. L'opposé d'un rocker en fait.

L'album

« Il fut le premier aussi à porter les cheveux longs. Sa coupe maintenant est originale et lui sied fort bien. Il devient vraiment bavard en abordant le chapitre bouquin. Il adore les revues scientifiques, les livres sur le spiritisme et l'astronomie. Tout ce qui est un peu mystérieux l'attire. Son livre de chevet ? *L'Astronomie populaire* d'Arago (6 volumes). "C'est THE bouquin", précise-t-il. En gros, il achète tous les bouquins qui commencent par : "L'énigme de ceci. La science devant cela"... Mais il aime aussi les *Contes des Mille et Une Nuits*, les bouquins de cape et d'épée, style *Cyrano de Bergerac*, et les premiers policiers, les Rouletabille et Arsène Lupin. Pour en revenir à l'astronomie, il a dans sa chambre une grossc lunette offerte par son père avec laquelle il observe les étoiles. Mais il est cependant plutôt couche-tôt de tempérament... » (*15 à 20*, du 15 mars au 15 avril 1967.)

SULLIVAN : Mon prénom, c'est Jacques et tout le monde m'appelle Jacky, mais il faut trouver un nom à la consonance nouvelle. On hésite sur Jonathan pour finalement opter pour Sullivan. Si Christian Fechner m'offre la possibilité de sortir un 33-tours au lieu d'un 45-tours c'est qu'il sait que ça ne s'est jamais fait. C'est une première, et forcément, on va en parler. Je suis le premier chanteur à démarrer directement avec un 33-tours !

« Il porte des cheveux courts et une veste militaire à col d'officier... Il chante bien, réconcilie le romantisme et le rythme, il joue du sitar, de la guitare, du piano, de l'orgue, de la batterie et de l'harmonica... » (*L'Express*, 12 janvier 1967.)

SULLIVAN : C'est une idée de Christian Fechner, le col Mao, à chaque fois qu'il faut sortir du lot, qu'il faut se faire remarquer, c'est souvent parce que l'on met en pratique une de ses bonnes idées. Christian a tout de suite remarqué que j'ai plutôt le cœur gentil, que je me suis retrouvé au sein des Problèmes, mais que, dans le fond, je ne suis qu'un romantique dans l'âme. Je ne peux pas faire autre chose, et lui ne peut pas s'occuper à nouveau d'un chanteur qui aurait les cheveux longs comme Antoine. Il me faut donc des cheveux courts. Et puis l'habillement est primordial, il n'est pas question de rester dans les chemises à fleurs et les blue-jeans. Il faut quelque chose de neuf, et même si les Beatles ont ce look, personne n'a encore osé ce costume avec le col Mao. Quelques semaines après, on en vendra dans toutes les boutiques. Mais le premier, c'est du sur-mesure, c'est Jean Bouquin qui me le confectionne. Ça a l'air très réfléchi et super-préparé mais dans les faits c'est extrêmement rapide, Christian et moi on boucle tout en une soirée.

CHRISTIAN FECHNER : Il est amoureux de contes et légendes, porte des vestes militaires et compose des mélodies moyenâgeuses. Il sait être à la fois romantique et drôle, mêler les fanfares et la musique orientale... (Notes de pochette du premier album commercialisé au mois de janvier 1967.)

SULLIVAN : Sur cet album, ce sont les Charlots qui m'accompagnent mais il y a également un orchestre arabe et la fanfare des Beaux-Arts. L'amour est un thème important mais dans une chanson comme « Je n'ai pas tout perdu » on peut également percevoir qu'il y a un problème, que je ris jaune, que tout va mal. Dans le texte mon père me lègue ses terres et sa fortune, mais je n'en ai rien à foutre. « Sans un sou dans le vent » c'est vraiment notre mentalité de l'époque, on rêve tous de partir ailleurs, mais on sait que l'on reviendra, la preuve, je glisse cette phrase : *N'aie pas peur un jour je reviendrai...* Le dernier morceau de l'album s'appelle « Haschish-Faction » parce que ça commence à circuler. Par contre je n'ai aucun problème de censure car la chanson ne passe absolument pas en radio. On ne m'en parle même pas, on l'ignore complètement.

FRANCIS PUYALTE : Antoine, s'il le désire, peut se retirer la conscience tranquille : sa succession est assurée ! Par un polytechnicien chevelu, désarticulé, ayant des idées sur la pilule et la guerre du Vietnam ? Non point : Mais par un doux jeune homme « bien sous tous les rapports » qui chante la poésie, le grand amour, le romantisme... Un troubadour timide et naïf qui répond « oui, monsieur » quand on l'interroge, tout en s'excusant de vous avoir dérangé. Son nom : Sullivan ! (*Paris-Jour*, lundi 23 janvier 1967.)

FRANÇOISE ROUBICEK : Le succès de Sullivan provient sans doute de la tendresse et de la vérité qu'il a su unir au rythme moderne dans son répertoire. D'autres mélanges rendent d'ailleurs ses disques séduisants et agréables, l'union du style moyenâgeux et du rhythm and blues, du romanisme et de la danse, du sitar et de l'orgue électronique...

Un quart d'heure de gloire

MICHEL QUERCY : Lui (Sullivan), passionné de musique classique et de rythmes nouveaux, lui qui a vécu pendant six mois dans la camionnette des Charlots et qui s'est fait renvoyer par une demi-douzaine de contremaîtres — qui ne comprenaient rien au contre-ut — parce qu'il rêvait au lieu de travailler et chantait quand on l'engueulait; lui, Sullivan, n'a pas cessé de penser au grand amour. Pour cette raison, sans doute, il a intitulé son 33-tours *Le Pays des Merveilles*. Il y chante le tournoi des chevaliers qui doivent se séparer de leur belle pour aller s'entre-tuer (« Le tournoi »), le fils déshérité par son père, parce qu'il aime une servante (« Je n'ai pas tout perdu »), le vagabond devant qui toutes les portes se ferment (« Sans un sou dans le vent »), le rêveur au cœur tendre (« Dis-moi pourquoi la nuit »)... Ajoutez à cela des sonorités tout à fait nouvelles que même les Anglais n'ont jamais entendues : une synthèse de trois courants musicaux : anglo-saxons, arabes et hindous, avec cinq instruments vedettes : le sitar hindou, la guitare arabe à deux cordes, la flûte, la guitare douze-cordes et le clavecin... Avec ça les Anglais n'ont qu'à bien se tenir. (*Formidable* n° 18, mars 1967.)

SULLIVAN : Du jour au lendemain, je suis propulsé vers la célébrité, le disque est très bien accepté et j'ai des articles dans les journaux, des invitations à la télé, en radio. Je ne sais pas du tout comment gérer ça et les conneries commencent. Je pense réellement être devenu une vedette, je pense que je transpose le phénomène Antoine sur ma propre personne, et je me casse la gueule en beauté. J'ai la grosse tête et on ne me le pardonne pas, en quelques mois je redeviens anonyme.

CHRISTIAN FECHNER : L'histoire est très simple, Sullivan est là, je l'aime beaucoup, mais moi je viens de vivre une histoire à la fois formidable et très dure avec Antoine. Très dure parce que j'ai beaucoup investi affectivement et professionnellement sur Antoine, je l'aime beaucoup et je pense que notre séparation est injuste. Personne n'est à l'abri des reproches, mais ça ne s'est pas bien terminé, et j'ai probablement autant de responsabilités que lui. Nous sommes trop jeunes, pas du tout diplomates, on se dit clairement tout ce qu'on pense, alors que parfois il faut être un peu plus discret. Donc je vis ça mal et mais ça ne m'empêche pas d'avoir envie de produire d'autres artistes, dont les Charlots et Sullivan. Je fais un album avec ce dernier, qui marche formidablement bien, et ça lui arrive en pleine gueule à Jacky. Du jour au lendemain il fait treize télévisions en un mois, chose incroyable à l'époque, et du jour au lendemain, lui que l'on ne regardait pas, on le trouve séduisant, il a tous les talents, toutes les qualités, et je me rends compte au bout de trois mois qu'il est passé dans un autre monde. Je me dis : « Pas deux fois de suite. » Je lui dis : « Vis ta vie et moi la mienne. » Et puis voilà, c'est son drame. Je n'avais pas envie de rentrer deux fois de suite dans le processus Antoine...

Mai 68

SULLIVAN : Mai 68 arrive à toute vitesse, mais je n'ai pas les moyens d'être dans la rue, j'ai d'énormes problèmes personnels suite à mes désillusions artistiques. Le disque qui est sorti quelques mois auparavant est déjà complètement oublié. J'ai tout de même l'impression qu'à ce moment précis, il y a une sorte de changement radical dans les comportements, quelques années plus tôt nous n'étions pas si virulents. Nous n'aurions jamais osé balancer des pavés de cette façon, je prends un coup de vieux. Le vétéran que je suis, essaye de donner un coup de main. Les idées qui sont dans la rue sont beaucoup plus avancées que les nôtres, et encore une fois beaucoup plus violentes. Comme si nous avions lancé le débat en rajoutant : « Démerdez-vous ! » J'ai essayé plusieurs fois de discuter avec des étudiants, de leur demander en quoi je pouvais les aider, ils m'ont fait clairement comprendre que j'étais trop vieux. C'est presque un passage de relais en fait.

Épilogue

SULLIVAN : Après l'album et les trois 45-tours, plus rien. C'est presque à inscrire dans le livre des records ! Il y a surtout Mai 68 qui est arrivé. Je ne suis pas le seul à me casser la gueule, c'est ce que je me dis souvent pour me remonter le moral... Moi je reste bloqué dans mes idées, d'amour et de petites fleurs. J'aurais vraiment dû changer mon fusil d'épaule. Je fais encore quelques galas pendant l'été 1968 mais à la rentrée plus rien. Je me trouve une nénette, et comme elle tombe enceinte, il faut que j'assure. Je trouve du boulot. Christian Fechner est trop occupé par les films des Charlots pour continuer avec moi, on se sépare. Ma carrière, c'est un an et demi, à peine. Mais Christian Fechner m'a toujours dit que mon album solo est l'un des meilleurs qu'il n'ait jamais enregistrés. C'est une période qui l'a beaucoup marqué parce qu'il a le même âge que nous. Il fréquente le Golf Drouot et partage nos idées et nos rêves, sauf que lui, comme il est directeur artistique, il ne peut pas se laisser pousser les cheveux. À la limite, c'est même lui le moteur, la locomotive...

16

Punk avant l'heure

Jean-Pierre Kalfon

JEAN-PIERRE KALFON : Mener une vie d'artiste c'est avoir une existence folle et forcément perturbée, il est impossible d'avoir les pieds sur terre. L'idée c'est vraiment de profiter de la vie un maximum parce qu'on se dit que ça ne va pas durer, que demain on va mourir, qu'il va y avoir une autre guerre. Qu'après 39-45, après l'Indochine, après la guerre d'Algérie, c'est inéluctable...

Ce n'est qu'au milieu des années 1960 que des valeurs aussi traditionnelles que le travail ou la famille sont massivement remis en cause. Popularisation de la littérature beat (Allen Ginsberg, Jack Kerouac et William S. Burroughs), mais aussi nouveaux repères pour une jeunesse qui ne désire pas adhérer à un modèle peu excitant, qui peut mener à la guerre. 39-45 est dans toutes les mémoires, la guerre d'Indochine ou d'Algérie d'actualité. L'envie d'échapper à l'aliénation du système est donc massive, alors qu'elle semblait jusque-là plutôt isolée. Jean-Pierre Kalfon est un enfant de cette prise de conscience. Depuis son plus jeune âge, il multiplie les fugues et les fuites en avant. Sachant que son existence ne sera jamais réglée comme du papier à musique, plutôt une parfaite illustration de cette nouvelle vie faite de pulsions, de coups de cœur, de désirs et de rêves. Ne se posant jamais de question quant aux possibles conséquences, l'homme est un fonceur. Un punk avant l'heure, diront certains. Et bien évidemment puisqu'il faut tout de même répondre à certains besoins essentiels comme gagner de l'argent, l'homme n'a pas beaucoup d'autres solutions que devenir artiste. Contrairement à ce que l'on pourrait penser, le refus du système n'a jamais eu pour finalité une vie oisive, Jean-Pierre Kalfon ne va donc pas être avare d'efforts. Coup de chance il s'avère être un formidable acteur, de théâtre mais aussi de cinéma, devenant rapidement le protégé de réalisateurs aussi prestigieux que Claude Lelouch, Jacques Baratier, Jean-Luc Godard, Philippe Garrel ou Jacques Rivette. L'ex-situationniste Marc'O lui offre également la possibilité de devenir chanteur, via une pièce de théâtre, *Les Idoles*, qui succès aidant sera portée sur grand écran. Une pièce fascinante car elle est d'une virulence rare vis-à-vis de la génération des idoles yéyé, démontant le mécanisme de ces jeunes inconnus érigés en vedettes. Cette comédie intervient à un moment crucial, puisque c'est en mai 1968 qu'elle est visible dans les salles obscures. Timing trop parfait — la révolution de Mai 68 n'est-elle pas l'enfant direct de cette contestation souterraine ? — son impact en tant que film sera pratiquement nul. Le pays est trop préoccupé et a justement déjà réalisé que la machine n'était pas aussi bien huilée. Tant pis, cela n'arrête pas Jean-Pierre Kalfon qui vole déjà vers d'autres aventures.

JEAN-PIERRE KALFON : Je fugue de chez mes parents quand j'ai 15 ans, parce que j'ai envie de ramener des instruments de musique chez moi, envie de devenir musicien. Et je me fais jeter. Un jour je ramène un trombone et mes parents sont furieux. Je ramène une guitare, ça passe mieux, mais en même temps ils n'admettent pas que j'en joue à la maison. C'est un âge où j'ai aussi envie de sortir et bien sûr je n'en ai pas le droit. Ma mère était très protectrice, très étouffante. Donc, un jour, je prends mes cliques et mes claques et me barre en Belgique. Pourquoi en Belgique ? Je veux absolument mettre une frontière entre mes parents et moi. Je me suis un peu renseigné sur les fugues et je sais que la plupart des adolescents partent sur la côte d'Azur où le climat est censé être plus clément. Je me dis qu'en prenant le complet contre-pied de cette logique, j'ai des chances de ne pas être repris au bout de trois jours. Je pars donc à pied en direction de la Belgique, avec mon sac à dos, sans argent. Mes parents pensent que je vais à l'école comme tous les autres jours. J'ai préparé un deuxième sac de sport caché dans le compteur électrique de la cage d'escalier, avec des baskets et deux trois autres fringues. Je laisse mes bouquins d'école dedans et je prends la route, faisant du stop jusqu'à la frontière belge. J'ai appris qu'il ne fallait pas passer la frontière en voiture parce qu'on pouvait me demander mes papiers, donc je me fais déposer quelques kilomètres en amont et je la passe à pied, comme les frontaliers.

Ça marche. Je pousse jusqu'à Bruxelles. J'ai une idée précise de l'endroit où je veux aller, car je sortais déjà à Saint-Germain-des-Prés où j'ai sympathisé avec des types d'une dizaine d'années plus âgés que moi. Je sais que le quartier qui ressemble à celui de Saint-Germain-des-Prés, c'est celui de la Grand-Place, il y a un club qui s'appelait La Cave où l'on peut écouter des orchestres de jazz. J'attends la fin du concert et je me fais enfermer. J'ai trouvé une sorte d'issue, un couloir qui part des toilettes, ce sont encore de vraies caves datant du Moyen Âge, et j'y reste jusqu'à la fermeture. J'habiterai à Bruxelles, et donc dans cette cachette quelque chose comme quatre mois. Un beau jour, je décide de partir pour Knokke-le-Zoute, uniquement parce que j'adore le nom de cette ville. Je trouve que cela fait très bande dessinée et j'ai envie de voir à quoi ça ressemble. Cette fois, je ne pars pas seul mais avec des potes, d'autres ados avec lesquels je me bourre à la bière tous les soirs, la plupart d'entre eux deviendront SDF... Je suis né en octobre 1938, ma fugue se situe au début de l'hiver 1953. Je ne donne aucune nouvelle à mes parents. Dans ma tête, je suis parti pour la vie, il n'est pas question qu'un jour je revienne habiter chez eux. Ils n'ont donc pas besoin de savoir que je quitte Bruxelles pour la Côte.

Au mois d'avril 1954, me voici en partance pour Knokke-le-Zoute avec un copain. Comme des cons, on va se baigner par pur réflexe, alors que l'eau est glacée. Et comme on ne sait pas où dormir le soir, on squatte une maison en construction... C'est évident que des gens du coin nous repèrent à ce moment-là, car le lendemain, dès que l'on sort de la maison pour continuer sur Knokke-le-Zoute, on croise un type en vélo. Il s'arrête à notre hauteur et nous demande nos papiers. Mon compagnon d'infortune est belge, il n'a donc pas trop de problème. Moi, par contre, je me suis bricolé des faux papiers d'étudiant, et j'ai bien spécifié dessus que j'étais majeur. Le policier n'a pas de raison de douter, pour lui je suis majeur. J'ai droit à un traitement spécial. Il m'emmène au poste de Blackenberg, où je passe une nuit, puis à Bruges. Ils ne savent pas trop quoi faire de moi. J'ai beau n'avoir que quinze ans, je fais beaucoup plus vieux, je me suis décoloré les cheveux en blond. Je suis persuadé de passer vraiment inaperçu, alors qu'on me repère tout de suite. Je reste une quinzaine de jours à Bruges, avec des adultes, le temps qu'ils m'identifient. J'ai usurpé l'identité de quelqu'un d'autre. Un jour ils m'annoncent : « Vous n'êtes pas celui que vous prétendez être. On l'a retrouvé, cette personne est encore à Paris. Qui êtes-vous ? » Je n'ai pas trop eu le choix, je leur dis la vérité. Le lendemain, les policiers belges me ramènent à la frontière, me confient à deux policiers français, et je reviens à Paris devant mes parents menottes aux poings... On ne me relâche pas, direction Savigny-sur-Orge le centre de délinquants juvéniles.

Je tombe pour vol de voiture, et surtout de faux papiers, pas quelque chose de très grave surtout mineur, mais qui aurait pu me valoir plusieurs années. Ce sont mes parents qui tentent par tous les moyens de me faire sortir de là et qui y parviennent au bout de deux mois. Mais moi, je campe sur mes positions, je leur annonce très froidement : « Ici je suis en prison, mais à la maison c'est encore pire. Je préfère rester ici. Je suis très bien ici. Si je retourne avec vous, c'est pour faire ce que je veux ! »

Ma mère était sténo-dactylo, mon père comptable. Par la suite, il deviendra représentant de commerce. Ils n'avaient pas beaucoup de culture et rêvaient que leur fils soit avocat ou médecin. Mais quand on a des devoirs à faire à la maison et que personne ne peut vous aider, c'est très difficile. Le sexe me taraude très jeune, ça me perturbe beaucoup. Je n'ai pas le droit de sortir. Pas un centime non plus pour m'acheter ce qui me ferait envie. Je n'avais aucune envie de mener cette vie-là. J'ai de toute façon beaucoup de mal à me concentrer en classe, et je regarde plus souvent par la fenêtre que le tableau. La plupart du temps je ne comprends rien à ce que le professeur raconte, la seule matière qui m'intéresse, c'est l'apprentissage de l'anglais car je sais déjà que ça peut me servir. L'histoire avec mes parents est assez dramatique, et ma mère ne se remettra jamais de ma fugue. Je m'en sens très coupable. Elle a perdu vingt kilos et vieilli de vingt ans, mais ça ne m'empêche pas de rester sur mes positions.

Mes parents me reprennent chez eux, mais au bout de quelques mois, ma mère qui en a marre que je fasse n'importe quoi me ferme le réfrigérateur. Je suis incapable de me soumettre à leurs horaires, et je vais piocher dans les réserves quand j'en ai envie, souvent au milieu de la nuit. Ça la rend folle. Je suis tout de même des cours de dessin dans une école où l'on m'a inscrit.

Lors des fêtes de fin d'année, il y a un concours de celui qui boira le plus d'alcool. Et bien évidemment je le remporte. Je me retrouve à l'infirmerie la tête sur une lessiveuse pendant presque trois jours et on me fout à la porte de cette école. J'ai tout de même eu le temps d'apprendre quelques accords de guitare et de rencontrer un type qui suit des cours de théâtre. Je l'imite et me découvre une passion, le théâtre. En parallèle, je fais la connaissance d'un danseur qui a besoin de volontaires. Je n'hésite pas une seconde, je prends des cours avec lui pendant un an, et je vais même habiter chez lui pour terminer comme boy aux Folies-Bergère. C'est mon premier métier, la première fois que je gagne de l'argent. J'arrête parce que mon pote est branché bouddhisme et que je ne le supporte plus, mais j'y reste cinq mois, et même si ce parcours est d'une incohérence totale, j'arrive à évoluer. Je vis comme je peux, je repars sur la route, refais du stop, me retrouve même sur un cargo norvégien en direction de la Scandinavie. Je ne suis pas délinquant, trop myope pour cela, mais j'ai très tôt pris conscience que je ne me destine pas à une existence bien réglée. Heureusement que j'opte pour des choses artistiques plutôt que pour une vie de voyou.

Les cours de théâtre me donnent aussi l'opportunité de monter sur les planches. Je joue dans deux pièces, *Montserrat* d'Emmanuel Roblès et *Don Perlimplín* de Federico García Lorca. Je ne comprends rien à ce que je fais ni à ce que je dis mais au moins je suis sur scène. Je n'ai aucune appréhension. Je multiplie les spectacles dans ce milieu amateur, pouvant passer d'une pièce classique à un spectacle de cow-boys avec du square dance à la clé. Je n'ai pas vraiment décidé de devenir acteur, je suis plus attiré par la musique, mais la pratique d'un instrument demande une certaine rigueur, du moins une discipline et comme mes parents ne l'ont toujours pas accepté, je n'ai aucune possibilité de me poser plusieurs heures de suite pour travailler ma guitare. Je continue à dormir à gauche à droite chez des copains. Je gagne un peu de pognon en vendant des journaux, en faisant des dessins à la craie sur les trottoirs, en me faisant passer pour un étudiant comme cette expérience dans un laboratoire pharmaceutique où avec une copine je passe des heures à encapsuler des suppositoires.

Le Théâtre national de Paris

JEAN-PIERRE KALFON : Je suis comme je peux les cours du TNP de Jean Vilar, mais devenu boy aux Folies-Bergère je n'ai plus du tout le temps, surtout que les horaires s'entrecroisent, c'est souvent en fin d'après-midi au moment où je suis supposé travailler. Quoi qu'il en soit j'assiste à quelques représentations et je vois jouer Gérard Philipe, Georges Wilson, Maria Casarès... Et là j'ai un vrai choc. Coup de chance, Gérard Philipe me repère et me propose quelques figurations à ses côtés, *Henri IV* de William Shakespeare, *On ne badine pas avec l'amour* et *Lorenzaccio* d'Alfred de Musset. C'est à ce moment-là que je me dis que je n'ai pas envie d'attendre que l'on me propose un rôle plus important, je me dis qu'il faut que je monte ma pièce. Je jette mon dévolu sur une œuvre de John Ford, *Dommage qu'elle soit une putain*.

C'est la première pièce que je monte, la première difficulté aussi car je n'ai pas les droits. C'est Jean-Louis Barrault qui les a achetés, et comme il ne veut absolument pas me les céder, je prends le texte original en anglais, dans une version bilingue signée Maurice Maeterlinck, celle de Jean-Louis Barrault, un bon dictionnaire d'anglais et j'en fais une sorte de nouvelle adaptation moi-même. Quelques mois après, je monte la pièce dans les jardins du Centre américain, boulevard Raspail. Cette première pièce se passe formidablement bien, car il n'y a pas du tout d'argent, mais dès la deuxième *Procès aux templiers* je me rends compte qu'il faudrait que je devienne producteur, tourneur, régisseur, administrateur, enfin que je me professionnalise et je laisse tomber. Ce n'est pas ce que je veux.

Je suis encensé par un article signé Guy Dumur dans *Le Nouvel Observateur*. Ça m'encourage. Cette rencontre m'aide à trouver une petite subvention et à monter au Théâtre de Lutèce un spectacle signé de sa plume, *Scènes*, constitué de deux pièces plutôt courtes : *Après Phèdre*, dans laquelle j'ai le rôle d'un gigolo, et *La Voix du sang* qui évoque la relation entre une grand-mère et ses deux enfants. Du coup Marcel Lupovici m'engage dans *Othello* et dans *Barabbas* où j'incarne le rôle de Jésus-Christ. Je ne dis pas un mot dans cette deuxième pièce pourtant on me voit tout le temps, et un metteur en scène, Paul Mesnier a l'idée de m'offrir un rôle au cinéma. Il a besoin d'un curé pour son film *Le Septième Jour de Saint-Malo*. Il n'est pas allé bien loin, se disant : « Il a incarné le christ, il fera un curé crédible... »

Le cinéma démarre à ce moment-là avec José Bénazéraf et aussi Claude Lelouch, Jacques Rivette, Jean-Luc Godard, Philippe Garrel un peu plus tard... *Le Concerto de la peur* de José Bénazéraf est considéré comme érotique parce qu'à un moment je baisse la bretelle de soutien-gorge de ma fiancée. D'une manière générale, c'est un peu un cinéma de laboratoire, chacun testant ses possibilités. Rien n'est encore structuré. Ça ne viendra que bien plus tard, dans les années 1980 avec des réalisateurs comme Pierre Granier-Deferre ou Henri Verneuil. Dans les années 1960, si je touche un petit pactole pour un film, je suis capable d'arrêter plusieurs mois et d'en profiter au lieu de penser à la suite. Je ne suis pas ce qu'on appelle un acteur sérieux.

Rencontre avec Marc'O

JEAN-PIERRE KALFON : C'est quand je monte *Dommage qu'elle soit une putain* dans les jardins du Centre américain, que je fais la connaissance de Marc'O. Lui donne des cours à des apprentis acteurs et il vient voir ma pièce. Je ne suis pas seul, je travaille déjà avec Pierre Clémenti que j'ai rencontré à Saint-Germain-des-Prés après mon retour de Bruxelles. Nous fréquentons les mêmes endroits, le Flore, le Club Saint-Germain, le Fiacre, enfin tous les cafés de la rue Saint-Benoît... On sympathise et on se découvre certaines affinités, en particulier celle d'être allés dans la même maison de redressement à Savigny-sur-Orge, ça crée des liens. Pierre participe à ma deuxième mise en scène, *Procès aux templiers*, et bien évidemment à *Dommage qu'elle soit une putain*. C'est moi qui le fais monter pour la première fois sur des planches. Marc'O qui est en train de préparer une nouvelle pièce, offre un rôle à Pierre. Dans sa troupe, il y a déjà Bulle Ogier.

BULLE OGIER : Je fais la connaissance de Marc'O alors que je travaille chez Chanel au tout début des années 1960. Je viens d'avoir un enfant, déjà mariée et divorcée, je dois subvenir à nos besoins. J'aide les mannequins, ce n'est pas du tout mon milieu, mais il faut bien que je gagne ma vie. Marc'O me persuade de venir suivre ses cours de théâtre au Centre américain, je deviens alors une sorte d'auditrice libre. Puis, peu à peu il me persuade d'accepter un petit rôle. Marc'O n'est pas qu'un metteur en scène, il a tout un discours par rapport au théâtre, il essaye de lui donner une dimension politique, et d'ailleurs il est l'un des premiers à avoir publié des textes de Guy Debord et Isidore Isou au début des années 1950 dans sa revue *Le Soulèvement de la jeunesse*.

Ma première pièce avec Marc'O c'est un spectacle de Marivaux, *Le Triomphe de l'amour* en 1961. Ensuite il y a *Le Printemps* avec Pierre Clémenti puis *Les Play Girls* toujours avec Pierre, qui pour l'anecdote sera vite remplacé dans ce rôle par Jacques Higelin qui en profite pour jouer du piano après la représentation. Puis *Les Bargasses* dans lequel Jean-Pierre Kalfon se joint à nous. Dans *Les Play Girls* nous sommes quatre filles, Élisabeth Wiener, Marpessa Dawn qui a joué dans le film de Marcel Camus *Orfeu Negro*, Michèle Moretti et moi-même. C'est une pièce musicale, le papa d'Élisabeth joue du piano, c'est l'histoire de quatre filles qui cherchent du travail. Nous avons des parties chantées sur scène, et ça se passe à la Grande Séverine rue Saint-Séverin. C'est ce qu'on appelle du théâtre vivant. Ensuite, *Les Bargasses* qui marchent bien, on la joue d'abord au Théâtre Édouard-VII puis au Studio Champs-Élysées. C'est une pièce qui attire du monde, et ça se termine souvent en happening. Un soir, Daniel Pommereulle n'hésite pas à se mettre tout nu sur la scène du Théâtre des Champs-Élysées... C'est tout de même assez agressif, le texte est très écrit, mais en même temps il offre une grande liberté de jeu aux acteurs. Par rapport au public, c'est très provocant. Le sujet aussi est peu conventionnel, c'est l'histoire de trois filles qui travaillent dans un bordel et dans ce bordel arrive un colonel. On y retrouve les thèmes de prédilection de Marc'O : l'armée, la religion et la famille, aussi ses acteurs fétiches puisque Michèle Moretti et aussi Philippe Bruneau sont là. Tous deux participeront aux *Idoles*.

Les Idoles, *acte I, au Bilboquet (mai 1966)*

JEAN-PIERRE KALFON : Avec Marc'O, c'est un jeu un peu spécial, physique et expressif. La pièce des *Idoles* est un truc fort, un truc qui coïncide complètement avec l'histoire, c'est la première qui rencontre le succès.

BULLE OGIER : Marc'O a écrit les rôles de cette pièce pour nous. Par exemple le personnage de Jean-Pierre, Simon le Magicien, j'ai l'impression que Jean-Pierre se l'est approprié dans la vie et qu'il l'a perfectionné. Je ne sais pas s'il était particulièrement politisé, mais de par son comportement et sa manière d'agir, il faisait partie de ces gens qui voulaient l'imagination au pouvoir. Il était quand même très punk, ce qui au milieu des années 1960 signifie une vie dans l'instant, un dédain total du futur, une envie de réinventer la vie à chaque moment, un esprit très autodestructeur, pas du tout dans la mouvance positive plutôt dans l'inverse, déjà le négatif ou le nihilisme de 1977. Ce ne sont pas que des rôles fictifs il m'est à mon avis impossible de ne pas rentrer dedans si l'on n'est pas en complet accord. Marc'O écrivait ses pièces en s'inspirant de nous dans la vraie vie, la pièce des *Idoles* marque peut-être la fin d'un cycle mais s'inscrit dans une suite logique et aussi dans un mouvement plus général, il n'y a pas que les idoles yéyé il y a aussi le vent de révolution amené par des musiciens tels que les Rolling Stones ou Jimi Hendrix.

PIERRE CLÉMENTI : Avec Jean-Pierre, on avait fait *Les Idoles.* On chantait : J'suis un fils d'ouvrier dont le papa à l'usine toute la sainte journée fabrique de l'aspirine. Suivait un couplet sur le refus d'une telle situation. C'était déjà plus punk que rock... (*Rock & Folk* n° 155, propos recueillis par Jacques Colin.)

Les Idoles,
L'idéal c'est d'vous chanter yéyé,
C'est la preuve, la réussite, le big big succès,
Qui nous fait marcher.
L'idéal, de l'idole ce qui nous fait rêver,
C'est sa pho-photo sur les murs affi-fficher,
Qui nous fait rêver.

(Extrait de « L'Idéal de l'idole ».)

EMMANUEL BURDEAU : *Les Idoles*? Pur échantillon sixties, brûlot rock brutal et drôle, jalon légendaire et oublié de la modernité française... (*Cahiers du cinéma* n° 591.)

STÉPHANE VILAR : Juste avant *Les Idoles*, je compose des musiques de scène pour un type qui s'appelle Jean-Baptiste

Thiere. Il a joué dans un film de Resnais, *Muriel*, et était relativement connu dans le milieu du théâtre à Paris. Au tout début des années 1960, il monte une pièce élisabéthaine qui s'appelait *Le Chevalier au pignon flamboyant* dans laquelle jouent Jean-Pierre Kalfon et Michèle Moretti. Il me demande de signer la musique. Michèle Moretti me présente Marc'O, que j'avais déjà rencontré quelques années plus tôt au Centre américain. Pendant longtemps Marc'O a monté toutes ses pièces là-bas. Un jour, il me dit : « Je vais monter une pièce qui va traiter de rock and roll, ça s'rait bien que tu fasses la musique. » Comme toujours avec lui ça prendra beaucoup de temps. Ses directives ne sont pas très précises, il faut juste que les musiciens participent à l'action et que ça soit rock and roll.

Je me suis beaucoup inspiré des airs qu'on entendait à la radio. Au milieu de la pièce il y a un grand happening, qui sera différent tous les soirs parce que pas du tout écrit. Dans *Les Idoles* le groupe s'appelle les Rollsticks, je joue de la batterie, Patrick Greussay de l'orgue, Jacques Zins de la basse, Didier Malherbe au saxophone et Didier Léon à la guitare. Ce dernier connaissait tout le monde à Saint-Germain-des-Prés parce que son père était ami avec Boris Vian. Il n'était pas vraiment musicien, plutôt peintre, mais grand spécialiste de Chuck Berry. L'idée motrice de la pièce, c'est de dénoncer la manipulation dont peuvent être victimes les idoles yéyé.

BULLE OGIER : La pièce des *Idoles* se tient d'abord au Bilboquet. On joue la pièce deux fois dans la soirée. C'est le propriétaire de la Grande Séverine, Maurice Girodias qui nous produit. Il est également éditeur, et avait énormément de démêlés avec la censure parce qu'il avait tenu à publier *Lolita* de Vladimir Nabokov, ainsi que des livres de William S. Burroughs et Arthur Miller, la Grande Séverine lui permettait de financer ses nombreux déboires.

JEAN DUTOURD : On se plaint qu'il n'y a pas de bonne comédie musicale. Allez au théâtre du Bilboquet, petite salle assez moche de la rue Saint-Benoît et vous ne vous plaindrez plus. Mr. Marc'O auteur des *Bargasses*, y a mis en scène un spectacle de son cru. Le talent de Mr Marc'O mc plaît, il ne ressemble à celui de personne. *Les Idoles* est une espèce de satire parodique, de bouffonnerie, d'épopée idiote, de danse du scalp, de cérémonie vaudou, et en même temps ce n'est pas sans rapport avec Meilhac et Halévy.

Pour une fois j'ai vu un ouvrage qui traite de choses réelles et actuelles, une moquerie qui frappe juste sur des bêtises qui nous font enrager quotidiennement : l'argent, le fétichisme du succès, la publicité, l'imbécillité du public, la superstition de la chance, la moutonnerie des jeunes et la fabrication (assez ignoble) des idoles de la chanson.

Cela fait un excellent livret d'opérette, mais d'opérette féroce, très comique, très fine, accompagnée d'une musique rugissante de rock et menée dans un rythme bien particulier : hystérique et stylisé... (*France-Soir*, 22 & 23 mai 1966.)

GUY DUMUR : Ils sont tous charmants, tous pourris de talent... À l'entracte, ils passent un parapluie dans la salle pour ramasser un peu d'argent. Ils sont pauvres et extraordinairement insouciants et gais. Tout cela, ils l'ont fait passer dans leur spectacle. Sur le plateau, ils portent des costumes extravagants à peine différents de ceux qu'ils portent dans la vie. Leurs cheveux trop longs sont bien les leurs. Leurs gestes les plus stylisés sont les mêmes que ceux des Gitans, des Noirs, des danseurs... (*Le Nouvel Observateur* n° 81, 1er au 7 juin 1966.)

Les Idoles, *acte II, à Bobino (novembre 1966)*

« Promus au rang de demi-dieu par la volonté d'habiles hommes d'affaires, obligés de se forger une personnalité, ne sachant plus ce qu'ils sont et ne parvenant plus à établir une différence entre leur vraie vie et la vie qu'on leur invente, un jour faste par la grâce du disque, le lendemain déchus si la vente baisse ou si un autre les détrône, obligés de constamment satisfaire les exigences de la publicité en se mariant, en divorçant, en se créant des aventures, *Les Idoles* racontent, se révoltent, dénoncent... » (Texte de présentation extrait du programme de Bobino.)

FRANÇOISE LO : En parallèle de la réalisation du 33-tours enregistré au studio Davout et à l'ancien studio Barclay avenue Hoche, je m'occupe également du transfert du spectacle *Les Idoles* du Bilboquet à Bobino. J'ai emmené Félix Vitry, le directeur, assister au spectacle à Saint-Germain-des-Prés, je devrais d'ailleurs plutôt dire à cette folie complète qu'était le spectacle du Bilboquet. La base en est le principe du happening. Jean-Pierre Kalfon est une sorte de Monsieur Loyal alors que Pierre Clémenti et Bulle Ogier incarnent deux idoles de la chanson yéyé que l'on envoie sur scène pour faire de l'argent. Ils sont habillés par Jean Bouquin et Poucette, un personnage de Saint-Germain-des-Prés qui était minuscule et qui avait commencé comme dessinatrice de rue, aux Deux-Magots et au Flore. Elle était aussi l'égérie de Marc'O, et a lancé une mode qui marche bien, celle des vêtements en fermetures Éclair juxtaposées.

Bulle Ogier porte une minijupe ainsi que des bottes avec des fermetures Éclair multicolores. Jean-Pierre Kalfon un gilet noir tout en fermetures Éclair, donc noir et argent. Jean Bouquin a confectionné les pantalons en panne de velours, et les ceinturons sont des assemblages de petites plaques miroir. Quand j'ai amené tout ce petit monde à Bobino, dans une salle à l'ancienne avec un promenoir et un rideau qui s'ouvrait, acteurs et musiciens étaient un peu affolés. Mais c'était réciproque en ce qui concerne les riverains de la Gaîté car *Les Idoles* étaient habillés dans la rue comme sur scène, et portaient des lunettes noires bien après que le soleil soit tombé, ils ne pouvaient passer inaperçus. Sans parler de leur état et de ces quelques substances illicites que l'on devinait absorbées...

Sur scène ils sont plusieurs musiciens, Stéphane Vilar, Didier Malherbe, Didier Léon, Jean-François Fels, et là aussi j'avais prévu de les signer en tant que groupe, de façon indépendante de la pièce. Ils avaient décidé de s'appeler les Voilà... Malheureusement, il n'y a pas eu de suite... C'était une folie complète, ça ne pouvait marcher. D'abord avec Jacques Souplet, le patron de CBS toujours tiré à quatre épingles, moralement et vestimentairement, et qui ne supportait pas d'avoir une tache sur son costume : alors, lorsque dans le spectacle Pierre Clémenti porte Bulle Ogier à bout de bras (en mini-robe de mariée transparente) pour l'offrir aux spectateurs, Souplet se demande vraiment où il est tombé. Bien évidemment, les jeunes directeurs artistiques de CBS sont aussi enthousiastes que moi, et comme le spectacle était à l'affiche de Bobino, j'avais carte blanche. Je trouvais que ces gens-là avaient beaucoup de talent. J'appréciais aussi le fait que ce spectacle cassait quelques barrières mentales.

À Bobino, j'avais mes entrées car j'avais arrangé le coup entre

Barbara et Félix Vitry, ce dernier avait repris la direction de Bobino à Pierre Guérin mais Barbara estimait qu'elle devait tout à Guérin. Cela m'a pris des mois pour la convaincre d'accepter de s'y produire à nouveau, et donc de travailler avec un autre directeur. Du coup, j'ai la pleine confiance de Félix Vitry, et c'est ainsi que le spectacle des *Idoles* est programmé à Bobino. Mais ça ne marche pas du tout, le quartier n'est pas habitué à ce genre d'extravagances, les critiques sont même dégueulasses. Personne n'a vu que cela annonçait Mai 68, et surtout qu'ils avaient tous beaucoup de talent. Jean-Pierre Kalfon travaillait énormément, avec une sorte de conscience professionnelle, il avait même demandé à Serge Reggiani de lui faire répéter *Le Dormeur du val* d'Arthur Rimbaud qu'il devait jouer quelques semaines après. C'est incroyable, le nombre de choses qu'il entreprenait...

L'un des points de rendez-vous est la Coupole, un grand café sur le boulevard Montparnasse à quelques centaines de mètres du théâtre Bobino. Marie-Laure de Noailles invitait tout le monde, je crois qu'elle avait un faible pour Pierre Clémenti. D'autres fois, c'est moi qui régalais pour tous, aux frais de CBS. *Les Idoles* sont une vraie tribu, ils se déplacent toujours en bande. Quand ils ne sont pas à la Coupole, on les trouve à l'Échaudé, un restaurant, encore confidentiel à l'époque, de Saint-Germain.

Dans la bande, il y a également Valérie Lagrange, j'ai déjà travaillé avec elle puisqu'elle a assuré la première partie de Barbara dont je m'occupe à l'Ancienne Belgique de Bruxelles, en novembre 1964. Elle est avec Jean-Pierre Kalfon, et alors que ce dernier se trouve à l'autre bout du monde, elle lui téléphone chaque soir de l'hôtel Amigo où nous sommes descendus. Son cachet y passera.

VALÉRIE LAGRANGE : Je suis amie avec Pierre Barouh et Francis Lai qui un jour me proposent d'assister à la projection du film de Claude Lelouch, *Une fille et des fusils*, dans lequel joue Jean-Pierre Kalfon. Moi, je suis un parfait produit du show-business, tournant avec Claude Autant-Lara (*La Jument verte*) ou Jacques Deray (*Le Gigolo*) et enregistrant des chansons à consonances variété. Je suis alors une sorte de starlette, et lorsque je rencontre Jean-Pierre Kalfon, c'est le choc. Je suis une rebelle qui s'ignore, mais là par contre je me retrouve avec des gens complètement extraordinaires, drôles, beaux, avec des idées qui cassent tout les schémas traditionnels. Jean-Pierre est quelqu'un de cultivé, ce qui ne l'empêche pas de fumer des joints. Il évolue dans l'underground parisien, une sorte d'équivalent au living theatre de New York, ça me fascine. Le point d'orgue est sans aucun doute cette pièce *Les Idoles*, dans laquelle on reconnaît les personnages de Johnny Hallyday et de Sylvie Vartan. Jean-Pierre s'est fait faire, sur mesure et par Jean Bouquin qui signe tous les costumes, un ensemble dans le drapeau américain avec la tête de Kennedy dans le dos. Ça lui vaudra de se faire agresser plusieurs fois !

BULLE OGIER : La pièce est reprise à Bobino, mais là, elle déborde sur la réalité. Tout le monde s'autodétruit. Nous sommes presque tous sous acide, les musiciens sont très souvent défoncés, ce n'est plus du tout ce que Marc'O voulait.

CLAUDE KROES : L'auteur Marc'O, et ses interprètes ont su démontrer, en un spectacle baroque, dément, hallucinant par moments, que les responsables ne sont pas ces idoles qui peuvent devenir d'un jour à l'autre des boucs émissaires, mais les négriers du disque, de la presse à ras de terre et des industries annexes... (*L'Humanité Dimanche*.)

JACQUES CHANCEL : Félix Vitry n'en veut pas à Marc'O d'avoir quelque peu raillé ses chères idoles ! Il fait même mieux, en offrant sa scène à la troupe qui officiait l'hiver dernier dans une salle minuscule de la rue Saint-Benoît... La troupe des *Idoles* s'est rodée à Bruxelles au Théâtre 140. Elle n'a pas perdu de son mordant, puisque le directeur de la salle s'est désolidarisé publiquement des comédiens le soir de la première. Il est vrai que des hautes autorités ecclésiastiques étaient dans la salle et que Marc'O n'avait pas censuré la scène au cours de laquelle on voit un archevêque donner son manteau à Bulle Ogier, vêtue d'une robe transparente... (*Paris-Jour*, le 22 novembre 1966.)

Les Idoles, *acte III, le film (mai 1968)*

MARC'O : Ce fut d'abord une pièce de théâtre, écrite en 1964 et qui a fait exploser les trois acteurs Bulle Ogier, Jean-Pierre Kalfon et Pierre Clémenti. Quand j'ai fait le film, je n'ai pas pensé à la pièce. Chaque scène devait, dans l'image, trouver une destination. J'ai demandé à deux architectes, Claude Parent et Paul Virilio, de m'aider à trouver des lieux qui devaient être créatifs eux-mêmes. Pour le travail de la couleur, j'ai demandé au chef opérateur de *Playtime* de Tati, plutôt que mille nuances de gris, mille nuances de clinquants. Quand Bulle chante avec son parapluie, aucune vedette ne pouvait faire cela. Le corps fait de la musique. Kalfon chante faux, mais juste... (*Nova* n° 114, propos recueillis par Ludo Stein.)

Un premier 45-tours

JEAN-PIERRE KALFON : Je braille plus que je ne chante sur ce disque, c'est venu à la suite de la pièce des *Idoles*. Françoise Lo de CBS est venue me voir, mais je n'étais pas du tout prêt. Je suis complètement fasciné par le rock, très impressionné par les blacks, le blues, le boogie, le rhythm and blues, Ray Charles, Elvis Presley. J'ai adoré l'émission de Daniel Filipacchi et Frank Tenot *Pour ceux qui aiment le jazz*, mais je me rends vite compte qu'en français c'est mission impossible.

Le torchon brûle entre Tony et Margaret,
Rien ne va plus entre Philippe et Élisabeth,
C'est bête,
Dieu que c'est bête.
Cette fois ça y est Johnny se remarie,
Mireille Mathieu veut se tuer pour Adamo,
Vive la vie,
Vive la vie...

(Extrait de « Chanson hebdomadaire ».)

FRANÇOISE LO : Je suis directrice artistique chez CBS et je fais signer des contrats à tous ces jeunes gens : Jean-Pierre Kalfon, Pierre Clémenti, Bulle Ogier. Ce qui signifie que ceux d'entre eux qui veulent enregistrer des disques en solo après le 33-tours *Les Idoles* et de manière indépendante, le pourront. Mais au final, il n'y en a qu'un qui en profitera vraiment, c'est Jean-Pierre Kalfon, il est le seul de la bande à avoir envie de chanter, cela aboutira sur un 45-tours.

JEAN-PIERRE KALFON : Ma copine de l'époque, Valérie Lagrange, m'écrit un texte (« L'amour à fleur de peau »), Marc'O également (« My Friend, mon ami ») et je puise chez Victor Hugo l'inspiration d'un troisième (« La guerre »). Michel Portal qui s'occupe de l'habillage musical des pièces de Marc'O compose les musiques, aidé d'Ivan Jullien, mais cela n'a rien à voir avec le groupe qui participe à la pièce des *Idoles*, Patrick Greussay, Stéphane Vilar, Didier Léon, Didier Malherbe, Jacques Zins... Ils font leur propre groupe de leur côté et n'ont absolument pas le temps de s'occuper de moi. C'est une erreur car sur scène ça se passe bien, ce 45-tours est un peu bancal et je crois que ça me correspond bien. Par contre, en studio, Michel Portal et Ivan Jullien sont marqués par le jazz. C'est comme si je me retrouvais envahi de sons que je ne maîtrisais pas. Ils jouent du rock, mais avec des cuivres et des grands orchestres. Je n'y suis pas habitué. Je me rends compte que c'est très difficile d'être chanteur, enfin de faire passer de l'émotion comme Otis Redding. Je flippe beaucoup après la sortie de ce 45-tours et mettrai un certain moment avant d'en sortir un autre.

My Friend mon ami, Listen listen to me,
Écoute mon histoire, triste, sale et noire,
Oh oui, j'aime, j'aime,
J'aime, j'aime, j'aime, une jeune teen-ager,
Qui craque brise mon cœur,
Mais il faut se hâter d'aimer,
Time is money...

(Extrait de « My Friend, mon ami ».)

Film en Roumanie

JEAN-PIERRE KALFON : Dans un film de José Varela que je tourne en Roumanie avec le groupe Jets, on me porte au pinacle, on parle de moi comme du yéti du cinéma français. Forcément, ça fait plaisir, mais en même temps un yéti, c'est un monstre. Et ce simple adjectif amène une certaine distance même inconsciente. Je n'arrive pas souvent à la briser, c'est comme avec Jacques Brel que je croise sur le tournage de *La Bande à Bonnot* de Philippe Fourastié. Lui joue parfaitement sa partition d'acteur, moi je n'ai qu'une envie, briser le jeu habituel, et au final il n'y aura que très peu de dialogue entre nous, même si tous les deux nous adorons la musique.

Mai 68

JEAN-PIERRE KALFON : La révolution de Mai 1968 s'arrête au moment des vacances. Nous consommons beaucoup de dope en opposition avec le monde de l'alcool, le mythe du whiskey américain, qui tourne vite à l'alcoolisme. C'est le premier virage important, opter pour la dope plutôt que pour l'alcool. Cela détruira ma première carrière, au début des années 1970 je préfère être aux États-Unis à traîner avec les New York Dolls qu'à Paris. Si je m'enfuis ainsi, ce n'est pas seulement parce que je préfère le rock and roll, mais aussi parce que je me retrouve de moins en moins dans les rôles qu'on me propose. Je rêve de films noirs américains, de Raoul Walsh, d'Orson Welles ou de Fritz Lang, mais ça n'existe pas en France. J'ai monté un groupe qui s'appelle Crouille-Marteau dans lequel Pierre Clémenti joue de la scie musicale, à la basse il y a Simon Boissezon qui plus tard rejoindra Jacques Higelin. Au tout début des années 1970 Jean Karakos est d'accord pour nous financer un disque, un deux titres. Il nous file un peu d'argent, et comme Sylvina Boissonas [*N.d.A.* : productrice mécène entre autres des premiers films de Philippe Garrel] a fait pareil, je me dis qu'on a assez d'argent pour enregistrer un album. On part en voiture à Londres, elle tombe en panne, on continue en train, une vraie galère, surtout que l'on n'a pas pu emmener nos instruments, on doit en louer sur place... Nous enregistrons tout de même tant bien que mal six chansons, mais la bande que l'on fera écouter à Jean est montée à l'envers. Donc il n'y a pas du tout de son. On ne s'en apercevra que bien des années plus tard, lorsqu'il sera trop tard pour sortir le disque.

JEAN KARAKOS : Je n'ai pas imaginé un seul instant que la bande était montée à l'envers, j'ai plutôt cru qu'ils étaient complètement défoncés et avaient enregistré n'importe quoi.

17

Dans cet enfer moderne où nous vivons tous

The Somethings

La découverte de l'unique 45-tours des Somethings, surtout si on le paye en dessous de la cote (150 euros), fait partie de ces petits bonheurs qui rythment l'existence. Voici un groupe dont personne n'a jamais entendu parler et dont les morceaux claquent avec une exceptionnelle vélocité. Les guitares grincent et rendent hommage à leurs homologues d'outre-Manche, alors que les textes mettent en évidence un malaise profond. Une merveille, qui fleure Mai 68... Au dos de la pochette, on peut apprendre que cette formation qui semble avoir une forte prédilection pour la couleur noire est originaire d'Amiens. Et, du coup, la photo qui nous montre cinq jeunes hommes à peine sortis de l'adolescence l'air menaçant et le cheveu bien trop long pour être honnête, prend une autre dimension. Comment ne pas fantasmer sur une telle urgence et une telle violence ? Par quel cheminement un groupe de province pouvait arborer une telle insolence ? Comment les médias ont-ils pu ignorer un tel monument ? L'histoire est peut-être plus simple qu'on ne l'aurait souhaité, malgré tout, restent deux titres, « Le monde infernal » et « Mister Lincoln » explosifs. Un mélange de rock immédiat et de paroles annonciatrices de cette tant attendue grande révolution. Malheureusement, et avouons-le devant l'indifférence générale, la formation disparaît aussi vite qu'elle était venue, dans un nuage de guitares. Ça ne nous empêche pas d'y revenir aujourd'hui. Le mystère des Somethings nc doit plus en être un.

Le groupe est composé de Christian Truffet (chanteur), Gilbert Lefeuvre (guitare et chanteur), Max Carl Devisme (basse), Guy « Dan » Demasure (guitare solo), Jean-Pierre Pelhate (batterie).

GILBERT LEFEUVRE : Je suis né dans l'Oise, à Montataire, très près de Chantilly, en 1945, et j'arrive à Amiens à l'âge de 12 ans. Mes parents ne sont pas dans la musique, ils sont restaurateurs, mais ils jouent dans une troupe de théâtre amateur, ce sont eux qui me poussent à apprendre un instrument. Un jour mon père me dit : « Il faut que tu apprennes la musique ! », pour lui c'est partie intégrante d'une éducation. C'est d'ailleurs pour la même raison que je ferai un peu d'arts plastiques et aussi du théâtre.

Je commence par l'accordéon à l'âge de 9 ans, à Amiens je rentre au conservatoire. Je rêve de jouer du saxophone, manque de chance il n'y a plus de place dans cette spécialité et je me tourne alors vers la trompette. J'en jouerai pendant six-sept ans. En parallèle, je me mets à la guitare et au clavier. J'apprends la musique au conservatoire d'Amiens, plus tard, j'obtiendrai un premier prix et je continuerai à la faculté pour terminer avec un doctorat en musicologie obtenu à la Sorbonne. En attendant, au conservatoire je m'inscris à plein d'ateliers, celui du solfège, celui de l'histoire de la musique, celui d'écriture... J'adore ça. Par contre, lorsque je joue de l'accordéon, je me rends tout de suite compte que le musette ne correspond pas à mes goûts musicaux. Heureusement mon professeur m'oriente vers des morceaux classiques et vers des choses plus traditionnelles comme le tango argentin.

CHRISTIAN TRUFFET : Je suis originaire d'Amiens, mes parents sont fonctionnaires, mon père travaille à la SNCF où il est responsable d'un service de mécanicien. Ma mère est comptable. J'ai une sœur plus âgée, mais qui n'est pas du tout branchée rock and roll, tout mon contraire, car moi, j'adore les premiers disques d'Elvis Presley et des Platters. Je n'écoute d'ailleurs que ça, avec Chuck Berry et Gene Vincent, ceci jusqu'à l'arrivée des Beatles en 1962-1963.

Le temps du twist

CHRISTIAN TRUFFET : Je fais mes premières armes dans un groupe qui s'appelle les Aigles Noirs, en pleine période twist, époque des Chaussettes Noires et des Chats Sauvages. Je suis le chanteur, je ne joue pas d'instrument car je ne suis pas trop doué pour cela, mais derrière un micro je suis à l'aise. Nous nous produisons souvent dans des cinémas de quartier, pendant les entractes, entre les actualités et le film. Dans le groupe, il y a deux frères, Christian et Michel Devisme, le premier joue de la batterie et le second de la basse, Jean-Claude Ertelain et Patrick Richou s'occupent des guitares et moi-même du chant donc.

GILBERT LEFEUVRE : Je rencontre les autres musiciens des Somethings bien avant que l'on commence à répéter ensemble, je dois avoir 15-16 ans et c'est en pleine époque Johnny Hallyday, Chaussettes Noires, Chats Sauvages... Ce sont des groupes qui déclenchent en moi l'envie d'abandonner l'accordéon pour la guitare. Refus de mes parents. Mon père ne veut pas que je me multiplie. Je dois m'y reprendre de nombreuses fois avant qu'il accepte que je me mette à la guitare... Mon professeur s'appelle Jacques Quezin, un enseignant du conservatoire également jazzman à ses heures perdues, il s'avère être excellent musicien et un très bon maître.

À Amiens il n'y a pas de boîte comme à Paris ni Maison de la Culture, juste une Maison des Jeunes où chacun peut venir avec ses disques pour les faire découvrir aux autres. C'est là que j'entends pour la première fois la plupart des disques de Johnny Hallyday et quelques années plus tard que j'entends un nouveau son, celui des groupes anglais, c'est-à-dire des Rolling Stones et des Pretty Things... En parallèle, je fais partie d'une société d'accordéons qui s'appelle l'Orchestrina. C'est une société amiénoise qui remonte avant la guerre dans laquelle on trouve des accordéonistes, des joueurs de banjo et de mandolines. Notre répertoire est uniquement fait de marches et de paso-doble. J'y joue de l'âge de 12 à 14 ans.

Les Somethings

GILBERT LEFEUVRE : Dans mon quartier, celui de Saint-Maurice, je fais la connaissance de trois autres jeunes, mais surtout d'un type qui joue de l'accordéon comme moi, Christian Marcel. Il décide de se mettre à la guitare puis à la basse, c'est notre premier groupe, les Volcans. Je suis chanteur. Il y a trois guitares électriques, dont une basse, et un batteur pour un résultat qui sonne entre les Shadows et Spotniks. Le rock instrumental est alors très en vogue, on n'a aucune difficulté pour se produire dans les bals de campagne. Ça ne dure pas très longtemps, on se sépare au moment où il y a ce grand concours à l'Olympia [*N.d.A.* : La Guitare d'or, du 1er au 3 juin 1963]. Ensuite, il y a un nouvel épisode qui s'appelle les Gentlemen, cette fois nous sommes trois guitaristes chanteurs. Puis, les Somethings, qui naissent de la dissolution des Gentlemen, sans doute parce que j'ai très envie de jouer avec un ami à moi Max Carl Devisme, un excellent bassiste, très intuitif et très sensible.

CHRISTIAN TRUFFET : Un jour Gilbert me contacte parce qu'il cherche un chanteur pour son groupe, les Somethings, ce que j'accepte. Ça se passe aussi simplement que ça. Mes parents ne voient pas trop ça d'un bon œil, surtout lorsque je laisse pousser mes cheveux, mais ils savent que cet épisode ne sera que passager dans ma vie. Gilbert est un peu la locomotive du groupe, c'est sans conteste lui le plus prolifique, celui qui compose sans aucune difficulté.

GILBERT LEFEUVRE : La genèse des Somethings se situe en 1965. C'est un souvenir fabuleux car nous sommes cinq à avoir les mêmes envies, la même passion pour le rock anglais, celui des Rolling Stones, des Beatles, des Small Faces et des Kinks... On travaille ce répertoire de reprise, mais à côté, nous écrivons nos propres morceaux en français. Dès les premières répétitions, et *a fortiori* en concerts, on mélange les deux. Nous répétons dans une salle de patronage et aussi chez nos parents, dans le garage au fond du jardin. Au bout de quelques mois, le patron d'une boîte à Amiens, le Rodéo, nous engage. Nous y jouons régulièrement, une fois par semaine + tous les week-ends, samedi et dimanche. M. Rameil nous donne la symbolique somme de 50 francs pour la semaine... Ça nous paye le restaurant du dimanche soir, pas de quoi faire des folies. Chacun d'entre nous habite encore chez ses parents. C'est évident que l'on se fait exploiter, mais c'est par son intermédiaire que l'on rencontre Raymond Legrand. Il est venu nous voir un jour et nous a donné rendez-vous dans son bureau à Paris.

L'été au Chatam, l'hiver au Rodéo

GILBERT LEFEUVRE : Deux années de suite, en 1965 et 1966, nous jouons dans un club le Chatam au Touquet pour la période estivale. Nous ne sommes pas les seuls à assurer la saison et croisons plusieurs autres groupes. Sinon le reste de l'année c'est le Rodéo. À chaque fois que l'on s'y produit c'est plein à craquer, c'est une boîte en sous-sol avec un bar où les gens consomment. Il y a une piste de danse, et dans un coin une petite estrade. Lorsque nous ne sommes pas dessus, on peut y entendre des disques. Nous avons à chaque fois trois ou quatre interventions d'une vingtaine de minutes. D'autres groupes se produisent au même endroit comme les Top Ten, les Volcans ou les Rockets qui donnent dans le balloche, ils ont d'ailleurs un chanteur sosie d'Adamo. Ça marche pas mal pour eux aussi, parce que Adamo est alors au zénith avec des titres comme : « Tombe la neige », « Vous permettez, monsieur ? »... Je ne crois pas qu'ils enregistreront de disques, nous restons une exception sur Amiens avec l'accordéoniste Gilbert Sueur.

Malgré toutes les difficultés que l'on rencontre, c'est un vrai bonheur que de jouer ensemble. D'ailleurs rien ne nous arrête, la preuve, nous avons du vrai matériel de pro qui coûte très cher, une Stratocaster pour moi et une Gibson demi-caisse pour Dan, le bassiste joue sur Fender et le batteur sur Ludwig comme Ringo Starr. Nos amplis, ce sont des Vox. Nos parents nous ont beaucoup aidés, et pour le reste nous avons dû économiser plusieurs années. Nous avons également une camionnette que nous conduisons à tour de rôle. Nous sommes des musiciens professionnels, même si les cachets ne sont pas à la hauteur de nos espérances.

CHRISTIAN TRUFFET : L'un des souvenirs les plus marquants, ce sont ces saisons au Touquet lorsque l'on joue au Chatam et aussi au Tropicana. Il y a là un groupe parisien qui s'appelle Clechise, car au Chatam il y a plusieurs boîtes qui emploient des orchestres différents, souvent des Anglais dont Take Five et Mickey Finn.

GILBERT LEFEUVRE : C'est au Touquet que nous faisons la connaissance du Baron de Lyma, il connaît tout le monde, mais je ne sais pas pourquoi je l'associe à la drogue qui commence à circuler. Je ne sais plus trop dans quelle circonstance je l'emmène un jour à Paris avec ma voiture. En général je l'évite car il m'effraie un peu, c'est via sa bande que j'entends parler de haschich, mais par mon éducation je ne touche pas à ces choses-là. Déjà je ne fume pas de cigarette, ça me rend malade, alors des joints, encore moins... Que les Beatles en parlent dans leurs chansons ne me donne pas spécialement l'envie d'essayer, je crois que si l'un d'entre nous a fumé, c'est plus pour faire bien qu'autre chose. Je n'ai jamais eu besoin de prendre de la drogue, jouer cette musique qui vient d'Angleterre suffit à mon bonheur. Ce qui n'est pas le cas d'Agathe, une fille qui faisait partie de notre bande et qui mourra d'overdose, bien après la dissolution du groupe. Elle avait beaucoup de classe, venait d'un milieu aisé mais était rebelle.

Les Animals

GILBERT LEFEUVRE : L'un des premiers concerts que l'on donne avec les Somethings, c'est à Mouscron en Belgique, en première partie des Animals. Cela doit être au mois de septembre 1965 car dans le temps c'est juste après notre première saison au Chatam, je ne suis même pas sûr que l'on s'appelle déjà les Somethings, peut-être encore les Gentlemen. Ce soir-là on prend une leçon, c'est la folle époque des Animals et Alan Price nous impressionne beaucoup. Même sur une scène au milieu d'une pâture, dans une prairie quoi... C'est à ce moment-là que je me rends compte d'un certain décalage entre eux, les Anglais, et nous, les Français. À Amiens, nous faisons figure d'illuminés, nous sommes complètement isolés, on nous décrit comme les zinzins du coin, il n'y a pas une seule autre formation qui évolue dans le même style que nous. Alors qu'outre-Manche, des groupes comme les Animals, il y en a beaucoup. C'est une période riche pour nous, car on apprend quotidiennement, surtout quand on croise la route d'un groupe comme eux, mais pour s'imposer c'est quasiment impossible. Au début il y a cette musique que l'on apprécie vraiment, ensuite on se rend compte que les textes ont une signification, qu'il y a un message de révolte derrière. Et l'on adhère complètement. C'est dans ce sens que l'on se met à composer

CHRISTIAN TRUFFET : Nous sommes très impressionnés par les Animals, ce n'est pas souvent que l'on rencontre des organistes de la trempe d'Alan Price. Mais c'est là aussi qu'on s'aperçoit du décalage entre eux et nous, les Animals c'est la dimension supérieure des Somethings, il n'y a aucun doute là-dessus. On aura du mal à être un jour à leur hauteur et on ne le sera jamais en fait. Ça nous apparaît comme une évidence à ce moment-là.

Amiens ville rock ?

GILBERT LEFEUVRE : À Amiens, il n'y a aucune salle de concert à proprement parler. La municipalité ne fait rien pour les gens de notre génération car cela ne faisait pas partie de ses préoccupations premières. Le maire est communiste, il s'appelle René Lamps et se moque bien des groupes de rock. Donc les artistes qui se produisent chez nous, il faut aller les voir au Cirque. C'est ainsi que je vais apprécier la tournée Antoine et les Problèmes, avec en deuxième partie Chuck Berry. Un grand moment, fabuleux même. Quelques années auparavant, Johnny Hallyday est venu lors du premier carnaval d'Amiens, et il a été baladé sur l'un des trois chars. Il y avait un monde fou car c'était l'une des premières fois qu'il se passait quelque chose dans cette ville. Et le soir, Johnny s'est produit au Cirque d'Amiens, ça a été le gros délire, avec fauteuils cassés à l'appui [*N.d.A.* le 9 novembre 1963].

CHRISTIAN TRUFFET : La prestation de Johnny Hallyday au Cirque, tous les jeunes y étaient, pour une fois que l'on pouvait voir un concert ! Sinon, pour être au courant de l'actualité musicale, j'écoute les radios pirates anglaises, l'incontournable Radio Caroline. Sinon, j'adore les Who, le Spencer Davis Groupe, les Rolling Stones, et pour me procurer des disques je vais à Paris chez Lido Musique. Il y a bien un disquaire à Amiens, Lantèz, mais il est plus branché variétés françaises que rock anglais et il faut attendre plusieurs semaines...

GILBERT LEFEUVRE : Heureusement nous captons assez bien les radios anglaises et sommes au courant de l'actualité. J'ai également un ami anglais plus âgé que moi, un ingénieur qui passe ses vacances en France et qui m'envoie régulièrement le *Melody Maker*. Il nous invite à lui rendre visite, ce que nous faisons au mois de septembre 1966, juste après notre saison au Chatam, nous avons alors un pcu plus d'argent que d'habitude. Nous prenons le train, puis le ferry qui nous débarque à Folkestone et là nous nous séparons pour faire du stop. On arrive à destination le soir, vers 22 heures, il n'a pas assez de lits pour tous nous héberger mais on s'en fiche, on couche par terre parce que nous sommes à Londres, la ville de nos idoles ! Le lendemain on traîne sur Carnaby Street avec les yeux écarquillés comme des gamins.

CHRISTIAN TRUFFET : Le périple en Angleterre, c'est pour se dépayser mais bien évidemment aussi pour voir ces groupes que l'on écoute toute la journée en chair et en os. À Londres il y a énormément de pubs, et presque toujours un petit groupe qui anime l'ambiance. On adore cette ville, ça nous change vraiment d'Amiens.

Antoine

CHRISTIAN TRUFFET : Je vais voir Antoine plusieurs fois, je suis assez admiratif de ce personnage. Voilà un type qui chante mal et qui arrive à drainer un large public derrière lui. Lorsqu'il déboule dans le paysage musical, les Anglais ont commencé leur invasion, et lui, avec ses petites chansons, ses ballades et ses textes, il réussit pourtant à se faire entendre. Il réussit à faire autre chose que du rock avec ses cheveux longs et ses chemises à fleurs, une musique engagée mais cool. Il n'y a rien de violent chez lui, c'est vraiment une sorte de Bob Dylan de chez nous. C'est lui qui francise les cheveux longs, jusque-là c'était réservé uniquement aux Anglais. Il a une forte personnalité, c'est quelqu'un de très costaud, pas un bon guitariste mais un personnage. Avec nos cheveux longs, au début on nous traite de femmes dans la rue, mais dès lors qu'Antoine existe, on nous traite d'Antoine. C'est incroyable son impact !

GILBERT LEFEUVRE : Antoine apporte une réflexion, un regard provocateur bien entendu, mais avec beaucoup de lucidité et d'intelligence, et forcément il bouscule les mentalités. Il apporte quelque chose de nouveau que tout le monde n'a pas forcément compris, les gens se demandant qui était ce sauvage avec ses cheveux longs ? Sur le plan musical, je n'accroche pas beaucoup, par contre, sur le plan social c'est quelqu'un qui me passionne dès que je l'entends. Le groupe qui joue avec lui, les Problèmes, a souffert de la trop grande notoriété d'Antoine car le public ne se soucie guère de qui accompagne le chanteur dont tout le monde parle... Dommage, c'est un très bon groupe.

Un 45-tours

« The Somethings ? Des étudiants français qui se retrouvaient dans les caves de Liverpool. C'est donc le premier groupe franglais existant en France.

« Ils se retrouvent dans leur pays, dans leur pays d'origine à Amiens. Au Rodéo. Ah ! Ce Rodéo ! Un cabaret-cave-discothèque terrific.

« Les Somethings sont là, chez eux, après avoir ramené d'Angleterre tous les rythmes sans lesquels ils ne pourraient vivre. Chose curieuse, ils chantent là, en anglais. Ils ont voulu réaliser leur premier disque Decca, en français, avec des titres originaux.

« Inutile de dire que les ensembles anglais, les reprennent... en français ! Ce groupe fera parler de lui. Amiens aura produit le premier franglais.

« Les Somethings sont sur le bon chemin... » (Notes de pochette du 45-tours commercialisé au mois d'avril 1967.)

GILBERT LEFEUVRE : Avec les Somethings nous sommes remarqués par le père de Michel Legrand, Raymond. Ce dernier nous auditionne dans son bureau à Paris, et je me souviens que la chanteuse Colette Renard est présente, un autre monde... Nous sommes au début de l'année 1967, et il semble séduit puisqu'il nous propose d'aller enregistrer un 45-tours à Bruxelles. Nous venons lui rendre visite plusieurs fois pour mettre quelques détails au point, et aussi pour la photo de pochette qui est prise dans le quartier des Halles. Il nous paye également des costumes, du sur-mesure gris-bleu, un peu à la manière des Kinks, avec des lavallières. Par contre il n'aime pas trop notre nom à consonance anglaise, Somethings que l'on a choisi à cause des Them, pour lui, cela sonne trop avant-gardiste. C'est pour cette raison qu'on le fait précéder de l'article The, jusque-là c'était Somethings tout court !

La veille de l'enregistrement, Raymond a dépêché l'un de ses fils, Patrick pour nous faire répéter. Nous jouons nos morceaux toute la journée, et je ne suis pas sûr que ça soit une si bonne idée car nous n'avons pas l'habitude et sommes vraiment fatigués le lendemain... C'est pour cette raison que l'enregistrement va très vite que nous ne multiplions pas les prises, car nous n'avons plus de voix. Nous ne restons qu'une journée en tout.

CHRISTIAN TRUFFET : L'enregistrement dure moins d'une journée puisque nous arrivons très tôt à Bruxelles et que nous repartons le soir même... Sur le disque, je chante deux morceaux, « Le monde infernal » et « Au gré du vent », c'est Gilbert qui enregistre les deux autres, « Oh non ! » et « Mister Lincoln ». C'est un très bon chanteur, surtout dans des conditions de studio, alors que moi je préfère la scène. Toutes les reprises que l'on fait, c'est moi qui les chante par exemple.

Concurrence déloyale

GILBERT LEFEUVRE : Notre 45-tours sort au même moment et surtout sur le même label que le premier disque de Procol Harum avec le hit « A Whiter Shade Of Pale », l'équipe promo n'a alors absolument pas le temps de s'occuper de nous. [*N.d.A.* : Le disque de Procol Harum est sorti sur étiquette Deram une distribution Decca.]

CHRISTIAN TRUFFET : Notre disque tombe mal, car entre Procol Harum et nous le choix est vite fait, « A Whiter Shade Of Pale » est un chef-d'œuvre et au sein du label personne ne s'occupe de nous, nous obtenons tout de même quelques lignes dans le journal *Rock & Folk*.

JACQUES BARSAMIAN : Cinq étudiants français qui se retrouvaient dans les caves de Liverpool avant de former un groupe. Tous originaires d'Amiens, ils nous proposent quatre compositions signées Gilbert Lefeuvre. C'est du bon travail : « Oh non » est très réussi et les paroles de « Mister Lincoln » sont intéressantes... (*Rock & Folk* n° 10, juillet-août 1967.)

Paroles

Mister Lincoln, si vous veniez sur terre,
Mister Lincoln, vous crieriez vos misères,
Mister Lincoln, de voir comment vos frères,
Mister Lincoln, se font toujours la guerre,
Vous crieriez non, non, non, non, non...

Mister Lincoln, en ce monde je crois,
Mister Lincoln, il n'y a pas de loi,
Mister Lincoln, qui donne à l'homme le droit,
Mister Lincoln, d'être supérieur parfois,
Et je crie non, non, non, non, non...

(Extrait de « Mr Lincoln ».)

GILBERT LEFEUVRE : À l'époque de « Mister Lincoln », je suis très frappé par l'inégalité des droits de l'homme et j'estime qu'il est inadmissible que l'on traite les gens de la sorte sous le prétexte que l'on est jaune, vert ou noir ou ce qu'on voudra... On parle alors beaucoup des États-Unis et de toutes ces émeutes à Watts dans les faubourgs de Los Angeles, dans les ghettos de Chicago, aussi de Martin Luther King. Je me sens vraiment révolté. Je m'aperçois que tout ce qu'avait fait Abraham Lincoln n'a servi à rien, et que tout ce qu'il a préconisé est bafoué par le Ku Klux Klan notamment qui est alors très en vogue. C'est pour cela que j'ai eu envie d'écrire une chanson là-dessus. « Mister Lincoln » est né ainsi, pour rendre hommage à tous ces gens qui luttent pour l'égalité et la dignité humaine. La chanson « Oh non ! » évoque plus une révolte musicale vis-à-vis du répertoire à la mode tel que celui de Luis Mariano, Gloria Lasso ou Georges Guétary. Ce sont des chanteurs que l'on entend régulièrement à la radio, et même si je veux bien admettre qu'il en faut pour tous les goûts, nous, on a envie d'autre chose. Nous savons qu'en Angleterre il y a une musique qui nous correspond vraiment, nous voulons un changement !

Dans cet enfer moderne où nous vivons tous, comme des fous (× 2)
Le monde gronde, la tension monte, partout dans le monde,
Est-ce les temps modernes qui nous rendent tous fous ?
Dans cet enfer moderne où nous vivons tous, comme des fous (× 2)
Il est peu probable, que c'est le Diable, qui nous accable,
Il serait fort possible que le Diable veuille notre âme...

(Extrait de « Le monde infernal ».)

CHRISTIAN TRUFFET : Les textes des chansons, notamment « Mister Lincoln » et « Le monde infernal », annoncent Mai 1968. Ça correspond à un mal de vivre de la jeunesse dans les années 1960, au moment où ces derniers ont décidé de ruer dans les brancards, de n'être plus simplement spectateurs mais aussi acteurs. La vie à Amiens a beau être cool, elle y est tout de même extrêmement limitée et bridée au niveau des activités culturelles. Il n'y a pas grand-chose à faire et l'on s'y ennuie souvent. Pas de club où sortir et je suis d'ailleurs obligé de me rendre à Paris à la Locomotive ou au Golf Drouot. J'y vais presque tous les vendredis. C'est la seule manière d'être au courant de la tendance du moment, car forcément en province, en 1965-1966, on a toujours un métro de retard. J'ai de la chance, grâce à mon père, je ne paye pas le train, ça me permet de voir par exemple le Spencer Davis Group et les Who à la Locomotive. Dans le public je croise Brian Jones et Bill Wyman des Rolling Stones, j'ai vraiment l'impression alors d'être à la page. J'adore Ronnie Bird également, nous reprenons régulièrement ses chansons avec les Somethings.

Je ne viens pas seul à Paris, il y a toujours un ou plusieurs volontaires pour m'accompagner. Cette bande tourne toujours plus ou moins autour des Somethings, à l'exception de Bernard Granil, un ami à nous qui ne joue encore dans aucun groupe, plus tard il participera au Crazy Pop System, mais qui s'avère être une véritable encyclopédie de la chose. Il se rend régulièrement à Londres au Marquee et se tient au courant de la moindre sortie.

Tournées

GILBERT LEFEUVRE : Nous donnons plusieurs concerts, plutôt dans le nord de la France et le plus souvent on se fait passer pour des Anglais. C'est encore une époque où ça fait mieux, surtout que nous ne sommes pas Parisiens mais d'une ville de province comme Amiens. Donc sur scène nous ne prononçons pas une seule parole et ne faisons que des reprises, ce qui n'aide pas beaucoup à la promotion de notre 45-tours. Nous ne jouons pas à Paris, uniquement au Ranch du Plessis-Robinson, un lieu mythique parce que Johnny Hallyday en a fait l'inauguration. Dans ces tournées, le plus renfermé du groupe est sans conteste Max Carl qui emmène toujours avec lui un livre de poésie ou un classique de la littérature. Il s'isole dès qu'il a un moment pour s'immerger dans ses lectures.

CHRISTIAN TRUFFET : Nous jouons une fois au Plessis-Robinson, sinon c'est surtout dans le Pas-de-Calais que l'on se produit. Nous ne gagnons pas d'argent, heureusement que mes parents pallient mes besoins. Au Touquet nous pouvons économiser un peu car c'est un travail journalier, sinon au Rodéo où nous nous produirons près de deux ans nous sommes exploités.

Cheveux longs

GILBERT LEFEUVRE : Nous avons les cheveux longs et n'hésitons pas à les mettre en valeur, Christian le chanteur porte même des couettes, ça ne le gêne pas de se promener comme ça dans la rue. La provocation totale, et forcément ça suscite de nombreuses réactions... On se fait courser plusieurs fois, traiter de pédés aussi, souvent. Certaines personnes sont même très agressives. C'est une époque où l'on perçoit un certain malaise, surtout chez les jeunes. La société est très conservatrice et nous avons beaucoup de mal à obtenir ce que l'on réclame, un peu de liberté par exemple. Mais, au milieu des années 1960, les jeunes n'ont pas le droit à la parole, encore moins lorsqu'ils ont les cheveux longs ! Nous subissons en silence, en nous entraidant. Pas étonnant qu'il y ait Mai 68 quelques mois plus tard. C'est l'explosion du malaise perceptible depuis de nombreux mois.

La fin du groupe

GILBERT LEFEUVRE : Le problème majeur du groupe, c'est que l'on ne gagne pas du tout d'argent. Nous sommes encore à la charge de nos parents, alors qu'à l'âge de 20-21 ans, la plupart de nos amis travaillent. Nos parents commencent d'ailleurs à en avoir ras-le-bol, ils sont persuadés que nous nous faisons exploiter. Il est vrai que nous avons beau jouer souvent, nous sommes toujours sans le sou... Au début de l'année 1968, Dan rencontre une fille dont il tombe amoureux, il est le premier à nous annoncer qu'il veut quitter le groupe. Il a des projets de mariage... La formation est tellement homogène qu'il nous est impensable de continuer sans lui. On se sépare donc à ce moment-là, parce que Dan nous quitte. Chacun part de son côté, moi je retourne chanter avec les Volcans où je deviens semi-professionnel. C'est une page dure à tourner car il y avait une vraie unité au sein des

Somethings, nous partagions les mêmes goûts. Je crois aussi qu'au fond on s'en fout un peu que le groupe s'arrête à ce moment-là, comme si on n'y croyait pas vraiment, et au bout de quelques semaines il est déjà trop tard.

J'ai la chance d'avoir des parents compréhensifs, c'est-à-dire qu'ils ne m'ont jamais mis de bâtons dans les roues. Ils m'ont toujours soutenu, ce qui n'est pas forcément vrai pour les autres membres des Somethings. Surtout Dan, sa mère est institutrice, son père travaille à la Poste et ils appartiennent à cette petite bourgeoisie de province qui voit d'un très mauvais œil que leur fils abandonne tout pour devenir un crève-la-faim...

Notre tort a été de rester à Amiens : pour faire ce métier-là, il aurait fallu que nous partions de la maison, mais ça n'était pas dans notre éducation. Nous sommes issus de familles plutôt strictes, d'une tradition plutôt bourgeoise où l'on part de la maison lorsque l'on s'assume financièrement, lorsque l'on fonde une famille par exemple. Aussi, il nous a manqué une tierce personne qui nous aurait épaulés et conseillés. Nous avions du répondant derrière, nous savions jouer, mais peut-être pas comment nous y prendre... Nous écrivions nos chansons et n'avions donc besoin de personne, c'est une force, mais ce n'était pas suffisant. Enfin nous sommes arrivés à un moment où l'on ne parlait plus de groupes de rock français, ceux-ci étaient trop attachés à l'aventure twist, les Anglais avaient commencé leur invasion ! C'est dommage, surtout pour les textes qui sont passés complètement inaperçus, car nous chantions en français. Peu de gens parlaient alors anglais et je sais que nombre de gens qui achetaient les disques des Rolling Stones ne comprenaient rien à ce qu'ils entendaient. Notre disque, c'était une bonne alternative.

CHRISTIAN TRUFFET : Peut-être que si nous avions rencontré un mécène qui nous aurait assuré un peu de publicité, cela aurait été différent. On s'est vite rendu compte que sortir un disque n'était pas suffisant, que derrière il fallait absolument qu'il soit diffusé. C'est dommage, il y avait un deuxième 45-tours de prévu, avec notamment une superbe ballade dans le style Simon & Garfunkel, « Agathe », mais au même moment le groupe a explosé. Il n'y aura donc pas de suite.

Carrière solo

GILBERT LEFEUVRE : Après les Somethings je sors un deuxième 45-tours chez Decca, sous le nom de Gilbert Land. On m'avait dit que mon nom de famille était trop long et j'opte pour ce pseudo, Land... Ce 45-tours sort en avril 1968, et il passe complètement inaperçu, je ne suis même pas sûr qu'il soit diffusé en radio. Pourtant, il y a de très bons musiciens dessus, le guitariste Raymond Jimenez, Jean-Pierre Martin (premier guitariste de Johnny Hallyday), la chanteuse Danielle Licari, André Dauchy (ex-accordéoniste de Jacques Brel), Gus Wallez... Il est mis en boîte en une journée sous la direction de Jean-Paul Mengeon.

Mai 1968 est un mouvement général des étudiants, à Amiens également tout le monde manifeste. Mais c'est un moment pénible, cela est synonyme d'incertitude, personne ne sait quand ça va arrêter ni où cela va nous mener. Moi, je suis supposé assurer la promotion de mon 45-tours, or tout est annulé. L'été arrive et je me retrouve au mois de septembre avec cette impression d'avoir gâché presque six mois. C'est pour cette raison que je décide de m'autoproduire pour le suivant, sous le nom de Gilbert Land Marquess, les résultats ne sont pas meilleurs et je me tourne vers mes études.

CHRISTIAN TRUFFET : À l'époque des Somethings je suis encore au lycée, je fais mes études secondaires, mais ça ne m'aide pas à les réussir... J'irai tout de même en faculté de droit et continuerai l'aventure avec un orchestre de bal, les Pharao. Ce groupe ne joue que le week-end, il fait danser tous les samedis et dimanches, le rythme est soutenu mais, au moins, là je gagne ma vie. Ce qui n'a jamais été le cas avec les Somethings. Ce n'est qu'au début des années 1970 que je me soucie de mon avenir et que, pour la suite de ma carrière, je me rends compte que je dois abandonner la musique.

Épilogue

Gilbert Lefeuvre professeur dans l'Éducation nationale joue désormais du luth au sein des Ménestriers picards, une formation versée dans la musique de la Renaissance.

Christian Truffet est directeur régional pour une société américaine, Wings, qui distribue des additifs pour le pétrole.

REMERCIEMENTS

Sans eux pas d'histoires et donc pas de livre, ils m'ont accordé un peu de leur temps et je les en remercie. Tous les entretiens ont été réalisés pour cet ouvrage sauf mention particulière. Koko Améziane, Antoine, James Arch, Jacques Barsamian (rencontré pour un précédent livre, *Le Roi des fourmis*), Jean-Louis Bentolila, Ronnie Bird, Jean Bouchety (rencontré pour *Le Roi des fourmis*), Jean-Paul Bourre, Éric Charden, Maurice Chorenslup, Jacques Dautriche (dit Sullivan), Mme de Villiers (ex-Mme Ancinon), Richard Dewitte (rencontré pour *Le Roi des fourmis*), André Djentovitch dit Djento, Serge Doudou, Simon Dray, Alain Dumont, Christian Evo, Christian Fechner, Gérard Fettinger, Elsa Figaret (ex-Elsa Leroy), Gérard Filippelli, Robert Fitoussi (dit FR David), Frank Gérald (rencontré pour *Le Roi des fourmis*), Alain Hattat, Hector, Jean-Pierre Hipken, Jean-Pierre Kalfon (rencontré à l'occasion d'un portrait pour l'hebdomadaire *VSD* non paru), Jean Karakos, Gilbert Kravetz, Valérie Lagrange (rencontrée pour la biographie de son album *Fleuve Congo*), Gilbert Lefeuvre, Françoise Lo, Bob Mathieu, Jacques Mercier (rencontré pour *Le Roi des fourmis*), Serge Mosiniak, Bulle Ogier, Jimmy Page (rencontré pour un portrait paru dans *VSD*), Bernard Photzer, Christine Pilzer, Violaine Pilzer, Jean-Michel Poudubois, Jacky Pujol, Luis Rego, Gérard Rinaldi, Joël Rive, William Roudil, Jean Sarrus, Mya Simille, Stella, Stone, Germinal Tenas, Christian Truffet, Stéphane Vilar, Gérard Woog (rencontré pour *Le Roi des fourmis*), Zouzou.

Ils m'ont soutenu dans mon entreprise d'une façon ou d'une autre : Bertrand Burgalat, Fabrice Couillerot, Thierry Deschamps, Jean-Philippe Dohy, Jean-Emmanuel Dubois, Philippe Garnier, Jean-Baptiste Guillot, Guy, François Jouffa, François Julien, Pierre Layani, Jacques Leblanc, Catherine Librati, Marc Liozon, Philippe Manœuvre, Anne Michel, Christian Nauwelaers, Michel Pacaud, Léo Roy, Gilles Rozec, Robert Schlokoff, Claire Stambak, Jean-William Thoury.

Enfin, impossible d'oublier leur présence de tous les instants, elles ont assisté à ce projet depuis le début et l'ont favorisé à leur manière, Jasmine et Elvire.

Discographie

ANTOINE (SÉLECTION)

45-tours

12/65 — La guerre/Ne t'en fais pas/Autoroute européenne n° 4/Un jour c'est longtemps pour nous deux (Vogue EPL 8401). EP n° 1.

12/65 — Autoroute européenne n° 4/Un jour c'est longtemps pour nous deux (Vogue V.45-1326). Simple sans pochette présentant deux extraits du EP n° 1.

12/65 — La guerre/Ne t'en fais pas (Vogue V.45-1328). Simple sans pochette présentant deux extraits du EP n° 1.

01/66 — Les élucubrations d'Antoine/Qu'est-ce qui ne tourne pas rond chez moi ?/Pourquoi ces canons/Petite fille, ne crois pas (Vogue EPL 8417). Il existe deux tirages avec deux lettrages différents. EP n° 2.

01/66 — Qu'est-ce qui ne tourne pas rond chez moi ?/J'ai oublié la nuit (Vogue V.45-1332). Simple sans pochette présentant un extrait du EP n° 2 + un extrait du LP n° 1.

01/66 — Les élucubrations d'Antoine/Métamorphoses exceptionnelles (Vogue V.45-1336). Simple avec pochette présentant un extrait du EP n° 2 + un extrait du LP n° 1.

01/66 — La loi de 1920/Une autre autoroute (Vogue FV.1350). Simple avec pochette présentant deux extraits du LP n° 1.

04/66 — Contre-élucubrations problématiques (Problèmes + Antoine)/Ce monde existe (Problèmes)/Dodécaphonie (Problèmes)/Je dis ce que je pense et je vis comme je veux (Antoine) (Vogue EPL 8 445). EP n° 3.

01/66 — Je fais ce que je veux (version intégrale)/Je fais ce que je veux (version sans le mot final) (Vogue SAP 45.21). Simple sans pochette envoyé aux radios.

01/66 — Contre-élucubrations problématiques (Problèmes + Antoine)/On s'en fout (Problèmes) (Vogue V.45-1352/Vogue SAP 45.2). Simple sans pochette présentant un extrait du EP n° 3 d'Antoine + un extrait du EP n° 2 des Problèmes, le premier est le disque envoyé aux possesseurs de juke-box, le second envoyé aux radios.

06/66 — Un éléphant me regarde/Qu'est-ce que ça peut faire de vivre sans maison/Qu'est-ce que je fous ici/Mais pas pour toi (Vogue EPL 8473). EP n° 4.

06/66 — Un éléphant me regarde/Qu'est-ce que je fous ici (Vogue V.45-1363). Simple sans pochette présentant deux extraits du EP n° 4.

10/66 — Votez pour moi/Je reprends la route demain/Ma fête foraine/Nadine (Vogue EPL 8488). Quatre couleurs de vinyle différentes : noir, rouge, vert et multicolore. EP n° 5.

10/66 — Votez pour moi/Nadine (Vogue V.45-1378). Simple sans pochette présentant deux extraits du EP n° 5.

10/66 — Ma fête foraine/Je reprends la route demain (Vogue V.45-1386). Simple sans pochette présentant deux extraits du EP n° 5.

02/67 — Je l'appelle Canelle/Mon prince et ma princesse/Juste quelques flocons qui tombent/Arrêtez de me parler de faire l'amour (Vogue EPL 8516). EP n° 6.

02/67 — Je l'appelle Canelle/Juste quelques flocons qui tombent (Vogue V.45-1404). Simple sans pochette présentant deux extraits du EP n° 6.

04/67 — Pietre/Senti'Cocca Mia (Petite fille, ne crois pas)/La Felicita (Pourquoi ces canons)/Un'Altra Strada (Une autre autoroute) (Vogue EPL 8526). Bien qu'il soit chanté en italien ce 45-tours a été exploité en France. EP n° 7.

04/67 — Pietre/La Felicita (Vogue V.45-1401). Simple sans pochette présentant deux extraits du EP n° 7.

1969 — Football Game (Le match de football)/Where Did Everyone Go To (Juste quelques flocons qui tombent) (Vogue V.45-1577). Simple avec pochette présentant un extrait du EP n° 6 traduit en anglais.

45-tours étrangers

• n° 1

1966 — Der Krieg (La guerre)/Autostrasse Nach Paris (Autoroute européenne n° 4) (Vogue 14493, Allemagne). Les titres sont chantés en allemand, les bandes orchestre sont les mêmes que la version française, il n'y a que la piste voix qui a été modifiée.

1965 — La guerre/Un jour c'est longtemps pour nous deux (Vogue V-4203, Canada).

1966 — Que Es Lo Que No Funciona En Mi ?/La Guerra/Las Lucubraciones De Antoine/Autopista Europea n° 4 (Vogue Zeida ZVC 23006, Colombie). Les titres sont traduits sur la pochette mais chantés en français.

1965 — La Guerra/No Te Preocupes/Autopista Europea n° 4/Un Dia Es Mucho Tiempo Para Los Dos (Hispavov HV 27-148, Espagne). Les titres sont traduits sur la pochette mais chantés en français.

• n° 2

1966 — Ich, Antoine (Les élucubrations d'Antoine)/Ich Sag'Was Mir Gefällt (Je dis ce que je pense et je vis comme je veux) (Vogue HT DV 14 557, Allemagne). Les titres sont chantés en allemand, les bandes orchestre sont les mêmes que la version française, il n'y a que la piste voix qui a été modifiée.

1966 — Les élucubrations d'Antoine/Qu'est-ce qui ne tourne pas rond chez moi ? (Mocambio 1 139, Brésil).

1966 — Les élucubrations d'Antoine/Qu'est-ce qui ne tourne pas rond chez moi ? (Vogue V-4225, Canada).

1966 — Las Lucubraciones De Antoine/Para Que Estos Canones/Que Es Lo Que Pasa/Chiquilla, No Te Hagas Ilusiones (Hispavov HV 27-153, Espagne). Les titres sont traduits sur la pochette mais chantés en français.

1966 — Les élucubrations d'Antoine/J'ai oublié la nuit (Vogue VRS 7009, Grande-Bretagne).
1966 — Qu'est-ce qui ne tourne pas rond chez moi ?/Petite fille, ne crois pas/Les élucubrations d'Antoine/Pourquoi ces canons (Vogue EPL 8417, Israël).
1966 — Les élucubrations d'Antoine/Pourquoi ces canons (Vogue J 35098X45, Italie) Existe en version promo.
1966 — L'Alienazione (Qu'est-ce qui ne tourne pas rond chez moi ?)/Un Altra Strada (Une autre autoroute) (Vogue J 35100X45, Italie). Les deux titres sont chantés en italien. EP n° 2 + LP n° 1.
1966 — Le Divagazioni D'Antoine (Les élucubrations d'Antoine)/Senti, Cocca Mia (Petite fille, ne crois pas) (Vogue J 35105X45, Italie). Les deux titres sont chantés en italien.
1966 — Une autre autoroute/Les élucubrations d'Antoine (Vogue U5-212-V, Japon). LP n° 1 + EP n° 2.
1966 — Elucubraciones/Autopista Europea n° 4/La Guerra/Porque Suenan Esos Canones (Gamma GX 07-310, Mexique). Les titres sont traduits sur la pochette mais chantés en français.
1966 — Elucubraciones/Que Pusiste En El Cafe/La Tramontana/Taxi (Gamma GX 07-683, Mexique).
1966 — Les élucubrations d'Antoine/Qu'est-ce qui ne tourne pas rond chez moi ? (Vogue HV 2052, Pays-Bas).
1966 — Les élucubrations d'Antoine (A60 3385, Russie). Flexi transparent d'origine pirate.
1966 — Qu'est-ce qui ne tourne pas rond chez moi ?/Un jour c'est longtemps pour nous deux (Vogue G.1085, Turquie).
1966 — Les élucubrations d'Antoine/Petite fille, ne crois pas (Vogue G.1086, Turquie).

• n° 3

1966 — Contre-élucubrations problématiques (Problèmes + Antoine)/Prisonnier politique (Problèmes) (Vogue V-4234, Canada). « Prisonnier politique » est en fait « Ballade à Luis Rego ».
1966 — Je dis ce que je pense et je vis comme je veux/Qu'est-ce que je fous ici (Vogue-4247, Canada).
1966 — Yo Digo Lo Que Pienso Y Vivo Como Quiero/Metamorfosis Extraordinaria/Contra Lucubraciones Problematicas/Ruido De Rosas (Hispavox HV 27-157, Espagne). Les titres sont traduits sur la pochette mais chantés en français.
1966 — Contre-élucubrations problématiques (Problèmes + Antoine)/Je dis ce que je pense et je vis comme je veux (Vogue HV 2055, Pays-Bas).

• n° 4

1966 — An Elephant/Before The Good Thing (Phono Vox Vogue, Australie). « An Elephant » est la version anglaise de « Un éléphant me regarde », « Before The Good Thing » est un morceau inédit en France.
1966 — Un Elephant (Un éléphant me regarde)/Before The Good Thing (Mocambio 1 193, Brésil). Les deux chansons sont chantées en anglais, la seconde étant inédite en France.
1966 — Qu'est-ce que je fous ici/Je dis ce que je pense et je vis comme je veux (Vogue V-4247 Canada). EP n° 3 + EP n° 4.
1966 — Un Elefante Me Mira/Que Puede Pasar Viviendo Sin Hogar/Qua Hago

Aqui ?/No Por Ti (Hispavov HV 27-160, Espagne). Les titres sont traduits sur la pochette mais chantés en français.
10/66 — Before The Good Thing/An Elephant's Looking At Me (Un éléphant me regarde) (Vogue VRS 7017, Grande-Bretagne). Les deux chansons sont chantées en anglais, la seconde étant inédite en France.
1966 — Je dis ce que je pense et je vis comme je veux/Un éléphant me regarde (Vogue V 46, Grèce).
1966 — Un éléphant me regarde/Mais pas pour toi (Vogue J 35107X45, Italie).
1967 — Un Caso Di Follia (Un éléphant me regarde)/Canella (Je l'appelle Canelle) (Vogue J 35140X45, Italie). Les deux morceaux sont chantés en italien.
1966 — Un éléphant me regarde/Qu'est-ce que je fous ici (Vogue V 45-1363, Pays-Bas).
1966 — Un éléphant me regarde (A60 3412, Russie). Flexi transparent d'origine pirate.
1966 — Un éléphant me regarde/Qu'est-ce que je fous ici (Vogue G 1224, Turquie).

• n° 5
1966 — Un éléphant me regarde/Votez pour moi (Vogue V-4251 Canada). EP n° 4 + EP n° 5
1966 — Votad Por Mi (Votez pour moi)/Manana Seguiré El Viaje (Je reprends la route demain)/Mi Verbena (Ma fête foraine)/Nadine (Hispavox HV 27-163, Espagne). Les titres sont traduits sur la pochette mais chantés en français.
1966 — Ma fête foraine/Only These Few Snowflakes (Vogue VRS 7022, Grande-Bretagne).
1966 — Un Caso Di Follia (Un éléphant me regarde)/Canella (Je l'appelle Canelle) (Vogue J35140X45, Italie). EP n° 4 + EP n° 5
1966 — Votez pour moi/Nadine (Vogue HV 2081, Pays-Bas).

• n° 6
1967 — Die Blonden Mädchen/Mademoiselle Canelle (Je l'appelle Canelle) (Vogue DV 14 712, Allemagne).
1969 — Football Game (Le match de football)/Where Did Everyone Go To (Juste quelques flocons qui tombent) (Vogue DV 14 868, Allemagne). Les deux morceaux sont chantés en anglais.
1969 — Football Game (Le match de football)/Where Did Everyone Go To (Juste quelques flocons qui tombent) (Vogue POW 0086, Australie).
1967 — Je l'appelle Canelle/Juste quelques flocons qui tombent (Vogue V 4269, Canada).
1969 — Football Game (Le match de football)/Where Did Everyone Go To (Juste quelques flocons qui tombent) (Vogue STU 42 335, Danemark).
1969 — Canela (Je l'appelle Canelle)/Estan Cayendo Copos De Nieve (Juste quelques flocons qui tombent) (Vogue VG-7, Espagne). EP n° 5. Les titres sont traduits sur la pochette mais chantés en français.
1967 — Je l'appelle Canelle/Juste quelques flocons qui tombent (Vogue J35136X45, Italie). Présentant deux extraits du EP n° 5.
1967 — Titina, Titina (Titine, achète-moi un camion)/Cade Qualche Fiocco Di Neve (Juste quelques flocons qui tombent) (Vogue J351576X45, Italie). Les deux morceaux sont chantés en italien.
1967 — Je l'appelle Canelle/Mon prince et ma princesse (Vogue G1180 Turquie).

1967 — Arrêtez de me parler de faire l'amour/Juste quelques flocons qui tombent (Vogue G1181, Turquie).
1967 — La Llamo Canela (Je l'appelle Canelle)/Vuelvo Al Camino Manana (Je reprends la route demain) (Vogue 17 007, Uruguay).

• n° 7
1967 — Pietre/Un'Altra Strada « (Une autre autoroute) (Mocambio 1 256, Brésil). EP n° 7.
1967 — Pietre/Y La Llamo Canela/Solo Unos Copos Que Caen/Mi Principe Y Mi Princesa (Vogue HV 27-168, Espagne).
1967 — Pietre/La Felicita (Pourquoi ces canons) (Vogue 59, Grèce). Les deux morceaux sont chantés en italien.
1967 — Pietre/La Felicita (Pourquoi ces canons) (Vogue J35127X45, Italie). Les deux morceaux sont chantés en italien.
1967 — Titina Titina (Titine, achète-moi un camion)/Cade Qualche Fiocco Di Neve (Juste quelques flocons qui tombent). Simple sans pochette (Vogue J35157X45, Italie). EP n° 6 + EP n° 9.
1967 — La Tramontana/La Felicita (Pourquoi ces canons)/Pietre/Senti'Cocca Mia (Petite fille, ne crois pas) (Vogue RR 17144, Israël).

33-tours

01/66 — ANTOINE (Vogue LVLX 56 30). 1er LP.
Qu'est-ce qui ne tourne pas rond chez moi ?/Petite fille, ne crois pas/La loi de 1920/Bruit de roses/Ne t'en fais pas pour ceux-là, ils rêvent/La guerre/Les élucubrations d'Antoine/Pourquoi ces canons/Une autre autoroute/Métamorphoses exceptionnelles/J'ai oublié la nuit/Autoroute européenne n° 4.
1966 — ANTOINE (Opus LV 25 003, Argentine). Disque identique au 1er LP français.
1966 — ANTOINE (Mocambo Vogue LP 40 316, Brésil). Disque identique au 1er LP français.
1966 — ANTOINE (Vogue VF — 47 024, Canada). Disque identique au 1er LP français.
1966 — ANTOINE (Zeida Vogue Z-302 003, Colombie). Disque identique au 1er LP français ; les titres sont traduits en espagnol sur la pochette mais chantés en français.
1966 — ANTOINE (Hispavox HV-S 21-15, Espagne). Disque identique au 1er LP français.
1966 — ANTOINE (Vogue VRL 3024, Grande-Bretagne). Disque identique au 1er LP français.
1966 — ANTOINE (Opus LV-25 003, Uruguay). Disque identique au 1er LP français.
1966 — ANTOINE RENCONTRE LES PROBLÈMES (Vogue LVLXS 82 30). 2e LP.
Contre-élucubrations problématiques (Problèmes + Antoine)/Des lendemains/ Pop jerk/Ce monde existe/Dodécaphonie/Je ne vois rien/Ballade à Luis Rego prisonnier politique/On s'en fout/Pas adieu/S'il boude/Si c'est la nuit/Je dis ce que je pense et je vis comme je veux (Antoine). Antoine ne participe qu'à deux morceaux : « Contre-élucubrations problématiques » et « Je dis ce que je pense et je vis comme je veux », les Problèmes signent le reste.
1966 — ANTOINE RENCONTRE LES PROBLÈMES (Opus LV 25 006, Argentine). Disque identique au 2e LP français.

1966 — ANTOINE RENCONTRE LES PROBLÈMES (Vogue VF — 47 026, Canada). Disque identique au 2e LP français.

02/67 — JE REPRENDS LA ROUTE DEMAIN (Vogue CLD 707 30). 3e LP.

Je reprends la route demain/Juste quelques flocons qui tombent/Arrêtez de me parler de faire l'amour/Retour à Andersen (inimaginable)/C'est un mal, l'amour existe/Je l'appelle Canelle/Le sexe de Dieu/Moi, je veux faire la guerre/Mon prince et ma princesse/Amour passé/Chanson pour l'Auvergnat. « Chanson pour l'Auvergnat » est une reprise de la chanson de Georges Brassens.

1967 — JE REPRENDS LA ROUTE DEMAIN (Opus LVMS 26 503, Argentine). Disque identique au 3e LP français.

1967 — JE REPRENDS LA ROUTE DEMAIN (Vogue Rozenblit LP 40 355, Brésil). Disque identique au 3e LP français.

1967 — ANTOINE & FRANÇOISE (Vogue LPJ 5 077, Italie). Pietre/La Felicita (Pourquoi ces canons)/Un éléphant me regarde/Le Divagazioni D'Antoine (Les élucubrations d'Antoine)/Senti, Cocca Mia (Petite fille, ne crois pas)/ Mais pas pour toi + 6 morceaux de Françoise Hardy.

1968 — ANTOINE (Vogue-Orbe ORLP-4182, Venezuela). Las Elucubraciones De Antoine/Dodecafonia/Lolita, Lolita/Escucha Racino/Otro Camino/Quiro Ir A La Guerre/La Tramontana/Madame Bécassine/Es Un Mal, El Amor No Existe/La Felicidad/Regresame A Casa. Les titres sont traduits sur la pochette mais chantés en français.

CD

1992 — ANTOINE + ANTOINE RENCONTRE LES PROBLÈMES (Dial 900 303-2 + 900 304-2). Intégrale des deux premières années d'Antoine et des Problèmes agrémentée de quelques chansons beaucoup plus tardives.

1993 — JUSTE QUELQUES CHANSONS (Vogue 74321155772). Compilation d'Antoine axée sur le début et proposant en CD quelques versions italiennes : « La Felicita » (Pourquoi ces canons), « Senti Cocca Mia » (Petite fille, ne crois pas), « Una Altra Strada » (Une autre autoroute), « Where Did Everyone Go To » (Juste quelques flocons qui tombent), « Caem Alguns Flocos De Neve » (Juste quelques flocons qui tombent).

1995 — ANTOINE RENCONTRE LES PROBLÈMES (Magic 519 372). Intégrale des Problèmes en CD, intégralité du 2e LP + 2 titres du EP n° 1 des Problèmes agrémentés des quelques chansons des Charlots.

2000 — ANTOINE (BMG 74321743992). Réédition en digipack du 1er LP.

2000 — JE REPRENDS LA ROUTE DEMAIN (BMG 74321743922). Réédition en digipack du 3e LP.

Divers

199 ? — L'ÂGE D'OR DES YÉYÉS (LP AD 101/CD Média 7 CDAD 101). On peut entendre 50 secondes d'Antoine enregistré le 29 juillet 1966 à Juan-les-Pins.

Discographie post-élucubrations

— Antoinette : « Les élucubrations d'Antoine » (45-tours Pergola 450 186). Reprise.

— Régis Barly : « Faux beatnik » (45-tours Odéon MEO 117). Allusion.

— Berthe : « Les Emberthements » (45-tours Vogue EPL 8466). Parodie.

Mon père m'a dit : Berthe je crois que ce serait mieux si tu faisais couper à ras tes longs cheveux; Mon sacré père pour sûr avait pour ça raison, depuis je n'ai plus guère de poil sur le citron... Ho Berthe!

— Ronnie Bird : « Chante » (45-tours Philips 437 220). Réponse.

Voilà que la chanson devient un vrai concours. Les idoles à Centrale viennent suivre des cours. Chante. L'autoroute à présent devient remplie de gens. Chante. Puisqu'il paraît qu'elle conduit à la Tour d'Argent... Vietnam et Cuba c'est un joli gimmick. Treillis chemise à fleurs et tu deviens beatnik. Chante. On paye très très mal ingénieur atomique. Chante. La musique a du bon lorsque l'on pense au fric... L'autre jour je passais devant Médrano il y avait écrit grande cage à gogos.

— Dalida : « Baisse un peu la radio » (45-tours Barclay 70 997). Allusion.

— Michel Delpech : « Inventaire 66 » (45-tours Festival FX 1 499). Allusion.

— Jacques Derosiers : « Les élucubrations de Jacques ».

— Noël Deschamps : « Ah si j'avais pensé » (45-tours RCA 86 162). Allusion.

Ah si j'avais pensé monter sur scène avec, un habit d'homme-grenouille et un cigare au bec. Moi aussi j'aurais réussi comme tant d'autres aujourd'hui, Quand j'y pense, Quand j'y pense; Que l'on m'excuse si je n'ai cherché qu'à bien chanter... Ah si j'avais pensé pour créer un scandale, traiter le président de sale petit vandale...

— Édouard : « Les hallucinations d'Édouard » (45-tours CBS EP 6008). Parodie.

— Lucien Francœur : « Les élucubrations de Johnny ».

— Johnny Hallyday : « Cheveux longs et idées courtes » (45-tours Philips 437 228). Réponse.

Crier dans un micro : je veux la liberté, assis sur son derrière avec les bras croisés? Nos pères et nos grands-pères n'y avaient pas pensé. Sinon combien de larmes et de sang évités? Et bien sûr leurs cheveux n'étaient pas assez longs... Si les mots suffisaient pour tout réaliser, tout en restant assis, avec les bras croisés, je sais que dans une cage je serai enfermé, mais c'est une autre histoire que de m'y faire entrer. Car il ne suffit pas d'avoir les cheveux longs...

— Pierre Gilbert : « Antoineries » (45-tours Pacific 91 613). Allusion.

— Senders : « Les cheveux longs » (45-tours DMF 26 540). Allusion.

Les cheveux longs, oui je les ai, car je suis un yéyé... Les cheveux longs et pas d'idée, ça c'est ce que vous prétendez...

— Stella : « Beatniks d'occasion » (45-tours RCA 86 171). Réponse + « Cauchemar auto-protestateur » (45-tours RCA 86 171). Allusion.

Beatniks d'occasion révoltés de carton-pâte qui portent cheveux longs mais roulent en TR4. S'ils regardent le monde d'un œil désabusé, c'est que par leur tignasse le deuxième est caché... Ils veulent la pilule et refusent la bombe, heureusement qu'ils sont là pour refaire le monde. Depuis quelque temps ils se sont mis à penser, ils ne devraient pas ça pourrait les fatiguer...

— Michel Touret : « Le pou du roi » (45-tours Philips 437 315 BE) Allusion

Je suis un pou, pou, pou. Je n'suis pas fou fou fou. Moi j'me ballade sur la tête d'Antoine. Je suis planqué allez m'trouver dans ces broussailles où je fais ripaille...

— Jean Yanne et Jacques Martin : « Les émancipations d'Alphonse »/« Les pérégrinations d'Anselme »/« Les préoccupations d'Antime »/« Les revendications d'Anselme » (45-tours Barclay 71 022). Parodies.

RONNIE BIRD

45-tours

05/64 — Adieu à un ami/Tu ferais mieux de filer/On s'aime en secret/Dis aux montagnes (Decca 460 844). EP n° 1.

12/64 — L'Amour nous rend fou/Pour toi/Tout seul/Je ne mens pas (Decca 460 889). EP n° 2.

1964 — Pour toi/Je ne mens pas (London FC 694, Canada).

05/65 — Elle m'attend !/Tu perds ton temps/Fais attention !/Pour être à toi (Decca 460 918). EP n° 3.

05/65 — Fais attention/Pour être à toi (Decca 71 046). Simple juke-box sans pochette.

1965 — Elle m'attend/Fais attention ! (Decca 23 629, Belgique).

1965 — Elle m'attend/Tu perds ton temps (London FC 715, Canada).

11/65 — Où va-t-elle ?/Ma vie s'enfuit/Je voudrais dire/Ce maudit journal (Decca 460 946). EP n° 4.

11/65 — Je voudrais dire/Ce maudit journal (Decca 71 084). Simple juke-box sans pochette.

11/65 — Où va-t-elle ?/Ma vie s'enfuit (Decca 71 085). Simple juke-box sans pochette.

1965 — Où va-t-elle ?/Je voudrais dire (London FC 724, Canada). Réédition en janvier 1967 sous référence London FC 694.

11/65 — Où va-t-elle ?/Ma vie s'enfuit/Je voudrais dire/Ce maudit journal (Decca SDGE 81 095, Espagne). Existe en pressage promo.

1965 — Où va-t-elle ?/Je voudrais dire (Decca 26 044, Pays-Bas). Simple avec pochette.

04/66 — Chante/Ne t'en fais pas pour Ronnie/Cette maudite solitude/Cheese (Philips 437 220). EP n° 5.

04/66 — Chante/Ne t'en fais pas pour Ronnie (Philips B 373 797 F). Simple juke-box sans pochette.

04/66 — Cette maudite solitude/Cheese (Philips SP 373 798). Simple juke-box sans pochette.

07/66 — N'écoute pas ton cœur/Seul dans la nuit/Hey Girl !/Ça n'est pas vrai (Philips 437 239). EP n° 6.

07/66 — N'écoute pas ton cœur/Seul dans la nuit (Philips B 373 861 F). Simple juke-box avec pochette.

07/66 — N'écoute pas ton cœur/Seul dans la nuit (Philips 373 898, Canada). Réédition en juin 1967 sous référence London FC 724.

03/67 — Tu en dis trop/C'est un hold-up/Je serre les poings/Tu ne sais pas (Philips 437 327). EP n° 7.

1967 — Je serre les poings/Tu ne sais pas (Philips 373 982, Canada).

03/67 — Tu en dis trop/Tu ne sais pas (Philips SP 373 972). Simple juke-box sans pochette.

07/67 — La surprise/Si quelque chose m'arrivait/Les filles en sucre d'orge/Ne me promets rien (Philips 437 353). EP n° 8.

1968 — Si quelque chose m'arrivait/Les filles en sucre d'orge (Philips 373 991, Canada).

01/68 — Le pivert/De l'autre côté du miroir/SOS Mesdemoiselles/Aimez-moi (Philips 437 403). EP n° 9.

01/68 — Le pivert/De l'autre côté du miroir (Philips 370 601).
01/68 — Le pivert/Aimez-moi (Philips 370 568, Canada).
12/68 — Sad Soul/Rain In The City (Philips 370 768).
199? — RONNIE BIRD Live 65 & 67 (EP LCD 105) : Route 66/Fais attention/C'est un hold-up/Fa fa fa fa. Les deux premiers titres ont été enregistrés à l'Olympia le 7 et le 28 septembre 1965; les deux suivants le 1er juin 1967 au Palais des Sports de Paris.

33-tours

1965 — RONNIE BIRD (LP Decca 154 134).
Elle m'attend!/Je ne mens pas/Pour toi/Tu perds ton temps/Dis aux montagnes/On s'aime en secret/Fais attention!/L'amour nous rend fou/Adieu à un ami/Tout seul/Pour être à toi/Tu ferais mieux de filer.
196? — RONNIE BIRD (London MLP 10062, Canada).
Où va-t-elle?/Ma vie s'enfuit/Je voudrais dire/Ce maudit journal/Tu perds ton temps/On s'aime en secret/Pour toi/Je ne mens pas/Fais attention/L'amour nous rend fous/Tu ferais mieux de filer/Elle m'attend.
196? — RONNIE BIRD (Philips 70 452, Canada).
N'écoute pas ton cœur/Seul dans la nuit/Hey Girl!/Ça n'est pas vrai/Chante/Ne t'en fais pas pour Ronnie/Je serre les poings/Tu ne sais pas/Tu en dis trop/C'est un hold-up/Cette maudite solitude/Cheese.
1977 — RONNIE BIRD 63-66 (Decca 278 145).
Elle m'attend!// Tu perds ton temps/Je ne mens pas/Adieu à un ami/Tout seul/Tu ferais mieux de filer/Où va-t-elle?/Fais attention/Ce maudit journal/Ma vie s'enfuit/L'amour nous rend fous/Je voudrais dire. Première réédition.
1984 — EN PUBLIC (Eva 12 025). Faux disque en public, il s'agit des versions studio, auxquelles ont été rajoutés des cris et des applaudissements.
1987 — 1965 (Big Beat Records 793 073 2). Compilation reprenant l'intégralité des enregistrements sortis sur Decca, soit 16 plages.
198? — LE STYLE ANGLAIS (Philips 818 986-1). Compilation reprenant l'intégralité des enregistrements Philips, exception faite du dernier 45-tours, soit 16 plages.

CD

1989 — 1965 (Big Beat Records 70 342). Compilation reprenant l'intégralité des enregistrements sortis sur Decca, soit 16 plages.
1990 — FAIS ATTENTION (Dial 900 048 2). Compilation reprenant l'intégralité des enregistrements sortis sur Decca, agrémenté du premier 45-tours Philips, soit 20 plages.
1990 — N'ÉCOUTE PAS TON CŒUR (Dial 900 057 2). Compilation reprenant l'intégralité des enregistrements Philips, exception faite du premier 45-tours, soit 18 plages.
1990 — LE ROCK C'EST ÇA RONNIE BIRD (PolyGram 842 055-2). Compilation reprenant l'intégralité des enregistrements Philips, soit 22 plages.
1991 — 1965 (Musidisc 107 372). Réédition de 1965 avec une nouvelle pochette et une nouvelle référence.
1997 — RONNIE BIRD (Magic 175 362). Réédition de l'album et du dernier 45-tours sorti sur Decca agrémenté de 9 versions alternatives inédites : Fais attention/Tu perds ton temps/Elle m'attend/Pour être à toi/Ma vie s'enfuit/Ce maudit journal/Où va-t-elle/Je voudrais dire/Je ne mens pas.

2002 — RONNIE BIRD (Philips 586 495-2). Double CD reprenant l'intégralité des enregistrements Philips et Decca, soit 38 plages.

Compilations d'artistes

196 ? — DANSEZ AVEC... (LP Philips P 70 444 L) : La surprise.

197 ? — JE SUIS YÉYÉ (LP Decca 115 293) : Où va-t-elle/Fais attention.

198 ? — SUPER 45-tours (EP JBR 10 001) : Fais attention. Titre enregistré à l'Olympia le 28 septembre 1965.

1994 — LA LÉGENDE DU GOLF DROUOT 1964/1968 (CD PolyGram 525 135-2) : N'écoute pas ton cœur.

199 ? — ROCK EN FRANCE 1962-67 (CD LCD 8-2) : Route 66/Fais attention. Ces deux morceaux ont été enregistrés à l'Olympia le 7 et le 28 septembre 1965.

199 ? — ROCK EN FRANCE, vol. 2 1962-67 (CD LCD 12-2) : C'est un hold-up/Fa fa fa fa (Sad Song). Ces deux morceaux ont été enregistrés au Festival de Pop Music le 1er juin 1967 au Palais de la Mutualité.

1996 — SALUT LES COPAINS, vol. 3 1966-1969 (CD PolyGram 535688-2) : Ne t'en fais pas pour Ronnie.

1998 — SOUS LES PAVÉS... LA PLAGE, Les tubes de Mai 68 (CD Fnac Music WMD 662252) : Le Pivert.

199 ? — ROCK EN FRANCE 1962-67, vol. 3 (CD LCD 26-2) : Elle m'attend/Chante. La version de « Elle m'attend » (prise n° 2) est inédite, on peut découvrir un passage a cappella ; « Chante » est extrait de l'émission télé *Music-Hall de France, Liverpool à Deauville* diffusée le 22 octobre 1966.

2002 — TWISTIN'THE ROCK ! (CD Universal 8496) : Adieu à un ami. Sampler interdit à la vente.

— FESTIVAL 67 Live In Paris (CD LCD 29-2) : C'est un hold-up/Tu en dis trop/Fa fa fa fa fa (Sad Song). « C'est un hold-up » et « Fa fa fa fa » ont bien été enregistrés au Festival de Pop Music le 1er juin 1967 au Palais de la Mutualité.

2003 — POP À PARIS Sampler (CD Universal 8921) : Le pivert. CD hors commerce interdit à la vente.

2003 — POP À PARIS Contact, vol.1 (CD Universal 069 109-2) : Le pivert.

2003 — POP À PARIS À tout casser !, vol. 2 (CD Universal 069 110-2) : Chante.

2003 — POP À PARIS C'est la mode, vol. 3 (CD Universal 069 111-2) : De l'autre côté du miroir.

2003 — ROCK À PARIS SOS Mesdemoiselles, vol. 5 (CD Universal 069 113-2) : SOS Mesdemoiselles.

2004 — ANTHOLOGIE DU ROCK FRANÇAIS (Coffret 6 CD Dial 941047-4) : Je ne mens pas.

Divers

199 ? — L'ÂGE D'OR DES YÉYÉS (LP Âge d'or AD 101/CD Âge d'or CDAD 101) : on peut entendre 1'32 seconde de Ronnie Bird enregistré au Bus Palladium le 10 octobre 1965.

Versions originales

— Adieu à un ami (Geoff Goddard — adaptation française Mya Simille). EP n° 1.

Version originale : « A Tribute To Buddy Holly » interprété par Mike Berry.

— Dis aux montagnes (Garvin — adaptation française H. Ithier). EP n° 1.

Version originale : « Over The Mountain, Across The Sea » interprété par Johnny and Joe.

— Tu ferais mieux de filer (Mitchell & Jeeves — adaptation française Mya Simille). EP n° 1.

Version originale : « Run Back Home » interprété par Brian Poole & the Tremeloes.

— L'Amour nous rend fou (Buddy Holly & Bob Montgomery — adaptation française Claude Righi). EP n° 2.

Version originale : « Love's Made A Fool Of You » interprété par Buddy Holly.

— Elle m'attend ! (Mick Jagger & Keith Richards — adaptation française Claude Righi). EP n° 3.

Version originale : « The Last Time » interprété par les Rolling Stones.

— Tu perds ton temps (Johnnie Dee — adaptation française Claude Righi). EP n° 3.

Version originale : « Don't Bring Me Down » interprété par les Pretty Things.

— Fais attention ! (Lambert & Pegues — adaptation française Claude Righi). EP n° 3.

Version originale : « Find My Way Back Home » interprété par les Nashville Teens.

— Pour être à toi (Jerry Leiber & Jerry Butler — adaptation française Claude Righi). EP n° 3.

Version originale : « Down Home Girl » interprété par Alvin Robinson.

— Où va-t-elle ? (L. Ransford — adaptation française Claude Righi). L. Ransford est le pseudo utilisé par Tony Hicks, Graham Nash et Allan Clarke. EP n° 4.

Version originale : « Come On Back » interprété par les Hollies.

— Ma vie s'enfuit EP n° 4.

Version originale : Ian Whitcomb « This Sporting Life ».

— Je voudrais dire (James Brown — adaptation française Claude Righi). EP n° 4.

Version originale : « I'll Go Crazy » interprété par James Brown.

— Ce maudit journal (Howard Kaylan & N. Garfield — adaptation française Claude Righi). EP n° 4.

Version originale : « Almost There » interprété par les Turtles.

— Chante (Coulter & Scott — adaptation française Ronald Mehu). EP n° 5.

Version originale : « I Can Only Give You Everything » interprété par les Them.

— Ne t'en fais pas pour Ronnie (Pete Townshend — adaptation française H. Wayaffe). EP n° 5.

Version originale : « A Legal Matter » interprété par les Who.

— Cette maudite solitude (Don Everly — adaptation française Noël Deschamps). EP n° 5.

Version originale : « So Sad » interprété par les Everly Brothers.

— Cheese (Buddy Randell & Beau Charles — adaptation française J. Monty). EP n° 5.

Version originale : « Lies » interprété par les Knickerbockers.

— Hey Girl ! (Steve Marriott & Ronnie Lane — adaptation française H. Ithier). EP n° 6.

Version originale : « Hey Girl ! » interprété par les Small Faces.

— Seul dans la nuit (traditionnel — adaptation française G. Grenier). EP n° 6.

Version originale : « Sloop John B. ».
— Ça n'est pas vrai (Mick Jagger & Keith Richards — adaptation française Frank Gérald). EP n° 6.
Version originale : « Blue Turns To Grey » interprété par les Rolling Stones.
— Tu en dis trop (Isaac Hayes & David Porter — adaptation française Tom & Jerry Labacci). EP n° 7.
Version originale : « You Don't Know Like I Know » interprété par Sam & Dave.
— C'est un hold-up : (Charles Hatcher & Albert Hamilton & Richard Morris — adaptation française Évelyne Courtois). Charles Hatcher est le vrai nom d'Edwin Starr. EP n° 7.
Version originale : « Headline News » interprété par Edwin Starr.
— Si quelque chose m'arrivait (Barry & Robin Gibb — adaptation française Ronald Mehu). EP n° 8.
Version originale : « New York Mining Disaster 1941 » interprété par les Bee Gees.
— Ne me promets rien (Tim Hardin — adaptation française H. Ithier). EP n° 8.
Version originale : « Don't Make Promises » interprété par Tim Hardin.

BOOTS (VOIR TRÈFLES)

45-tours

05/66 — Laissez briller le soleil/Le cerf-volant/Trop tard/Demain (Polydor 27 259).
1966 — Demain/Trop tard (Polydor 66 508). Simple juke-box sans pochette présentant une version beaucoup plus courte, 2'40 contre 3'35 de la chanson « Demain ».
1966 — Vingt ans/Twen/Les gens sont méchants/Ali Baba (Polydor 27 276).
1966 — Merci maman, merci papa/Stoob (Polydor 66 526). Simple juke-box sans pochette dont les deux titres ne figurent nulle part ailleurs.
1966 — Les gens sont méchants/Tout va bien (Polydor 66 527). Simple juke-box sans pochette.

Albums

1997 — TOUT VA BIEN (CD LCD 18-2) : Quand tu viens/Sont-ils indécents ?/Mon petit bonhomme/Longtemps/Laissez briller le soleil/Le cerf-volant/Trop tard/Demain/Vingt ans/Twen/Les gens sont méchants/Ali Baba/Tout va bien/Dans les nuages/Il est plus facile/Si bien oublié/Les gens s'en vont dans le ciel/Je t'attendrai/Mais que fait-il/Une fille futile. Réédition du 45-tours des Trèfles, des deux EP des Boots, de deux extraits du premier 45-tours de F.R. David, d'un extrait du second (« Le Grand Voyage » rebaptisé ici « Dans les nuages »), de l'intégralité du premier 45-tours de Gilbert Safrani, d'un morceau figurant sur un simple juke-box.

Compilations d'artistes

199 ? — GÉNÉRATION PERDUE Rock français 65-66 (LP Jukebox 30006 Mono) : Tout va bien/Les gens s'en vont dans le ciel.
1996 — GÉNÉRATION PERDUE Rock français 65-66 (CD LCD 16-2) : Trop tard/

Les gens s'en vont dans le ciel. Réédition d'un extrait du premier 45-tours et d'un extrait du second.

199 ? — ROCK EN FRANCE 1962-67 (CD LCD 8-2) : Tout va bien/Une fille futile.

199 ? — ROCK EN FRANCE 1962-67 vol. 2 (CD LCD 12-2) : Laissez briller le soleil/Les gens sont méchants. Réédition d'un extrait du premier 45-tours et d'un extrait du second.

199 ? — PSYCHEGAELIC (CD sans référence) : Laissez briller le soleil. Réédition canadienne d'un extrait du premier 45-tours.

BRIAN BURD (EX-POLLUX)

45-tours

1969 — Quel jour de paix (Oh Happy Day)./Dieu toi qui ne sais pas (In The Upper Room). (Vogue V 45 1608).

1969 — L'amour rend heureux/Je vis en hiver (45 t Vogue V 45.C358).

33-tours

1969 — ROCK STORY vol. (Vogue CLVLX 358).

What Did I Say/Dizzy Miss Lizzy/Blue Moon Of Kentucky/Readdy Teddy/Blue Suede Shoes/Good Rockin'Tonight/Long Tall Sally/Oh Babe/When My Blue Moon Turns Gold Again/Rip It Up/That's All Right Mamma/40 Days.

Brian Burd est accompagné du groupe Black Sabbath.

CALCIUM

Groupe composé de Danièle Ciarlet alias Zouzou (chant), Stéphane Vilar ex-Idoles (guitare, chant), Christophe Vilar (guitare, chant), Patrick Greussay ex-Idoles (claviers), Jacques Zins ex-Idoles (basse) et Alain Sirguy (batterie).

45-tours

11/69 — Elle regarde et elle rit/Il fait jour (Pathé Marconi 2 C 006-10557).

ÉRIC CHARDEN (SÉLECTION)

45-tours

06/63 — Symphonie en bleu/Casoar/Toi/Quatre cent vingt et un (Ricordi 45S251 réédité sur Week End WE 8001).

06/63 — Casoar/Quatre cent vingt et un (Ricordi 500 125). Simple juke-box sans pochette.

10/63 — Le printaniste/À Nathalie/Les larmes/Dans le soleil (Week End WE 8002).

10/63 — Le printaniste/Les larmes (Week End WE 802). Simple juke-box sans pochette.

1964 — Le voleur d'amourettes/Je t'ai perdue (Véga 455 172).

1964 — J'ai la tête pleine de Provence/La petite histoire/Je t'ai perdue/L'amour qui va, l'amour qui vient (Véga 45P 2280).

11/64 — Les roses et les lilas/Ça fait du bruit/On se reverra/Et puis après (Véga 45 P 2289).
11/64 — Les roses et les lilas/On se reverra (Véga V 455 174). Simple juke-box sans pochette.
04/65 — Les amoureux/Le temps passe/Ah ! Que t'es belle Marie/Noé (Decca 460 910).
10/65 — Question/8 décembre/Amour limite zéro/Juste pour quelques sous (Decca 460 943).
03/66 — À la une/Le retour/Ce n'est plus vrai/Je te veux (Decca 460 962).
06/66 — Claudie/Pas question/Va-t'en de ma vie/S'il fallait (Decca 460 974).
10/66 — Je ne fume pas/Il ne faut plus y penser/L'insomnie/J'ai besoin d'elle (Decca 460 994).
02/67 — Monsieur Henri/Tante Agathe/L'homme de cristal/Sans cœur (Decca 460 091).
06/67 — Je ne ressemble à personne/Marquée dans la main/Avec elle (Decca 461 127).
10/67 — Le monde est gris, le monde est bleu/Viva Mona/Le ballon rouge/Ave Maria (Decca 461 146).
01/68 — Si tu m'aimes/Comme une femme/La Petite orange/Jolie Dolly (Decca 461 157).
03/68 — Il y a mille façons de dire je t'aime/Elle est partie (Decca 79 525).
06/68 — Excuse-moi/L'homme à la guitare/Soudain en plein été/La nuit je me souviens (Decca 461 170).
10/68 — Sauve-moi/Petite fille (Decca 79 533).

33-tours

06/64 — ÉRIC CHARDEN (Véga V 30 S 970).
J'ai la tête pleine de Provence/La petite histoire/Le printaniste/Le voleur d'amourettes/À Nathalie/La pluie qui cogne/Je t'ai perdue/L'amour qui va, l'amour qui vient/Symphonie en bleu/Dis-moi/Ne crains rien/Le gros ventru.
06/65 — ÉRIC CHARDEN (Decca 154 132).
Adieu ma mie, adieu ma mère/Laetitia/Il y a longtemps/Les amoureux/Fernand/Le temps passé/Rien n'a changé/Tu n'es pas là/Racatac/L'au-delà/Noë/Ah ! Que t'es belle Marie.

Compilations d'artistes

2004 — GENTLEMEN DE PARIS vol. (CD FGL ANT 040734) : Pas question.
Disques enregistrés avec d'autres artistes.

• OP'4
07/66 — Vraiment t'es pas malin (Decca 460 985).

• Maurice Chorenslup
1967 — Les yeux hagards de Léon (quai numéro 6)/Le régime/Le rhume/La crise du sujet (Decca 86 188). Le premier tirage crédite ce disque à lui, le second à Chorenslup.

F. R. DAVID (EX-BOOTS) (SÉLECTION)

45-tours

196 ? — Symphonie/Il est plus facile/Si bien oublié/Rien de plus (Polydor 27 312).
196 ? — Si Geoffrey le sauveur/Fleur de satin (Polydor 66 597). Simple juke-box avec pochette.
196 ? — Si Geoffrey le sauveur/Le grand voyage/Fleur de satin/Personne avant toi (Polydor 27 347).

GYPSYS

45-tours

06/67 — Prolétaire/Je ne te pardonnerai pas (Relax 17001).

Compilations d'artistes

199 ? — GÉNÉRATION PERDUE Rock français 65-66 (LP Jukebox 30006 Mono) : Je ne te pardonnerai pas/Prolétaire. Réédition du 45-tours.
1996 — GÉNÉRATION PERDUE Rock français 65-66 (CD LCD 16-2) : Je ne te pardonnerai pas/Prolétaire/It's Not Use/Let Me In/Allright/Oh Yeah ! Réédition du 45-tours + exhumation d'un acétate inédit datant de l'automne 1966. « Let Me In » est un morceau écrit par Miki Dallon pour le groupe anglais les Sorrows et enregistré par ces derniers en 1965 ; « Oh Yeah ! » est un morceau écrit par Ellas Bates McDaniel (alias Bo Diddley) en 1959 et popularisé en 1966 par le groupe américain les Shadows Of Knight.
199 ? — PSYCHEGAELIC (CD sans référence) : Je ne te pardonnerai pas/Prolétaire. Réédition canadienne de l'unique 45-tours.
2004 — GENTLEMEN DE PARIS vol (CD FGL ANT 040734) : Prolétaire.

Inédits

Deux autres morceaux sont gravés à l'automne 1967 en compagnie de Jean-Louis Detry « Pour que tu t'en ailles » et « Tout recommencer », ils ont été composés par Jean-Pierre Hipken.

Complément

La firme Relax sortira un autre 45-tours en France en 1967, celui de Danny Boy — Moi j'ai envie/Hey Baby/C'est tout comme/Danny Boy — référencé Relax 17 502. Firme hollandaise, c'est la maison des Outsiders, un groupe de rock garage extrêmement violent et au look très agressif qui font irrémédiablement penser aux Pretty Things.

HECTOR

45-tours

1963 — Something Else/Tchang + HOT KINGS Loin/Paris, je t'aime d'amour (Philips 432 937).

1963 — Peggy Sue/Whole Lotta Shakin'Goin'On (Philips B 373 213). Simple juke-box avec pochette.
1963 — Peggy Sue/Whole Lotta Shakin'Goin'On/T'es pas du quartier/Je vous déteste (Philips 434 813).
1964 — Alligator/Mon copain Johnny/La femme de ma vie/Hong Kong (Ducretet 460 V 662). Ce 45-tours a été réédité en CD single.
05/66 — Abab l'Arabe/Il faut seulement une petite fille/Le gamin couché/À la fin de la semelle (Polydor 27 263).
05/66 — Abab l'Arabe/Le gamin couché (Polydor 66 519). Simple juke-box avec pochette.
1970 — Le Petit Beaujolais/La Société (Bongo BOX 307). Simple enregistré avec Tom & Jerry.

Mini-album

1984 — Je vous déteste/T'es pas du quartier/Tchang/Something Else/Peggy Sue/Whole Lotta Shakin'Goin'On (LP Philips 818 990-1).

Compilations d'artistes

198 ? — L'ÂGE D'OR DES YÉYÉS : interview par François Jouffa pour Europe 1 le 23 novembre 1965 (CDAD 101).
1992 — LE ROCK D'ICI vol. 1 : Alligator + Hong Kong (CD EMI 780074 2 — PM 520).
1994 — LA LÉGENDE DU GOLF DROUOT : À la fin de la semelle (CD PolyGram 4376).
1996 — CHERCHEZ L'IDOLE : Il faut saisir sa chance (CD Magic 525 412).
2005 — CHERCHEZ L'IDOLE : Il faut saisir sa chance (version différente). (CD Magic 3930539).

JEAN-PIERRE KALFON (SÉLECTION)

45-tours

1968 — My Friend, mon ami/La Guerre/Chanson hebdomadaire/L'Amour à fleur de peau (CBS EP 6154).

33-tours

1968 — LES IDOLES (CBS 62812).
L'idéal de l'idole/Les idoles du clan */Charlie-le-surineur/Danse Crawl/Youpellé */Fils d'ouvrier/Le commissariat/Show de Gigi la Folle : — L'hippocampe — Non, papa/La famille/Le Number One Dance/Et floc, c'est la tasse */Viens dans mon cœur — Nous les copains */Tu es à moi */La complainte des pauvres idoles */Le 14 juillet */Chanson de l'archevêque.
Bande originale de film chanté en partie par Jean-Pierre Kalfon (les chansons signalées par un astérisque) et d'ex Calcium.

Compilations d'artistes

1995 — ILS SONT FOUS CES GAULOIS ! (LP Ronnie Records) : Chanson hebdomadaire. Réédition d'un extrait du 45-tours.

GILBERT LAND (EX-SOMETHINGS)

45-tours

1968 — Mon univers/Si loin/Ma petite amie/Plus un seul mot (Decca 461 162 M).
1969 — Cent mille couleurs/En fermant les paupières (Picardie 6905 CD 006 M). Disque enregistré sous le nom de The Gilbert Land Marquess.

ELSA LEROY

45-tours

05/66 — Comment fais-tu/Mieux vaut tard que jamais/Quelle foule, quelle foule !/Où va le vent ? (Disc'AZ EP 1032).

Compilations d'artistes

1990 — SWINGING MADEMOISELLE, vol. 1 Chanteuses françaises typiquement anglaises ! (LP Sasha Monett SM 001) : Mieux vaut tard que jamais.
07/92 — SWINGING MADEMOISELLE, vol. 2 More French Girls From The Swinging (LP Sasha Monett SM 002) : Quelle foule, quelle foule !
1997 — BELLES ! BELLES ! BELLES ! 1961-68 : Comment fais-tu/Quelle foule, quelle foule ! (CD LCD 20-2).

Versions originales

— Comment fais-tu (Ian Whitcomb — adaptation française Claude Righi).
Version originale : « You Turn Me On » interprété par Ian Whitcomb.
— Mieux vaut tard que jamais (S. Dee & A. Ken — adaptation française Pierre Saka).
Version originale : « Just A Little » interprété par les Beau Brummels (crédits originaux Ron Elliot & R. Durand).

LIONCEAUX

45-tours

11/63 — Ton nom/Un autre gars/Attention !/Tu n'as pas le temps (Mercury 152 006 MCE). EP n° 1.
02/64 — Je te veux tout à moi/Toi l'ami/Le temps est long/Mais ne viens plus (Mercury 152 011 MCE). EP n° 2.
05/64 — Je ne peux l'acheter/La nuit n'en finit plus/La fille qui me plaît/Je suis fou (Mercury 152 014 MCE). EP n° 3.
10/64 — Quatre garçons dans le vent/Dis-moi quel est ton secret/Nadine où es-tu ?/Cette fille (Mercury 152 021 MCE). EP n° 4.
02/65 — Le vrai Google Eye/Dis-moi pourquoi ?/Le jour, la nuit, le jour/Mourir un peu (Mercury 152 025 MCE). EP n° 5.
05/65 — Passe le temps sans toi/Hey Hey Bo Diddley/Ne ris pas/Tu fais fausse route (Mercury 152 035 MCE). EP n° 6.
09/65 — S.L.C. Jerk (Indicatif de l'émission de Daniel Filipacchi)./Mon obses-

sion me poursuit/Merci l'amour/Seul loin de toi (Mercury 152 048 MCE). EP n° 7.

33-tours

1964 — LES LIONCEAUX (Fontana 125 501 MCL, Canada).

Je ne peux l'acheter/La fille qui me plaît/Le temps est long/Ton nom/Tu n'as pas le temps/Je suis fou/Toi l'ami/Je te veux tout à moi/Un autre gars/La nuit n'en finit plus/Attention !/Mais ne viens plus.

06/65 — EN DIRECT DU BILBOQUET (Mercury 125 600 MDL).

Hey Hey Bo Diddley/Le jour, la nuit, le jour/Quatre garçons dans le vent/La nuit n'en finit plus/Mourir un peu/Je te veux tout à moi/Passe le temps sans toi/Je ne peux l'acheter/Dis-moi pourquoi ?/Nadine où es-tu ?/La fille qui me plaît/Dis-moi quel est ton secret.

1965 — LES LIONCEAUX AU BILBOQUET (Mercury 125 600, Canada). Disque identique au LP français.

1990 — 4 GARÇONS DANS LE VENT (Dial 900062.1). Compilation de 28 titres reprenant l'intégralité des sept 45-tours.

CD

1990 — LES LIONCEAUX (PolyGram 842 057-2). Compilation de 28 titres reprenant l'intégralité des sept 45-tours.

2001 — LES LIONCEAUX (Universal 548 931-2). Compilation de 29 titres reprenant l'intégralité des sept 45-tours, agrémenté d'un inédit, « Ne fais pas tant de ciné ».

2004 — Ils étaient une fois (CD inséré dans le livre, éditions O.U.E.). Les quatre premières chansons, Chanson magique/Man Of Mystery/Sous d'autres cieux/Je t'aime, ont été enregistrées à Reims le 14 octobre 1962. Les deux suivantes, des medley, en 1992.

Compilations d'artistes

1998 — LE ROCK FRANÇAIS (CD France Loisirs 10 732-7) : SLC Jerk.

2004 — ANTHOLOGIE DU ROCK FRANÇAIS (Coffret 6 CD Dial 941047-4) : Je te veux tout à moi.

2004 — GENTLEMEN DE PARIS vol (CD FGL ANT 040734) : Le jour, la nuit, le jour.

Disques enregistrés avec d'autres artistes

• Memphis Slim

1965 — Clap Your Hands/Not So Stuck On Me/Baby Doll/Fat And Forty (Fontana 460 932). 45-tours.

1965 — CLAP YOUR HANDS (Fontana 680 253) : Clap Your Hands/Not So Stuck On Me/Rainin'In My Heart/Steppin'Out Tonight/Memphis On The Mississippi/Two Of A Kind/Fat And Forty/House Cleaning/So Lonely/That's The Way The Cookie Crumbles/Baby Doll/Double Crossin'Mamma. 33-tours.

• Jean-Claude Germain

1965 — On n'est pas d'hier/Fais-la souffrir/La vie en blues/Plus de cœur (Mercury 152 034). 45-tours.

• Johnny Hallyday

14/05/65 — Quand revient la nuit/Les monts près du ciel/Juste un peu de temps/Tu ne me verras pas pleurer (Philips 437 054). 45-tours.

09/07/65 — HALLELUJAH (LP Philips B 77 732 mono/Philips 840 570 BY stéréo/Réédition CD 546 982-2) : Mes yeux sont fous/Les monts près du ciel/On a ses jours/Tu ne me verras pas pleurer/Juste un peu de temps/Celui qui t'fait pleurer/Quand revient la nuit/Rock And Roll Musique/Va-t'en/Pour nous joies et pour nos peines/Pleurer auprès de toi/Plus je te regarde/Zeep A Dee Yeh.

Versions originales

— Ton nom (Henry Mancini — adaptation française R. Bernet). EP n° 1.

Version originale : « Peter Gunn » interprété par Henry Mancini.

— Un autre gars (J. Leiber & Barrett — adaptation française R. Bernet). EP n° 1.

Version originale : « Some Other Guy » interprété par les Beatles.

— Tu n'as pas le temps (Brian Wilson — adaptation française Georges Aber). EP n° 1.

Version originale : « Little Deuce Coupe » interprété par les Beach Boys.

— Je te veux tout à moi (John Lennon & Paul McCartney — adaptation française Pierre Barouh). EP n° 2.

Version originale : « I Wanna Be Your Man » interprété par les Rolling Stones.

— Toi l'ami (John Lennon & Paul McCartney — adaptation française D. Hortis). EP n° 2.

Version originale : « All My Loving » interprété par les Beatles.

— Le Temps est long (John Lennon & Paul McCartney — adaptation française Ralph Bernet). EP n° 2.

Version originale : « It Won't Be Long » interprété par les Beatles.

— Mais ne viens plus (George Harrison — adaptation française B. Nencioli). EP n° 2.

Version originale : « Don't Bother Me » interprété par les Beatles.

— Je ne peux l'acheter (John Lennon & Paul McCartney — adaptation française B. Nencioli). EP n° 3.

Version originale : « Can't Buy Me Love » interprété par les Beatles.

— La Nuit n'en finit plus (Sonny Bono & Jack Nitzsche — adaptation française G. Aber). EP n° 3.

Version originale : « Needles And Pins » interprété par les Searchers.

— La Fille qui me plaît (Chad Romero — adaptation française Frank Gérald). EP n° 3.

Version originale : « Hippy Hippy Shake » interprété par les Swinging Blue Jeans.

— Je suis fou (John Lennon & Paul McCartney — adaptation française Ralph Bernet). EP n° 3.

Version originale : « Ask Me Why » interprété par les Beatles.

— Quatre garçons dans le vent (John Lennon & Paul McCartney — adaptation française Georges Aber). EP n° 4.

Version originale : « A Hard Day's Night » interprété par les Beatles.

— Nadine où es-tu ? (Chuck Berry — adaptation française Jil & Jan). EP n° 4.

Version originale : « Nadine » interprété par Chuck Berry.

— Cette fille (John Lennon & Paul McCartney — adaptation française Ralph Bernet). EP nº 4.
Version originale : « This Boy » interprété par les Beatles.
— Le vrai Google Eye (J.D Loudermilk — adaptation française Jil & Jan). EP nº 5.
Version originale : « Google Eye » interprété par les Nashville Teens.
— Dis-moi pourquoi ? (John Lennon & Paul McCartney — adaptation française G. Liferman). EP nº 5.
Version originale : « Tell Me Why » interprété par les Beatles.
— Le jour, la nuit, le jour (Ray Davies — adaptation française Mya Simille). EP nº 5.
Version originale : « All Day And All Of The Night » interprété par les Kinks.
— Mourir un peu (Don & Phil Everly — adaptation française Jil & Jan). EP nº 5.
Version originale : « Gone, Gone, Gone » interprété par les Everly Brothers.
— Hey Hey Bo Diddley (Chuck Berry — adaptation française Hubert Wayaffe). EP nº 6.
Version originale : « Hey Hey Good Looking » interprété par Chuck Berry.
— Ne ris pas (John Lennon & Paul McCartney — adaptation française Hubert Wayaffe). EP nº 6.
Version originale : « No Reply » interprété par les Beatles.
— Tu fais fausse route (R. Rowbottom — adaptation française Hubert Wayaffe). EP nº 6.
Version originale : « She Ain't No Good ».
— Passe le temps sans toi (J. Norman & N. Meade — adaptation française Hubert Wayaffe). EP nº 6.
Version originale : « Time Is On My Side » interprété par les Rolling Stones.
— Mon obsession me poursuit (L. Dozier, B. Holland & E. Holland — adaptation française Hubert Wayaffe). EP nº 7.
Version originale : « Nowhere To Run » interprété par Martha & the Vandellas.

CHRISTINE PILZER

45-tours

1966 — Dracula/L'horloge de grand-père/Ils pataugent/Non, tu n'es pas seul (Vogue EPL 8446).
1967 — Café crème/Mon p'tit homme spatial/Champs-Élysées/Ah-Hem-Ho-Uh-Errr... (Vogue EPL 8538).

Compilations d'artistes

1998 — ULTRA CHICKS : Filles in the garage, vol. 1 (CD, Canada) : Ah-Hem-Ho-Uh-Errr...
1999 — ULTRA CHICKS : Lolita ya ya !, vol. 2 (CD, Canada) : Mon p'tit homme spatial.
2001 — GIRLS IN THE GARAGE, vol. 10 (LP Romulan UFOX30) : Ils pataugent.
2001 — WIZZZ ! (CD & LP Delabel 7243 8506982 6) : Champs-Élysées.
2002 — FEMMES DE PARIS (CD FGL ANT 220123) : Dracula.
2002 — FEMMES DE PARIS vol.3 (CD FGL ANT 040132) : Café crème.

VIOLAINE (PILZER)

45-tours

04/66 — Cessez la guerre/Ma casquette/J'ai des problèmes décidément/Il n'a que des chansons (Riviera 231 199).

11/66 — Adieu l'amitié/Cousin Kneypper/L'ennui de vivre/Dam'dou ah! (Riviera 231 221).

1968 — EROTISSIMO (BOF) : Erotissimo/Generissimo/Exitissimo (CBS 4231). Disque dont la face A n'est pas créditée à Violaine, mais à Annie Girardot jouant dans le film, par erreur.

Compilations d'artistes

07/92 — SWINGING MADEMOISELLE, vol. 2 More French Girls From The Swinging (LP Sasha Monett SM 002) : Dam'dou ah!

2000 — ILS SONT FOUS CES GAULOIS, vol. 3 (LP Disques Ronnie) : Cousin Kneypper.

2002 — FEMMES DE PARIS vol (CD FGL ANT 220123) : J'ai des problèmes décidément.

POLLUX

45-tours

196? — Tu es fou/Fais-moi oublier/Mais oublie-la/Toi qui connais les filles (Disc'AZ 978). « Tu es fou » est une adaptation du morceau de Chris Andrews « Gotta See My Baby » écrit pour Sandie Shaw, « Fais-moi oublier » est l'adaptation du morceau des Rolling Stones « Tell Me » signé Mick Jagger et Keith Richards; « Toi qui connais les filles », une adaptation du « Thinking Of You Baby » du Dave Clark Five.

Compilations d'artistes

199? — GÉNÉRATION PERDUE Rock français 65-66 (Jukebox 30006 Mono/CD LCD 16-2) : Tu es fou/Mais oublie-la. Réédition de deux extraits de l'unique 45-tours.

199? — INFERNAL WORLD (LP Martian Records R 001) : Toi qui connais les filles. Réédition d'un extrait de l'unique 45-tours.

199? — PSYCHEGAELIC (CD sans référence) : Mais oublie-la. Réédition canadienne d'un extrait de l'unique 45-tours.

MICHEL POLNAREFF (SÉLECTION)

45-tours

05/66 — La poupée qui fait non/Chère Véronique/Beatnik/Ce que je cherche est en toi (Disc'AZ EP 1024). Sur le premier tirage seul le nom de Michel Polnareff apparaît sur le recto de pochette; parallèlement le quatrième morceau est appelé « Ce que je cherche est en toi », par la suite il sera renseigné comme

« Ballade pour toi » (Ce que je cherche est en toi). qui semble être son titre définitif. EP n° 1.

05/66 — La poupée qui fait non/Beatnik (Disc'AZ 10 234). Simple juke-box extrait du EP n° 1.

06/66 — Love Me Please Love Me/L'amour avec toi/Ne me marchez pas sur les pieds (Disc'AZ EP 1053). EP n° 2.

06/66 — Love Me Please Love Me/L'amour avec toi (Disc'AZ 10 247). Simple juke-box extrait du EP n° 2.

06/66 — Ne me marchez pas sur les pieds/Ballade pour toi (Ce que je cherche est en toi). (Disc'AZ 10 251). Simple juke-box extrait du EP n° 1 & du EP n° 2.

11/66 — Sous quelle étoile suis-je né ?/Time Will Tell/L'oiseau de nuit/Histoire de cœur (Disc'AZ EP 1068). EP n° 3.

11/66 — Sous quelle étoile suis-je né ?/Histoire de cœur (Disc'AZ 10 264). Simple juke-box extrait du EP n° 3.

11/66 — L'oiseau de nuit/Time Will Tell (Disc'AZ 10 265). Simple juke-box extrait du EP n° 3.

02/67 — Ta-ta-ta-ta/Rosée d'amour n'a pas vu le jour rosée du jour n'a pas eu d'amours/Le pauv'guitariste/Complainte à Michael (Disc'AZ EP 1089). EP n° 4.

02/67 — Ta-ta-ta-ta/Rosée d'amour n'a pas vu le jour rosée du jour n'a pas eu d'amours (Disc'AZ 10 284). Simple juke-box extrait du EP n° 4.

02/67 — Le pauv'guitariste/Complainte à Michaël (Disc'AZ 10 285). Simple juke-box extrait du EP n° 4.

05/67 — Âme câline/Fat Madame/Le roi des fourmis/Le saule pleureur (Disc'AZ EP 1130). *EP n° 5.*

05/67 — Âme câline/Le saule pleureur (Disc'AZ 10 310). Simple juke-box extrait du EP n° 5.

05/67 — Le roi des fourmis/Fat Madame (Disc'AZ 10 311). Simple juke-box extrait du EP n° 5.

11/67 — Mes regrets/Miss Blue Jeans/Dame dame (Disc'AZ EP 1151). EP n° 6.

11/67 — Mes regrets/Miss Blue Jeans (Disc'AZ 10 339). Simple juke-box extrait du EP n° 6.

11/67 — Dame dame/You'll Be On My Mind (Disc'AZ 10 341). Simple juke-box extrait du EP n° 6.

45-tours étrangers

• n° 1

10/66 — Meine Puppe Sagt Non (La poupée qui fait non)/Gammler Ballade (Beatnik) (Disc'AZ HT 300 019, Allemagne). Titres chantés en allemand. Une deuxième édition présente en face B Meine Gitarre (Beatnik).

1966 — La poupée qui fait non/Beatnik (Mocambo 1 152, Brésil).

1966 — La poupée qui fait non/Chère Véronique/Beatnik/Ballade pour toi (Fermata EPE — 564, Brésil).

1966 — La poupée qui fait non/Chère Véronique (Vogue AZ 4337, Canada).

1966 — La poupée qui fait non/Chère Véronique/Beatnik/Ballade pour toi (Disc'AZ HAZ 277-16, Espagne).

10/66 — La poupée qui fait non/Beatnik (Vogue VRS 7012, Grande-Bretagne).

10/66 — No No No No No (La poupée qui fait non)./Beatnik (Vogue VRS 7013, Grande-Bretagne). Titres chantés en anglais.

10/66 — La poupée qui fait non/Beatnik (Vogue V 50, Grèce).
06/66 — Una Bambolina Che Fa No, No, No... (La poupée qui fait non)./La Lezione Del Capellone (Beatnik). (Disc'AZ J 35102X45, Italie). Titres chantés en italien.
1967 — La poupée qui fait non/Chère Véronique (US 215-V, Japon).
1966 — La poupée qui fait non/Beatnik (Disc'AZ AZL 2, Liban).
1966 — La poupée qui fait non/Chère Véronique (Supraphon 013 0145, Tchécoslovaquie). Disque sans pochette.

• n° 2
1966 — Love Me, Please Love Me/La poupée qui fait non (Disc AZ HT 300022, Allemagne). Premier titre extrait du EP n° 1 et second du EP n° 2.
01/67 — Love Me, Please Love Me/Ich Will Dich Lieben (L'amour Avec Toi). (Disc'AZ HT 300050, Allemagne). Titres chantés en allemand.
1966 — Love Me, Please Love Me/Ich Will Dich Lieben (L'amour avec toi). (Disc AZ HT 300 050, Allemagne).
1966 — Love Me, Please Love Me/La poupée qui fait non/Chère Véronique (Mocambo 3 128, Brésil). Premier titre extrait du EP n° 2 et les deux autres extraits du EP n° 1.
1966 — Love Me, Please Love Me/L'amour avec toi/Ne me marchez pas sur les pieds (Fermata EPE — 560, Brésil).
1966 — Love Me, Please Love Me/Ne me marchez pas sur les pieds (Vogue AZ 4348, Canada).
1966 — Love Me, Please Love Me/L'amour avec toi (Vogue AZ 4349, Canada).
1966 — Love Me, Please Love Me/L'amour avec toi (Disc'AZ STU 42 249, Danemark).
1966 — Love Me, Please Love Me/L'amour avec toi/Ne me marchez pas sur les pieds (Disc'AZ HAZ 277-18, Espagne).
1966 — Love Me, Please Love Me/L'amour avec toi (Vogue VRS 7019, Grande-Bretagne).
1966 — Love Me, Please Love Me/L'amour avec toi (Vogue V 51, Grèce).
1966 — Love Me, Please Love Me + 3 autres chanteurs : Sonny & Cher/Bobby Darin/Four Tops (TOP4 Records 4134, Iran).
1966 — Love Me, Please Love Me/L'amour avec toi/Ne me marchez pas sur les pieds (Vogue 17 097, Israël).
07/66 — Love Me Please Love Me/L'Amore Con Te (L'amour avec toi) (Disc'AZ J35115X45, Italie). Titres chantés en italien.
1968 — Love Me, Please Love Me/L'amour avec toi (LL-2196-AZ, Japon).
1967 — La Muneca Que Dice No (La poupée qui fait non)/Beatnik/Amame, Por Favor (L'amour avec toi) (Vogue Gamma GX 07-32, Mexique). Les titres sont traduits en espagnol sur la pochette mais chantés en français.
1966 — Love Me, Please Love Me/L'amour avec toi (Vogue G 1118, Turquie).
1966 — Love Me, Please Love Me/No, No, No, No, No (Kapp 786, USA).

• n° 3
1966 — Sous quelle étoile suis-je né ?/Time Will Tell/L'oiseau de nuit/Histoire de cœur (Disc AZ 1068, Allemagne).
1966 — Sous quelle étoile suis-je né ?/L'oiseau de nuit (Vogue AZ 4351, Canada).
1966 — Sous quelle étoile suis-je né ?/Time Will Tell (Disc'AZ STU 42 274, Danemark).

1966 — Sous quelle étoile suis-je né ?/Time Will Tell/L'oiseau de nuit/Histoire de cœur (Disc'AZHAZ 277-24, Espagne).
1966 — Sous quelle étoile suis-je né ?/L'oiseau de nuit (Vogue V 57, Grèce).
1967 — Love Me Please Love Me/You'll Be On My Mind (US223-V, Japon). Extrait du EP n° 2 et du EP n° 3.
1967 — Time Will Tell/Under What Star Was I Born? (Sous quelle étoile suis-je né ?) (4 Corners Of The World FC4-141, USA). Le second titre est traduit en anglais mais chanté en français ; simple de promotion avec pochette.

• n° 4
1967 — Ta Ta Ta Ta/Rosée d'amour.../Le pauv'guitariste/Complainte à Michael (Disc AZ 1089, Allemagne).
1967 — Ta Ta Ta Ta/El Pobre Guitarrista (Le pauv'guitariste). (Fermata 192, Argentine). Les titres sont traduits en espagnol sur le label mais chantés en français.
1967 — Ta Ta Ta Ta/Rosée d'amour.../Le pauv'guitariste/Complainte à Michaël (Fermata EPE — 578, Brésil).
1966 — Ta Ta Ta Ta/Le pauv'guitariste (Vogue AZ 4359, Canada).
1966 — Ta Ta Ta Ta/Rosée d'amour.../Le pauv'guitariste/Complainte à Michael (Disc'AZ HAZ 277-27, Espagne).
1966 — Ta Ta Ta Ta/Le pauv'guitariste (Vogue V61, Grèce).
1967 — Ta Ta Ta Ta/Rosée d'amour.../Le pauv'guitariste/Complainte à Michael (Disc AZ 17 128, Israël).
03/67 — La Ragazza (Ta-ta-ta-ta)./L'Usignolo (L'oiseau de nuit). (Disc'AZ J 35138X45, Italie). Titres chantés en italien. Premier titre extrait du EP n° 4 et second du EP n° 3.
1967 — Le pauv'guitariste/Complainte à Michael (Vogue G 1178, Turquie).

• n° 5
06/67 — La tribu Hippy Jeeeeh ! (Le roi des fourmis)/Âme câline (Disc'AZ J35159X45, Italie). Titres chantés en italien (un deuxième tirage présente en face A « La tribu (Il Circo) », un troisième « (Il Circo) », la référence est semblable pour les trois).
1967 — Âme câline/Fat Madame/Le roi des fourmis/Le saule pleureur (Disc AZ 1130, Allemagne).
1967 — Âme câline/Fat Madame/Le roi des fourmis/Le saule pleureur (Disc'AZ HAZ 277-28, Espagne).
1967 — Âme câline/Le roi des fourmis (Vogue V61, Grèce).

• n° 6
1967 — Dame dame/Miss Blue Jeans (Vogue AZ 4408, Canada).
1967 — Mes regrets/Miss Blue Jeans/Dame dame (Disc'AZ HAZ 277-31, Espagne).
1967 — Mes Regrets/Miss Blue Jeans/Dame dame (Disc'AZ EP 1151 RR 17147, Israël).
1967 — Mes regrets/Miss Blue Jeans (Disc'AZ AZL 1, Liban).

33-tours

08/11/66 — MICHEL POLNAREFF (Disc'AZ LPS 11). 1er LP.
Sous quelle étoile suis-je né ?/Time Will Tell/Ballade pour toi (Ce que je cherche est en toi)./L'oiseau de nuit/Love Me, Please Love Me/Histoire de

cœur/Ballade pour un puceau/You'll Be On My Mind/L'amour avec toi/La poupée qui fait non.

1966 — MICHEL POLNAREFF (Gema HTSLP 340021, Allemagne). Disque au contenu identique au 1er LP français mais à la pochette différente.

1966 — MICHEL POLNAREFF (Disc AZ Fermata LF-120, Argentine). Disque identique au 1er LP français.

1966 — MICHEL POLNAREFF (Disc AZ Fermata FB-170, Brésil). Disque identique au 1er LP français.

1966 — MICHEL POLNAREFF (Vogue AZ-LPS-11, Canada). Disque identique au 1er LP français.

1966 — MICHEL POLNAREFF (Fermata LF-113-X., Chili). Disque identique au 1er LP français.

1966 — MICHEL POLNAREFF (Zeida Z — 302007, Colombie). Disque identique au 1er LP français.

1966 — MICHEL POLNAREFF (Vogue Records VRL 3027, Grande-Bretagne). Disque identique au 1er LP français.

1966 — MICHEL POLNAREFF (Vogue Records LPS 11, Grèce). Disque identique au 1er LP français.

1966 — MICHEL POLNAREFF (Epic EPIA 53004, Japon). Disque identique au 1er LP français, réédité sous une autre référence en 1977 : Epic 25-3P-86.

1966 — MICHEL POLNAREFF (Gamma GX 01-290, Mexique). Disque identique au 1er LP français. Les titres sont traduits en espagnol sur la pochette mais chantés en français.

1966 — MICHEL POLNAREFF (Palette MGPB 9 471, Pays-Bas). Disque identique au 1er LP français.

1966 — MICHEL POLNAREFF (4 Corners Of The World FCL-4240, USA). Disque identique au 1er LP français.

1967 — MICHEL POLNAREFF (Disc'AZ LPJ 5087, Italie).

Una Bambolina Che Fa No, No, No... (La poupée qui fait non)/La Lezione Del Capellone (Beatnik)/Love Me Please Love Me/L'Amore Con Te (L'amour avec toi)/La Ragazza (Ta-ta-ta-ta)/L'Usignolo (L'oiseau de nuit)/La Tribu Hippy Jeeeeh ! (Le roi des fourmis)/Âme câline. Album unique à l'Italie et sur lequel on retrouve huit titres chantés en italien.

06/68 — MICHEL POLNAREFF VOLUME 2 (Disc'AZ STEC LP 43). 2e LP.

Jour après jour/Le roi des fourmis/Rosée d'amour n'a pas vu le jour rosée du jour n'a pas eu d'amours/Ta-ta-ta-ta/Mes regrets/Les grands sentiments humains/Pipelette/Âme câline/Y'a qu'un ch'veu/Le bal des Laze/Oh ! Louis. Compilation.

1968 — MICHEL POLNAREFF 2 (Epic EPIA 53018, Japon). Disque identique au 2e LP français, réédité sous une autre référence en 1977 : Epic 25-3P-87.

1966 — MICHEL POLNAREFF (Disc AZ Fermata FB-221, Brésil).

Encore un mois, encore un an/Le bal des Laze/Âme câline/Fat Madame/Le roi des fourmis/Le saule pleureur/Ta-ta-ta-ta/Le pauv'guitariste/Mes regrets/Miss Blues Jeans/Dame dame/You'll Be On My Mind. Compilation unique au Brésil.

1969 — LE DISQUE D'OR DES DISQUES D'OR (Disc'AZ STEC LP 63). 3e LP.

Tous les bateaux, tous les oiseaux/Sous quelle étoile suis-je né ?/Âme câline/L'amour avec toi/Le bal des Laze/Love Me, Please Love Me/La michetonneuse/La poupée qui fait non/Le roi des fourmis/Ta-ta-ta-ta/Tout, tout pour ma chérie/Dans la maison vide. Compilation.

1969 — LE DISQUE D'OR DES DISQUES D'OR (Colombia FS 713, Canada). Disque identique au 3e LP français.
1969 — LE GRAND SUCCÈS (CBS S 64018, Israël). Disque identique au 3e LP français.

PROBLÈMES

45-tours

11/65 — Je ne vois rien/Il suffirait d'un rien/Si c'est la nuit/Passe ton chemin (Vogue EPL 8 398). EP nº 1.
11/65 — Je ne vois rien/Passe ton chemin (Vogue 1316). Simple juke-box sans pochette.
1965 — No Veo Nada (Je ne vois rien)/Con Poco Cos (Il suffirait d'un rien)/Si Es La Noche (Si c'est la nuit)/Pasa De Largo (Passe ton chemin) (Hispavox HV 27-149, Espagne). Les titres sont traduits sur la pochette mais chantés en français.
1965 — Je ne vois rien/Il suffirait d'un rien (Vogue G 1088, Turquie).
1966 — Pop jerk/Pas adieu/On s'en fout/Ballade à Luis Rego (Vogue EPL 8 437).
01/66 — Contre-élucubrations problématiques (Problèmes + Antoine)/On s'en fout (Problèmes) (Vogue V.45-1352/Vogue SAP 45.2). Simple sans pochette présentant un extrait du EP nº 3 d'Antoine + un extrait du EP nº 2 des Problèmes, le premier est le disque envoyé aux possesseurs de juke-box, le second le disque envoyé aux radios.
1966 — Contre-élucubrations problématiques (Problèmes + Antoine)/Ce monde existe (Problèmes)/Dodécaphonie (Problèmes)/Je dis ce que je pense et je vis comme je veux (Antoine) (Vogue EPL 8 445).
1966 — Contre-élucubrations problématiques (Problèmes + Antoine)/Prisonnier politique (Problèmes) (Vogue v-4234, Canada). « Prisonnier politique » est en fait « Ballade à Luis Rego ».
1966 — Contre-élucubrations problématiques (Problèmes + Antoine)/Je dis ce que je pense et je vis comme je veux (Vogue HV 2055, Pays-Bas).
1966 — Dodécaphonie/S'il boude (Vogue HV 2062, Pays-Bas).

33-tours

1966 — ANTOINE RENCONTRE LES PROBLÈMES (Vogue LVLXS 82 30). 2e LP.
Contre-élucubrations problématiques/Des lendemains/Pop jerk/Ce monde existe/Dodécaphonie/Je ne vois rien/Ballade à Luis Rego prisonnier politique/On s'en fout/Pas adieu/S'il boude/Si c'est la nuit/Je dis ce que je pense et je vis comme je veux. Antoine ne participe qu'à deux morceaux : « Contre-élucubrations problématiques » et « Je dis ce que je pense et je vis comme je veux », les Problèmes signent le reste.
1966 — ANTOINE RENCONTRE LES PROBLÈMES (Opus LV 25 006, Argentine). Disque identique au 2e LP français.
1966 — ANTOINE RENCONTRE LES PROBLÈMES (Vogue VF — 47 026, Canada). Disque identique au 2e LP français.

GILBERT SAFRANI (CHANTEUR ACCOMPAGNÉ PAR LES BOOTS)

45-tours

1966 — Les gens s'en vont dans le ciel/Je t'attendrai/Mais que fait-il/Une fille futile (Polydor 27 267).

196? — Eliot Ness/Le mur/Le monde est bien trop grand/Si tu penses ce que je pense (Polydor 27 314). « Si tu penses ce que je pense » est une reprise de « If You're Thinkin'What I'm Thinking'» extrait de la BOF de *Murderer's Row* et signé Tommy Boyce et Bobby Hart.

SOMETHINGS

45-tours

1966 — Oh non !/Le monde infernal/Mister Lincoln/Au gré du vent (Decca 461 403). « Oh non ! » et « Mister Lincoln » sont chantés par Gilbert Lefeuvre, « Le monde infernal » et « Au gré du vent » par Christian Truffet.

1966 — Oh non !/Mister Lincoln (Decca VAR.12, Belgique).

Compilations d'artistes

199? — INFERNAL WORLD (LP Martian Recors R 001) : Le monde infernal. Réédition d'un extrait de l'unique 45-tours.

1995 — ILS SONT FOUS CES GAULOIS ! (LP Ronnie Records) : Mr Lincoln. Réédition d'un extrait de l'unique 45-tours.

199? — ROCK EN FRANCE 1962-67 vol.3 (CD LCD 26-2) : Le monde infernal/ Mister Lincoln.

199? — PSYCHEGAELIC (CD sans référence) : Le monde infernal. Réédition canadienne d'un extrait de l'unique 45-tours.

SPLECTORS

Il s'agit en fait des Mediators première mouture, soit Serge Mosiniak (basse), et Farid Khaldi alias Denis Pépin (guitariste-chanteur).

45-tours

196? — Le temps des rêves/Hong Kong Express/Buffalo/Hymne à l'amour (Philips 434 969 BE).

STELLA

45-tours

11/63 — Douée pour la récré/Vingt ans/Les parents twist/Pourquoi pas moi (Vogue EPL 8 137). EP n° 1.

11/63 — Douée pour la récré/Les parents twist (Vogue 1 156).

05/64 — La surprise est partie/C'est chanter que je préfère/Tu peux rire/Quelle tête il aura (Vogue EPL 8 236). EP nº 2.
10/64 — J'veux pas savoir/Nouvelle vague blues/Enfant de salon/Je te rends mon sablier (Vogue EPL 8 278). EP nº 3.
07/65 — Adieu micro, bonjour sillon/Caramels et bretzels/Le vieux banjo/Ma fille, d'où viens-tu ? (RCA 86 098). EP nº 4.
01/66 — J'achète des disques américains/Pourquoi je chante/La vieille chanson d'amour/La Flemme (RCA 86 126). EP nº 5.
01/66 — J'achète des disques américains/Pourquoi je chante (RCA 46 089).
04/66 — Un air du folklore auvergnat/Tu dis toujours oui/Gaspard/Pauvre Figaro (RCA 86 141). EP nº 6.
04/66 — Un air du folklore auvergnat/Tu dis toujours oui/Gaspard/Pauvre Figaro (RCA TP-266, Portugal).
04/66 — Un air du folklore auvergnat/Gaspard (RCA 46 098).
04/66 — Gaspard/Tu dis toujours oui (RCA Victor 57-5709, Canada).
09/66 — Si vous connaissez quelque chose de pire qu'un vampire, parlez-m'en toujours, ça pourra peut-être me faire sourire/Pas de chanson sur les vacances/Cauchemar auto-protestateur/Beatnik d'occasion (RCA 86 171). EP nº 7.
09/66 — Si vous connaissez quelque chose de pire qu'un vampire, parlez-m'en toujours, ça pourra peut-être me faire sourire/Pas de chanson sur les vacances/Cauchemar auto-protestateur/Beatnik d'occasion (RCA TP-298, Portugal).
09/66 — Si vous connaissez quelque chose de pire qu'un vampire, parlez-m'en toujours, ça pourra peut-être me faire sourire (également appelé « Le vampire »)./Cauchemar auto-protestateur (RCA 46 116).
09/66 — Pas de chanson sur les vacances/Beatnik d'occasion (RCA 46 117).
02/67 — Tout va bien/Je ne peux plus te voir en peinture/Le silence/J'aurais voulu (RCA 86 195). EP nº 8.
02/67 — Tout va bien/Le silence (RCA 46 137).
02/67 — Tout va bien/Le silence (RCA 57-5746, Canada).
02/67 — Je ne peux plus te voir en peinture/J'aurais voulu (RCA 46 142).
06/67 — Carnet de balles/Duo du Sacré-Cœur/Poésie 1967/Je ne me reconnais plus dans la glace (RCA 87 015). EP nº 9.
06/67 — Carnet de balles/Je ne me reconnais plus dans la glace (RCA 46 151).
10/67 — Matière à réflexion/L'idole des jaunes (RCA 49 016).
10/67 — Matière à réflexion/L'idole des jaunes (RCA 57-5792, Canada).
02/68 — Vous devriez avoir honte/Pauvre cloche (RCA 49 024).
06/68 — Les Vieux saucissons/Trempe tes pieds dans le Gange (CBS 3 580).
12/68 — Stella et Valérie/L'amour quand on y pense (CBS 3 864).

33-tours

01/67 — STELLA (RCA 730 000).
Un air du folklore auvergnat/Adieu micro, bonjour sillon/J'achète des disques américains/Pauvre Figaro/Tu dis toujours oui/Cauchemar auto-protestateur/Le vampire/Le vieux banjo/Gaspard/Pas de chanson sur les vacances/La flemme/Pourquoi je chante.
1967 — STELLA (RCA SP 189, Canada). Disque identique au 33-tours français.

CD

05/97 — STELLA (Double CD Magic 176142). Compilation de 40 titres reprenant l'intégralité du catalogue Vogue et RCA, soit respectivement 12 et 28 plages. Réédition en 2000 avec une nouvelle pochette et une nouvelle référence Magic 5262042.

Compilations d'artistes

199? — ULTRA CHICKS Filles In The Garage, vol. 1 (CD, Canada) : Nouvelle vague blues.

2002 — FEMMES DE PARIS vol. 2 (CD FGL ANT 220830) : Pourquoi pas moi.

Inédits

« La Participation » : inédit datant des dernières sessions d'enregistrements fin 68.

STONE (SÉLECTION)

45-tours

05/66 — Le jour la nuit/Seul/C'est ma vie/J'aurai raison (Polydor 27 250).

1966 — Problèmes/Fille ou garçon/Notre génération/Les framboises (Polydor 27 266).

11/66 — Pour une fille c'est différent/Garde ton sang-froid/Je marche/La musique (Polydor 27 279).

1967 — Baby Stone/Perdue dans un couloir/L'Antiquité/Pluie et cristal (Polydor 27 301).

1967 — Baby Stone/Pluie et cristal (Polydor 66 543). Simple juke-box sans pochette.

06/67 — Vive la France/Buffalo Bill/Auguste le chat/Le nénuphar (Polydor 27 319).

06/67 — Vive la France/Auguste le chat (Polydor 66 562). Simple juke-box sans pochette.

1968 — Je reviens chez moi/Fifi la puce/Patati et patata/C'est le marchand d'eau (Polydor 27 343).

1968 — Et patati et patata/Le marchand d'eau (Gérard Pasquier Vingt-Ans PPN 3190). Disque publicitaire.

Compilations d'artistes

199? — SWINGING MADEMOISELLE (LP Sasha Monett SM 001) : Fille ou garçon. Existe en vinyle noir-pochette orange et en vinyle rose-pochette rose.

2001 — GIRLS IN THE GARAGE volume 10 (LP Romulan UFOX30) : Trempe tes pieds dans le Gange.

2002 — FEMMES DE PARIS vol (CD FGL ANT 220123) : Fille ou garçon/Les framboises.

Versions originales

— Le jour la nuit (John Lennon & Paul McCartney — adaptation française Bryan Mu/Éric Charden). EP n° 1.

Version originale : « You Won't See Me » interprété par les Beatles.

— Seul (John Lennon & Paul McCartney — adaptation française Bryan Mu/Éric Charden). EP n° 1.
Version originale : « Norwegian Wood » interprété par les Beatles.
— Les framboises (Brian Wilson — adaptation française Bryan Mu/Éric Charden). EP n° 2.
Version originale « You're So Good To Me ».
— Fille ou garçon (traditionnel — adaptation française Bryan Mu/Éric Charden). EP n° 2.
Version originale : « Sloop John B. ».
— Problèmes (Felice et Boudleaux Bryant — adaptation française Sylvie Coste). EP n° 2.
Version originale : « Problems » Everly Brothers.
— Garde ton sang-froid (Reg Presley — adaptation française Jacques Monty).
Version originale : « I Can't Control Myself » interprété par les Troggs.

SULLIVAN

45-tours

02/67 — Je reviens au pays/Les palais de l'Orient/Je chante pour moi/Je dirai aux filles (Vogue EPL 8 517).
02/67 — Vuelvo A Mi Pais (Je reviens au pays)/Los Palacios De Oriente (Les palais de l'Orient)/Yo Canto Para Mi (Je chante pour moi)/Je dirai aux filles (Yo Le Diré A Las Chicas) (Hispavox HV 27-170, Espagne). Les titres sont traduits sur la pochette mais chantés en français.
1967 — Je chante pour moi/Est-il besoin d'être méchant (Vogue V-4270, Canada).
1967 — Mac-Intoch/L'alouette et l'ennui/Je suis un tendre voyou/1900 (Vogue EPL 8 556).
1967 — Mac-Intoch/Je suis un tendre voyou (Vogue VC-303, Canada).
1967 — Comme un poisson dans l'eau/Ma cage est vide/Chanson pour Sonia/Sur les chemins (Vogue 8 588).
1967 — Comme un poisson dans l'eau/Chanson pour Sonia (Vogue VC-312, Canada).

33-tours

01/67 — LE PAYS DES MERVEILLES (Vogue CLD 70 830).
Je chante pour moi/Dans mon cœur une rose/Est-il besoin d'être méchant/Je n'ai pas tout perdu/Je dirai aux filles/Je reviens au pays/Les palais de l'Orient/Le tournoi/Sans un sou dans le vent/Dis-moi pourquoi la nuit/Haschich-faction.

CD

1993 — LE PAYS DES MERVEILLES (CD Vogue 74321155782) : Je chante pour moi/Dans mon cœur une rose/Est-il besoin d'être méchant/Je n'ai pas tout perdu/Je dirai aux filles/Je reviens au pays/Les palais de l'Orient/Le tournoi/Sans un sou dans le vent/Dis-moi pourquoi la nuit/Haschich-faction/Mac-Intoch/L'Alouette et l'ennui/Je suis un tendre voyou/1900/Comme un poisson dans l'eau/Ma cage est vide/Chanson pour Sonia/Sur les chemins.

Compilations d'artistes

1967 — SURPRISE-PARTIE CHEZ MES VOISINS (LP Vogue CLVLX 140) : Je chante pour moi.
1968 — LE PALMARÈS DES SUCCÈS 68 (LP Vogue CLVLX 210) : Comme un poisson dans l'eau.

TRÈFLES (TRIO PRÉ-BOOTS)

45-tours

1966 — Sont-ils indécents ?/Quand tu viens/Mon petit bonhomme/Longtemps (Consul CM 2052).

ZOUZOU

45-tours

04/66 — Il est parti comme il était venu/J'avais rêvé/Ne cherche pas/Puisque tu es revenu (Vogue EPL 8433). Le test-pressing est daté du 29 mars 1966, la session d'enregistrement étant du 10.
1966 — Il est parti comme il était venu/Puisque tu es revenu (Vogue V 4235, Canada).
04/67 — Petit garçon/Tu fais partie du passé/Ce samedi soir/Demain (Vogue EPL 8546). La chanson « Ce samedi soir » est une adaptation du titre de Donovan « Young Girl Blues » que l'on peut découvrir sur l'album *Mellow Yellow* (référence France : LP Epic BN 26239).
1974 — Essayez-nous/Un homme qui revient toujours (Vogue 45 V 12 011). Duo avec Dani.

CD

2003 — L'INTÉGRALE (CD BMG 82876571662).
Il est parti comme il était venu/J'avais rêvé/Ne cherche pas/Puisque tu es revenu/Petit garçon/Tu fais partie du passé/Ce samedi soir/Demain/Mes convenances/Fuir/L'héroïne/Tu viens tu vas/Sauve-moi/Tôt ou tard/Pas assez/J'avais rêvé (dialogue)/J'avais rêvé (première prise)/Demain (alternate mix)/Ne cherche pas (alternate mix)/Puisque tu es revenu (dialogue)/Puisque tu es revenu (alternate mix). Cette compilation propose l'intégralité de la période Vogue (les deux 45-tours) agrémentés de versions inédites et de titres plus récents. Il en existe une version promotionnelle sans référence à la pochette blanche.
2005 — L'INTÉGRALE (Rambling Records, RBCS-2099, Japon). Édition japonaise de la compilation sortie en France.

Compilations d'artistes

1993 — LE PRINTEMPS DE VOGUE, vol. 1 (CD Vogue 74321155742) : Petit garçon/Tu fais partie du passé. Réédition de deux morceaux extraits du second 45-tours.
1993 — LE PRINTEMPS DE VOGUE, vol. 2 (CD Vogue 74321155752) : Il est parti

comme il était venu/Ce samedi soir. Réédition de deux morceaux extraits des deux premiers 45-tours.

07/92 — SWINGING MADEMOISELLE, vol. 2 More French Girls From The Swinging (LP Sasha Monett SM 002) : Tu fais partie du passé. Réédition d'un morceau extrait du second 45-tours.

01/04 — FEMMES DE PARIS, vol. 3 (CD FGL ANT 040 132 — 308 524 2) : Tu fais partie du passé/Il est parti comme il était venu.

Bibliographie

Collectif, Spécial Pop, Albin Michel, 1967, 362 pages

Henri Leproux, *Le Temple du Rock,* Robert Laffont, 1982, 260 pages

Antoine, *1965 Roman*, Arthaud-Flammarion, 1987, 290 pages

Serge Loupien, *Sexties,* Éditions Grasset, 1993, 240 pages

François Jouffa & Jacques Barsamian, *Vinyle fraise les années 1960 en France,* Éditions Michel Lafon, 1993, 324 pages

Jean Chalvidant & Hervé Mouvet, *La Belle Histoire des groupes de rock français,* Éditions Fernand Lanore, 2001, 194 pages

Stone et Charden, *Laisse aller la musique...,* Éditions CPE, 2001, 350 pages

Jean-Noël Coghe, *Autant en emporte le rock...,* Éditions Le Castor astral, 2001, 310 pages

Léo Roy, *La Merveilleuse Époque des groupes québécois des années 1960*, Éditions Rétro Laser, 2003, 240 pages

Zouzou (avec la collaboration d'Olivier Nicklaus), *Zouzou jusqu'à l'aube*, Éditions Flammarion, 2003, 340 pages

Jean Sarrus, *100 % Charlots,* Éditions Ramsay, 2004, 360 pages

Alain Dumont, *Ils étaient une fois... les Lionceaux,* Éditions O.U.E., 2005, 160 pages

Sommaire

Composé et achevé d'imprimer
par la Société Nouvelle Firmin-Didot
à Mesnil-sur-l'Estrée, le 9 mars 2006.
Dépôt légal : mars 2006.
Numéro d'imprimeur : 77576.

ISBN 0-207-25731-2/Imprimé en France.

136759